Andrew Jackson wurde 1955 in der Nähe von Huddersfield, Yorkshire, in England geboren. Er arbeitete 14 Jahre lang in einer der Top-Werbeagenturen Londons, bevor er sich mit Ende dreißig zusammen mit seiner Frau Vanella auf Weltreise begab. Er arbeitet heute als Autor und Fotograf in London, wo er mit seiner Frau und ihren beiden Töchtern lebt.

ANDREW JACKSON

DAS BUCH DES LEBENS

Eine Reise zu den Ältesten der Welt

Aus dem Englischen von
Veronika Straaß-Lieckfeld

NATIONAL GEOGRAPHIC
FREDERKING & THALER

Bibliografische Information Der Deutschen Bibliothek
Die Deutsche Bibliothek verzeichnet diese Publikation in der Deutschen Nationalbibliografie; detaillierte bibliografische Daten sind im Internet über http://dnb.ddb.de abrufbar.

NATIONAL GEOGRAPHIC ADVENTURE PRESS
Reisen · Menschen · Abenteuer
Die Taschenbuch-Reihe von
National Geographic und Frederking & Thaler

5. Auflage November 2007

Titel der Originalausgabe: *The Book of Life*
erschienen bei Victor Gollancz, London

Aus dem Englischen von Veronika Straaß-Lieckfeld
Fotos: Andrew Jackson, wenn nicht anders angegeben
Umschlaggestaltung: Dorkenwald Grafik-Design, München
Herstellung: Büro Sieveking, München
Druck und Bindung: Clausen & Bosse, Leck
Printed in Germany

ISBN 978-3-89405-206-5
www.frederking-thaler.de

Das Papier wurde aus chlorfrei gebleichtem Zellstoff hergestellt.

Für Vanella

Inhalt

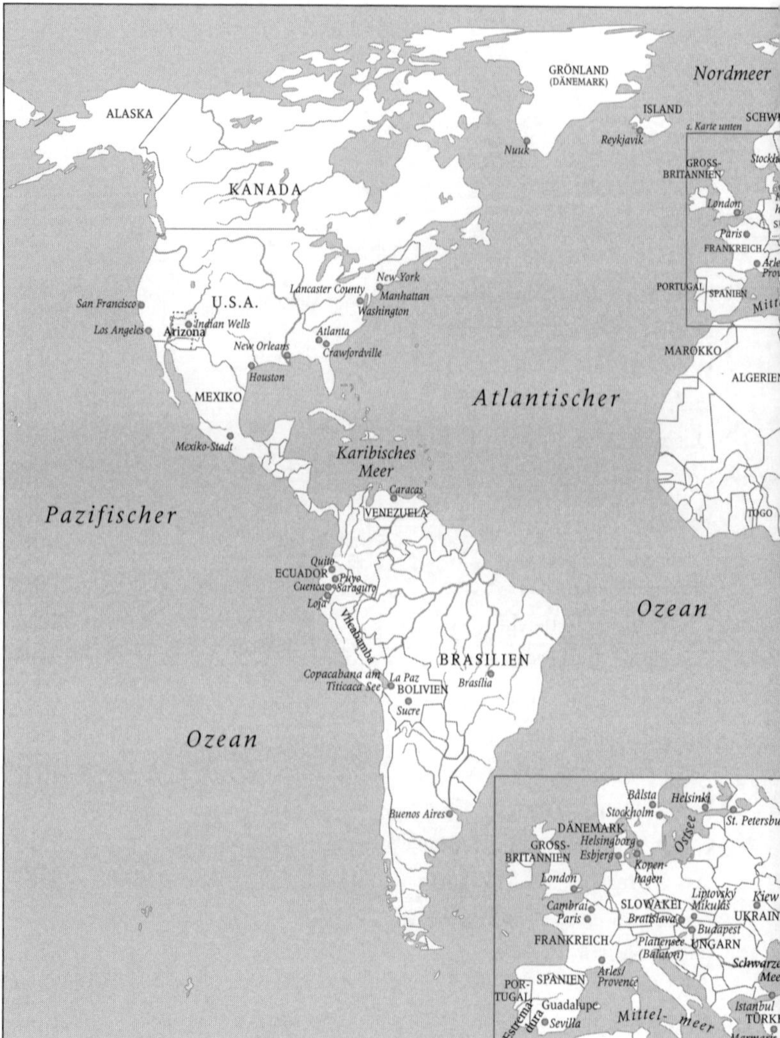
GRÖNLAND
(DÄNEMARK)
Nordmeer
ISLAND
Reykjavik
Nuuk
ALASKA
KANADA
s. Karte unten
GROSS-
BRITANNIEN
London
Paris
FRANKREICH
PORTUGAL
SPANIEN
New York
Manhattan
Lancaster County
Washington
U.S.A.
San Francisco
Los Angeles
Arizona
Indian Wells
Atlanta
Crawfordville
New Orleans
Houston
MEXIKO
Mexiko-Stadt
MAROKKO
ALGERIEN
Atlantischer
Ozean
Karibisches
Meer
Caracas
VENEZUELA
TOGO
Pazifischer
Ozean
Quito
ECUADOR
Puyo
Cuenca
Saraguro
Loja
Vilcabamba
BRASILIEN
Brasília
Copacabana am
Titicaca See
La Paz
BOLIVIEN
Sucre
Buenos Aires
Bålsta
Helsinki
Stockholm
St. Petersbu
Ostsee
DÄNEMARK
Helsingborg
Esbjerg
Kopen-
hagen
GROSS-
BRITANNIEN
London
Cambrai
Paris
SLOWAKEI
Liptovský
Mikuláš
Bratislava
Budapest
Kiew
UKRAINE
FRANKREICH
Plattensee
(Balaton)
UNGARN
Arles/
Provence
Schwarzes
Meer
SPANIEN
POR-
TUGAL
Estrema-
dura
Guadalupe
Sevilla
Mittel-
meer
Istanbul
Marmaris

Helsinki
RUSSLAND
Beringmeer
Moskau
Kiew
UKRAINE
UNGARN
KASACHSTAN
MONGOLEI
Schwarzes Meer
Kaspisches Meer
Istanbul
TÜRKEI
Peking
N.KOREA
JAPAN
CHINA
Khunjerab-Pass
Karakorum Highway
Gilgit
Nagoya
Tokio
S.KOREA
Kairo
PAKISTAN
Delhi
Jaisalmer
ÄGYPTEN
Assuan
Jodhpur
INDIEN
TAIWAN
Pazifischer
Rotes Meer
OMAN
Bombay
Poona
LAOS
VIETNAM
PHILIPPINEN
THAILAND
JEMEN
Arabisches Meer
Manila
SUDAN
Bangkok
Ozean
SRI LANKA
Kuala Lumpur
MALAYSIA
KENIA
Naro Moru
Nanyuki
Nairobi
Pemba
Sansibar
Indischer
TANSANIA
INDONESIEN
PAPUA-NEUGUINEA
Ubud
BALI
Harare
SIMBABWE
AUSTRALIEN
Alice Springs
Ozean
SÜD-AFRIKA
Sydney
Canberra
Wollongong
Red Hill
NEUSEELAND
Tasmansee

Ein neuer Anfang

Begonnen hat wohl alles mit meinem Großvater. Ich hörte mir so gerne seine Geschichten an und lachte über seine kleinen Späßchen.

»Hehee, junger Mann«, sagte er und schwenkte sein Glas. »Schütt mir noch einen zusammen!«

Und wenn mein Vater nickte, schlüpfte ich in die Küche hinaus und mixte einen schwächeren Drink, aber nicht so schwach, daß Großvater es merkte. Er trank immer Gin mit Wasser.

Ich sehe ihn noch vor mir: der Kammgarn-Dreiteiler, das Glas in der einen, die Zigarette in der anderen Hand. »Ich hätt' getanzt heut nacht ...« Mit erhobenen Armen führte er seine imaginäre Partnerin übers Parkett; dabei kicherte er – über sich selbst und weil es ihm solchen Spaß machte. Seit Granny Jacksons Tod lebte er allein.

Wenn er in Stimmung war, sagte er mir, ich hätte einiges von den Talbots an mir, von der Seite meiner Mutter. Meine Großmutter mütterlicherseits war eine Talbot. Ich wußte, was dann kam. »Rothaarig und die Zähne schief und krumm«, kicherte er vor sich hin. Na ja, rot stimmt nicht so ganz, und meine Zähne sind auch ziemlich gerade; aber sei's drum, das wird mir wohl immer bleiben: »rothaarig und die Zähne schief und krumm.«

Damals war die Küche in Cambrai spartanisch eingerichtet und der Korridor düster: dunkle Vertäfelung, brauner Teppich und ein kaltes Bakelit-Telefon – Skelmanthorpe 2114. Ganz anders das sonnendurchflutete Wohnzimmer mit dem offenen Feuer, das gleich frühmorgens angezündet wurde – eine Oase! Und wenn die Tür aufging, roch ich diese ganz bestimmte Mischung aus Möbelpolitur und kaltem Tabak; nirgendwo wäre ich lieber gewesen. Großvater saß rechts neben dem Kamin. Mißbilligend schüttelte er den Kopf über die ein, zwei Sengstellen an seinem Lehnstuhl, die seine Zigaretten hinterlassen hatten, als er eingeschlafen war.

Dann lachte er und seine blaßblauen Augen zwinkerten.

»Hee … wie sieht's aus, junger Mann, was willst du machen, wenn du mal groß bist?« Das war seine Lieblingsfrage.

»Hmmm … ich weiß nicht.« Ich wußte es nie so recht, und außerdem war ich ein bißchen schüchtern.

»Was ist mit dir? Willst du Lehrer werden?« fragte er dann meinen Bruder Edward, der damals gerade damit liebäugelte, Nachrichtensprecher im Fernsehen zu werden. Und ich überlegte einmal sogar, ob ich vielleicht Schauspieler oder Regisseur werden könnte. Aber auf derlei Träumereien kam von Großvater immer derselbe Einwurf: »Ihr müßt in die Produktion gehen! Ihr müßt was herstellen, das man verkaufen kann.«

Dann kam uns mein Dad, der fürsorgliche Vater und aufmerksame Sohn, zu Hilfe und meinte, bis dahin sei ja noch reichlich Zeit. Großvater schnaubte und setzte seine zitternden Lippen ans Glas. Er nahm einen Schluck – irgend etwas zwischen einem Nippen und einem Mundvoll –, ließ aus seiner Kehle ein kleines, reptilartiges Geräusch aufsteigen und atmete dann genußvoll aus – »Aaaah …«

Er war in der Textilbranche tätig gewesen, genauso wie sein Ururgroßvater vor ihm. Wir webten Plüschstoffe für Teddybären, Kunstpelze und Futterstoffe für Pantoffeln.

Nachdem Großvater 1918 aus dem Krieg zurückgekehrt war, übernahm er – sozusagen außerplanmäßig – die Weberei: Sein älterer Bruder Donald war im Krieg geblieben. In der Nähe von Ypres hatte ihn ein Heckenschütze getötet, und seine Leute hatten ihn an Ort und Stelle beerdigt. Später hatte man den Leichnam nicht mehr gefunden, und sein Name wurde zu den 35 000 anderen ohne Grabstelle auf die Liste in Passchendaele gemeißelt. Selwyn kehrte mit 22 Jahren nach Hause zurück und trauerte um seinen verlorenen Gefährten. Sie waren nur 15 Monate auseinander.

Aufgewachsen waren sie in Woodlands, in einem schmucklosen viktorianischen Bau inmitten von 4,5 Hektar Weideland. Das Haus stand hoch und eckig auf einem abgeplatteten Hügel am Ende eines kurvigen, von Buchenhecken gesäumten Fahrwegs. Ihr Vater – ein Mann auf einem Foto, von dem ich mir vorstellte, daß er nie lächelte – hatte das Gebäude von einem Mr. Box gekauft und lebte dort bis zu seinem Tod im Jahre 1941. Vierzehn Jahre später kam ich frühmorgens an einem Julitag im Bett meiner Eltern zur Welt. Sie waren als Jungverheiratete nach dem Krieg hier eingezogen.

Großvater und ich hatten also dieselben Lieblingsplätze: das hintere Stalldach, wo wir nicht gesehen werden konnten, oder die Stelle unter den Wurzeln der riesigen Buche, die dort, wo der Rasen aufhört, so gefährlich über den Rand des Steinbruchs hing. Wir kickten Äpfel durch den Obstgarten und hüpften vor aufsässigen Wespen davon. Vom Schnee durchnäßt rodelten wir den hinteren Hang hinunter und rauschten immer wieder in die Rhododendren. Im Sommer saßen wir am höchsten Punkt des Giebels, von dem aus man den Küchengarten überblicken konnte, während die Schwalben neben uns ihre Flugmanöver vollführten. Wir rannten die ganze hohe Ziegelmauer entlang und tasteten dann mit einem Fuß nach unten, bis wir den obersten Nagel erwischten, der dort als Haltepunkt für die Kletterpflanzen eingeschlagen war. Wie Bergsteiger suchten wir uns unseren Weg, kletterten ins Gebüsch hinunter und suchten die bemoosten Steinplatten, die in weitem Bogen in die Waldesstille hinaus und zu einem Gewirr von Pfaden führten.

Mein Lieblingsplatz war immer die Blutbuche auf der hintersten Wiese. Wenn Edward seine Modellflugzeuge zusammenklebte – für so eine knifflige Arbeit war ich viel zu ungeduldig –, zog ich auf eigene Faust los. Dann schwang ich mich über das ringförmige Viehschutzgeländer auf den untersten Ast und kletterte los. Jeder Handgriff war mir vertraut. Ich hätte mit verbundenen Augen bis hinauf zu den höchsten Ästen steigen können. Dort oben in der engen Umarmung der starken Äste war ich in Sicherheit. Wieder unten angekommen, sauste ich durchs vordere Tor hinaus und huschte über den Fahrweg. In fünf Minuten war ich in Cambrai, wo Großvater neben dem Feuer saß.

Ein oder zwei seiner silbrigen Strähnen waren in Unordnung geraten. Er sah von seinem Nickerchen hoch und fragte: »Na, junger Mann? Was führt dich zu mir?« Er war immer noch ein ansehnlicher Mann und hatte sich etwas vom guten Aussehen seiner jüngeren Jahre bewahrt.

»Ich dachte, ich besuch dich einfach mal.«

»Weiß deine Mutter, daß du hier bist?« Ich schüttelte den Kopf.

»Na, dann sehen wir doch mal nach, ob wir nicht was für dich haben– was meinst du dazu? Hast du Lust auf eine Limo?«

Ich folgte seinen vorsichtigen Schritten und seinen geräumigen Hosenfalten in die Waschküche. In der Speisekammer fischte ich eine dickwandige, braune Flasche Ingwerlimonade aus einer Holzkiste, gab sie Großvater und sah zu, wie er eingoß und wie das Sprudeln allmählich nachließ.

Es war nicht nur die Aussicht auf eine Ingwerlimonade, die mich hierherlockte – obwohl man ihre Anziehungskraft nicht unterschätzen sollte. Ich kann mich noch lebhaft an meine unschuldige Neugier erinnern, die etwas mit seinem Alter und seiner freundlichen Art zu tun hatte. Da war so eine Sanftheit, so eine Nachsicht. Ich bin mir nicht sicher, ob ich begriff, wie alt er war, obwohl ich wußte, daß er mindestens zweimal so lange wie mein Vater gelebt hatte, daß er also mehr wußte, mehr getan hatte. Aber Großvater schien einfach nicht älter zu werden. Ich wußte, daß jeder alt wird, aber das dauerte so lange, daß sich scheinbar nie etwas änderte. Wir würden einfach immer so bleiben, wie wir waren.

Wir redeten nicht viel. Ich genoß die Augenblicke des Schweigens, wenn Großvater nachdachte. Dann fragte er nach meinen

Fußball-Leistungen oder wie ich in der Schule vorankam. Er erzählte mir wieder über den Tag, als er zwischen den Salatköpfen hingefallen war und nicht mehr hochkam. Eine Dreiviertelstunde lang lag er da, bevor George, sein Gärtner, ihn rufen hörte. Und dann lachten wir, und er wischte sich eine Träne aus dem Auge.

Er rappelte sich hoch, ging zum Kaminsims, einer prächtigen Mahagoniumrandung mit einer träge tickenden Uhr, und nahm einen Holzblock herunter. »Weißt du, was das ist?« fragte er.

Ich schüttelte den Kopf. Er drehte das Holz einen Augenblick zwischen den Fingern, dann gab er es mir in die Hand. »Es ist besser, du bekommst es jetzt. Paß gut drauf auf – ganz vorsichtig!«

Was ich in der Hand hielt, war einmal ein kleiner Teil der Kathedrale von Bapaume in Nordfrankreich gewesen, die während der Kämpfe zerstört worden war. Die Schnitzerei war von einem ausgebrannten Chorgestühl abgesägt und zeigte rankendes Blattwerk – seine Kriegsbeute. Auf der flachen Seite hatte er »Bapaume 11/3/17 H.S.J.« eingekratzt wie ein Schüler auf seine Schulbank. Ich benutze das Stück Holz heute als Buchstütze.

An einem anderen Nachmittag kehrte ich mit der goldenen Zigarettendose heim, die Granny ihm geschenkt hatte. Innen war ihre Handschrift genauso eingraviert, wie sie es im Geschäft aufgeschrieben hatte: »Für Selwyn von Marian«. Und im oberen Stock bewahre ich in einer Schachtel den Brief auf, der ihn einlädt, bei der Fußball-Mannschaft von Huddersfield Town mitzuspielen. Das alles hat er beizeiten an mich weitergegeben. Dann begleitete er mich zur Hintertür, hob zum Abschied die Hand, und hinter seinem Lächeln lag eine Art unausgesprochener Traurigkeit.

Er hat kaum jemals über den Krieg gesprochen. Für seinen Mut während des Kampfes um Cambrai war ihm die Tapferkeitsmedaille verliehen worden. Den Aufzeichnungen nach lag sein Bataillon (unter dem Regiment des Duke of Wellington) am Morgen des 20. November 1917 in der Nähe des Dorfes Havrincourt unter heftigem Maschinengewehrfeuer durch Heckenschützen.

Der befehlshabende Offizier und drei weitere Offiziere waren gefallen, und das Bataillon hatte beträchtliche Verluste erlitten. Die überlebenden Soldaten waren irgendwo in Deckung gegangen. Auflösungserscheinungen und Mutlosigkeit griffen um sich. Da übernahm mein Großvater, Hauptmann Jackson, das Kommando. Er verließ seine Deckung und lief mitten in den Kugelhagel; immer wieder kam er zurück, um seine Männer zu sammeln, und führte sie durch Drahtsperren hindurch zu einem erfolgreichen Angriff. Am nächsten Tag – der Gegner hatte Verstärkung bekommen – waren etliche Kompanien isoliert worden; da steuerte Jackson einen herrenlosen Panzer mitten ins dickste Kampfgetümmel, kletterte heraus und gab bei schwerstem Beschuß die entsprechenden Befehle. Als es Nacht wurde, hatten sie die neuen Schützengräben eines ganzen Frontabschnitts erobert.

Einmal fragte ich ihn, ob er Angst hatte, als ihm die Kugeln um die Ohren pfiffen.

»Nein«, antwortete er, »ich war entweder sehr tapfer oder ausgesprochen dämlich ... Wahrscheinlich eher dämlich.«

Dann packte mich die Neugier. »Hast du mal jemanden getötet, Opa?«

Er hielt inne, dann nickte er wortlos.

»Wie ist das passiert?«

Er holte tief Luft. »Es war ein Deutscher ... ungefähr so alt wie ich.«

Widerwillig machte er mir vor, wie er ihm das Bajonett hineingestoßen hatte. Dann zog er eine Grimasse und meinte, daran denke er nicht gerne zurück.

Großvaters Gesichtsausdruck sehe ich immer noch vor mir: Ekel über das, was er getan hatte, aber keine Spur von Schuldbewußtsein oder Scham. Dann schob er den Gedanken beiseite. Er wollte das alles nicht noch einmal durchleben. »Er oder ich«, sagte er seufzend.

Ich kann von Glück sagen, daß er sich für sein Leben entschied, sonst gäbe es mich nicht. Ich habe oft darüber nachgedacht.

Meine Mutter ist stolz auf alles, was sie tut. Sie hätten sie sehen sollen, wie sie unsere Hemden bügelte – sogar unsere Socken. An jenem bewußten Tag hatte sie zum Abendbrot Lammleber mit Schinken in der Pfanne gebraten. Wir hatten genau gleich große Portionen Kartoffelbrei auf den Teller bekommen, und danach war gerade noch genug Fleischsaft in der Pfanne übrig, daß jeder eine halbe Scheibe Brot eintunken konnte. Dad genehmigte sich zum Abschluß etwas Süßes und bestrich seine zweite Brothälfte mit Marmelade.

Ich erinnere mich, daß es ein dunkler, stürmischer Abend war, an dem der Wind die Bäume durchrüttelte. Statt sich die Yorkshire Post und eine zweite Tasse Tee zu holen, putzte mein Vater seine Brille mit dem Taschentuch, das er nur für diesen Zweck bei sich hatte, und setzte sich dann mit gefalteten Händen in Positur. Er hatte etwas zu sagen.

»Also, Jungs ...« Er zögerte, wie er es immer tat, wenn er es mit einem schwierigen Thema zu tun hatte, und warf meiner Mutter einen Blick zu. Sie wirkte angespannt. »Wir müssen etwas besprechen«, sagte er. »Es geht um die Weberei.«

Ich war damals erst zwölf und ziemlich verdutzt. Ich konnte mir nicht vorstellen, was das mit uns beiden zu tun haben sollte.

»Die Sache ist die ... und wahrscheinlich könnt ihr das jetzt noch nicht sagen. Aber wenn ihr mal mit der Schule und der Universität fertig seid, hättet ihr dann vielleicht Lust, den Betrieb weiterzuführen?«

Wir waren immer davon ausgegangen, daß wir könnten, wenn wir denn wollten. Ich sah zu Edward hinüber, der bei solchen Anlässen immer die Führung übernahm. Damals war er scharf auf alles, was mit Umwelt zu tun hatte. »Warum fragst du?« wollte er wissen.

»Ihr müßt das nicht jetzt gleich entscheiden«, beruhigte uns Mum mit einem liebevollen Lächeln. Dann sah sie zu Dad hinüber. Wir waren zu jung für einen solchen Entschluß. »Keine Bange«, sagte sie, »ihr könnt euch das so lange überlegen, wie ihr wollt.«

Dann erklärte er uns, worum es ging: Sie hatten ein Kaufangebot für die Weberei. Die Geschäfte liefen zwar recht ordentlich, sie hatten in eine neue Werkhalle investiert, aber die Konkurrenz der billigeren Strickstoffe wurde stärker. Großvater hielt nichts davon, die Weberei zu verkaufen. Aber sein jüngerer Bruder, Onkel Garth, sah Probleme auf uns zukommen und war für Verkauf. Mein Vater war das Zünglein an der Waage – und er wiederum wollte sich nicht entscheiden, ohne unsere Meinung zu hören.

Mein Bruder Edward sagte, nein, er habe keine Lust auf die Branche. Da hefteten sich alle Blicke auf mich.

Ich hatte die Weberei immer ganz selbstverständlich als eine Art Abenteuerspielplatz betrachtet. Ihre verschiedenen Welten lockten mich unwiderstehlich an – das dampfige Färbehaus unten am Damm, ein trübes Verlies voller ätzender Gerüche, wo die Arbeit schwer und naß war; die helle und luftige Halle für die Endfertigung, wo die Maschinen gewaltige, mit Kardätschen besetzte Trommeln drehten, die den Flor aufbürsteten; und die Lagerräume mit den hoch aufgestapelten Stoffballen und einer Luft, die trocken war wie Knäckebrot.

Dort versteckte ich mich gerne zwischen den Regalen oder fuhr mit den Karren herum, als wären es Streitwagen. Ich hatte meine Freunde und Verschworenen unter den Männern und Frauen. Sam Frankland trieb immer seinen Schabernack mit mir und spielte den Clown. Dann war da Jack Kenworthy, der mit umgebundener Schürze am Tisch des Lagerraums stand und alles im Blick hatte. Und Großvaters Cousin Cedric, der sich um das Garn kümmerte und mich oft mitnahm, um mir zu zeigen, was er tat. Sie sprachen eine rauhe, ungehobelte Sprache, eine Sprache wie aus Stein gehauen, an die ich mich noch lebhaft erinnere. Nur die Werkhallen mit den unaufhörlich donnernden, klappernden Webmaschinen waren für mich verboten. Ich ging nur mit meinem Vater dorthin, und er mußte brüllen, um sich Gehör zu verschaffen. Die Weber nickten kurz, zwinkerten mir zu und lächelten.

Dad fragte mich also, ob ich mein Arbeitsleben dort verbringen wollte. Natürlich hatte ich noch keine Ahnung, was ich später tun wollte, aber ich mußte nicht lange überlegen. Ich glaube, wenn ich ja gesagt hätte, hätten sie vielleicht nicht verkauft. Aber irgendein Instinkt sagte mir, daß ich nicht für ein Leben in einer Weberei gemacht war.

Ungefähr 22 Jahre später schloß ich an einem Montagmorgen mit einem Gefühl von Angst meine Wohnungstür.

O Gott, schon wieder, dachte ich. Die große Show.

Mit einem gelegentlichen Kick aufs Gaspedal bewältigte der Audi Quattro mühelos den Morgenverkehr. Ich fuhr durch den Park, reihte mich vor den Ampeln ein und schlängelte mich, immer auf der schnellsten Fahrspur, bis Soho durch. Die Hi-Fi-Anlage ließ den klaren, peppigen Sound einer alten Talking-Heads-Kassette perfekt zur Geltung kommen: klirrende Rhythmen – Konzentrationshilfe.

Ich hatte den Rat meines Großvaters in den Wind geschlagen. Mit Anfang Zwanzig hatte ich Arbeit in der Werbebranche gefunden und mich seither als Verkaufsberater recht erfolgreich durchgeschlagen. Mein Ziel war es immer gewesen, es noch vor meinem 30. Geburtstag bis in die Vorstandsebene zu schaffen. Mit 28 hatte ich es geschafft. Dann klinkte ich mich bei einer Agentur ein, bei der damals ersten Adresse.

Die Namen der drei Gründer standen neben der Tür in bemüht künstlerischen Lettern auf Milchglas. Eine Wand von Sony-Monitoren spielte die neuesten Musik-Videos, und ein intelligentes junges Gesicht wünschte mir einen wunderschönen guten Morgen. Ich nahm immer die Treppe, der Fitness wegen.

Im ersten Stock traf ich Ian.

»Oh, hallo«, sagte er. »Läuft's denn so?«

»Ja, danke. Und bei dir?«

»Ja, prima.« Nervös ließ er den Kugelschreiber gegen den Aktenordner in seiner Hand schnipsen. »Weißt du schon, daß Jane reinkommt? Kann ich dir mal zeigen, was so anliegt?«

»Klar. Sagen wir, in 'ner Stunde? Ich komm runter.«

»Okay.«

Charlie war schon da. Er hatte eine Werbeanzeige in der Mache und sah aus wie der Tod. Sie hatten das ganze Wochenende durchgearbeitet.

»Hast du's gewuppt?«

»Ich denk schon.«

Während das Kaffeewasser kochte, ging Charlie noch einmal mit uns die Strategie durch. »Es geht ja immer darum, das Besondere an diesen Schlankheitsprodukten rauszuarbeiten«, erklärte er enthusiastisch. »Aber wir machen das so: Wir arbeiten mit der Art Humor, die solche Typen mögen.« Er hielt eine Stellwand hoch, die er mit Bildern aus Zeitschriften beklebt hatte – ein Gewusel junger Leute, seine Zielgruppe. »Damit kriegen wir sie alle: Bring sie zum Lachen!«

»Aber die Marke, Charlie, die Marke?!«

Er zog eine Grimasse. »Kommt schließlich ganz auf die kreativen Einfälle an, oder?«

Ich schloß die Tür. Verdammte Telefoniererei! Ich betreute nicht nur eine ganze Anzahl von Kunden, sondern hatte mir auch noch den hochfliegenden Titel eines Direktors für Geschäftliche Entwicklung anheften lassen. Das hieß, ich mußte potentiellen Kunden um den Bart gehen und sie zu uns locken, damit wir ihnen unsere Referenzen vorlegen konnten. Alles mit dem Ziel, daß sie uns eines Tages zu einem Verkaufsgespräch einladen würden. Mein Trick war, frühmorgens anzurufen, bevor mich die Sekretärinnen abblocken konnten. Vierzig Minuten lang hängte ich mich an die Strippe und versuchte mir nicht anmerken zu lassen, was in meinem Kopf vor sich ging. Bei zwei Marketing-Direktoren raspelte ich Süßholz. Beide sagten: »Danke, heute nicht.« Den anderen hinterließ ich Nachrichten.

Paul steckte den Kopf zur Tür rein. Ich hatte ihn seit Donnerstag nicht gesehen, als wir Fiona, eine angehende Kundin, zum Abendessen ausgeführt hatten.

»Was hattest du für'n Eindruck?« fragte er und grinste so breit wie seine Fliege.

»Ich fand uns eigentlich toll. Aber ich bin mir nicht sicher, auf was Fionas Leute rauswollen.«

»Sie redet 'ne Menge, aber da steckt nichts dahinter.«

»Mensch, du hast ihr 'n Gutenachtkuß gegeben.«

»Nur auf die Backe.«

»Ist trotzdem ein Kuß.«

»Du ja auch.«

»Nur weil du's getan hast.«

»Jedenfalls mag sie uns, oder?«

»Wer weiß, Paulo? Wer weiß?«

Dann kam Jerry rein, quicklebendig. »Morgen, Kumpels! Habt ihr Nige schon gesehen?«

Er mußte längst aus dem Urlaub zurück sein und würde wohl bald aufkreuzen und nachsehen, wie's lief. Jerry preßte die Kiefer aufeinander und tat so, als sei er Nigel, der am Strand lag und einen Blick auf die Uhr warf.

Ich mußte weiter. Ians Medienkonzepte waren prima. Er sagte, er würde ein paar Exemplare der Zeitungen besorgen und auf dem Tisch auslegen. Ich rannte die Treppe hoch, um eine neue Arbeit zu inspizieren. Das Kreativ-Team erwartete mich in entspannter Stimmung. Sie waren am Freitag per Flugzeug von Wer-weiß-woher zurückgekommen. Ein anderes Team hatte ein Skript verkauft, das so anfing: »Der Blick schweift über sonnenverwöhnte Weinberge ...«, und zu dieser Jahreszeit hieß das, wir würden die Aufnahmen in Südafrika machen müssen.

Unterdessen hatten sie zwei Vorlagen zum Verkauf von Eis in ganz Europa entwickelt. Eine war ausgezeichnet – sexy, witzig, chic; die andere brachte nicht die richtige Produkt-Botschaft rüber. Als ich das ansprach, machten sie sich durch die Blume darüber lustig, wie pedantisch ich sei, und letzten Endes zog ich in der Debatte den kürzeren: Der Gott der Kreativität obsiegte.

Draußen lauerte Cliff schon darauf, mir neues Bildmaterial zu zeigen. Am Leuchttisch erklärte er mir, wie sie die Farbe der Wiese rund um Farmer und Traktor geändert hätten.

»Toll. Sieht gut aus. Wieviel hat's gekostet?«

»Das geht okay. Wir drücken sie noch etwas.«

»Wieviel, Cliff?«

»Na ja, der letzte Posten, das waren ungefähr drei Riesen.«

»Puh! … Wir müssen uns ans Budget halten.«

Cliff grinste und sagte, ich solle mich nicht aufregen.

In meinem Büro warteten schon Cindy und Phil, um mit mir die Werbeideen für eine neue Art Benzin durchzusprechen. Das Problem war, daß es den Motor zwar leistungsfähiger machte – aber nur so, daß man's kaum merkte. Wir griffen halbherzig ein paar Ideen auf, wie man die Vorzüge des Produkts vermitteln könnte, verwarfen sie wieder und lästerten schließlich über die Macken des Kunden und sein Stilgefühl.

Mein Telefon klingelte – es war der Kunde. Ich gab den anderen ein Zeichen, den Mund zu halten. Der Mann am anderen Ende der Leitung sagte, sie hätten gerade die neueste unserer Präsentationen besprochen; die Anzeigen träfen zwar genau die Zielvorstellungen ihrer Firma, doch die Jungs vom Einzelhandel seien auf einmal unsicher geworden. Ich erinnerte ihn daran, daß wir uns darauf geeinigt hatten, für die Anzeigen ganz bewußt enger gesteckte Ziele anzusteuern – aber daran dachte offenbar keiner mehr. Dann kam er auf die Schrift in den Zeitungsanzeigen zu sprechen. Der Geschäftsführer habe sich sehr besorgt geäußert, und das bringe jetzt Unruhe ins Unternehmen. Vielleicht sei das ja modern, aber seiner Meinung nach sehe es irgendwie nach Druckfehler aus. Ich wies die Beanstandungen so gut wie möglich zurück, aber bevor ich recht wußte, wie mir geschah, versuchte er mich für einen völlig neuen Ansatz zu briefen.

»Wie bitte?«

»Darauf haben wir uns hier hausintern geeinigt.«

»Aber die Agentur war nicht mal dran beteiligt«, hielt ich dagegen. »Könnten wir nicht erst mal ein paar von den Fragen durchsprechen? Wir möchten nicht einfach eine ganze Kampagne ins Altpapier werfen. Mir wäre sehr an einem ordentlichen Bericht gelegen, und ich hätte auch schon gern Gelegenheit, mich dazu zu äußern.«

»Ich weiß zwar nicht, was Ihnen das bringt, aber kein Problem. Ich kann mich hier auf vier Uhr einrichten.«

»Tut mir leid, ich schaff's nicht vor morgen früh, vor den anderen Terminen«, antwortete ich und knallte den Hörer auf die Gabel.

»Scheißkerle!«

Es war erst halb zehn.

Kurz nach halb acht stieg ich wieder in den Quattro und startete den Motor. Die Kontrollampen leuchteten zuverlässig auf und der Kassettenrecorder schaltete wieder zu den Talking Heads. Ich drückte Eject und reihte mich in die Autoschlange ein. Ich fühlte mich wie ausgebrannt.

Der Rest des Tages war wie erwartet verlaufen: noch mehr Meetings, eine fade Stunde lang Diskussionen über Honorarvorschläge, eine halbe Stunde rücklaufende Anrufe, ein Geschäftsessen mit einem Kunden – gestärkte weiße Servietten, guter Wein und die Insider-Story von den neuesten Budgetkürzungen. Per Taxi zurück, dann noch ein Pre-Production-Meeting über zwei Werbespots durchgestanden – Kostenpunkt: eine halbe Million Pfund; volle 30 Minuten lang debattierten zwölf Leute darüber, ob der Hauptdarsteller alt genug sei und ob er Rot oder Grün tragen sollte. Dann traf ich mich mit dem Besitzer einer Hühnerfarm, um ihm unsere Referenzen vorzulegen, und lächelte mich zum x-ten Mal durch unsere Demo-Werbespots hindurch. Oben im Sitzungssaal schließlich kippte ich auf die Schnelle zwei Glas Champagner hinunter, um unseren neuesten Abschluß zu feiern. Die ganze Korona war schon zahlreich versammelt: ernsthafte junge Männer mit perfektem Haarschnitt, schicke junge Damen. Sie amüsierten sich prächtig, aber ich hatte bald genug. Ich verdrückte mich unauffällig Richtung Tür.

Vanella war schon zu Hause. Wir standen in der Küche – immer noch in unseren teuren Klamotten – und teilten uns eine große Flasche tschechisches Bier. Sie führte ihre eigene Firma, »Strategieplanung und Analyse«.

»Du siehst müde aus«, sagte sie. »Wie war dein Tag?«

»Ach, nichts Besonderes. Vorwärts und aufwärts. Und du?«

»Ich weiß nicht«, seufzte sie.

»Was weißt du nicht?«

»Ich weiß nicht, warum wir das alles tun.«

»Da wüßte ich ein paar Gründe: die Hypothek, unser Lebensstil ...«

»Du weißt, was ich meine.«

»Ich weiß, ich weiß. Ich hab auf der Heimfahrt drüber nachgedacht, daß wahrscheinlich nichts von dem, was ich heute getan habe, irgendwas bewirkt. Und all das Geld. Wofür?«

»Damit die Leute mehr Schokolade essen.«

»Es ist verrückt, wieviel Energie dafür eingesetzt wird.«

»Manchmal frage ich mich, ob ich nicht was ganz anderes tun sollte.«

»Ich auch, aber was?«

Vanella schüttelte den Kopf. »Es hört nie auf, oder? Ich bin einfach unsicher. Es fühlt sich nach nix mehr an.«

Dabei hatte der Job durchaus seine schönen Seiten. Ich mochte die flotten Sprüche, das Arbeitstempo und den Team-Geist. Aber je älter ich wurde, desto oberflächlicher kam mir dieses Leben vor. Ich machte mir Sorgen, daß die Wirklichkeit, wo immer sie sich abspielte, womöglich ohne mich stattfand. Ich zwang mich ständig, jemand anders zu sein, jemand, den man von mir erwartete. Und das Problem dabei: Diesen Jemand mochte ich nicht sonderlich.

»Wie hat es nur soweit mit mir kommen können?« grübelte ich. »Weißt du, es macht mir angst, wie engstirnig ich geworden bin. Wir haben keine Zeit, keinen Raum mehr in unserem Leben. Das letzte Buch habe ich zum Beispiel vor über zwei Monaten gelesen.«

»Ich bin nicht glücklich«, sagte Vanella und sah entschieden kläglich aus.

»Komm, laß den Kopf nicht hängen!« Ich nahm sie in die Arme.

»Was sollen wir tun?«

»Ich weiß nicht. Ich hab Hunger.«

»Ich bin müde.«

»Ich hab auch keine Lust zu kochen. Sollen wir die Straße hoch zum Japaner gehen?«

Gegensätze ziehen sich an, heißt es. Vanella und ich sind diametral entgegengesetzt. Sogar unsere Sternzeichen könnten nicht weiter voneinander entfernt sein.

Sie schwimmt, ich jogge. Sie ist impulsiv, ich wäge ab. Sie malt, ich photographiere. Sie veranstaltet Chaos, ich räume es weg. Ich mag den gut eingespielten Lauf der Dinge, sie sucht neue Ideen. Ich kann nicht tanzen, sie kann nicht singen. Sie kann ausfallend werden, ich kann still und introvertiert sein. Wenn ich pessimistisch bin, ist sie optimistisch. Wenn ich zuversichtlich bin, steckt sie voller Selbstzweifel. Und so weiter.

Aber irgendwie schien es zu funktionieren. Ich war vernarrt in ihre fohlenhafte Verletzlichkeit, in ihre seetanggrünen Augen. Ihr hatten es meine Wanderstiefel angetan, die sie im Heck meines Quattro erspähte. Wir hatten uns bei der Arbeit kennengelernt, hatten uns schätzen und schließlich lieben gelernt. Seit einem Jahr waren wir verheiratet, und gerade als wir – mit Blick auf die Altersversorgung – ein geregeltes Leben hätten anfangen sollen, schlich sich ein gefährlicher Unterton in unsere Gespräche ein.

Eines Samstagmorgens lagen wir da und starrten die Zimmerdecke an. »Also, was tätest du, wenn du den Laden hinschmeißen würdest?« Ständig löchert sie mich mit Fragen.

»Ich weiß nicht. Aber wenn ich um die 40 bin und graue Haare kriege, will ich das hier nicht mehr machen. Ich will mein Leben besser in der Hand haben, ich will was Sinnvolles mit meiner Zeit anfangen. Und ich will niemandem mehr antworten müssen.«

»Das heißt, du müßtest dich selbständig machen. Womit?«

»Ich weiß nicht, ich weiß nicht ... Wir könnten einfach wegziehen und ein Häuschen auf dem Land kaufen.«

»Das ist nicht die Lösung. Trotzdem: Wovon würden wir dann leben?«

Ich zog eine Grimasse, stand auf und ging zur Dusche. Darüber würden wir wohl noch nachdenken müssen.

Ungefähr eine Woche später saß ich mit Jerry, Paul und Charlie im Zug. Wir waren auf dem Weg zu einem Kunden. Die ganze Fahrt über schwatzten wir und übertrumpften einander mit unseren Geschichten. Die Stimmung war ausgelassen, die Gespräche sprühten vor Witz und Geist. Als wir in Swindon ausstiegen, kam ein unauffällig aussehender Geschäftsmann auf uns zu. Er hatte graue Haare und war etwa 60 Jahre alt.

»Verzeihung«, sagte er. »Ich habe unfreiwillig Ihre Unterhaltung mitgehört. Darf ich Ihnen meine Karte geben?« Er drückte sie Charlie in die Hand, dann drehte er sich um und verschwand in der Menge. Wir scharten uns um Charlie und warfen einen Blick auf die Karte.

Jerry grunzte mißbilligend und wandte sich ab.

»Verflucht noch mal!« keuchte Charlie, und Paul gab ein exaltiertes Lachen von sich.

Wer der Mann war, tut nichts zur Sache. Auf die Rückseite hatte er vier Punkte geschrieben.

- Was für eine Intelligenz
- Was für ein Esprit
- Was für eine Vitalität
- Was für eine Verschwendung

Auf die ersten drei Punkte erhebe ich keinen Anspruch. Aber der letzte klang verdammt wahr. Endlich wußte ich, daß sich bei mir etwas ändern mußte.

Dann starb Hilary, Vanellas Mutter.

Ich hatte sie ein paarmal getroffen, aber es war bei flüchtiger Bekanntschaft geblieben – bis zu dem Abend, als wir bei Vanellas Eltern vorbeischauten. Ihr Vater zog eine Flasche Wein auf, und soweit ich mich erinnere, haben wir wohl alle ein bißchen zuviel getrunken.

»Ich bin unter waschechten Cockneys geboren«, erzählte mir Hilary.

»Na, wie ein Cockney sprichst du gerade nicht.«

»Stimmt«, lachte sie. »Ich weiß nicht, was ich bin. Engländerin vermutlich.«

Sie sprach einen kultivierten Akzent, manchmal vielleicht sogar etwas überkandidelt, um Eindruck zu schinden.

Eigentlich kam Hilarys Mutter aus Lancashire. Ich bekam schließlich heraus, daß ihr Vater Berufssoldat gewesen und Hilary auf der Malaiischen Halbinsel, in Deutschland und Wales aufgewachsen war. Sie war in einem Internat, aber sie konnte sich wohl nicht richtig einfügen und wechselte deshalb häufig die Schule.

Manche Detailbilder von Hilary tauchen immer wieder vor meinem inneren Auge auf : Hilarys große braune Augen und ihre knallrot lackierten Fußnägel.

»Woran denkst du?« fragte Hilary und folgte meinen Blicken.

»Die Schuhe«, behauptete ich. Sie trug grellgrüne Plateauschuhe.

Vanella kam mir zu Hilfe. »Mum, du benimmst dich wirklich peinlich. Sie hat mich von der Schule mit Schuhen abgeholt, die noch viel schlimmer waren als die da. Und erinnerst du dich an deine schwarz-weißen Röhrenhosen? Das hast du nur getan, um diese Vogelscheuchen in Tweed auf die Palme zu bringen, stimmt's?«

Hilary lachte wieder, und ihr breiter Mund teilte ihr reizvolles Gesicht in zwei Hälften.

»Stell dir mal eine Mutter vor, die nie Pommes gemacht hat«, sagte Vanella.

»Was, keine Pommes?«

»Und die nie einen Kuchen gebacken hat«, ergänzte Hilary mit einem Anflug von Stolz.

Normalität war einfach nicht drin. Einmal hatte sie ihre Töchter mit Coq au Vin in der Lunchbox auf einen Schulausflug geschickt, den Resten der Dinnerparty vom Vorabend, und ein Hund stahl dann das Hühnchen. Und als Vanellas Freunde einmal hereinschneiten, servierte Hilary ihnen Löwenzahnsalat; sie hatte die Blättchen frisch vom Rasen gepflückt.

Die beiden bogen sich vor Lachen, und ich lachte mit, so gut ich konnte. Hilary trug nicht nur Ringe an den Fingern, sondern, wie ich bemerkte, auch mehrere an den Daumen.

Wenn Hilary und ich allein waren, war die Stimmung ganz anders. Ich fand sie ziemlich einschüchternd. Ich war eher ernst und ließ nicht viel von mir raus. Seither bin ich ein bißchen lockerer geworden, aber damals war ich einfach noch zu unsicher. Wir waren wohl beide befangen, vor allem ich. Ich wußte nicht, was ich sagen sollte. Immer wenn ich sie besuchte, war sie krank, allerdings war das nicht so ohne weiteres zu erkennen, denn Hilary ließ sich nie anmerken, wie schlimm es um sie stand.

Wir besuchten Hilary regelmäßig. Sie hatte ihr eigenes Geschäft und arbeitete weiter und führte das Büro vom Vorderzimmer aus, während sie auf dem Sofa lag. Eines Tages hatte sie eine andere Frisur, aber irgend etwas Neues gab es ja immer, deshalb sagte ich nichts dazu. Als Vanella in der Küche Tee aufbrühte, streifte Hilary ihre Perücke ab.

»Noch nie einen Glatzkopf gesehen?« fragte sie und beobachtete, wie ich reagierte. Dann lächelte sie.

»Wie geht's dir?« fragte ich.

»Ach, mir geht's gut.«

Hilary hat mehr als zehn Jahre lang gegen den Brustkrebs gekämpft. Sie hat sich über alle Prophezeiungen hinweggesetzt – so glaubten sie jedenfalls, aber genau weiß man das ja nie. Sie schützte ihre Mitmenschen, indem sie einfach weiterhin Hilary war. Das ist es wohl, was man »heroisch« nennt. Hilary war heroisch, weil sie jeden einzelnen Tag dem Tod die Stirn bot.

Vanella sieht das etwas anders. Sie meint, in Wahrheit hatte Hilary immer wieder panische Angst. Einmal fand sie ein paar Tabletten unter ihrem Kopfkissen und mußte ihrer Mutter die Finger aufbiegen, um sie ihr zu entwinden. Aber dann zerbrach sie sich natürlich den Kopf, ob sie richtig gehandelt hatte. Manchmal waren sie wie zwei Verschworene und einander so ähnlich, daß man sie für Schwestern hätte halten können. Sie zankten und sie brüllten sich an. Oder sie schwatzten und vertrauten sich Geheimnisse an, und Vanella nannte sie Pu. Die einzige Medizin für Hilary war, das Leben bis zur Neige auszukosten.

Als Hilary zum letzten Mal das Haus verließ, hatte Vanella heimlich ihre Tasche gepackt. Hilary dachte, sie ginge nur ins Krankenhaus, weil sie einen Termin beim Facharzt hatte. Der sagte ihr, medizinisch könne man nichts mehr für sie tun. Seine Worte klangen, als hätte er sie genau einstudiert: »Wenn Patienten dieses Stadium erreicht haben, können sie selbst darüber befinden, ob ihre Zeit gekommen ist. Sie sollten sich jetzt darauf vorbereiten, Hilary.« Mit anderen Worten: Sie solle aufhören zu kämpfen.

»Na, Mädchen, was meint ihr?« fragte Hilary ihre beiden Töchter. »Ist es soweit? Soll ich aufgeben?«

»Das liegt bei dir, Mum.«

Sie nahm ihre Hände und drückte sie. »Ich bin immer eine Kämpfernatur gewesen«, sagte sie.

Wir hielten weiter Nachtwache bei ihr und schliefen in ihrem Zimmer im Krankenhaus. Wenn Hilary nachts von den Schmerzen aufwachte, stand Vanella auf, um sie zu trösten, und wenn sie ihre Hand hielt und ihr die Stirn abwischte, wurde ihre eigene Angst offensichtlich. Dann tröstete Hilary ihre Kleine und sagte:

»Ist schon gut, mach dir keine Sorgen. Du brauchst ein bißchen Schlaf.«

Als sie ins Koma fiel, war es nur noch eine Frage der Zeit. Aber das machte es kein bißchen leichter, als der Augenblick gekommen war, als wir eine warme Hand hielten, eine warme Stirn küßten, hinter der schon kein Leben mehr war. Vanella sagte, dieser Moment hätte sich angefühlt wie der Schnitt eines Messers, wie der schärfste Schmerz. Ich war schon nach Hause gefahren, weil ich frühmorgens zur Arbeit mußte. Aber ich wurde sofort zurückgeholt in ein Zimmer, das noch vor einer Stunde still und friedlich gewesen war. Jemand hatte die Neonröhren angeknipst und Vanella, Colette und ihr Vater standen herum und waren tapfer. Ich konnte nichts tun. Ich wußte nicht, was ich sagen sollte.

Bei der Beerdigung sagte der Priester, er habe noch nie so viele Leute gesehen. Sie war ein so großzügiger Mensch gewesen. Ich bin mir sicher, daß wir eines Tages gute Freunde geworden wären.

Im Jahr danach und auch später wurde Vanella immer wieder von ihrer Trauer übermannt, und ich konnte nichts weiter tun, als sie fest in den Arm zu nehmen.

Aber auch ich hatte mich immer noch nicht mit einer anderen Art von Verlust abgefunden. Natürlich passiert so etwas alle Tage, aber meinen Bruder und mich traf es aus heiterem Himmel: Eines Tages teilten unsere Eltern uns mit, daß sie sich nach 30 Jahren Ehe trennen würden. Wir hatten nicht die leiseste Ahnung gehabt.

Wie sich herausstellte, hatte der Verkauf der Weberei eine Reihe von Ereignissen ausgelöst. Großvater hatte sich verstimmt zurückgezogen – alles, was er sich hart erarbeitet hatte, war dahin. Onkel Garth war nach fünf Monaten gekündigt worden. Vater ging nach sechs Monaten. Jetzt, da er arbeitslos war, beschäftigte er sich den ganzen Tag im Garten. Ich beobachtete ihn von einem Fenster im oberen Stock aus. Auf dem Kopf hatte er seine Stoffmütze, und gegen die Kälte trug er diesen schmuddeligen blauen

Anorak. Er führte Selbstgespräche, grübelte, rechtfertigte sich und versuchte, sich einen Reim auf alles zu machen.

Eines Tages ging er mit Mum auf eine Weltreise und kehrte mit dem Entschluß zurück, seine eigene Firma zu gründen: Export nach Australien. Seine ganze Energie war auf Neuanfang gepolt. Sie bauten ein neues Haus, und wir zogen aus Woodlands fort. Dad reiste ungefähr einmal im Jahr nach Australien und jedes zweite Mal nahm er Mum mit. Ich ging zur Universität, hing herum, suchte mir einen Job, und alles ging seinen gewohnten Gang ... bis zu jenem bewußten Morgen.

Wir waren fürs Weihnachtsfest nach Hause gefahren. Dad steckte den Kopf in mein Zimmer und bat mich, in sein Büro zu kommen – ein kleiner, schmuckloser Raum mit einem Gasofen und einem Panoramafenster.

Da saßen wir nun alle und warteten. Dad wußte nicht, wo er anfangen sollte, und sah zu meiner Mutter hinüber.

»Ich sag gar nichts«, sagte sie. »Du bist es, der was zu sagen hat.«

Ich glaube, nichts ist ihm je so schwer gefallen. »Wir haben da ein kleines Problem«, sagte er.

»Was für ein Problem?«

»Eure Mum und ich werden uns trennen ... Ich weiß noch nicht, was wir tun. Wahrscheinlich ziehe ich aus – nicht gleich, aber zu gegebener Zeit.«

Ich versuchte zu begreifen, was da vor sich ging, und ich merkte, wie verzweifelt Mum aussah. Ich saß da wie betäubt.

»Warum?« fragte Edward ohne Umschweife.

»Da gibt's eine Reihe von Gründen. Es ist kompliziert.« Dad sah wieder zu Mum hinüber; sie wandte sich ab, ihre Augen füllten sich mit Tränen.

Das war's so ziemlich. Edward und ich gingen wortlos in unsere Zimmer.

Fünf Minuten später kam Dad herein. »Ich hab mich wie ein Scheißkerl benommen, oder?« meinte er verlegen. Er lächelte, aber ich konnte sein Lächeln nicht erwidern. Er hatte sich amüsiert und war zu weit gegangen. »Deine Mum ist dahintergekommen ...«

»Was hast du vor?«

»Ich weiß nicht. Mal sehen.«

Keiner von uns brachte es fertig, sich der Sache zu stellen. Wir setzten uns einfach um den Küchentisch und aßen zu Mittag. Mum hatte eine Suppe gekocht.

Er mietete schließlich ein Haus, ein paar Meilen entfernt. In den folgenden Wochen und Monaten besuchte ich ihn immer mal wieder und stellte fest, daß er wie ich lebte und lernte, allein klarzukommen. Manchmal versuchte ich aus ihm herauszubekommen, was schiefgelaufen war, aber solche Fragen waren ihm immer unangenehm. Er sagte mir zwar halbwegs, was geschehen war, aber er wollte oder konnte nicht sagen, warum. Für mich war das schwer zu verstehen. Warum machte er keine Anstalten, den Riß zu kitten? So schlecht konnte das Leben mit Mum doch nicht gewesen sein! Wir hatten ein so normales Leben geführt. Aber ich hatte nicht gemerkt, wie sie uns abschirmten, während sich die Situation unrettbar zuspitzte.

Er fehlte mir. Sogar nach Jahren noch überkam es mich manchmal wie aus heiterem Himmel, zum Beispiel damals, als mein Bruder ein Gemälde für seinen Geburtstag in Auftrag gab. Dad war im Krieg in Burma Beaufighter-Maschinen geflogen. Er fliegt für sein Leben gern und erzählte uns bei jeder passenden oder unpassenden Gelegenheit die Geschichte von einer Landung im Urwald. Das Gemälde zeigte »seine« Maschine mit der ganzen Fliegerstaffel hoch über den Wolken. In der Woche, bevor wir es ihm überreichen wollten, hatte ich das Gemälde bei mir in der Wohnung. Dads alte Fliegerjacke hing immer bei mir am Garderobenständer in der Diele. Sie war zwar mittlerweile zu klein für mich, war aber immer noch in bestem Zustand. Plötzlich kam eines zum anderen, und ich saß in Tränen aufgelöst auf dem Boden. Und Vanella kam und nahm mich fest in die Arme.

Mein Großvater starb an meinem Geburtstag, in seinem 89. Lebensjahr. Die Dame an der Rezeption rief mich aus einem Kundengespräch heraus ans Telefon. Seltsamerweise überbrachte mir nicht mein Vater die Nachricht, sondern einer seiner Geschäftskollegen. Dad war schon nach Cambrai gefahren.

Großvater war kränklich gewesen, sein Tod kam also nicht allzu unerwartet. Eigentlich ließ ich gar keine Gefühle an mich heran – hielt sie auf Distanz. Ich sagte, ich würde in einem oder zwei Tagen nach Hause kommen, und ging wieder zu der Arbeitssitzung zurück – es ging um irgendwelche Poster-Layouts.

»Alles okay?« fragte jemand.

»Ja, alles klar. Mein Großvater ist gerade gestorben.«

Ich nahm ihre Beileidsbekundungen entgegen und machte weiter. Ich weiß nicht mehr, wie. Ich hätte auf die Straße gehen und meine Trauer hinausschreien sollen.

Der Trauergottesdienst wurde in der Methodisten-Kapelle von Skelmanthorpe abgehalten. Dad holte uns ab, und wir fuhren zu viert in einem großen schwarzen Auto hin. Keiner sagte ein Wort. Eine Familie zu sein war schwieriger für uns, als zu einer Beerdigung zu fahren. Auf unserer Fahrt durchs Dorf Richtung Weberei sahen wir wenig Veränderungen, abgesehen davon, daß jetzt etliche Autos parkten, wo früher nur ein oder zwei gestanden hatten. Die alten Weber warteten an der Mauer und nahmen die Kappen ab, als wir vorüberfuhren.

Später in Cambrai kamen alle zusammen. Und all die Großtanten mit ihren Handtaschen und ihren Puderdöschen sagten: »Na los, genehmigen wir uns ein Gläschen! Dem guten Senny hätte es nicht gefallen, daß wir hier herumstehen und die Köpfe hängen lassen, oder?«

Aber ich war traurig, ich konnte nicht anders. Wir hatten ihn verloren, sein verschmitztes Lachen, seine Ansichten über die Welt. Ich habe mir immer gewünscht, ihn auf Kassette zu haben, nur wegen seiner Stimme. Aber je älter ich wurde, desto öfter dachte ich daran, wie gerne ich mich noch mit ihm unterhalten würde.

Als ich eines Tages meinem Vater gegenüber erwähnte, daß Großvater einmal einen Mann getötet hatte, meinte er: »Seltsam. Das hat er mir nie erzählt.« Und ich fragte mich, wie viele Dinge es wohl gibt, die wir einander nie erzählen.

Irgendwann gab es nur noch eines: raus. Eine Reise! Danach würden wir zurückkehren und neu beginnen.

Der entscheidende Moment kam eines Sonntagabends, als wir an der Ecke eines umgepflügten Feldes standen. Wir hatten meinen Bruder auf dem Land besucht und wollten uns gerade aufraffen, durch das Verkehrsgewühl nach London zurückzufahren. Es war warm und windstill, die hellsten Sterne waren in der Dämmerung schon zu erkennen. Wir blieben stehen, um dem Ruf einer Eule im Wald zu lauschen. Eng umschlungen gingen wir noch einmal alles durch.

»Wir tun das wirklich, ja?«

»Was haben wir zu verlieren?«

»Nichts. Was haben wir zu gewinnen?«

»Alles.«

»Bloß – ich weiß immer noch nicht, was ich machen will.«

»Macht nichts. Warte, bis wir zurück sind! Wohin sollen wir fahren?«

»Überallhin.«

»Wir können nicht überallhin fahren.«

»Okay, fast überallhin.«

»Und was sollen wir tun?«

»Müssen wir noch überlegen. Wir können nicht einfach in der Gegend rumreisen. Wir werden verrückt, wenn wir nur einfach von Ort zu Ort flippen.«

»Ich möchte lernen.«

»Mmmm ... Wir könnten uns doch ein Ziel setzen.«

Irgendwie ergab sich dann alles wie von selbst. Je mehr wir über unseren Plan nachdachten, desto überzeugender schien er uns. Wir beschlossen, zu den ältesten Menschen der Welt zu reisen und mit ihnen zu sprechen – den Senioren der Menschheit.

Ein paar Monate lang schmiedeten wir Pläne. Dann kündigte ich. Vanella machte ihre Firma zu, und wir vermieteten die Wohnung. Mir war mulmig zumute, so als müßte ich von einer Klippe springen. Und doch war es das Einfachste, was wir je getan hatten.

Meine Mutter war überhaupt nicht glücklich – das verbot ihr ihre fürsorgliche Art: Wir könnten verletzt werden oder umkommen. Mein Vater wirkte erst überrascht, dann wurde er neugierig, schließlich unterstützte er uns. Er wußte, wenn ich mir mal etwas vorgenommen hatte …

Damals war er wieder verheiratet und wollte bald nach Australien auswandern. Vanellas Vater schwieg sich aus. Vielleicht war ich doch nicht der Schwiegersohn, den er in mir gesehen hatte? Und unsere Freunde? Ich weiß nicht; vielleicht haben sie sich betrogen gefühlt oder waren neidisch, oder sie hielten uns einfach für plemplem.

Das Verpacken unseres alten Lebens in Kisten wurde zur militärischen Operation. Ich fertigte Listen an, wohin was wandern sollte. Es war so viel – Möbel, Küchenutensilien, Berge von Kleidern, Hochzeitsgeschenke, die wir nie ausgepackt hatten, Bücher, Schallplatten, Aktenordner, alte Tennisschläger, Krimskrams jedweder Art. Alles mußte beschriftet, Zerbrechliches und Gemälde mußten mit Noppenfolie geschützt werden; in Noppenfolie verschwand auch das halbmeterlange afrikanische Krokodil, das so lange in Cambrai in der Diele gelegen hatte. Wir borgten uns Lagerplatz auf Dachböden und stopften eine abschließbare Garage bis zum Bersten voll. Alles mußte verstaut werden; schließlich war nur noch das übrig, was wir tragen konnten.

Meine Mutter photographierte uns ein letztes Mal, als wir uns von ihr verabschiedeten. Vanella und ich sitzen in unseren Freizeitklamotten auf der Mauer vor ihrem Häuschen. Ein seltsames Bild! Wir sind in unseren Dreißigern, aber wir sehen irgendwie aus wie Kinder: pausbäckig und unschuldig.

Schon der Anfang sieht vielversprechend aus. Als wir durch die Fahrkartenkontrolle gehen, packt mich auf einmal ein unwiderstehlicher Lachreiz. Auf dem roten Namensschild unserer Lok steht »Planet«. Ich zeige darauf, und während wir unter unserer Gepäcklast den Bahnsteig entlangschwanken, erklären wir den Namen grinsend zu unserem Omen.

Vanellas Wangen röten sich, und ich fühle, wie mir der Schweiß über die Brust läuft, während ich meine brachliegenden Muskeln strapaziere. Wir sind überladen. Obwohl ich nur das Allernötigste von dem eingepackt habe, was ich in zwei Jahren vielleicht brauchen könnte, habe ich gewaltige Probleme. Falls mich jetzt irgendein gestreßter Pendler anrempeln sollte, würde ich auf der Stelle zu Boden gehen und hilflos wie ein Käfer auf dem Rücken liegenbleiben.

Planet und England liegen hinter uns; über eine glatte, graue Nordsee halten wir auf Dänemark zu; Esbjerg am nächsten Morgen riecht nach Fisch und Maschinenöl. Nachmittags durchqueren wir Jütland und erleben einen seltsamen Gefühlsmix. Wir sind endlich unterwegs, aber unter der Oberfläche brodeln all unsere Unsicherheiten. Jetzt gibt es kein Zurück mehr. Wir haben uns bewußt abgekoppelt, und die einzige Gewißheit ist, daß ich von nun an das Leben von einer ganz neuen Warte betrachten muß.

Ich starre hinaus auf die roten Backsteinhäuser mit ihren Wellblechdächern – Bauernhäuser, wo »Mist« ein unanständiges Wort wäre. Ich komme zu dem Schluß, daß die Dänen die Ordnung zur Kunst erhoben haben, und frage mich, was sich in diesem ordentlichen Land je ereignen könnte. Dann räkle ich mich und stelle fest, daß ich mich seit Jahren nicht mehr so wohl gefühlt habe. Es sieht ganz so aus, als finge ich schon an, die Nichtigkeiten meiner vorigen Existenz abzuschütteln. Ich fühle mich wie damals mit acht Jahren, wenn ich auf meinem Fahrrad den Hügel hinuntersauste und der Wind mir um die Nase pfiff. Und plötzlich bin ich für all die Wenns und Abers nicht mehr zu sprechen.

Reisen light

Unsere Unterkunft ist als Chalet inseriert, aber sie entpuppt sich als holzverschalter Schuppen auf einem leerstehenden Campingplatz, umgeben von Hochhäusern. Wir hausen in einer Art Hundehütte mit Gardinen aus Spitzenimitat, die an einem Draht zwischen rostigen Haken hängen. Wir haben zwei Gasflammen und eine Glühbirne, und der Fußboden ist feucht. Wir schlafen in unseren Schlafsäcken auf einer harten, zugigen Plattform unter dem Dach. Als ich in der ersten Nacht die Leiter hochsteige, zittert Vanella demonstrativ, während sie sich wärmesuchend herumwälzt. »Was zum Teufel haben wir hier verloren?« stöhnt sie.

Ich denke nur: Wenn uns unsere Freunde jetzt sehen könnten! Aber ich grunze nur: »Wir sind hier, weil es billig ist, und wir hätten es wahrscheinlich noch viel schlechter treffen können.« Sorgfältig falte ich mein Sweatshirt zum Kopfkissen und rücke die Taschenlampe zurecht, die ich wie eine Grubenarbeiterlampe vor die Stirn geschnallt trage. Es ist noch nicht mal neun Uhr. Wenigstens habe ich jede Menge Zeit, im Bett zu lesen.

In der Kühle des ersten Morgenlichts entdecken wir unsere Nachbarn, die zwei Türen weiter in Nummer 18 wohnen: einen Schäferhund und eine ungeheuer übergewichtige Frau. Beide verstehen sich darauf, mit Blicken zu durchbohren, so daß wir lieber für uns bleiben. Die Duschkabine verschafft mir eine Gänsehaut, aber kein heißes Wasser. Bei einer Tasse Tee blättere ich mich durch ein Viel-Spaß-in-Kopenhagen-Magazin, das wir am Bahnhof aufgelesen haben und sehe, daß unsere Gegend als »unser Messerstecher-Viertel« beschrieben wird. Wir spähen auf die

Wohnblöcke hinaus und fragen uns, ob es nicht an der Zeit sei, eine neue Bleibe näher am Stadtzentrum zu suchen.

Vanellas Rucksack verblüfft mich. Normalerweise verbreitet sie überall ihr Chaos; aber die Aussicht, zwei volle Jahre lang nichts mehr zu finden, hat sie urplötzlich verwandelt. Außer ihren Stiefeln, ihrem Polar Fleece und ihrer Jacke ist jetzt alles methodisch geordnet. Eines Tages war ich mit ein paar stabilen, farbkodierten, durchsichtigen Plastikbeuteln mit Reißverschlüssen nach Hause gekommen, und sie hatte sofort den ganzen Packen beschlagnahmt.

Sie hat einen Warm-Wetter-Beutel (zwei T-Shirts, ein Kleid, einen Sarong und ein Paar Shorts); einen Kalt-Wetter-Beutel (Thermo-Unterwäsche, langärmelige Shirts, dicke Socken); einen Unterwäsche-Beutel; einen Apotheken-Beutel (Nadeln, Tabletten, Sun-Blocker und für alle Fälle noch mehr Nadeln); ihren Girlie-Beutel (ein Lippenstift, ein Eyeliner, Gesichtscreme und Zahnbürste); einen Aktiv-Beutel (ihre Aquarellfarben, ein winziges magnetisches Scrabble-Spiel, Briefpapier); und dann den wichtigen Krimskrams-Beutel mit dem Stöpsel, der für alle Waschbecken paßt, der elastischen Wäscheleine und dem Gaffer-Band – irgend jemand hatte uns geraten, wir dürften nie das Gaffer-Band ausgehen lassen. Vanella hat nichts weiter zu tun, als alles in sieben Plastikbeutel zu werfen und sich draufzusetzen, um die Luft rauszupressen. Dann verschränkt sie die Arme und macht sich über mich, den Ordnungsapostel, lustig, während ich T-Shirts zusammenrolle, meinen Kamm suche und alles an seinen rechtmäßigen Platz lege.

»Beeilung, Boot!« Boot – Stiefel – ist der Spitz- und Kosename, den sie mir gegeben hat.

Wenn ich zurückschaue, habe ich den Eindruck, daß ich den Gang der Dinge zwischen uns fast nicht beeinflussen konnte. Vanella und ich waren ein Jahr oder länger zusammen, als wir einen Wendepunkt erreichten und beide Zweifel bekamen. Wir mußten uns entscheiden. Wir trennten uns – auf meine Initiative hin. Sie sagt, es wäre ihre gewesen. Nach ein paar Tagen voller Schmerz und einander widersprechender Ratschläge von Freunden waren wir wieder zusammen.

Als ich ging, hatte sie so verletzt ausgesehen, daß ich es kaum ertragen konnte. Ich rief also bei ihr an und fragte, wie es ihr ginge, und bevor ich wußte, was ich tat, sagte ich ihr, daß ich sie liebte. Das war eine Premiere. Ich war immer ein bißchen vorsichtig in Herzensangelegenheiten, vielleicht wegen Mum und Dad. Ich glaube, es war tatsächlich das erste Mal, daß ich das überhaupt zu jemandem sagte. Woher konnte ich es dann überhaupt so genau wissen? Ich sagte, ich liebte sie, aber ich hätte mich wahrscheinlich viel wohler gefühlt, wenn ich nur gesagt hätte, daß ich sie wirklich sehr gern hätte. Aber das wäre nicht genug gewesen.

Wir waren wieder vereint und machten dort weiter, wo wir aufgehört hatten. Aber es hatte sich etwas geändert. Ich erinnere mich, daß ich ihre Zuneigung bewußter wahrnahm. Da war eine Zärtlichkeit, die ich zuvor nicht gesehen hatte und die mir ein Gefühl von Wärme und Sicherheit gab. Einige Zeit später dann wollte ich nicht mehr ohne sie sein – ich erinnere mich noch gut daran. Wir beide zusammen – das fühlte sich einfach richtig an. Aber das konnte ich ihr nicht sagen, jedenfalls nicht als Selbstverpflichtung.

Dann kam die Nacht unseres Shepherd-Pie-Wettbewerbs. Wir behaupteten beide, wir könnten den besten Shepherd-Pie der Welt machen. Also luden wir alle Freunde ringsum ein und ließen unsere Pies nach verschiedenen Kriterien bewerten, über die wir uns zuvor geeinigt hatten. Wie nicht anders zu erwarten, war das, was wir beide servierten, völlig unterschiedlich. Ihr Pie war riesig, mit Rindfleisch zubereitet und mit Zuckermais und Erdnüssen drin. Meiner war perfekt. Nein, nicht ganz perfekt – ich habe die Kartoffeln versaut – aber ich habe trotzdem gewonnen. Bis heute behauptet sie, das sei ein abgekartetes Spiel gewesen. Ich hatte damals besser in der Teilwertung »Annäherung an das Ideal des Shepherd Pie« gepunktet. Und: Höchstwertung für »Kreativität«! Ich hatte jeden Teller mit einem Plastikschaf dekoriert.

Erst lange nach zwei Uhr morgens war die ganze Jury heimgegangen. Ich lag sturzbetrunken rücklings auf dem Fußboden. Miles Davis blies irgend etwas Ruhiges, Rätselhaftes, und der komische Einfall schoß mir einfach so durch den Kopf. Und genauso platzte er auch aus mir heraus.

»Was meinst du – sollen wir heiraten?«

Sie hatte sich aufs Sofa geknallt.

»Nein.«

»Hast du überhaupt gehört, was ich gesagt habe?«

»Ja ... Nein.« Sie setzte sich auf, sah zuerst unsicher, dann überrascht drein und lächelte, alles in schneller Abfolge.

Ich krabbelte zu ihr hinüber. »Bitte!« Ich kniete vor ihr.

»Meinst du das ernst?«

»Ja. Warum nicht?«

»Ach so. Geht in Ordnung. Ja.«

Sie sagt immer, sie hätte es gewußt. Ich war vielleicht mürrisch, schwierig und zugeknöpft, aber irgendeine innere Stimme verriet ihr, daß wir seelenverwandt seien. Ein Jahr später sagten wir »Ja« vor allen, die uns wichtig waren. Nun waren wir also für den Rest unseres Lebens zusammen.

Natürlich konnte ich damals nicht wissen, daß dieses Zusammensein 24 Stunden pro Tag bedeuten würde, so wie das jetzt der Fall ist. Wir witzeln darüber und verziehen erschrocken die Gesichter. Immerhin haben wir vieles hinter uns gelassen, darunter vielleicht etliches, das uns bisher zusammengehalten hat. Und ich begreife allmählich, daß wir alles, jede Bewegung, aushandeln und miteinander abstimmen müssen. Alles! – was wir als nächstes tun wollen, welche Abbiegung wir nehmen wollen.

Wir verbringen unsere Tage meistens auf der Straße. Wir laufen kilometerweit und schauen nur. Wir *müssen* nichts tun. Wir fühlen uns wie Schulschwänzer, so als könnte man uns irgendwie auf die Schliche kommen. Aber es ist herrlich. Wir können es uns leisten, den dänischen Einfallsreichtum in puncto Fahrrad-Design zu bewundern: Auf manchen sitzt der Benutzer in einem Ledersitz wie in einer Hängematte, manche haben vorne angebaute Kästen für die Kinder, dann diese Tandems – maßgeschneiderte Modelle jeder Art. Wir stellen fest, daß die Ampeln hier auf eine eher kontinentale Art piepsen, und sind überrascht, daß sich nie ein Fußgänger verkehrswidrig verhält. Trotz allem entdecken wir schließlich mehr Ähnlichkeiten als Unterschiede. Kopenhagen hat seine eigene Schickeria-Gegend mit Cafés und Bars, die Soho gar nicht so unähnlich ist. Die Geschäfte, die wir durchstöbern, verkaufen dieselben vertrauten Marken. Der Tivoli-Park scheint sich in einen Freizeitpark verwandelt zu haben. Wir besichtigen die Plätze, die Denkmäler und ein paar alte Gebäude und sind schließlich müde und gleichzeitig unruhig.

Nachmittags wärmen wir uns meistens im Kino auf und trösten uns damit, daß die Schauspieler zu uns in unserer eigenen Sprache sprechen. Dann machen wir uns auf die Suche nach etwas zu essen, und manchmal gönnen wir uns das unbestritten teuerste Helle der Welt. Um halb acht liegt die Nacht vor uns, und wir haben nur uns selbst zur Gesellschaft. Also lassen wir uns müßig treiben, mustern die raffiniert eingerichteten Bars und die kerzenbeleuchteten Restaurants mit einem Anflug von Neid und einigen uns dann darauf, in irgendein Fremdenzimmer und zu unseren Vorhängeschloß-verriegelten Sachen zurückzukehren.

Dann steigen wir eines verregneten Samstag nachmittags eine Steintreppe hinauf, in den Ohren den Widerhall unserer Schritte. In der Luft hängt ein schwacher Hauch Karbol. Ein paar Treppenabsätze höher bleiben wir stehen und überprüfen noch einmal, ob wir vorzeigbar aussehen. Vanella wirkt nervös.

»Was machen wir hier eigentlich?« fragt sie sanft, dann knufft sie mich spielerisch. Ich hole tief Luft und klopfe mutig. Wir werden von dem brummigsten Hausmädchen empfangen, das je eine Haustür entriegelt hat. Sie ist komplett ausstaffiert mit schwarzem Kleid und Schürze, hat aber weder ein Lächeln noch ein »Guten Tag« für uns übrig. Sie läßt uns in einen engen Korridor eintreten und sieht zu, wie wir uns aus unseren Jacken schälen. Dann kommt uns eine Stimme zu Hilfe: »Kommen Sie herein! Kommen Sie doch herein.« Wir wissen nur, daß die Stimme zu einem Anwalt gehört, der irgendwie mit Rußland zu tun hat.

Es sieht aus wie in einem Museum. Überall Antiquitäten. An den Wänden hängen ein paar bemerkenswerte Gemälde, und zwei schimmernde Samoware sind zu beiden Seiten des Eßzimmers postiert. Hermod Lannung bleibt am Tisch sitzen. Er begrüßt uns in perfektem Englisch, und wir nehmen am anderen Ende des Tisches Platz.

Ich hatte mir Sorgen gemacht, daß er vielleicht ein bißchen zu ... nun ja, zu klapprig sein könnte, aber er sieht ziemlich gut aus, wenn man bedenkt, daß er der älteste Mensch ist, dem wir je begegnet sind. Kerzengerade und sehr förmlich sitzt er in seinem grauen Dreiteiler da, sein silbriges Haar zu einer auffälligen Welle gekämmt. Die ledrigen Falten seitlich an seinem Hals erinnern mich allerdings ein bißchen an eine Schildkröte.

Wir wissen erst nicht recht, wo wir anfangen sollen, aber es dauert nicht lange und wir sprechen über Rußland. Lannung reiste im Jahr 1917 mit 21 Jahren zum ersten Mal dorthin. Man hatte ihm die Aufgabe übertragen, sich für die Rechte der österreichisch-ungarischen Kriegsgefangenen einzusetzen. Dänemark als neutrales Land kümmerte sich um die diplomatischen Interessen der Habsburger in Rußland. Er hatte in der habsburgischen Botschaft im damaligen Petrograd *(später Leningrad, heute wieder St.Petersburg)* gearbeitet.

»Das waren schwierige Zeiten«, erzählt er uns. »Im selben Jahr war die Herrschaft des Zaren zu Ende gegangen und Kerenskij kam an die Macht. Dann kam Lenin mit Hilfe der Deutschen aus dem Exil nach Petersburg zurück. Sie wollten, daß er Unruhe stiften und das politische Gleichgewicht zu ihren Gunsten kippen sollte.«

Wenn er spricht, fühle ich mich an meine Geschichtsstunden erinnert. Wenn ich mir damals den Ablauf der Ereignisse ausmalte, die zu einer Revolution führten, kam es mir vor, als hätten sie sich vor Ewigkeiten und in einer ganz anderen Welt zugetragen. Aber das hier fühlt sich irgendwie anders an. Hier ist die Geschichte lebendig und spricht zu uns. Und daß wir uns bald nach Rußland wagen wollen, hält man im Hause Lannung durchaus nicht für allzu kühn.

»Damals«, sagt Lannung, »war es wie ein Traum. Freiheit!« Vanella macht sich auf ihrem Schoß verstohlen Notizen. Sie ist still geworden und überläßt mir die Führung. (So ist sie manchmal: Sie bringt dann kaum einen Ton heraus.) Lannung sitzt erhobenen Hauptes da, die Hände auf dem Tisch. Er ist weit weg.

Er sagt, die Oktober-Revolution sei eine relativ glimpfliche Sache gewesen. Alles stand still. Es war Krieg, es herrschte Hungersnot und es gab kein Heizmaterial für die Öfen. Die Menschen waren bereit für einen Wechsel. Und Kerenskij konnte keinen Frieden schließen, weil er den Alliierten gegenüber verpflichtet war, sich gegen die Deutschen zu stellen. Lenin dagegen war für sofortigen Frieden. Denn ihm war klar: Man kann in einem Land wie Rußland nicht gleichzeitig einen Großen Krieg und eine Revolution führen. Lenin schloß Separatfrieden mit Deutschland, und danach hatten die Kommunisten leichtes Spiel.

»Was sie in diesem November ernteten, war eine reife Frucht«, sagt Lannung, »ja, … eine reife Frucht.« Mit perfekt manikürten Fingern trommelt er auf die Tischdecke, dann spielt er zerstreut mit einer kleinen flachen Porzellanschale. Wie gerne würde ich sehen, was er vor seinem inneren Auge sieht. Manchmal sehne ich mich tatsächlich danach, in einer anderen Zeit zu leben, als das Leben noch einfacher, weniger überspannt, vielleicht elementarer war. Ich wünschte, ich könnte die Straßen von St. Petersburg so sehen, wie er es kann, und die Stimmung der Menschen erfühlen. Aber dann wäre ich wahrscheinlich über Armut und Ungerechtigkeit oder die Unsicherheit des menschlichen Daseins schockiert. Vielleicht ist ja doch das, was wir gerade tun, das beste: eine bequemere Art der Zeitreise.

Auf mein Drängen erzählt Lannung, wie er mit der kommunistischen Geheimpolizei über die Entlassung ausländischer Gefangener zu verhandeln pflegte. Er war zum dänischen Roten Kreuz nach Moskau versetzt worden. »Eine interessante Arbeit war das«, sagt er und nickt. »Ich hatte mit Dserschinski und Peters zu tun, den Anführern der Tscheka. Sagen Ihnen diese Namen etwas?«

Als wir die Köpfe schütteln, sieht er uns prüfend an.

»Das sollten sie aber. Dserschinski war ein sehr übler Kerl. Ihm unterstand die Tscheka, die Geheimpolizei. Sie waren außerordentlich brutal. Das sind Dinge, die jeder wissen sollte. Verzeihen Sie, wenn ich unhöflich bin, aber die meisten Briten wissen das.«

Ich fühle mich unzulänglich. Ich hatte alles über die Tscheka vergessen, und natürlich hatten wir im Unterricht einmal Peters durchgenommen. Mir fällt sogar wieder ein, daß das nicht sein wirklicher Name war. Dann nimmt uns Lannung mit auf eine Reise.

Im November 1918 wurde er nach Kiew geschickt, um wegen einiger Kriegsgefangener zu verhandeln. Kiew war von strategischer Bedeutung und immer noch unter deutscher Besatzung, also gaben ihm die Kommunisten für die Reise einen eigenen Eisenbahnwaggon, dazu zwei Wachposten. Als er bei Borissow die Front überquerte, glaubte er, er sei im Himmel. Plötzlich konnten sie gebratene Ente, sogar eine Flasche Wein bekommen. In Rußland gab es so wenig zu essen.

Als er seinen Auftrag in Kiew erledigt hatte, entdeckte er zufällig, daß es dort Zucker im Überfluß gab. In Moskau dagegen hatten sie überhaupt keinen, also beschloß Lannung, jede Menge Zucker zu kaufen und in seinem Waggon mit nach Moskau zurückzunehmen. Alle sagten, er sei komplett verrückt.

»Wieviel Zucker?« frage ich.

Lannung zupft sich am Ohrläppchen und grinst. »Na ja, soviel man eben in einen Eisenbahnwaggon hineinbekommt. Ich weiß nicht genau, es war ein ziemlich großer Waggon. Er hatte mehrere Abteile. Ich hatte eins für mich, eins war für mein Personal. Der Rest war voll Zucker.«

Sie machten sich auf den Rückweg, aber die Reise war nicht einfach. Die Ereignisse überstürzten sich: Soldaten im Strudel der Geschichte – die Nachwehen von Krieg und Revolution. Die Kommunisten kamen, um die Deutschen in die Flucht zu schlagen, die Eisenbahnlinien wurden zerstört.

Lannung mußte mit seinen Leuten große Umwege machen und oft tagelang an irgendeiner entlegenen Bahnstation auf eine Lokomotive warten. Endlich erreichten sie den Grenzfluß zwischen der Ukraine und Rußland.

Lannung erinnert sich noch, was ihm da entgegenlächelte: In der Nacht zuvor war die Brücke gesprengt worden.

»Heute bin ich alt und fürchte mich vor allem und jedem«, sagt er, »aber damals war ich ein junger Mann und fürchtete mich vor nichts. Ich bat den Stationsvorsteher, unsere Fracht zum Fluß hinunterbringen zu lassen. Dann suchten wir uns 18 Bauernschlitten. Die fuhren mit dem Zucker über den zugefrorenen Fluß und am anderen Ufer wieder hinauf.«

Seine Augen glitzern, während diese Bilder in ihm aufsteigen.

Am anderen Ufer wurde er prompt von kommunistischen Soldaten verhaftet und wäre um ein Haar erschossen worden, aber ein Mitglied des russischen Roten Kreuzes rettete ihm das Leben. Sie setzten dann ihren Weg in einem Güterwaggon fort, schliefen oben auf der Ladung. In Minsk fanden sie etwas zu essen, aber während sie aßen, fuhr ihr Waggon ohne sie ab. Nur weil sie die ganze Nacht durch in der klirrenden Kälte an den Schienen entlangliefen, holten sie den Waggon wieder ein. So kamen sie schließlich zurück nach Moskau.

»Dort«, sagt Lannung, »war der Zucker Gold wert. Wir haben ihn dem Roten Kreuz und den Krankenhäusern gegeben.«

Na, das war doch mal eine sinnvolle Reise!

Lannung greift nach oben und drückt auf eine Klingel, die von der Decke hängt. Nach einer längeren Pause erscheint die Haushälterin mit einer Miene, als nähme sie die Störung übel. Er bittet um Tee. Sie gibt eine brummige Antwort, stapft davon und macht sich geräuschvoll in der Küche zu schaffen.

Lannung nimmt den Gesprächsfaden wieder auf. Nach seiner Kiew-Mission kehrte er heim in der Absicht, für sein Juraexamen zu lernen, doch statt dessen arbeitete er eine Idee aus. Es ging ihm darum, diejenigen zusammenzubringen, die sich vor kurzem noch in den Schützengräben gegenübergelegen hatten. Im August 1921 fand in Schloß Christiansborg eine Konferenz statt, auf der junge Deutsche, Österreicher, Franzosen und Briten ihre Erfahrungen und Ansichten austauschten. Lannung bekam Telegramme von Premierministern aus ganz Europa, die ihn zu dieser Veranstaltung beglückwünschten. Auf diese eine Leistung ist er am stolzesten – er, der später Vorsitzender der Sozialliberalen Partei wurde, der Dänemark im Europarat und jahrelang in den Vereinten Nationen vertrat.

Was meinen eigenen jugendlichen Ehrgeiz angeht: Ich habe mich vielleicht durch die besten Restaurants gegessen, muß mir aber jetzt eingestehen, daß mich das nicht sehr weit gebracht hat. Dieser alte Herr weckt in mir den Wunsch aufzuspringen, in die Welt hinauszugehen und große Dinge zu tun.

Lannung ging bald nach Rußland zurück. Er wurde aufgefordert, für den Hochkommissar des Völkerbundes, den Arktisforscher Fridtjof Nansen, zu arbeiten. *(Nansen leitete 1920 die Rückführung der Kriegsgefangenen aus der Sowjetunion, 1921 bis 1923 war er als Hochkommissar des Völkerbundes Leiter einer Hilfsaktion in den Hungergebieten der UdSSR, Anm. d. Übers.)* Lannung reiste nach Samara, Saratow und in die Winkel des alten Reiches und kontrollierte Nansens Gebietsbevollmächtigte.

Mit einem Griff in seine Jackentasche zeigt er uns, wo sie damals die Chemikalien gegen die Läuse deponieren mußten. Dann befühlt er sein Hemd. »... Ja, und wenn man Seidenhemden trug, das mochten diese barbarischen Läuse nicht. So stellten wir uns das jedenfalls vor ... na ja.«

Als die Haushälterin mit dem Tee kommt, kichert er immer noch vor sich hin. Sie geht mit dem empfindlichen gelben Porzellan um, als sei sie in einer Hafenkaschemme. Stifte landen auf dem Boden. Noch ein paar Teller und schließlich eine wunderschöne Teekanne knallen auf den Tisch. Lannung spricht kurz und bündig ein paar Worte Dänisch mit ihr, und sie zieht sich brummelnd zurück. Ihre sozialen Fähigkeiten mögen Wünsche offenlassen, aber sie macht außerordentlich leckere Plätzchen. Während wir knabbern, hören wir Lannungs Lenin-Geschichte.

Als Lenin im Januar 1924 starb, wurde sein Leichnam nach Moskau zurückgebracht. Lannung – mittlerweile ein ranghoher Nansen-Funktionär – wartete am Bahnhof.

»Ich stand mit Stalin und all den anderen bösen Burschen hinter dem Sarg«, erinnert er sich. »Als wir rauskamen, war es sehr, sehr kalt. Der Trauerzug bewegte sich durch die gefrorenen, schneebedeckten Straßen zum Gewerkschaftshaus. Da standen natürlich Wachposten. Sie hätten mich eigentlich nie und nimmer hineinlassen dürfen, aber ich war ein junger Ausländer in einem guten Pelzmantel aus dem Westen. Sie ließen mich dorthin vor, wo Lenin aufgebahrt lag. Seine Frau und seine Schwester machten ihn gerade zurecht und legten seine Hände mehr oder weniger so hin.«

Lannung legt sich die Hände nach Art der Orthodoxen mit angewinkelten Ellbogen gekreuzt auf die Brust.

»Ich sagte mir, ›das können die doch nicht machen! Das ist antikommunistisch. Ich bin gespannt, welche Bilder es morgen zu sehen gibt‹.«

In der Presse: keine Hände zu sehen! Als Lannung später Präsident der Dänisch-Sowjetischen Handelsgesellschaft war, hat er deshalb in Moskau einmal das Museum besucht und gebeten, die ersten Bilder sehen zu dürfen, die vom toten Lenin gemacht worden waren.

»Sie haben sie mir gezeigt, und ich hatte recht«, sagte er: »Lenin mit orthodox gekreuzten Händen. Es ist nur ein spaßiges Detail, aber ich finde es nett, weil mir jeder gesagt hatte, ich hätte mich geirrt.«

Ich nehme die Episode vom aufgebahrten Lenin und Lannungs heimlichem Blick auf die Photos wie ein Geschenk entgegen. Für ihn ist es nur eine von vielen Geschichten, aber ich fühle mich, als sei ich einer Kostbarkeit nahegekommen.

Vanella bewundert seine Antiquitäten. »Ich habe mein ganzes Leben lang gesammelt«, sagt er. »Jedes Ding hat seine eigene ganz besondere Geschichte. Wenn man alt wird, hat alles seine Geschichte.«

Wir sehen uns im Zimmer um und ich zeige auf die Samoware. Besonders einer ist ein wahres Ungetüm.

»Diesen hier«, erzählt er, »habe ich von Gräfin Alexandra Tolstoi gekauft, der Tochter von Leo Tolstoi. Er stammt von seinem Gut in Yásnaya Polyána. Wenn Russen den sehen, bekommen sie feuchte Augen.«

Ich beschließe insgeheim, beim Abschied die drei Füße aus poliertem Messing zu berühren – ein bißchen weltliche Heiligenverehrung: Ich bin schließlich nicht jeden Tag in der Gesellschaft eines Teekessels, der bei der Entstehung von »Krieg und Frieden« maßgeblich beteiligt war.

Das Silberzeug ist phantastisch, meistens aus Rußland, vieles davon aus dem 16. Jahrhundert. Dutzende von Kelchen sind aufgereiht, große für Wein, kleinere für einen Schluck Wodka. Die Gemälde hat Lannung in den 20er Jahren erworben.

»Ein Drittel meiner Gemälde hängt schon in einem Museum. All das Silber und der Rest der Gemälde gehen dorthin, wenn ich tot bin. Einige sind sehr bedeutend.«

»Sie haben viele wunderschöne Dinge«, sagt Vanella.

»Oh ja ja – durchaus«, murmelt er.

»Aber Sie können nichts mitnehmen, wenn Sie gehen«, sage ich und bereue es auf der Stelle.

»Wenn ich in der Hölle sitze und heraufschaue, weiß ich wenigstens, wo sie sind«, sagt er.

»In der Hölle? Oder im Himmel?«

»Na, in der Hölle natürlich. Nicht im Himmel – mit all den Engeln, die pausenlos singen. Nicht gut. Zu laut.« Und er lacht, wie er den ganzen Nachmittag nicht gelacht hat. »Ich bin jetzt ein alter Trottel«, sagt er, »und sehr bald werde ich auf dem Westfriedhof liegen.

Ich würde gern weitermachen, weil das Leben immer interessant ist. Bis vor ein paar Jahren war ich sehr aktiv, aber jetzt machen meine Beine nicht mehr mit. Ich arbeite immer noch von morgens bis abends an mehreren Fällen. Ich habe hart an einem globalen Sicherheitssystem gearbeitet. Kennen Sie die KSZE?«

Wir kennen sie nicht, aber wir sollten sie kennen: die Konferenz für Sicherheit und Zusammenarbeit in Europa.

Und dann frage ich ihn, ob die Zeit für ihn jetzt schneller verfliegt.

Lannung grunzt ein wenig und nickt. »Wenn Sie so alt sind wie ich, rast die Zeit … oh, ein Jahr ist eine sehr kurze Zeit. Aber lebensmüde hat mich das Leben nie gemacht. Erst wenn ich tot bin, ist Ruhe. Meine Beine sind noch nie so schlimm gewesen wie heute.«

Lannung hatte versucht, sich einen Lift zum dritten Stock hinauf bauen zu lassen, um auf diese Weise wenigstens hinaus zu können. Er hatte sogar angeboten, sich an den Kosten zu beteiligen, aber es erwies sich als bautechnisch unmöglich.

»Es geht einfach nicht«, sagt er. »Na ja, jedenfalls habe ich all meine Sachen hier, deshalb würde es mir nicht im Traum einfallen umzuziehen.«

Nur in diesem einen Augenblick sehe ich ihn vor mir wie einen Vogel mit gebrochenen Flügeln.

Als wir in die Dämmerung und den Nieselregen hinausstolpern, muß ich unwillkürlich an heißen Tee und Fußballergebnisse aus dem Radio denken. Wir finden ein Café in der Nähe, wo wir unsere Gedanken sammeln können.

»Wie du wohl in dem Alter bist?« fragt Vanella und spielt mit dem Schaum auf ihrem Kaffee.

»Irgendein mürrisches altes Arschloch wahrscheinlich. Und du?«

Ich sehe sie etwas exzentrisch und sehr geschäftig vor mir, mit dicken Wollsocken, die sich locker um ihre Knöchel ringeln – eine Oma, die von ihren Enkelinnen liebend gerne besucht wird, weil es bei Oma immer irgendein neues Projekt gibt. Sie wird Vasen bemalen oder irgendwo oben auf einer Leiter stehen.

»Ich rechne eigentlich nicht damit, so lange zu leben«, sagt sie mißmutig.

»Was meinst du damit? Du kannst doch nicht mit solchen Gedanken rumlaufen.«

»Ach, ich weiß nicht ...« Sie leckt ein paar Schokoladenstreusel auf. Sie muß an ihre Mutter denken, sagt, sie könnte ihre Gene haben.

»Ach komm, das weißt du doch gar nicht«, wende ich ein.

»Na, die Wahrscheinlichkeit ist aber ziemlich hoch, oder nicht?«

»Nicht unbedingt.«

»Entweder ist es das oder mein Magen.« In Wirklichkeit ist es nicht ihr Magen, sondern ihr Dünndarm – der Teil, wo die Nahrung verdaut wird. Als Baby litt Vanella an etwas, das Intussuszeption heißt und Darmverschluß verursacht. Man mußte ihr ein Stück Dünndarm entfernen; der Priester wurde zur Nottaufe gerufen, bevor sie operiert wurde. Das Narbengewebe an dieser Stelle bereitet ihr noch heute Probleme, und manchmal ist der Darm völlig blockiert. Eine außerordentlich schmerzhafte Sache.

Ein- oder zweimal mußte sie deshalb ins Krankenhaus. Dort haben sie ihr den Magen ausgepumpt und abgewartet, bis die Blockade sich löste. Aber durch Herumprobieren haben wir herausgefunden, daß ich das Problem oft mit einer kleinen, vorsichtigen Massage beheben kann.

»Du weißt ja, wie mich das beunruhigt«, sagt sie.
Ich nehme ihre Hand und lächle sie ermutigend an.
»Keine Angst. Dir wird's prima gehen.«

Wir beschließen, nach Helsingborg überzusetzen. Ich habe unsere Reiseroute ausgearbeitet, aber nichts ist wirklich genau festgelegt. Es gefällt mir, daß wir einfach alles hinter uns lassen und weiterziehen können, wenn etwas nicht klappt.

Wir reisen zu der kleinen Stadt Bålsta – aus Stockholm raus bis zur Endstation der S-Bahn und dann weiter mit dem Bus. Von ferne sieht der Ort aus wie eines dieser maßstabsgetreuen Modelle, die vor Baubeginn erstellt werden. Bålsta liegt von Kiefern umstanden an einem See und ist der Traum jedes Stadtplaners: eine moderne Schöpfung mit dem Supermarkt als optischer Mitte. Als wir aus dem Bus steigen, pfeift ein eisiger Wind, und ich habe plötzlich das Gefühl, weit im Norden zu sein.

Zu Bos Haus ist es nur ein kleines Stück zu Fuß. »Meine 70 Quadratmeter«, wie er seine Bleibe nennt, sind eine kleine Einheit in einer eintönigen Wohnsiedlung. (Stadtplaner-Träume sind nicht unbedingt die der Bewohner.)

Bevor er in diese Gegend zog, wohnte er in einem schönen, halb aus Holz gebauten Haus an der Südküste, aber seine Familie meinte, es sei am besten, wenn er in ihre Nähe ziehen würde, also luden sie eines Tages all seine Sachen auf. Bo mußte nur noch die Artikel mitnehmen, an denen er gerade arbeitete.

Vanella und ich haben jeder einen Bücherstapel auf den Knien. Und Bo ist davongeschlurft, um noch ein Buch herauszusuchen. Ich werfe Vanella einen Blick zu. Ihre Augen fragen: »Was geht hier vor?« Ich zucke mit den Achseln und lächle. Ich weiß es auch nicht.

An jeder Wand Bücherregale. Von kleinen Lücken abgesehen, die für Familienphotos, ein Gemälde oder ein Kruzifix reserviert sind, scheint die Wohnung ganz und gar den Büchern gewidmet zu sein. Ich blättere in einem Buch herum mit dem Titel *The Mirror Mind;* die Seiten wimmeln von Anstreichungen. »Sei aufmerksam«, hat er auf Seite 106 an den Rand gekritzelt.

Bo ist wieder da und zeigt mir ein getipptes Schriftstück: *Von der Überwindung der Uneinigkeit zwischen den Menschen.* »Vielleicht wollen Sie das lesen«, sagt er. »Bitte, nehmen Sie's mit.«

Ich zögere. Offenbar will er uns diese Bücher geben, und wir haben schon jede Menge, womit wir uns beschäftigen wollen. Bo reicht mir das Schriftstück und geht hinüber zu seinem Stuhl. Langsam setzt er sich.

Bo wirkt eher unauffällig. Er ist ein zerbrechlicher alter Mann, trägt graue Hosen und schwarze Schuhe, ein schlichtes blaues Hemd und einen dicken, marineblauen Troyer. Sein Mobiliar ist auf Nützlichkeit ausgerichtet. Aber dieser unscheinbare Mann scheint mehr über das zu wissen, was wir vorhaben, als wir selbst.

Das Schriftstück, das er mir gegeben hat, ist von ihm selbst verfaßt. Ein Abschnitt über Lebensqualität ist im Inhaltsverzeichnis mit dem Vermerk »noch schreiben« gekennzeichnet. Also noch unvollendet.

»Ich kann's Ihnen besser erklären, wenn ich es geschrieben habe«, sagt er bedeutsam.

Er spricht so schrecklich langsam, pausiert zwischen den Worten, räuspert sich ausgiebig. »Ich schreibe meine Lebenserfahrungen, genauso wie Sie das mal tun werden«, sagt er mit einem Blick in meine Richtung. »Je älter ich werde, desto besser verstehe ich, was wirklich geschehen ist. Es wird immer klarer.«

Ich vermute, er meint den fortgeschrittenen Zustand, den er erreicht hat – die Weisheit des Rückblickenden.

Dann ist er schon wieder auf den Beinen, möchte unbedingt, daß wir nach unserer langen Reise etwas essen. Er führt mich zum Kühlschrank, zieht eisüberkrustete Päckchen heraus, obwohl ich darauf beharre, daß wir wirklich nicht hungrig sind. Ich entdecke einen Pappbecher Joghurt, auf dessen Etikett das Bild eines reichlich runzligen, aber zugleich höchst gesund aussehenden alten Mannes mit einem Kosakenhut zu sehen ist.

»Steckt das hinter Ihrem hohen Alter?« witzle ich und ziehe den Becher aus dem Fach.

»Was ist das?« Er dreht sich um und sieht mich durch die Gläser seiner dickrandigen Brille an, die wuchtig in seinem Gelehrtengesicht thront.

»Joghurt. Macht der nicht die Leute in Südrußland unsterblich?« frage ich. Bos strahlend blaue Augen blitzen belustigt. »Nein, das glaube ich nicht«, meint er mit seiner heiseren, deutlich akzentuierten Stimme.

Ich fühle mich ihm nahe. Ich kann sein Alter förmlich spüren und ich kann sehen, daß es ihm schon einige Schwierigkeiten macht, sich am Hals zu rasieren.

Er legt eine Hand auf meinen Arm, während ich mit ihm plaudere, und wir setzen uns wieder. Einen Augenblick lang herrscht Schweigen, dehnt sich aus, wird allmählich ungemütlich. Ich will gerade sprechen, aber Vanella legt zuerst los. Sie platzt fast damit heraus. »Könnten wir ein bißchen über Ihre Arbeit sprechen?« fragt sie.

Wir benehmen uns wie Detektive auf der Spurensuche. Wir müssen das ganze Bild sehen, bevor wir über seine Bedeutung nachdenken können. Problem, Lösung – jahrelanges Training.

Bo sieht auf. »Ihr müßt zur Ruhe kommen«, sagt er sanft. »Ihr sprecht zu schnell. Ich kann euch ganz gut verstehen, aber es ist wichtig, daß wir langsamer sprechen.« Bo bringt uns dazu, ein anderes Tempo anzuschlagen. Plötzlich haben wir Zeit – Zeit, damit er nachdenken kann und wir zuhören und reflektieren können. Er scheint Zeit fast wie eine Energiequelle zu nutzen. Er legt eine Pause ein, um eine Bemerkung zu überdenken; die Pause kann sich über Minuten hinziehen; er antwortet, »Ja ... und nein«, dann schweigt er wieder, bis er schließlich eine so präzise Antwort gibt, daß sein Abwägen voll und ganz gerechtfertigt ist.

Er zeigt uns ein Stück Papier, auf dem er sein Leben dargestellt hat; seine Lebensspanne ist quer über die Seite gezeichnet, mit Unterteilungen wie ein Lineal. Darüber sind die Posten eingetragen, die er als Manager einer Zuckerraffinerie innehatte; darunter steht eingerahmt »Forschung und Erkundung«, »industrielle Ebene«, »geistige Ebene«. In seinen späteren Jahren erkannte Bo, daß sein Leben ihm spirituell zu wenig bot. Also beschloß er, etwas dagegen zu tun.

»Mein Leben ist eine Kette von Weiterentwicklungen«, erklärt er, »zuerst die materielle, dann allmählich eine geistigere Ebene, und jetzt schließlich ist der Weg alles. Als Ingenieur konnte ich mein Interesse für nachprüfbare Dinge entwickeln. Aber ich stellte fest, daß das meiste von dem, woran ich arbeitete, auf lange Sicht wertlos war. Als ich älter wurde, stellte ich fest, daß vieles davon auf dem Müll lag.«

Ich glaube, ich weiß, was er meint. Die meisten Dinge, an denen ich in meinem Leben gearbeitet habe, waren so kurzlebig, daß sie schon nach ein paar Monaten auf dem Schrotthaufen landeten. Und ich führte ein auffallend materialistisches Leben – all diese Dinge, die wir wegpackten, haben wir einmal hoch geschätzt, weil sie neu und strahlend waren.

Und das Geistige? Das hatte ich zweckmäßigerweise auf die lange Bank geschoben, um mich später einmal damit auseinanderzusetzen. Ich hatte immer Probleme, überzeugt an Gott zu glauben. Dad nahm uns immer in die Kirche mit, aber ich fand die farbigen Glasfenster, durch die die Sonne schien, viel interessanter als irgendeine langweilige Predigt. Im Religionsunterricht lernte ich die Bibelgeschichten, aber als ich fragte, ob Gebete wirklich funktionieren, fand ich »manchmal« keine sonderlich zufriedenstellende Antwort. Als Teenager in der Schule lehnte ich alles, was ich tun sollte, sofort rundweg ab. Ich hatte also keinen Glauben, keinen inneren Halt. Jesus mag ja ganz vernünftige Dinge gesagt haben, aber ein langbärtiger Typ irgendwo in den Wolken, der seine Spielfiguren herumschiebt?

In einer meiner Beurteilungen aus meiner Schulzeit stand: »Er ist nachdenklich in dem Sinne, daß er eine Menge denkt.« Ich erinnere mich, daß ich eine Phase durchlebte, in der ich mit Weltschmerz-Miene und zerfurchter Stirn herumlief, die Hände tief in den Taschen vergraben. Mein Vertrauenslehrer zitierte mich sogar eines Tages zu sich und dröhnte: »Komm schon, Andrew, worüber denkst du eigentlich die ganze Zeit nach?«

Wenn ich es gewußt hätte, hätte ich es ihm bestimmt nicht gesagt. Abgesehen von einem gewissen qualvollen Ringen um meine Identität fragte ich mich oft, was für eine Bedeutung das Leben wohl haben sollte. Warum ich? Warum hier? Wozu das alles? Schließlich beschloß ich, daß das Leben nicht das Ergebnis von reinem Zufall sein konnte. Zeit und Raum waren bei weitem zu groß dafür. Und als ich dann später anfing, ganz für mich Spaß am Wandern und Bergsteigen zu finden, machte ich eine Erfahrung – nennen wir es … nun ja … die ehrfurchtgebietende Macht der Natur. Eine sanfte Würde. Ich nannte sie schließlich Lebenskraft und packte das Ganze dann in eine Schachtel mit der Aufschrift »Glaube«, so daß ich bei Bedarf sagen konnte: »Ja, ich glaube an etwas, aber ich bin mir nicht sicher, an was, irgendeine Art Lebenskraft.«

Bo sieht hinunter auf sein Leben, das vor ihm auf dem Tisch ausgebreitet ist, und läßt einen Finger über die Seite wandern.

»Wenn man mich so reden hört, könnte man meinen, es gäbe nur zwei Wege, einen materiellen und einen geistigen. Aber natürlich führen viele Wege nach Rom.«

Lächelnd beobachtet er uns. Irgendwohin wird er uns führen, das spüre ich. Er fängt an, über seine Familie zu erzählen. Sein Großvater starb jung, deshalb wurde sein Vater allein von Bos Großmutter erzogen. Sie gehörte zum alten lutherischen Schlag. Damals ging jeder zur Kirche, und die Menschen fanden Ruhe und Gelassenheit in ihrer Religion.

»Sie hielten das fünfte Kapitel des Matthäus sehr hoch in Ehren«, erzählt Bo. »Die Bergpredigt. Die Seligpreisungen …«

»Ja. ›Selig sind, die reinen Herzens sind‹ …«

»Als Gebote sind sie sehr strikt. Sie sind jedes für sich sehr klar, aber sie überschneiden sich. Wenn du deinen Nachbarn bestiehlst, brichst du mehr als ein Gebot. Man kann nicht ständig acht oder neun Gebote im Kopf haben. Christus selbst wurde von dem Pharisäer auf die Probe gestellt, der fragte, was das wichtigste Gebot sei – erinnern Sie sich? Er antwortete: Gott lieben und seinen Nächsten wie sich selbst. Aber sogar dagegen kann man Einwände vorbringen und sagen: Wie soll ich diese Gebote Tag und Nacht und in jeder Situation befolgen?«

»Mmmm …« Vanella hängt an seinen Lippen. Die Klarheit der gedanklichen Logik fasziniert sie offenbar.

»Ich muß also etwas finden, das all dies einschließt, das aber einfacher ist«, fährt Bo fort. »Zwei Worte sind mir eine große Hilfe gewesen. Eines ist Ehrlichkeit …Entweder du bist ehrlich oder du bist es nicht. Du kannst nichts dazwischen sein. Und dann kannst du statt Liebe das Wort Harmonie nehmen. Wir haben viel zuviel über Liebe diskutiert – was sie ist, worauf sie sich beziehen sollte und worauf nicht. Soll ich ab und zu mal lieben? Aber wann? Das ist alles schwer zu beantworten – aber das Wort Harmonie wirft solche Probleme nicht auf.«

Welche Klarheit des Gedankens! Ehrlichkeit und Harmonie.

Bo sieht mich lächeln. »Tja, ich werde noch mehr drüber schreiben und es noch klarer formulieren. Aber ich bin sehr beschäftigt.«

Arbeiten und arbeiten und arbeiten – das ist für Bo das Wichtigste im Leben. Nicht um sich abzurackern, sondern einfach, weil es ihm Spaß macht. »Schlafen, essen und arbeiten«, sagt er, »und mit Schlaf meine ich Stille, Meditation und Gebet – die drei Dinge sind eins.«

Durch seine Schlafzimmertür kann ich ein nach hinten geneigtes Gebilde sehen, fast wie ein Zahnarztstuhl, in dem er meditiert. Der heilige Johannes vom Kreuz war sein Lehrer. Man sagt, daß der Mönch des spanischen Karmeliterordens oft nur zwei Stunden schlief und den Rest seiner Nächte in entrückter Kontemplation zubrachte.

Bo läßt wieder seine Augen über die Bücherregale wandern. Das Spektrum reicht von christlichen über buddhistische bis zu hinduistischen Titeln. Also frage ich ihn nach seiner Religion.

»Ursprünglich war ich evangelisch«, sagt er, »und das bin ich immer noch, aber in Wahrheit bin ich ökumenisch. Ich bin Forscher mit Leib und Seele.«

»Sie erforschen alle Formen der Religion?«

»Ich lasse keine aus.«

Er schweigt. Draußen wird es dunkel. Vanella sieht nachdenklich aus. Bos Blick ist ins Leere gerichtet.

»Wie wär's mit einer Tasse Tee?« fragt er. Wir helfen ihm, in einer wunderschönen alten Teekanne einen Earl Grey aufzubrühen, und legen Äpfel, Käse und Kekse zurecht. Bo beißt knirschend in seinen Apfel.

Er erzählt uns, wie er bemerkte, daß Kreativität und Veränderung Konstanten der säkularen Welt sind. Der materielle Fortschritt des Menschen ist schnell und umfassend verlaufen, unser geistiger Fortschritt dagegen hat sich über die Jahrtausende mühsam dahingeschleppt. Deshalb fragte er sich, was wohl passieren würde, wenn man die Prinzipien der experimentellen Forschung auf das Geistige anwenden würde. Es ist wie bei jedem Experiment: Stichhaltig wird es erst durch praktische Ergebnisse. Und natürlich machte sich Bo zu seinem eigenen Versuchskaninchen.

Er bemüht sich jeden einzelnen Tag um Fortschritt. Er steht um fünf Uhr auf und liest – alles, was ihm weiterhelfen könnte. Kopien der letzten Papstreden, The Ecumenical Review, Bücher wie *The Big Bang Never Happened, The Special Nature of Women, The Inner Eye of Love.* Alles wird dem Test unterworfen. Sein Schreibtisch ist unter einem Wust von Papieren begraben; vier graue Aktenschränke platzen aus allen Nähten vor lauter vergeistigtem Material. Für einige Bücher hatte er noch keine Zeit. Er fängt mit dem ersten Kapitel an, springt zum letzten, so daß er die Argumentationslinie intus hat, dann durchpflügt er den Index auf der Suche nach lohnenden Inhalten. Wenn er auf ein wichtiges Werk stößt, das ihm entscheidende Daten liefert, liest er es sehr sorgfältig ein zweites Mal.

»Ich bin neugierig«, sagt er, »mich interessiert alles, was kreativ und positiv ist. Ich suche nach neuen Ideen und ich habe mich viele, viele Male verändert. Für theoretische Spekulationen bringe ich keine Geduld auf. Sollen sie damit weitermachen, solange sie wollen, aber sie sollen mir nicht meine Zeit stehlen.«

»Was ist mit all diesen Büchern? Sind die nicht voller Theorien?«

»Ja. Ihr könnt euch gar nicht vorstellen, wie viele ich ausrangiere.«

»Welche praktischen Beweise haben Sie?«

»Der Beweis ist wirklich höchst einfach. Ich gehe zum Wort Harmonie zurück, kreative Harmonie. Ich unterwerfe die Dinge einem praktischen Test. Wenn mich etwas weiterentwickelt, wenn es mich auf eine höhere Position in der Hohen Schule des Lebens hebt, dann bleibe ich dran. Wenn das nicht der Fall ist, versuche ich, einen neuen Ansatz zu finden, der mich weiterbringt. Die Grundidee ist einfach, in seinem Leben immer der eigenen Idealvorstellung nachzueifern. Probiere jede Theorie aus, die dich verbessern könnte. Mein Leben besteht aus einer Reihe von Praktiken, die mich in die richtige Richtung weiterentwickeln, und nichts weiter. Der Rest … weg damit, ich habe keine Zeit dafür.«

»Dann entwickeln Sie sich also auch heute noch weiter?«

»Ja, ständig, dauernd, unaufhörlich. Mein Ideal ist Christus.«

Bo hat keine Zweifel – dafür aber jede Menge Fragen, die auf Antworten warten, und er hat so ein gelassenes Vertrauen. Er glaubt fest daran, daß Gott alles lenkt, was wir hier tun, und daß Er durch uns wirkt, wenn wir dazu bereit sind. Er will, daß wir lernen, unser ganzes Leben lang. Bo glaubt an die Macht der Heilung und an das Leben nach dem Tod.

»Oh, ich sterbe nie und Sie auch nicht«, sagt er und sieht mir tief in die Augen.

Auf der Türschwelle nimmt uns Bo fest in den Arm. Er klopft mir so kräftig auf den Rücken, daß ich zusammenzucke. Er hat mich völlig überrascht. Ich hatte nicht erwartet, daß mir jemand an diesem winterlichen Nachmittag eine Art Schemazeichnung für das Leben an sich überreichen würde.

Am nächsten Morgen statten wir ihm noch einmal einen Besuch ab, bevor wir zum Bus müssen. Bo freut sich offenbar sehr und empfängt uns mit offenen Armen. »Heute geht es uns sehr gut«, sagt er entschieden. Wir sind jetzt alte Freunde.

Sein Zimmer sieht bei Tag noch überladener aus. Das Licht, das durchs Fenster hereinscheint, fällt auf Stapel von Aktenordnern und Artikeln auf dem Boden. Wir nehmen wieder Platz und Bo bietet uns ein oder zwei Bücher an. Dann reicht er mir noch einen Artikel.

»Letzte Nacht dachte ich mir …, vielleicht wollen Sie das lesen? Ich bin Mitglied im Travellers' Club Malmö.«

Seit 48 Jahren ist er Mitglied. Was er mir gegeben hat, ist die Kopie eines Briefes, den er zum 50. Geburtstag der Clubgründung an den Vorsitzenden, seinen alten Freund Sune, geschickt hat. Bo schreibt:

»Im Alter wird es immer schwieriger, Entdeckungsreisen in unbekannte Teile der Welt zu unternehmen. Es ist daher reizvoll, sich zu öffnen und neue Möglichkeiten zu finden. Wenn innere und geistige Welten vorhanden sind, … dann ist physische Mobilität nicht länger erforderlich. Um sich auf Entdeckungsreisen in die inneren Welten mit ihren ganz anders gearteten Abenteuern und Schwierigkeiten zu wagen, sind vielmehr geistiger Mut und Beharrlichkeit gefragt.«

Bo bietet uns angehenden Reisenden keinen wirklichen Beweis, daß es diese geistige Welt gibt. Aber er zitiert Erfahrungen, die Propheten, Suchende – ob gelehrt oder nicht –, Heilige und Märtyrer im Lauf von Jahrtausenden gemacht haben. Sie sind die gewichtige Grundlage für seine Hypothese, daß eine schöpferische Macht existiert. Sie sind der lebende Beweis, aber jeder einzelne ist nur für sich genommen gültig. Bo lacht, als er an seine Kameraden aus den alten Reisetagen denkt. »Unsere wichtigste Regel war, Freude zu verbreiten«, erinnert er sich. »Kein Reisender durfte ein Spaßkiller sein. Falls doch, haben wir ihn gekillt!«

Geduldig sitzt er am Fenster, damit ich ein Photo von ihm machen kann. Vanella blättert sich unterdessen durch noch mehr Seiten.

»Mein natürliches Selbst lächelt manchmal«, sagt er sanft, »aber nicht immer. Ich bin ernst. Manchmal versuche ich zu denken.«

»Woran?«

»Wonach immer mir zumute ist. Flexibilität. Einfach versuchen, eine gewisse Finsternis zu durchdringen.«

»Wo ist diese Finsternis?«

»Hier drin.« Bo klopft sich seitlich an den Kopf, und wir lachen.

»Kann ich jetzt mal ganz nah ran?« Ich möchte, daß sein Gesicht formatfüllend aufs Bild kommt.

»Mmmm. Ja.«

Ich bin versehentlich vor ihm auf die Knie gefallen. Seine Stimme ist noch ruhiger geworden. »Ihr wißt: Was immer ihr mit euren Reisen begonnen habt, ihr werdet als Ökumenen daraus hervorgehen. Ihr werdet soviel gesehen haben, soviel verstanden und soviel verborgenes Wissen entdeckt haben. Und ihr werdet es in euch aufnehmen und herausfinden, ob es euch irgendwohin bringen kann.«

Er hält inne. Ich warte.

»Und wenn die Sterne herauskommen, denkt daran, daß ihr nie allein seid. Da ist immer jemand, der euch beobachtet. Manchmal mit Lichtern …«

Der Kampf

Ich spüre, wie sich unwillkürlich mein Magen zusammenzieht, als wir den Stacheldraht passieren. Bedrohlich ragt ein Wachturm auf, und zwei Hochsicherheitszäune schlängeln sich parallel über den Hügel. Wir sind drin, und so albern es klingen mag, aber wir fühlen uns, als würden wir ins Unbekannte vordringen.

Die Strahlen der Morgensonne durchschneiden einen Wald voller kerzengerader und in gleichmäßigen Abständen wachsender Bäume. Wir entdecken ein holzverschaltes, leuchtend blau gestrichenes Haus, ungefähr 100 Meter vom Bahngleis entfernt. Plötzlich sieht es nicht mehr skandinavisch, sondern russisch aus. Wir sehen die gebeugte Gestalt einer Frau mit Schürze, die ihre Gänse füttert. Ich nehme an, daß sie schon alt ist, aber sie trägt ein Kopftuch und blickt nicht auf, um dem vorbeifahrenden Zug nachzusehen.

Am nächsten Tag laufen wir durch die Straßen von St. Petersburg. Den angespannten Gesichtern im Regen sehen wir an, daß die Menschen gekämpft haben, solange sie denken können. Eine Trambahn ist so voll, daß es aussieht, als sei alles Licht herausgequetscht worden. Was bleibt, ist eine Galerie bedrückter Gesichter, in den Rahmen verdreckter Fenster. Die Straßen sind mit Schlaglöchern übersät, der Asphalt ist rissig und steht unter Wasser. Die einst prachtvollen Gebäude sind wehrlos dem Verfall preisgegeben. Grau ist die vorherrschende Farbe – nur ein blaugeblümter, zerbrochener Regenschirm oder der leuchtende Farbtupfer eines Babydoll-Lippenstiftes sticht hervor.

In den Augen der wenigen, die überhaupt ihren Blick heben,

müssen wir in unserer Freizeitkleidung aussehen wie Wesen aus einer anderen Welt – und so fühlen wir uns auch. Besonders unsere Wanderstiefel faszinieren: unerreichbar – vom Planeten West.

Aber die Leute sind frei, und die freie Marktwirtschaft ist in vollem Schwung. Jeder kann verkaufen, wenn nur jemand kaufen wollte. Wir kommen an einem Mann vorbei, der ganze vier Flaschen der hiesigen Biermarke vor sich aufgebaut hat, eine Frau bietet ein paar Zigaretten an. Eine andere Optimistin hat drei klägliche Fischdosen auf ihre Obstkiste dekoriert. Junge Männer haben unsere Stiefel von weitem erspäht und gehen plötzlich neben uns her; Vanellas Griff um meinen Arm wird fester. Sie murmeln zwischen den Zähnen ein »Biettasärr, wechseln Geld?«, dann verschwinden sie so schnell in der Menschenmenge, wie sie gekommen sind. Manchmal halten sie uns auch eine Plastiktüte hin, darin ein Armeekoppel, Medaillen oder eine Offiziersmütze.

»Militäruhren, Kaviar, Gorbi-Puppe?«

Wir lehnen lächelnd ab. Dann die verzweifelt vorgebrachte inständige Bitte: »Biettasärr, nur wollen Geld.«

Wir fahren weiter nach Moskau, wo für uns im Hotel Rossija gebucht ist – zu einem festen Preis und ohne andere Option. Das Rossija ist vermutlich das größte Hotel der Welt mit rund 6000 Betten. Als riesiger Quader steht es jetzt auf der Fläche, die zuvor ein zweiter Kreml einnahm, bevor er seiner Monstrosität wegen abgerissen wurde.

Der Taxifahrer lädt uns vor etwas ab, das wie der Haupteingang aussieht. Wir wuchten unsere Rucksäcke die Treppe hoch, nur um festzustellen, daß ein verwegen aussehender Gentleman uns den Weg versperrt. Wir stammeln eine Erklärung, aber er weist uns hinaus. Sein Englisch ist nicht gerade gut, aber immerhin besser als unser Russisch. Wir sind, so scheint's, an der falschen Tür. Wir müssen »nach Rezeption«. Zehn Minuten lang trotten wir um das Hotel herum, dann fragen wir. Die Leute zeigen irgendwohin, und wir folgen pflichtschuldigst, aber keine Spur von »Rezeption«.

Schweißgebadet von der Anstrengung kehren wir zu unserem Freund, dem Schlägertypen, zurück. Diesmal bringt er uns die Treppe hoch zu einem Schalter, der von zwei finster dreinblickenden Frauen bewacht wird. Wie aus einem Mund antworten sie: »Sie miessen gähen nach ›Rezeption‹.« Das ist definitiv irgendwo draußen. Nach weiteren zehn Minuten finden wir eine kleine Tür, die wie der Hintereingang ins Nirgendwo aussieht. Wir kommen in einen riesigen schwarzen Raum mit verglasten Tresen, die sich an beiden Seiten entlangziehen. Wir erkundigen uns an einem der Schalter, und der Mann erzählt uns, wir müßten gehen »nach Rezeption«.

Wir sind ziemlich auf null. Doch dann zeigt er auf zwei schlangestehende Männer, und auf der Glasscheibe, vor der sie sich aufgebaut haben, klebt ein Papierfetzen, auf den mit Kugelschreiber das magische Wort gekritzelt ist.

Innen ist das Rossija ein Labyrinth, eine bizarre Unterwelt, bevölkert von zwielichtigen Geschäftsleuten, Nutten, Händlern und gesichtslosen Männern in grauen Anzügen. In jedem einzelnen der tausend Korridore sitzt eine Concierge neben einem dampfenden Samowar. Als wir endlich unser Zimmer ausfindig gemacht haben, versucht die Frau ein diskretes: »Biettasärr, Sie können wechseln Geld.« Dann bringt sie uns zu unserem Zimmer. Für etwas, das uns eine schöne Stange Geld kostet, ist das Zimmer eine schäbige Angelegenheit, kunstvoll so dekoriert, daß jede Spur von Stil vermieden wurde, aber mit einer beeindruckenden Aussicht auf die Stadt. In den Zimmerecken schält sich die Tapete von den Wänden, und das Telefon ist ein grellgrünes Exemplar frisch aus den Spionagefilmen der 60er Jahre. Als wir uns eingerichtet haben, stellen wir fest, daß wir unser neues Heim mit einer Maus teilen. In ruhigen Momenten kommt sie herausgehüpft, um uns zu begutachten.

Umfassende Erkundigungen meinerseits haben ergeben, daß an allen vier Ecken des Gebäudes auf jedem Stockwerk eine Buffet-Bar ist. Sie verkaufen eine begrenzte Auswahl an Eßbarem, aber jede Bar scheint unterschiedliche Mengen einzukaufen: Nummer 23 hat vielleicht ein tolles Angebot an Räucherfisch, während 37 unschlagbar beim Brot sein könnte. Wir stehen eine Ewigkeit Schlange, um etwas zusammenzutragen, das entfernte Ähnlichkeit mit einem Frühstück hat. Dabei sausen wir oft über die Hintertreppen zwischen den Bars hin und her, um das ganze Spektrum abgreifen zu können.

Ganz Moskau macht es offenbar so. Eines Morgens ist »unsere« Bar im 8. Stock besonders gut besucht – voller stämmiger Männer mit fettigen, schuppigen Haaren und atemberaubenden Mundgerüchen. Ein Wagen voll gebratener Hühner rollt herein; jeder kauft, soviel er tragen kann, und huscht unauffällig davon.

Mitten in der Nacht läutet das Telefon; ich tauche aus dem Tiefschlaf auf, nur um jemanden russisch auf mich einquatschen zu hören. Ich verliere schnell die Geduld und hänge auf. In der nächsten Nacht passiert dasselbe und in der übernächsten wieder …

Die Anspannung macht sich bemerkbar. Eines Nachmittags ruhen wir uns im Zimmer aus. Ich lese meinen John Updike, und Vanella schreibt einen Brief. Ihre erste Frage kommt noch ganz beiläufig.

»Wieviel haben wir eigentlich auf der Bank?«

»Hmm … weiß nicht.«

Bei Dingen, die unsere Expedition betreffen, habe meistens ich die Regie übernommen, so auch bei den Finanzen. Ich kann nicht anders, ich muß so etwas einfach auf meine Art erledigen. Aber etwas Seltsames ist passiert. Mein Blick fürs Detail, auf den ich mich im Geschäftsleben immer verlassen konnte, scheint mir total abhanden gekommen zu sein.

»Ob daheim die Miete für die Wohnung wohl schon eingegangen ist«, fragt sie.

»Wahrscheinlich.«

»Aber wie lange bleiben wir noch hier? Das kostet uns ein Vermögen.«

»Mal sehen.«

»Hör mal, wir gehen noch pleite! Die werden uns die Zinsen draufschlagen, und das scheint dich nicht mal zu interessieren. Ich dachte, du hättest alles unter Kontrolle.«

Sie hat mich voll erwischt. Wir streiten nicht oft, aber wenn wir es tun, gibt's kein Halten mehr. Ich werde dann immer defensiv, und sie hält voll drauf. Manchmal gehe ich einfach weg, weil ich nicht streiten will. Das bringt sie dann erst richtig auf die Palme.

»Ich hab alles im Griff«, behaupte ich.

»Eben nicht«, schreit sie. »Mein Gott, gehst du mir auf die Nerven. Du willst alles machen, alles an dich reißen, aber dann kümmerst du dich nicht drum.«

Ich schreie zurück: »Na, dann wär's ja vielleicht zehnmal besser, wenn du dich selbst ums Geld kümmerst …« – und in diesem Augenblick klingelt das Telefon. »Hallo«, blaffe ich in den Hörer.

Doch ich höre nur ein mahnendes Pfeifen. Also pfeife ich zurück. Irgend jemand da draußen belauscht uns. Aber wer?

Später fragen wir einen Landsmann, der in Moskau arbeitet, was aus dem KGB geworden ist, jetzt da die Sowjet-Methoden doch eigentlich passé sind. »Ich nehme an, die haben immer noch dieselben alten Tricks drauf«, antwortet er. Und ich frage mich allmählich, wer unsere Maus in Lohn und Käse hält.

Unsere Dolmetscherin Masha, eine attraktive junge Frau mit einer Vorliebe für westliche Dinge der gehobenen Qualität, begleitet uns zum Hauptquartier von Spartak Moskau, dem legendären Fußballverein.

»Ich glaube, wir werden von Herrn Starostin einiges über die alten Zeiten erfahren«, meint Masha unheilverkündend, als wir durchs Tor gehen. Nikolai Starostin ist Vorsitzender des Fußballvereins Spartak Moskau.

Wir warten in dem eiskalten Büro, einem sehr braunen Ort. Nur der Teppich ist nicht braun. Sondern grau. Die Wände sind mit Tabellen, Wimpeln und Photos gepflastert. Eine Ansammlung uralter Elektrogeräte – ein Radiator ohne Stromanschluß, ein Ventilator und ein rotes Telephon – weist darauf hin, daß sich hier seit rund 40 Jahren wenig geändert hat. Auf dem Schreibtisch bohren sich Billigst-Kugelschreiber in einen kläglich dreinblickenden Plastik-Igel.

Passend zu den Grundfarben des Büros, ganz in Grau und Braun gekleidet, kommt der Chef herein. Ich kann kaum glauben, daß er neunzig ist – er sieht so fit aus. Er tritt mit der Miene eines Mannes auf, der einen vollen Terminkalender hat. Als er die festen Lederhandschuhe und seinen schweren Mantel auszieht, ist klar, wer hier das Sagen hat.

Sein Kommen hat eine hektische Betriebsamkeit ausgelöst, und mein Ohr kann ziemlich viel »Ja, Chef. Nein, Chef« heraushören. Ein Mann in schwarzer Lederjacke, vielleicht der Trainer des Teams, nimmt Instruktionen entgegen, wobei er den Anschein zu erwecken versucht, die Fäden in der Hand zu haben, was offensichtlich nicht der Fall ist. Endlich schließt sich die Tür.

Herr Starostin scheint ein ernster Mann zu sein. Die rote Nase und ein Paar buschiger Augenbrauen betonen seine stahlblauen Augen. Wir sitzen beide auf der anderen Seite des Schreibtisches, aber er sieht eher mich an als Vanella. Er holt tief Luft. Fast rechne ich mit der Geschichte des Vereins, aber er erzählt uns etwas ganz anderes.

Es waren einmal vier Brüder: Nikolai, Alexander, Andreij und der kleine Peter. Alle spielten Fußball für Spartak Moskau, und alle waren in der Nationalmannschaft der UdSSR. Nikolai war von 1928 bis 1934 Kapitän der UdSSR-Nationalmannschaft, dann Alexander, dann von 1939 bis 1942 Andreij. Die Jungs machten ihre Sache gut. Spartak gewann 1936, 1938 und 1939 den Pokal der Union der Sozialistischen Sowjetrepubliken.

1937 wurde zu Ehren von Stalin ein ganz besonderes Spiel ausgerichtet, das auf dem Roten Platz stattfand: Spartak gegen den großen Rivalen Dynamo Moskau. Nach dem Spiel wurde ein Empfang gegeben, auf dem Nikolai Stalin begegnete.

Demnach habe ich gerade eine Hand geschüttelt, die einmal

Stalin die Hand gedrückt hat. Als ich Starostin frage, welchen Eindruck er von Stalin hatte, verengen sich seine Augen. Er sieht mich prüfend an.

»Man darf nichts Schlechtes über Tote sagen. Entweder man sagt Gutes über sie oder man schweigt«, warnt er, aber dann fährt er doch fort: »Eigentlich war ich erstaunt, weil Stalin den offiziellen Porträts überhaupt nicht ähnlich sah. Er hatte rote Haare. Sein Gesicht war sehr blaß und mit schlimmen Pockennarben übersät.« Starostin gestattet sich ein kaltes Lachen, ein Goldzahn blinkt auf. »In meinen Augen sah er überhaupt nicht wie ein großer Mann aus.«

Eine Woche später bekamen die Spieler ihre Medaillen, und zur allgemeinen Überraschung, auch zu seiner eigenen Verblüffung, wurde Nikolai die höchste Lenin-Medaille verliehen, die ein Sportler bekommen kann. Er hatte keine Ahnung, warum man ihn ausersehen hatte. Der Kapitän der Dynamo-Mannschaft brachte nur eine geringere Auszeichnung nach Hause: die Rote Fahne. So wuchs Zwietracht.

Im folgenden Jahr, 1938, gewann Spartak den Pokal der Union. Sie schlugen im Halbfinale Dynamo Tiflis mit 1:0. Dann besiegten sie Leningrad im Finale. Eine Woche später, als die Gratulationen verklungen waren, protestierte das Management von Dynamo. Sie behaupteten, das siegreiche Tor für Spartak im Halbfinale hätte aberkannt werden müssen, weil der Torhüter den Ball noch vor der Linie erwischt hatte und nicht – wie der Schiedsrichter entschieden hatte – knapp dahinter.

Bekanntlich stammte Stalin aus Georgien, und Tiflis ist die georgische Hauptstadt. Auch Stalins übler Spießgeselle Lawrentij Berija, der Chef der Geheimpolizei, war Georgier. Starostin war Berija zum ersten Mal bereits 1922 auf dem Rasen begegnet, als Spartak ebenfalls gegen Dynamo Tiflis spielte. Starostin trug damals immer das Trikot mit der Nummer sieben; Berija, der vor seiner Karriere als Stalins Bluthund ein guter Fußballer war, spielte als linker Verteidiger; seine Aufgabe war es also, Starostin zu decken. Ich nehme an, Nikolai spielte den Georgier an diesem Nachmittag einmal zu oft aus.

1938 war Berija eine mächtige Persönlichkeit in der Vereins-Hierarchie von Dynamo geworden. Er beteiligte sich an der Kontroverse um das strittige, spielentscheidende Tor und unterstützte die Forderungen seiner Mannschaft. Berija erzählte Stalin schließlich, der Schiedsrichter habe einen Fehler gemacht und Tiflis sei um seinen Sieg betrogen worden. Stalin ließ das Halbfinale wiederholen.

»Die Stimmung war entsetzlich«, sagt Nikolai kopfschüttelnd. »Alle Fans waren gegen die Entscheidung, auch andere Mitglieder der Parteiführung, aber niemand sagte ein Wort. Man riet uns dringend, diesmal lieber zu verlieren.«

Aber die Starostin-Brüder spielten sich die Seele aus dem Leib, und Spartak gewann wieder, 3:0. Als das dritte Tor fiel, stand Berija in seiner persönlichen Loge auf, drehte sich einfach um und verließ das Stadion.

Nikolai trommelt mit den Fingern auf den Schreibtisch. »Damit hat es angefangen«, sagt er. »Von da an wurde das Leben schwieriger. Wir wurden ständig von Behörden unter Druck gesetzt.«

Berija wartete einen günstigen Augenblick ab. 1942 dann gelang es ihm, Starostin mit einem Komplott in Verbindung zu bringen, ihm einen geplanten Anschlag auf Stalin zu unterstellen. Angeblich soll er sogar der Anführer gewesen sein und geplant haben, Stalin während einer Sportparade zu erschießen. Alle vier Brüder wurden verhaftet, aus der Partei ausgeschlossen und saßen zwei Jahre im Gefängnis, während ihre Anwälte für sie taten, was sie nur konnten. Zu guter Letzt wurden sie zwar von der Anklage wegen Terrorismus freigesprochen, aber der anti-sowjetischen Propaganda für schuldig befunden. Sie hätten, so hieß es, ein Loblied auf den Sport des Kapitalismus gesungen. Für dieses »Verbrechen« wurden sie für weitere zehn Jahre in Zwangsarbeitslager, in die Gulags, geschickt – jeder in ein anderes.

Nikolai kehrte erst 1954 nach Hause zurück. Er wurde erst nach Stalins Tod entlassen, als Berija endlich verhaftet worden war.

Ich frage ihn, ob er uns etwas über die Gefangenenlager erzählen will, aber er kann nicht. »Was sollte ich darüber schon sagen«, meint er verbissen. Er blinzelt und wendet den Kopf ab.

Am Spätnachmittag desselben Tages besuchen Vanella und ich noch einmal den Roten Platz. Wir sind überzeugt, daß sie damals, wenn diese Armeen von Panzern an einem bleichgesichtigen Breschnew vorbeiparadierten, immer mit Weitwinkelobjektiv photographiert haben müssen, denn seltsamerweise ist der Platz nur ungefähr so groß wie ein anständiges Fußballfeld. Die Basiliuskathedrale mit ihren herrlich farbigen Zwiebeltürmen wäre eine ausgezeichnete Haupttribüne. Ich stelle mir einen Sturmlauf von Nikolai am rechten Flügel vor und wie er die Aktion mit einer makellosen Flanke abschließt.

»Er war traurig, findest du nicht?« fragt Vanella. »Es muß Hunderte geben wie ihn.«

»Tausende.«

»Wie hat er nur überlebt?«

»Er hat sich nicht besiegen lassen.«

»Und jetzt?«

»Fußball. Seine Leidenschaft. Das ist alles, was ihn interessiert. Man begegnet wenigen Männern in seinem Alter, die 20jährige in Trainingsanzügen herumkommandieren.«

»Vielleicht hilft ihm das zu vergessen.«

Wir sind an dem Marmormausoleum angelangt, in dem Lenins Leichnam ruht – jetzt mit ausgestreckten Armen. Hinter den imposanten Mauern des Kreml flattern die weiß-blau-roten Farben der Russischen Fahne, ein Symbol neuer Identität und neuer Hoffnung. Aber wir sind uns da nicht so sicher. In Moskau fühlt man sich wie im Wilden Westen. Alle sind unterwegs, um Kohle zu machen; Schußwaffen werden häufiger, die Gewalt nimmt zu. Es liegt eine beklemmende Spannung in der Luft, und man hat uns geraten, nachts nicht auf die Straße zu gehen.

Wir bummeln zum Platz der Revolution. In der Nähe einer Rednerecke hängt sich ein älterer Mann mit Zipfelmütze und Solschenizyn-Bart an unsere Fersen. Er hat eine Menge zum Thema Kommunisten zu sagen und beschließt, daß wir das ideale Publikum sind. »Schaut euch mal das Gesicht von dem Mann da an – der kann nur ein verdammter Kommunist sein.« Er zeigt auf einen der Redner, der Gift und Galle spuckt und vor Anstrengung rot anläuft. Niemand hört ihm zu.

»Nur ein toter Kommunist ist ein guter Kommunist«, betont unser Mann. »Aber ein getöteter Kommunist ist ein noch besserer Kommunist.«

In Gesellschaft von Petr, einem Mikrobiologen in den 40ern, dem es Spaß macht, sein Englisch zu üben, rumpeln wir im Nachtzug nach Kiew.

»Verzeihung, mmm, biettä, euer Pink Floyd, ist es sehr gut. Ich sehr liebe eure englische Webber und Lloyd, eure Jesus Christ Superstar.«

Aber neben den paar Pop-Versatzstücken stecken in seinem Kopf vor allem Wirtschaft und Politik. Petr will den Preis von allem und jedem im Westen wissen – Fernseher, Stereoanlagen, Autos – und reagiert dann mit schierem Unglauben, sogar wenn wir ein bißchen untertreiben. Wir teilen mit ihm unsere Schachtel Schokoladenplätzchen, ein Luxusartikel, den wir in einem Devisen-Shop gekauft haben. Die Kekse, die er uns im Gegenzug anbietet, sind nichtssagend und trocken. Was immer wir auch machen, wir fühlen uns einfach als kapitalistische Geldsäcke. Petr schlürft seinen Tee und spricht mit einiger Besorgnis über die Veränderungen.

»Was ist gut daran, wenn mein Großmutter kann nicht Brot kaufen?« sagt er. »Früher es kosten nur ein paar Rubel, aber jetzt sie hat kein Geld. Früher Essen war da, aber kein Freiheit. Jetzt Freiheit ist da, aber kein Essen.«

Dr. Bezrukov erwartet uns.

Wir hoppeln in einem klapprigen Taxi durch Kiew und laufen mehr als einmal Gefahr, uns den Kopf anzuschlagen. Es ist Mai, und die Roßkastanien, die jede Straße säumen, stehen in voller Blüte – in strahlendem Kontrast zum Rest der Stadt: Ein rechteckiger, grauer Steinklotz reiht sich an den anderen.

Das Institut für Gerontologie macht da kaum einen Unterschied, nur daß es vielleicht würdevoller wirkt als der Durchschnittsblock. Der Empfangsbereich besteht aus einer dunklen Marmorhalle mit einem enormen Wandgemälde in farbigem Zement, das einen Stammbaum darstellt. Irgendwo hinter den Kulissen hämmert ein Handwerker auf Beton herum. Jemand ruft laut und frustriert etwas, bekommt aber keine Antwort. Telefone läuten. Junge Frauen in weißen Mänteln spazieren die Haupttreppe auf und ab; sie sind aufgedonnert, als hätten sie hier in einem Kosmetikinstitut zu tun.

Die Empfangsdame in weißem Mantel und weißem Kopftuch ist mindestens 75. Sie putzt irgend jemanden am Telefon zusammen, wobei sie souverän die kleine Warteschlange von Besuchern ignoriert. Ein weiteres Telefon läutet, sie nimmt ab. Mit einem Hörer an jedem Ohr und zwei Sprechmuscheln am Mund schreit sie weiter. Dann knallt sie beide Hörer synchron auf die Gabel und sieht zu uns auf. In einer Sprache, die ich für Ukrainisch halte, bellt sie ein: »Kann ich Ihnen helfen?« Der Name Bezrukov wirkt Wunder.

Dr. Bezrukovs Assistentin, eine liebenswürdige Dame namens Maya, bringt uns die Treppe hinauf zu seinem Büro. Der Mann ist ganz anders, als ich ihn mir vorgestellt hatte. Um die 50, markanter Unterkiefer, silbriges Haar und gut aussehend – Steve Martin, dem amerikanischen Filmstar, verblüffend ähnlich. Ich nehme an, seine Mädchen finden ihn ziemlich toll, besonders in seinem weißen Mantel. Aber ich muß mich ja selbst daran erinnern, daß Dr. Bezrukov ein führender Gerontologe ist. Seine Mitarbeiter nennen ihn »Chef« und assistieren als Dolmetscher.

Wir sind Ehrengäste. Sie haben uns bereits ein Programm von Gesprächsterminen zusammengestellt, aber zuerst müssen wir das Museum besuchen, einen Raum voller gerontologischer Denkwürdigkeiten – und mit unglaublich laut knarrenden Fußbodendielen. Die Dielenbretter sind derart geräuschvoll, daß es unmöglich ist, gleichzeitig zu gehen und zu sprechen. Wenn ich mein Gewicht nur leicht verlagere, suggeriert das Knarren, daß ich nicht wirklich bei der Sache bin. Also stehen wir alle da wie die Salzsäulen, während uns Bezrukov die Helden der Sowjet-Gerontologie nahebringt – Männer mit Namen wie Mechnikov, Nagorny und Bogomolets. Mit einem langen Acrylglas-Stab zeigt er auf ihre Photos an der Wand. Da schwingt auf einmal die Museumstür auf, und das fröhliche Gelächter der jüngeren Mitarbeiter schallt aus dem Korridor herein. Maya knarzt in Richtung Geräuschquelle und schließt die Tür. Bezrukov fährt fort und wedelt dabei so enthusiastisch mit seinem Lehrerstab, daß er das Balsaholz-Geländer eines maßstabsgetreuen Institutmodells herunterfegt. Geheimnisvollerweise öffnet sich die Tür noch einmal, und wir hören wieder Gelächter. Maya knarzt abermals hinüber. Als sie sich ein drittes Mal öffnet, befaßt sich Bezrukov selbst mit dem Problem. Ein kurzes, scharfes »Schscht«, und es herrscht Stille. Der Chef dreht sich zu uns um und grinst.

Unser Vortrag geht über zu Protokollen gerontologischer Konferenzen, Briefmarkensammlungen und einem Schal des »Ich will 100 werden«-Clubs aus Japan. Dann lernen wir ein neues russisches Wort. Hierzulande sind Leute nicht »alt«, »betagt« oder vielleicht »älter«. Sie werden mit angemessenem Respekt »Dolgoschiteli« genannt, die Langlebigen. Die Glasschränke sind mit Produkten bestückt, die uns helfen sollen, es ihnen gleichzutun, von Magermilchjoghurt bis zu Ginseng. Jahrelang hat Dr. Bezrukov die Menschen von Georgien und aus anderen Gegenden des Kaukasus studiert, aber er bleibt sachlich.

»Die Wirkung solcher Substanzen ist immer nur ein Teil der Geschichte«, sagt er.

»Wie erklären Sie sich dann die Langlebigkeit von einigen der ältesten Bewohner der Welt?« frage ich.

»Das ist nicht einfach«, antwortet er und schiebt die Brille die Nase hoch. »Daran sind viele Faktoren beteiligt, das läßt sich nicht mit einem Satz beantworten.«

Die eine geheimnisvolle Ingredienz, die ein langes Leben garantiert, scheint es nicht zu geben, aber Ernährung, Sport und eine streßfreie Umgebung spielen offenbar eine wichtige Rolle. Die Luft und das Wasser des Kaukasus sind sauber; die Standardernährung ist reich an zellschützenden Antioxidantien; körperliche Arbeit gehört immer noch zum Alltag; und vor den Bürgerkriegen der jüngsten Vergangenheit gab es dort nicht viel, worüber man sich aufregen mußte.

Am interessantesten ist der Status der »Dolgoschiteli«: Je älter jemand im Kaukasus ist, desto mehr Achtung genießt er – im Regelfall. Sprichworte sagen »Der Ältere ist ein Schutzschild« und »Wer ohne alte Menschen ist, hat keinen Gott«. Alte leiten die Gemeinschaft; ohne sie wäre das Leben einfach unerträglich. Es gibt sogar eine Rangordnung beim Essen. Die jüngeren Männer kochen und die ältesten essen als erste, langsam und ruhig, kleine erlesene Portionen. Vor allen Dingen aber scheint es dort in den Bergen völlig normal zu sein, ein langes und nützliches Leben zu führen. Und natürlich erfüllen die Menschen diese Erwartung und leben fröhlich bis zu 100 Jahre oder länger.

Ein alte kaukasische Geschichte erzählt von einer Frau, die berühmt für ihre Verwünschungen war und gebeten wurde, ihren schlimmsten Fluch zu verraten. Ihre Antwort: »Du sollst in einem Haus leben, in dem keine alten Menschen sind, um Rat zu erteilen, und keine jungen Menschen, um zuzuhören.«

Maya nimmt uns mit auf einen Spaziergang in den botanischen Garten hinter dem Institut. Während wir gemütlich dahinbummeln, will uns Maya unbedingt alles erklären, so als könnten sich die Verhältnisse ändern, wenn man über sie spricht. Wir erleben oft, daß sich die Leute uns gegenüber öffnen wollen. Wir sind Außenstehende, und als Ehepaar wirken wir offenbar weniger einschüchternd. Sie können immer wählen, ob sie sich Vanella oder mir anvertrauen wollen.

Maya wendet sich meistens an Vanella.

»Wir finden es sinnvoller, den Blüten hier im Garten beim Aufblühen zuzusehen, als auf die Früchte der Perestroika zu warten«, sagt sie und fügt hinzu: »*Die* Veränderung wird noch lange dauern.«

»Das hier ist ein schönes Fleckchen, um sich die Zeit zu vertreiben.«

»Zeit ist alles, was wir haben.«

Als Maya über Tschernobyl spricht, das nicht weit von Kiew entfernt liegt, zeigt sie ihre Traurigkeit. Jeder hier spricht noch immer von Tschernobyl. Die Leute sind verbittert; sie wurden erst mit zwei Wochen Verspätung von den Behörden über den Unfall im Kernreaktor informiert. Sie können heute nicht mehr in den Wald gehen, denn nach Überzeugung der Fachleute geht von den Waldböden und den darauf wachsenden Pflanzen noch immer radioaktive Strahlung aus. Den Menschen bleibt nur ihre Trauer.

»Es ist, als hätte einen der Tod geküßt«, sagt Maya. Dann lächelt sie. »Kommt, wir brauchen Inspiration. Ich mache euch mit Grigorii Artemovych bekannt.«

Grigorii Artemovych Dobrenko verblüfft uns total – er ist das perfekte Double von George Bernard Shaw. Grigorii rappelt sich hoch und strahlt mit kaum verhohlener Aufregung aus seinem buschigen, weißen Bart hervor. Sehr sorgfältig schiebt er den Stuhl neben seinem Bett für Vanella zurecht und hockt sich dann kichernd auf die Kante seines alten eisernen Bettgestells. Er trägt einen Pyjama aus grobem Stoff: Die obere Hälfte ist pinkfarben, das Unterteil stammt von einem anderen Schlafanzug und zeigt eine Flicknaht, die sich an einem Bein hinunterzieht.

Grigorii ist baptistischer Pastor. Als wichtige Persönlichkeit in der Baptistengemeinde mußte er viele Jahre lang den Repressionen der Kommunisten aus dem Weg gehen. Man kann sich kaum vorstellen, wieviel Mut gläubige Menschen aufbringen mußten, als Atheismus noch Staatsdoktrin war. In dieser Zeit gab es keine Glaubensfreiheit, bekennende Gläubige wurden bespitzelt. Kinder durften nie ins Gemeindehaus der Baptisten. Offene Versammlungen waren untersagt, und von Zeit zu Zeit wurden die Gemeindehäuser geschlossen.

»Viele meiner Brüder wurden ohne jeden Grund ins Gefängnis geworfen«, sagt er. »Wenn man mal einen Fehler machte, egal welchen, wurde der als Beweis gegen einen verwendet.«

Einmal wurde eine Resolution gegen ihn aufgesetzt, die zu seiner Verhaftung führen sollte, aber ein KGB-Oberst (Grigorii nennt uns seinen Namen) erfuhr davon und warnte ihn. Er mochte Grigorii sehr und sagte, es sei besser, er selbst säße im Gefängnis als ein Pastor.

»Ich bitte Sie, erwähnen Sie seinen Namen nicht!« Grigorii flüstert fast. »Ich habe noch immer mit Leuten zu tun, die das nicht wissen sollten.«

Über schlechte Zeiten schweigt er lieber. Er kann sich an alles erinnern, aber er will nichts mehr sagen. Erst unter Gorbatschow konnte er seine Religion offen ausüben, aber seine Vorsicht, die ihm zur zweiten Natur geworden ist, wird ihn nie frei sein lassen. Und doch kann er als frommer Mann, der strikt im Einklang mit den Lehren der Bibel lebt, den Unterdrückern von damals vergeben. »Liebe ist alles«, sagt er. »Als Christus am Kreuz hing, vergab er denen, die ihn verfolgt hatten.«

Dann wird er hektisch, und Maya wirkt besorgt. Sie tut ihre Arbeit ungemein engagiert; sie liebt die alten Leute und wird von ihnen ebenso geliebt und respektiert. Aber Mayas Sorge ist diesmal unbegründet, Grigorii will uns nur eine Stelle aus dem Johannes-Evangelium vorlesen.

»Ich befolge wortwörtlich die Grundsätze der Bibel«, sagt er. »Ich bete keine Götzenbilder oder Ikonen an. Eine Ikone kann nicht wirklich Ausdruck deiner innersten Seele sein. Gott ist Geist. Die Kraft Gottes macht uns stark.«

Er erklärt uns die Unterschiede zwischen dem Baptismus und der orthodoxen Kirche. Baptisten arbeiten für die geistige Auferstehung. »Die Wiedergeburt ist geistig«, sagt er. »Wasser ist das Symbol der Lehren Christi, und der Geist ist die Stärke Gottes.«

Tiefe Furchen ziehen sich über seine Stirn, aber aus seinen Augen unter den buschigen weißen Brauen leuchtet Gewißheit. Er kramt eine abgenutzte Brille hervor und liest weiter. Seine krächzende Stimme ist lebendig und mitreißend. Ich stelle mir diesen Augenblick als Gemälde vor – Grigorii über sein Buch gebeugt, Vanella und ich als Zuhörer und Maya in Weiß als Silhouette gegen das offene Fenster, die Vorhänge von einer leichten Brise gebauscht.

Ab und zu faßt Maya das Gelesene für uns zusammen. Es geht um die Geschichte von Paulus, der auf dem Weg nach Damaskus bekehrt wurde; er erblindete, doch nach drei Tagen fiel es ihm wie Schuppen von den Augen.

Mir dämmert, daß Grigorii immer noch im Dienst ist. Er sieht in uns automatisch potentielle Konvertiten auf dem Sprung zu seinem Glauben. Aber er versucht nicht, uns zu überreden. Er erzählt uns einfach die Geschichte und überläßt es uns selbst, ein Urteil zu fällen.

Er ist überzeugt, daß sein langes Leben das unmittelbare Ergebnis seiner Abstinenz ist. Tabak und Alkohol hat er immer gemieden. Er fastet, so lange er kann, und beim Fasten unterwirft er sich vorbehaltlos der Herrschaft Gottes. »Wenn ein Mensch Gutes denkt«, erklärt er, »werden in seinem Körper gute Säfte freigesetzt. Wenn er Schlechtes denkt, passiert das Gegenteil.«

Grigorii erzählt uns ernsthaft, er vertraue auf Mäßigung in allen Dingen, sogar beim Sex. Aber dann bekennt er, daß er zehn Kinder gezeugt hat. Und sieht überrascht drein, als wir alle lachen müssen.

Jetzt ist er über 90. Wir fragen ihn, ob er gerne seinen Hundertsten erleben möchte. Grigorii kichert in sich hinein, bevor er fortfährt: »Als ich jung war, hatte ich viele Wünsche. Jetzt wünsche ich mir nichts mehr. Ich verrichte meine Gebete im Gemeindehaus, das ist in meinem Alter genug. Meine Kinder sagen mir, ich soll durchhalten, bis ich hundert bin, aber ich habe zum Herrn gebetet und gesagt: ›Wenn du mich brauchst, um deine Arbeit auf Erden fortzusetzen, laß mich hier weiterleben‹, und in diesem Moment habe ich gemerkt, daß ich noch gebraucht werde, weil wir wenig Pastoren haben, die die jüngere Generation unterweisen können. Sobald Gott mich will, wird er mich holen.«

Ich zögere ein wenig. Mir kommt meine Frage zu prekär vor, um sie jemandem zu stellen, der dem Tod soviel näher steht: Ich habe wirklich keine Ahnung, was mit uns passiert, wenn wir sterben. Asche, Staub? Wird einfach der Schalter auf Aus gestellt? Wird der Bildschirm schwarz? Oder erleben wir das weiße, strahlende Licht? Bo sagte, daß wir nie sterben. Ich frage mich, was Grigorii denkt.

Er streicht sich durch seinen langen Bart und läßt ein asthmatisches Lachen hören. »Gott sorgt für die Gläubigen«, sagt er dann mit entschiedener Miene. Letzten Endes läuft alles auf den Glauben hinaus.

Kurz darauf gibt uns Maya ein Zeichen, und als wir uns anschicken zu gehen, rappelt Grigorii sich hoch und schlurft nervös herum. Er möchte Vanella die Blumen von seinem Tisch geben, fünf Tulpen, die ihre beste Zeit schon hinter sich haben. Aber sie lehnt ab – sie seien da, um ihm Freude zu machen. Dann dreht er sich um, nimmt mich bei den Schultern und drückt mir völlig überraschend einen Kuß auf den Mund.

»Ich küsse dich wie einen Bruder«, sagt er.

Es ist ein tief aufwühlender, ergreifender Augenblick. Seine Zuneigung zu mir, einem Wildfremden, berührt mich im Innersten. Da steht er in seinem spaßigen, alten Pyjama und strahlt vor Freude. Er nimmt Vanellas Hand und inszeniert einen vollendet höflichen Handkuß.

Wir sind jetzt Brüder. Und Schwestern auch.

Noch immer läutet das Telefon mitten in der Nacht. Wir sind müde und unterernährt und sind uns einig, daß es an der Zeit ist, Zugtickets zu kaufen.

Unser erstes Problem: Wir müssen herausfinden, vor welchem Schalter wir uns anstellen müssen. Jeder behauptet, er wüßte es, aber in Wirklichkeit hat niemand die leiseste Ahnung, weil Schalter ohne ersichtlichen Grund öffnen und schließen. Aber je länger wir warten, desto mehr lernen wir die uralte sowjetische Kunst des Schlangestehens zu würdigen. Wir buchen unsere Plätze an einem Schalter, zahlen an zwei anderen – teils in Rubeln, teils in Dollars – und gehen dann zurück zum ersten Schalter, um unsere Tickets einzufordern. Schließlich stellen wir fest, daß die Einheimischen in mindestens drei Schlangen gleichzeitig anstehen. Sie reihen sich ein, lungern eine Weile dort herum, sagen dann: »Haltet mir den Platz frei, okay?« und sichern sich daraufhin einen Platz in einer anderen Warteschlange. Wie viele Leute vor uns sind, wissen wir also erst, wenn wir uns fast bis zum Schalter vorgearbeitet haben. Unseren Kalkulationen nach kommen auf sechs Leute, die wir sehen, 16 Leute, die wir nicht sehen. Und dann sind da noch die Mittagspause und die zahlreichen Teepausen.

Als wir endlich ganz vorne angekommen sind, während die Einheimischen, mit denen wir die vergangenen vier Stunden verbracht haben, immer noch versuchen, sich an uns vorbeizudrängeln, schnellt auf einmal der ursprünglich genannte Preis nach oben. Sie sagen nie, warum. Wir stellen fest, daß unsere Dollars nicht reichen, und sie weigern sich, unseren 50-Pfund-Schein für Notfälle zu akzeptieren. Sie haben uns nach Strich und Faden reingelegt.

Für Vanella ist das alles zu viel. Sie dreht durch. Sie stopft die 50-Pfund-Note unter der Scheibe durch und schreit: »Sie müssen das nehmen! Da ist nichts falsch dran. Absolut gutes Geld.«
Die beiden granitgesichtigen Frauen hinter dem Schalter schieben das Geld ungerührt zurück. Vanella schubst es wieder hinein. Die Wurstfinger der beiden Frauen zwingen es wieder raus.

»Nein. Schauen Sie. Englisch. Sterling. 50 Pfund.« Ihre Finger flattern, aber die Frauen schauen schon an uns vorbei auf den nächsten in der Schlange.

»Das können Sie nicht tun!« kreischt Vanella, aber es ist nichts zu machen. Ich brummle irgend etwas Beruhigendes und führe sie weg.

Die nächste Stunde verbringen wir im Hotel, wo sich der Kassierer ebenfalls weigert, englische Pfund zu akzeptieren. Der »Geld wäxeln?«-Junge sieht mich ungläubig an, als ich eine Rolle unnützer übriggebliebener Rubel gegen harte Dollars einzutauschen versuche. Schließlich flehe ich die Empfangsdame verzweifelt an und erzähle ihr, daß wir das Land nicht verlassen können, wenn niemand unser Geld umtauscht.

»Warten, biettasärr«, sagt sie schließlich, nimmt die 50-Pfund-Note und verschwindet hinter den Kulissen. Ein paar Minuten später reicht sie mir verschmitzt ein paar kostbare grüne Lappen.

Wir stehen noch einmal Schlange; alles in allem hat es uns sechseinhalb Stunden gekostet, zwei Fahrkarten zu ergattern.

Wir werden eindeutig immer noch beschattet. Eine Minute, bevor der Zug Kiew verläßt, rennt ein Pärchen Hand in Hand den Bahnsteig entlang und küßt sich demonstrativ vor unserem Abteil. Die Frau kommt in unser Abteil, bietet uns ein flackerndes Lächeln an und breitet dann ihr Bettzeug auf der gegenüberliegenden Sitzbank aus. Hinter ihr Taschenbuch verschanzt, beobachtet sie den ganzen Tag Vanella dabei, wie sie die Ausgaben einträgt und ihre Plastikbeutel neu ordnet. Sie sieht mir zu, wie ich mir Notizen mache und dann mit einer Sardinendose kämpfe, die ich kaum aufbekomme. Wir essen die Sardinen am Nachmittag mit einer trockenen Semmel, einem Käsewürfel und den letzten getrockneten Aprikosen, die wir seit Helsinki mit uns herumtragen. Dann wird sie Zeugin, wie Vanella in Panik verfällt, als sie merkt, daß sie ihr Formular mit der Zolldeklaration verloren hat und fürchtet, man würde sie nie wieder aus dem Land lassen. An der Grenze, in den frühen Morgenstunden, packt unsere Reisebegleiterin auf einmal zusammen und verschwindet.

Eine Zollbeamtin erscheint, eine totenblasse, dünne, junge Frau. Ein kurzes Gespräch mit Händen und Füßen, dann überwacht sie das Ausfüllen neuer Dokumente. Sie überprüft meine Papiere und durchbohrt mich mit eisigen Blicken. »Rubel?«

Ich habe noch ein großes Bündel in meiner Hosentasche – die Scheine, die ich nicht wechseln konnte. Wir dürfen kein Geld ausführen. Ich habe Angst vor einer Durchsuchung und gestehe.

»Biettä. Kommen.« Gehorsam folge ich ihr. Ich lasse Vanella zurück, klettere aus dem Waggon und stolpere in stockfinsterer Nacht am Gleis entlang; hin und wieder knallen meine Schienbeine gegen die Schwellen. Mit klirrenden Eisenteilen setzt sich der Zug in die entgegengesetzte Richtung in Bewegung.

Wir kommen an einen menschenleeren Bahnsteig. Ich werde hinter das Stationsgebäude zu etwas geführt, das ich für eine Bank halte. Ein Zeichen an der Tür besagt »24 Stunden«. Ich bin beeindruckt. Es ist Viertel nach zwei Uhr morgens.

Die Zollbeamtin klopft. Keine Antwort. Sie versucht es noch einmal; eine Wache schließt auf und bringt uns in einen dunklen, holzgetäfelten Raum. Es gibt vier Schalter, aber keine Menschenseele ist zu sehen. Tat-tat-tat, das Mädchen klopft an eine Scheibe, dann an eine andere. Tat-tat-tat. Ich höre ein Stöhnen, von tief unten. Dann taucht langsam ein zerzauster Kopf an einem der Schalter auf und eine monströse Frau mit Schürze baut sich vor uns auf.

Herzhaft gähnend sieht sie sich meine Geldwechsel-Belege an, dreht sie auf den Kopf und mustert sie noch eingehender. Sie schaltet eine riesige Rechenmaschine an und verkündet schließlich, sie könne meine Rubel unmöglich tauschen. Ich habe russische Wechselbelege, das hier ist die Ukraine. Die Rechenmaschine wird gefühlvoll ausgeschaltet, und die Frau verschwindet wieder unter Deck.

Ich finde nicht heraus, ob das nächste Gebäude eine Bank ist oder nicht. Meine Rubel werden mir abgenommen und gezählt. Man händigt mir einen sorgfältig mit der Schere ausgeschnittenen Zettel aus, der den genauen Betrag in Zehnern, Hundertern und Tausendern angibt. Ich kann das Geld wieder einfordern, falls ich mich entscheide, in das Land zurückzukehren.

»Sie machen Witze«, sage ich und ernte verständnislose Blicke. Das Mädchen vom Zoll hat seine Aufgabe erledigt und dirigiert mich zur Fahrkartensperre. Ich erinnere mich, daß ich mein Ticket im Zug gelassen habe. »Kassa, kassa«, behaupte ich und ausnahmsweise werde ich durchgewinkt.

Ich warte in einer kalten Marmorhalle und frage mich, ob sie mich vergessen haben. Gerade als ich in Panik verfallen will, läuft ein Zug am Bahnsteig ein, der mich mit einer äußerst erleichterten Vanella wiedervereint. Sie dachte, sie würde mich nie wiedersehen.

Wir sehen den übereifrigen ukrainischen Wachposten zu, die den Zug noch einmal gründlichst durchsuchen. Nach 200 Metern ruckelnder Fahrt latscht eine Reihe dunkelhäutiger Magyaren in verlotterten Uniformen den Korridor entlang, und wir wissen, daß wir in Sicherheit sind.

Ich ziehe die Viertelflasche Whisky heraus, die wir für besondere Gelegenheiten aufgehoben haben.

Freiheit!

Wiedergeburt

Ich verschmelze mit dem Klicke-di-klack des Zuges, während ich zusehe, wie die Morgendämmerung im Osten über die Ebene kriecht.

Wir ruckeln und schlingern genau in der richtigen Geschwindigkeit dahin: langsam genug, um die schlafende Welt vorüberziehen zu sehen, schnell genug, um zu spüren, daß wir weiterkommen. Mohnfelder, mehr als ich je gesehen habe, recken ein Meer von Blütenköpfen dem neuen Tag entgegen. Neben mir steht noch ein Mann und sieht hinaus; er trägt eine Weste und raucht eine Zigarette, deren Qualm mir in die Nase sticht. Wir haben uns zugenickt. Es ist zu früh, um zu sprechen. Und als das Licht an Kraft gewinnt, ist es reines Silber.

Wir fahren mit einer Stunde Verspätung in Budapest ein. Aber unten am Ende des Bahnsteigs wartet eine kleine, pummelige Dame. Sie hat einen gespannten Gesichtsausdruck, so als wüßte sie noch nicht, wen sie treffen wird. Bis sie uns sieht. »Zimmer? Sie wollen Zimmer?« fragt sie. »Sehr nett. Keine Familie.«

Vanella haßt es, irgendwo anzukommen ohne eine Unterkunft. Wir haben uns deshalb darüber geeinigt, welche Voraussetzungen bei unserer Ankunft an einem neuen Ort mindestens erfüllt sein müssen: Barschaft in der Landeswährung, ein Basislager und eine verschließbare Tür. Vanella ist von Natur aus mißtrauisch gegen jeden, der uns Waren oder Dienste anbietet. Ich bin da ganz anders – eher vertrauensselig.

»Sehr nett. Ist nah«, sagt die Dame. Mit einem Finger zeichnet sie eine Straßenkarte auf ihre Hand, den Fluß, den Bahnhof und ein paar Straßen dazwischen. Ich schlage vor, einen Blick darauf zu werfen, und kurz darauf folgen wir ihrer watschelnden Gestalt aus dem Bahnhof.

»Bist du dir sicher, daß das in Ordnung ist?« flüstert Vanella. »Sie könnte uns wer weiß wo hinschleppen.«

Sie sagt, ihr Name sei Julie, also taufen wir sie Mrs. Julie. Sie hat silbriges Haar und trägt unter ihrem Mantel eine Schürze.

Als wir drei in den Bus steigen, werden wir von neugierigen Ungarn gemustert, die offenbar auf dem Weg zur Arbeit sind. Wir lächeln, und zu unserer Verblüffung lächeln sie zurück.

Mrs. Julie lächelt auch, während sie uns durch die Seitenstraßen zu ihrem mit Steinplatten gepflasterten Hof bringt: vier Stockwerke, rosa gestrichene Geländer und rosa Blumenkästen.

Unsere Wohnung ist wohl gerade erst geräumt worden. Wir haben ein Zimmer und ein einfaches Badezimmer; rechter Hand im Flur führt eine Tür in ein anderes Zimmer. Vanella rüttelt an der Klinke, als Mrs. Julie gerade gehen will. »Ist geschließt, ist geschließt«, sagt sie freundlich.

Als sie fort ist, schieben wir zuerst einmal die Betten zusammen. Eine weitere unserer kleinen Konstanten auf der Reise betrifft die Betten: Meines ist immer das rechte, Vanellas das linke. Eine Entscheidung weniger. Ich inspiziere ein kleines ausgestopftes Säugetier in einem Glaskasten und einen Heiligen mit langem Gesicht, der amateurhaft auf Holz gemalt ist. Was wir jetzt wirklich brauchen – auch darüber sind wir uns einig –, ist ein herzhaftes Frühstück.

Wir sitzen ganz allein in einem nahegelegenen Café im oberen Stock. Die getoasteten Sandwiches, die man uns bringt, sind durchweicht, der Kaffee ist eine dünne Plörre, aber uns schmeckt alles ausgezeichnet. Wir mampfen trockene Mohnsemmeln, bestellen fettige Würstchen und noch einen Nachschlag Kaffee.

Zurück in unserem Zimmer, hänge ich eine ganze Stunde lang im Bad herum und lasse mit den Zehen heißes Wasser nachlaufen, während Vanella ein Nickerchen macht.

Später schlendern wir wieder durch die Straßen und lassen uns von der kultivierten Raffinesse einer Burger-Bar anlocken, wo wir uns noch mehr Kaffee und Pommes einverleiben. Wir bummeln, spähen in Schaufenster; sogar Schreibwaren sind nach der russischen Dürre interessant. Wir ertappen uns bei romantischen Gefühlen für die Donau und schlecken dabei Eis. Wir trinken mehr Bier, als wir sollten, und überfuttern uns gründlich in einem Restaurant mit einheimischer Küche – Gulaschsuppe, gefolgt von einem Kalbsgericht und Gänseleber mit Zwiebeln und Erbsen. Dann Nachspeise.

Wir kommen überein, daß die Donau etwas von einem Scharnier an sich hat. Auf der einen Seite die alte Stadt Buda, das alte Europa; gegenüber Pest. Die eine Hälfte ist förmlich und reserviert; die andere extrovertiert und geschäftsmäßig. Hier ist in der prächtigen Architektur noch die Macht des Habsburger-Reiches zu erkennen; dort meint man, noch immer die stumpfe Präsenz des Kommunismus zu spüren.

Heute gewinnen in den Straßen die Verheißungen von tausend Cola-Plakaten schleichend an Boden. Wir klettern die dunklen Steintreppen hinauf, wobei wir uns jede Abbiegung genau merken.

Zurück in unserer Bleibe, fällt Vanella innerhalb von Minuten in Tiefschlaf. Aus irgendeinem Grund bin ich hellwach. Mein Laken ist kühl, die religiösen Bilder sind jetzt in gespenstisches Licht getaucht und lassen nur noch schwarze Umrisse erkennen. Ich habe endlich die Bewegung der langen Anreise hinter mir gelassen. Ich liege vollkommen reglos da und versuche herauszufinden, ob das, was ich fühlen kann, das Blut ist, das in meinen Beinen zirkuliert. Ich schließe die Augen und fühle mich, als würde ich auf dem Wasser treiben.

Ich denke über unser neues Leben nach. Es ist, als würden wir noch einmal ganz von vorne lernen, miteinander zu leben. Seit fünf Wochen reisen wir jetzt durch die Weltgeschichte, und es könnten genausogut fünf Monate sein. Fünf Wochen im Büro rasten immer wie im Zeitraffer vorbei. Diese neue Beziehung zur Zeit, die wir gewonnen haben, ist eine unerwartete Freude. Wir haben das alte Ich hinter uns gelassen, und all die alten Regeln hat ein neuer Wind über den Haufen geweht. Nichts ist vorhersagbar. Und ich kann gar nicht glauben, wie gut ich mich dabei fühle. Es würde mich nicht wundern, wenn das Reisen an sich irgendeinen wohltuenden Effekt auf den Alterungsprozeß hätte.

Ich höre, wie sich der Kühlschrank am anderen Ende des Zimmers mit einem Schauer ausschaltet. Dann das Geräusch eines Schlüssels im Schloß, schlurfende Schritte. Atmen. Jemand ist im Badezimmer.

Vanella ist mit einem Schlag hellwach. »Was ist das?« zischt sie.

»Jemand läßt Badewasser einlaufen.«

Sie kapiert. »Und was, meinst du, sollen wir tun?«

»Uns wieder schlafen legen.« Ich liege vollkommen still, lausche auf den Jemand, der ungarische Volkslieder vor sich hin summt.

Trotz unseres beherzten Aufbruchs und der Freude am Unterwegssein verfolgt mich immer noch dieselbe Frage: Was tun? Ich habe versucht, meine alte Haut abzustreifen. Aber das ist leichter gesagt als getan – soviel von meiner Vergangenheit klebt noch an mir. Ich fühle mich seltsam ungeschützt, meine neue Haut ist noch unfertig. Was soll ich mit meiner Zeit anfangen? Keine Fehlstarts jetzt, keine Irrwege. Denn das, was ich mit meiner Zeit tun werde, beantwortet meine Frage: Wer bin ich?

Aber noch weiß ich es nicht, ich weiß es wirklich nicht. Ich kann noch meinen Großvater hören: »Na, junger Mann, was willst du tun, wenn du erwachsen bist?«

Vanella hat sehr viel Geduld mit mir. »Sagtest du nicht, du willst schreiben?«

»Ja, vielleicht. Aber was ist, wenn nichts draus wird? Was soll ich dann tun?«

»Du mußt jetzt wirklich nichts entscheiden.« Natürlich hat sie recht. Aber ich mache mir immer noch Sorgen; deshalb beschließen wir, uns ein paar Tage Pause zu gönnen. Wir entscheiden uns für den Plattensee.

»Sehr gut. Balaton. Sehr gut. Viele Bilder«, sagt Mrs. Julie, als wir aufbrechen. Wir versprechen wiederzukommen.

Natürlich stellen wir uns eine friedliche Kurstadt mit ein paar urigen Gasthäusern vor. Entsprechend verärgert sind wir, als wir die Horden deutscher Touristen sehen.

Und wir müssen eine Wohnung mieten, in der ein quietschendes Klappbett steht, die Leitungsrohre gräßlich pochende Geräusche von sich geben und eine Ameisenkolonie haust. Wir sind in einem gesichtslosen Block am hinteren Ende eines breiten Betonstreifens untergebracht, der von Pizzerien und Freiluft-Trinkbuden flankiert ist.

Vanella sonnt sich tagsüber oder schwimmt heimlich in einem der Hotelschwimmbecken, und ich sitze mit einem Block Papier und dem Blick auf ein paar Bäume an einem improvisierten Schreibtisch. Ein Spechtpaar hat eine Nesthöhle bezogen und absorbiert meine Aufmerksamkeit. Alles scheint zu stimmen. Neuanfang.

Ich denke an den General, den wir im Parlamentsgebäude in Budapest getroffen haben. Wir stiegen die Marmortreppe empor, starrten zu den gewölbten Dächern hinauf. Jede Ecke war vergoldet. Kilometerlange rote Teppiche zogen sich die Korridore mit den endlos hohen Decken entlang, und steingesichtige Statuen stierten auf uns herunter, als hätten sie etwas zu sagen.

Der General trat aus einem getäfelten Vorzimmer und stellte sich in aller Form vor. Vanella hatte es ihm sofort angetan. Er gab ihr einen Kuß auf jede Wange, was sie ein wenig in Verlegenheit brachte. Da er gerade zwischen zwei Terminen war, war er ein wenig in Sorge, unsere Ankunft könnte sein Mittagessen gefährden. Also wurde unverzüglich etwas zu essen bestellt. Ich erinnere mich, daß es mir eine Spur bizarr vorkam, daß wir an einem Mittwoch zur Mittagszeit draußen vor der Nationalversammlung mit einem Mitglied des ungarischen Verteidigungsausschusses belegte Brote mampften.

Kálmán Kéri war sein Name. Er war klein und gepflegt mit jungenhaften Gesichtszügen, glänzenden Goldknöpfen an einer tadellosen Uniform und zwei dicken roten Streifen an jedem Hosenbein. Wenn Kollegen vorbeikamen, lächelte er und winkte wie ein jovialer alter Onkel. Sie salutierten dann oder knallten rasch die Hacken zusammen und nickten zurück. Jetzt, da der General sein Ei und seine Salami hatte, war er ein fröhlicher Mensch.

Kéri war sein ganzes Leben lang Berufssoldat gewesen. Aus dem Mannschaftsstand war er zum Offizier aufgestiegen und schließlich Oberbefehlshaber des Karpaten-Regiments geworden, das an der Seite der Deutschen Kriegsteilnehmer war, bis 1943 seine Truppen von den Russen an der Ostfront ausgelöscht wurden. Im März 44 marschierten die Nazis, die einen Frontwechsel ihrer ungarischen Alliierten befürchteten, in Ungarn ein und ernannten Kéri sofort zum Oberbefehlshaber der Ersten ungarischen Armee. In Moskau sollte er einen Separatfrieden aushandeln, doch während seiner Abwesenheit befreiten die Russen Heiligabend 1944 Budapest. Wenig später gaben die Sowjets Kéri an eine neue ungarische Regierung im sowjetisch besetzten Teil Ungarns *(erst unmittelbar vor Kriegsende war ganz Ungarn befreit)* in die Hände kommunistischer Regenten. Kéri wurde der Sabotage angeklagt und ins Gefängnis geworfen.

Nach seiner Entlassung kehrte er ins bürgerliche Leben zurück und studierte medizinische Chemie. Für das Verbrechen, Beziehungen zum Westen zu unterhalten, wurde er dann wieder inhaftiert, nach ein paar Monaten freigelassen, dann aufs neue festgenommen. Im Februar 1949 schließlich wurde er noch einmal ohne Verurteilung eingesperrt und in eine Zelle gebracht, in der er ein ganzes Jahr lang kein Sonnenlicht sah. Danach wurde er nach Recsk ins Konzentrationslager geschickt – in ein Vernichtungslager. Frierend und hungernd schuftete er im Steinbruch. Vier Jahre später wurde er entlassen und fand Arbeit – schließlich sogar als Manager eines Kaufhauses. 1963 schied er aus dem Arbeitsleben aus, studierte ein wenig Militärgeschichte und gab Sprachunterricht.

Als dann 1989 der Kommunismus am Ende war, wurde Kálmán Kéri Mitglied des neuen, frei gewählten Parlaments. Im Alter von 90 Jahren lernte er, wie ein Politiker zu sprechen. »Ich würde gerne noch eine Epoche der weltweiten Kooperation miterleben, eine, in der Spannungen ohne Kriege abgebaut werden können«, sagt er ernst, und es klingt, als habe er die Worte sorgfältig einstudiert. »Wir müssen lernen, im Rahmen einer neuen Gemeinschaft zu leben und Selbstlosigkeit zu üben, damit etwas Größeres dabei herauskommt.«

Dann schaute er auf seine Uhr und entschuldigte sich: Der nächste Termin drängte. Er lud uns ein, jederzeit wiederzukommen, stahl sich noch einen Kuß und sprang davon, den Korridor entlang.

Was für ein lustiger Mann. Er rannte in gespielter Zeitlupe, die Unterarme fast so, als wolle er salutieren, hüpfte auf den Zehenspitzen dahin, als sei er ein Athlet in weiten Shorts. Was für ein ungewöhnlicher Mann! Er wirkte auf uns wie einer, dessen Geist vollkommen frei ist.

Meine Spechte sind verschwunden – war wohl doch nicht die geeignete Bruthöhle. In der Küche finde ich ein Stückchen Brot und streue ein paar Krümel auf den Balkon hinaus. Zwanzig spannende Minuten lang beobachte ich, wie ein Bataillon Ameisen Nachrichten sendet, sich neu gruppiert und einen großen Wirbel veranstaltet.

Vielleicht sollte ich nicht soviel darüber nachdenken, was ich tun soll. Vielleicht kommt es mehr auf das Tun an sich an.

Wieder in Budapest lernen wir eines Abends Andrea kennen, ein Mädchen hier aus der Gegend, ungefähr so alt wie wir. Wir stehen zusammen hinter dem alten Schloßdistrikt und beobachten, wie sich der Tag über den Buda-Hügeln zur Ruhe begibt. In der Ferne bellen Hunde, ein Motorroller jault auf, dann ist es wieder still um uns.

»Isn't it loofely?« sagt Andrea. Sie muß ihr Englisch von jemandem mit einem nördlichen Akzent gelernt haben. »Manchmal kann ich immer noch nicht glauben, daß wir frei sind. Wir können reden und diskutieren. Wir haben unsere eigene Kultur wieder. Wißt ihr, daß die Leute manche Volkstänze jahrelang nicht getanzt haben? Wir lernen sie wieder neu.«

Andrea spricht, als erhole sie sich gerade von Gedächtnisschwund. Sie entdeckt ihre Identität und den Stolz auf ihr Land neu.

Sie ist ganz versessen darauf, uns die Ruinen einer alten Kirche zu zeigen, von der nur der Turm stehengeblieben ist.

»Hier hat sich immer die Widerstandsbewegung getroffen«, sagt sie, als sich unsere kleine Gruppe im Turminneren zusammengefunden hat. »Meine Schwester gehörte dazu, hat im Untergrund gearbeitet. Sie war immer künstlerisch, sehr musikalisch. Sie hat das System bekämpft und viel riskiert. Mein Vater war Kommunist. Natürlich ist jetzt alles anders, aber er ist immer noch Kommunist. Er kann sich nicht ändern – und das ist traurig.«

Andrea führt uns in einen ruhigen Garten auf dem Hügel hinter der alten Stadtmauer. Es dämmert, Amseln singen ihr Abendlied. Auf einer Steinbank sehen wir einen alten Mann sitzen. Er ist zurückgelehnt und hat die Beine an den Knöcheln gekreuzt.

»Wer ist das?« flüstert Vanella.

Ein vollkommenes Denkmal, eine schwarz angelaufene Bronze.

»Der Komponist Zoltán Kodály«, erzählt Andrea und legt eine warme Hand auf seine Schulter. »Zu Beginn des Jahrhunderts ist er durch Ungarn gereist und hat Volkslieder gesammelt, damit unsere Musik erhalten bleibt.« Der alte Mann sieht bedrückt aus. In einem Augenwinkel ist ein Regentropfen wie eine Träne hängengeblieben.

Am nächsten Morgen bringt uns ein Bus zum Gipfel eines der Buda-Hügel. Die Frauen, mit Einkaufstaschen behängt, lächeln, als wir hinausspringen und den Rest des Weges bis zum Platz hinaufklettern. Wir rechnen mit einer kleinen Rentnerwohnung, aber als wir uns an den Hausnummern entlangzählen, können wir uns ausrechnen, daß die Adresse nur die eindrucksvolle gelbe Villa ganz am Ende sein kann. Eine Reihe Taxis steht wartend davor. Ich spähe durch das Eisengitter auf einen perfekt gepflegten Rasen. Der Türöffner summt; wir schlagen einen Bogen um einen übellaunigen Schäferhund, und eine Hausangestellte bringt uns die Treppe hinauf in einen offenen Empfangsbereich. Vanella und ich werfen uns einen Blick zu. Wir stehen unter Schock. Wir haben uns ja mittlerweile daran gewöhnt, an einigen seltsamen Orten zu landen, aber dieser hier ist dekoriert wie eine Hochzeitstorte.

Béla Varga fühlt sich offensichtlich wohl in seinem schwarzen Anzug mit dem Priesterkragen. Er ist glattrasiert, sein Kopf ist zum größten Teil kahl und ein bißchen sommersprossig. Mit ihm erwartet uns eine bekannte Fernsehansagerin, eine bemerkenswerte Frau namens Julia Kudlik. Sie ist gekommen, um ein wenig auszuhelfen. Man hat den beiden gesagt, wir seien Amerikaner. Aber offensichtlich freut sich Béla zu hören, daß wir Engländer sind.

»Ich liebe England«, sagt er sofort mit rauher Stimme und in einem Englisch mit leichtem Akzent. Ich sehe, daß seine Hand ein bißchen zittert. Er entschuldigt sich dafür, er leidet an Parkinson. Hin und wieder stockt er beim Sprechen, und Julia sagt etwas auf ungarisch zu ihm.

Béla Varga wurde in eine arme Bauernfamilie hineingeboren. Sein Vater segelte nach Amerika, um Geld zu verdienen, damit der junge Béla auf die höhere Schule gehen und seine Berufung erfüllen konnte.

»Ich wollte immer Priester werden, schon als kleiner Junge, als Ministrant.« Er muß etwas Engelhaftes an sich gehabt haben. Sein

Gesicht sieht immer noch unschuldig aus. In seinen blaßblauen Augen ist nur Freundlichkeit.

»Hitler haßte mich«, beeilt er sich zu sagen. »Ich habe mit den Polen zusammengearbeitet, mit den Leuten, die aus Polen fliehen konnten.«

Als junger Mann übernahm er in Balatonboglar das Amt des Priesters; der Ort liegt, von unserer Urlaubswohnung aus gesehen, genau am gegenüberliegenden Seeufer. Er verstand die einfache Landbevölkerung, die dort lebte, und stand bei ihnen bald in hohem Ansehen. Zu Beginn des Krieges hatte er Mitleid mit den Polen, die sehr unter dem Einmarsch der Nazis litten, und er fühlte sich dazu berufen, sich um die polnischen Flüchtlinge zu kümmern, die sich nach Ungarn durchschlagen konnten.

»Hitler haßte mich«, wiederholt Béla. »Er haßte mich persönlich, haßte mich so sehr, wie er die Polen haßte. Er verurteilte mich zum Tode, weil ich ihnen half.« Er spricht fast mit freundlichem Humor »vom Haß dieses einen Mannes«. Ich nehme an, er ist lebensbedrohenden Dingen immer in dieser Art begegnet.

Weil Hitler alle Schulen in Polen verbot, öffnete Béla eine Schule für die Flüchtlinge am Plattensee. Eine Zeitlang war das die einzige polnische Schule der Welt. Sie war das Zentrum seines persönlichen Krieges gegen Hitler und später auch seines Krieges gegen Stalin. Als die Deutschen in Ungarn einmarschierten, wurde Béla prompt verhaftet, inhaftiert und wäre hingerichtet worden, wenn es ihm nicht gelungen wäre, zu entkommen und aus dem Land zu fliehen.

Er ist sehr darauf erpicht, uns seine Auszeichnungen zu zeigen. Das Hausmädchen wird losgeschickt und kehrt mit einem Armvoll roter und blauer Schachteln zurück. Ein wenig Hektik kommt auf, weil die britische Ehrung nicht dabei ist.

Béla nimmt einen goldenen Orden zwischen die zittrigen Finger, die höchste und älteste Auszeichnung, die von der polnischen Nation überreicht werden kann.

»Sie haben mich als Bruder betrachtet«, sagt er und ist immer noch tief berührt. »Mein ganzes Leben habe ich den Polen gewidmet. Ich habe über 200 000 Polen geholfen, über Ungarn zu entkommen.«

»Die Polen nannten Ungarn ihr Paradies«, erzählt Julia und öffnet eine weitere Schachtel. »Es war ihre einzige Hoffnung, den Pogromen zu entgehen. Da, schauen Sie. Das hier ist ungarisch.«

»Donnerwetter«, meint Vanella. Reihum nehmen wir ein gewaltiges, gewichtiges Kreuz in die Hand.

»Ich würde umkippen, wenn ich das tragen würde«, sage ich, und Béla lächelt.

Nach der Befreiung von Budapest kehrte er nach Hause zurück. Im Januar 1945 wurde er von den Russen verhaftet, zum Tode verurteilt, dann aber wieder freigelassen. Er wurde Mitglied des Parlaments und war Präsident der Nationalversammlung, bis Rákosi und die Kommunisten 1947 die Regierung übernahmen. Béla war wieder gezwungen zu fliehen, zuerst in die Schweiz, dann nach England und schließlich ins Exil in die Vereinigten Staaten.

»Sechsundvierzig Jahre, mein Freund, 46 Jahre Herumziehen in der Welt ohne ein Land.«

»Das ist ein halbes Menschenleben.«

»Ich war oft in London. Ich habe immer noch Freunde dort. Wir haben den Engländern viel zu verdanken. Ich war bei Churchill, als er seine erste Rede gegen den kalten Krieg hielt. Er sagte, der Eiserne Vorhang sei herabgelassen worden *(Churchill prägte den Begriff »Iron Curtain«, Anm. d. Übers.)*. Ich mochte Winston Churchill sehr. Ein starker Mann, ein mutiger Mann.«

»Sie sind auch ein mutiger Mann.«

»Ich bin viele Male in meinem Leben zum Tode verurteilt worden«, brüstet er sich schelmisch.

»Aber Sie sind immer noch hier.«

»Immer noch hier.«

Ich möchte wissen, woher er diesen Mut genommen hat, und

erwarte eigentlich, daß die Antwort in seinem Glauben oder in Gott liegt. Aber er ist sich nicht sicher. Er hat einfach getan, was er für richtig hielt, und ließ sich um keinen Preis davon abbringen.

»Ich habe keine Angst gekannt«, erklärt er. »Es ist die größte Ehre, für sein Land zu sterben. Ich bin nicht stolz darauf. Es ist ganz natürlich, sein Land zu lieben. Ich hätte mein Leben mit Freuden, wirklich mit Freuden geopfert.«

Das ist sein größtes Glück – die Liebe zu seinem Land. Er hofft, daß die jüngeren Generationen jetzt ihr Land noch besser lieben können. Nach 46 Jahren vernahm er die frohe Botschaft, daß die kommunistische Herrschaft durch den Willen des Volkes beendet war. Natürlich wollen wir wissen, wie es ihm dabei ging. Béla lächelt. Er erinnert sich, wie er vor amerikanischen Senatoren stand, wie so viele Male zuvor. »Sagen Sie uns, wie Sie sich fühlen?« sagten die. »Aber weichen Sie jetzt nicht aus, sagen Sie die Wahrheit.«

»Ich bin mir absolut sicher, daß der Kommunismus definitiv verspielt hat«, antwortete er. »Das ist doch lächerlich«, meinten sie. »Die Russen haben die Hälfte der Welt unter sich.«

»Mag sein«, sagte Béla. »Aber sie haben nicht die menschliche Natur unter sich. Die Zukunft der Welt hängt von der menschlichen Natur ab, und die menschliche Natur ist stärker als alles, stärker als jede Regierung.«

Sie glaubten ihm immer noch nicht, die alten Senatoren.

Irgendwie wußte Béla immer, daß er zurückkehren würde. Er war nie von seinem Posten als Präsident der Nationalversammlung zurückgetreten. Und so wurde er im Juni 1990 – immer noch als rechtmäßiger Präsident – gebeten, die erste Sitzung des neuen Parlaments zu eröffnen. Er kam nach Hause, endgültig. Man machte ihn zum Propst der römisch-katholischen Kirche und stellte ihm ein Haus zur Verfügung, wo er seine Tage beschließen konnte. Darüber hinaus hat er keine Ambitionen.

»Ich will nicht irgend etwas sein. Ich bin ein glücklicher Mensch.«

»Mögen Sie das Alter?«

»Ich liebe das Leben«, antwortet er schnell mit einem liebevollen Lächeln. Er beklagt sich nicht über seine Krankheit, zeigt keine Spur von Schmerz oder Trauer. Er hat seinen Frieden gefunden.

Ich beuge mich vor und berühre den einzigen Farbtupfer an ihm, ein winziges rotes Abzeichen in seinem Knopfloch. Es ist eine unwillkürliche Geste, Ausdruck einer Vertrautheit, die ich jetzt empfinde.

»Was ist das?«

»Das ist französisch. Ich habe zusammen mit den Franzosen gekämpft. Die Franzosen mochten Hitler auch nicht.«

»Wer mochte Hitler schon?« meint Julia, und wir alle lachen auf Kosten des Führers.

»Die größte Auszeichnung in meinem Leben war, daß beide, Hitler und Stalin, mich persönlich haßten.«

Er entschuldigt sich für seine brüchige Stimme. »Wenn Sie je wieder nach Ungarn kommen, bitte besuchen Sie mich! Wenn ich gesund bin, würde ich mich freuen, Sie wiederzusehen. Ich liebe England. Wenn ich nach England komme, möchte ich Sie besuchen. Wo finde ich Sie?«

»Wir reisen zwei Jahre lang durch die Welt.«

»Ich werde Sie finden.« Entschlossen schüttelt er seine Faust.

Als wir aufgestanden sind, küßt Béla mich herzlich auf beide Wangen.

»Ich werde Sie nie vergessen«, sagt er.

Und ich frage mich allmählich, was hier vor sich geht. Zum zweiten Mal in meinem neuen Leben bin ich von einem Priester geküßt worden.

Oldo

Unsere Reise von Bratislava aus nach Osten dauert fast einen ganzen heißen Junitag lang; wir reisen in Gesellschaft eines abgerissenen, grauhaarigen alten Herrn. Zuerst baut er sich vor uns auf und hält eine kurze Rede, die doppelt unverständlich ist, weil er nicht nur nuschelt, sondern das auch noch auf slowakisch. Damit ist er's offensichtlich zufrieden und läßt sich neben der Tür hinplumpsen; sein Atem rasselt und pfeift im Wechsel. Von Zeit zu Zeit wacht er auf, rollt seine blutunterlaufenen Augen und informiert uns mit beträchtlichem Stolz: »Ich Slowake!«

Miloš Ruppeldt war überzeugt, daß es unbedingt die Tatra sein mußte. Er zeigte mir ein paar körnige alte Photos von Holzkirchen und Dorfbewohnern in Volkstrachten. Dann kreiste sein Finger auf der Landkarte über den Bergen der östlichen Slowakei und landete auf etwas namens Liptovský, Mikuláš. Miloš arbeitete an der Botschaft in London und bot uns großzügig seine Hilfe an. Schließlich lud er uns zu einer Gedenkfeier für Jan Palach ein, den tschechischen Studenten, der sich im Januar 1969 aus Protest gegen den Einmarsch der Russen selbst verbrannt hatte. Vanella und ich hetzten also nach der Arbeit hin, nur um uns an einem eiskalten dunklen Winterabend die Beine in den Bauch zu stehen und uns höchst fehl am Platz zu fühlen. Gebete wurden gesprochen und Hymnen gesungen. Danach wurden wir im Andachtshaus von allen möglichen Leuten begrüßt, vom Konsul bis zu Miloš' Cousin Ilja. Für die Tatra gab es von allen Seiten kopfnickend Zustimmung. »Geht nach Liptovský sagten sie. »Völlig problemlos für euch. Da werden sie euch helfen.«

Bei unserer Ankunft wirkt die kleine Stadt Liptovský Mikuláš nicht ganz so entgegenkommend auf uns. Offenbar gibt es einen Mann, der ein Auto vermietet, aber der ist nirgends zu finden. Die reizende Mrs. Chovanova an der Sprachenschule kann uns ein paar Stunden morgens ihre Dolmetscherdienste anbieten, mehr aber nicht. Im Büro von Liptour, dem örtlichen Reisebüro, erfahren wir, daß wir nur dann eine Chance auf ein Transportmittel haben, wenn wir den Chauffeur gleich dazunehmen. Das hört sich nun wirklich nicht gut an, aber widerwillig erklären wir uns bereit, darüber zu verhandeln. Eine Viertelstunde später kreuzt ein junger Mann auf, in Jeans und T-Shirt und mit einer Gürteltasche um den Bauch. Der erste Eindruck: ein Schlitzohr.

»Hallo, hallo. Mein Name ist Oldo.« Er spricht das erste »O« kurz aus. »Wo wohnen Sie? Hotel?«

»Hotel Jánošik.«

»Sie wohnen bei mir. Ist besser.«

Wir murmeln irgend etwas, um unsere Verwirrung zu überspielen. Es wäre wunderbar, dem Jánošik den Rücken zu kehren – wieder so ein trostloser Betonblock! –, aber wir wissen nicht so recht. Unbeeindruckt nimmt er uns auf einen Kaffee mit und hört sich unsere Geschichte an.

»Ist kein Problem. Sie sind der Boß.« Oldo sagt, er könne sich um alles kümmern.

»Ist das nicht seltsam?« frage ich.

»Seltsam? Was ist das … selt-sam?« fragt er unschuldig.

Vanella muß lachen.

»Das heißt komisch, eigenartig. Ihr Name.«

»Mein Name? Mein Name ist Oldo.«

»Ihr Name ist Oldo. Und wir sind auf der Suche nach ›old people‹, alten Leuten.«

»Haha. Oldo wird ›old people‹ finden, jawohl.«

Nun frage ich mich doch, ob er nicht eine Art Engel ist, der uns geschickt wurde, um uns auf unserem Weg zu helfen. In seinem runden, freundlichen Gesicht sitzt eine Brille mit Silbergestell,

Gläsern wie Pennies und elastischen Sportbügeln für die Ohren. Sein Hinterkopf wirkt fast quadratisch, dunkles kurzgeschnittenes Haar mit einem Hauch Grau an den Schläfen. Er erzählt uns, daß er einmal Schauspieler war, dann aber Filme und Ruhm für den Militärdienst aufgegeben hat. Sein Job war die Feinderkundung: Er hörte die Sicherheitscodes der NATO und die Funksignale an die Kernwaffen-Stützpunkte des Westens ab. Wenn irgend etwas von der Norm abwich, war es Oldo, der Moskau per Funk in Alarmbereitschaft versetzte. Ich sehe ihn mit Kopfhörern in einem geheimen, verdunkelten Raum vor mir, und seine Brille blitzt im Licht der roten und weißen Skalen. Jetzt ist er in den Wintermonaten Skilehrer und entwickelt im übrigen seine unternehmerischen Fähigkeiten.

Und so wird Oldo unser Reiseleiter, unser Fahrer, Detektiv, Dolmetscher, Koch und ein ausgezeichneter Gastgeber. Am nächsten Morgen holt er uns am Jánošik ab, und wir kehren zum Büro von Liptour zurück, wo wir bei einem oder zwei Gläsern des hiesigen Weins mit diversen Matrikas telefonieren: den Büros des Gemeinderats.

»Wir jetzt haben Ideen«, verkündet er und wedelt mit einem Stück Papier; dann schaltet er auf Chauffeur um und führt uns zu seinem treuen, weißen Skoda. Als wir wegfahren, winken uns die Leute nach. Hupend nimmt er jemanden aufs Korn, der die Straße überquert. Der Mann springt zurück und grinst, als er sieht, daß es Oldo ist.

Oldo nimmt uns zu seinem bescheidenen Haus in Liptovský Trnovec mit, einem Dorf in der Nähe der Stadt. Wir laden aus und schauen dann bei dem Campingplatz vorbei, den Oldo einmal verwaltet hat. Während er sich um irgendwelche Angelegenheiten kümmert, trinken wir ein kühles Bier, und schon geht's weiter.

Unterwegs in offener Landschaft können wir zum ersten Mal die Gegend genießen. Wir rollen durch Bergland; wie mit der Achterbahn geht's rauf und runter, und aus fernem Dunst heben sich blau und zackig zerklüftete Berge. Am Fuß der Hänge liegen, in üppiges Ackerland eingebettet, die Dörfer, und alle heißen Liptovský Soundso. Arbeiter machen sich auf den Feldern zu schaffen, mähen das Gras und stapeln es zum Trocknen wigwamartig auf. Der Damm, der Liptovska Mara, wurde in den 70er Jahren gebaut und ertränkte damals 13 weitere kleine Liptovskýs unter 22 Quadratkilometern Wasser. Oldo sagt: »Mehr Strom, als wir verbrauchen können – und dafür unser bestes Land!«

Wir fahren auf Partizan Lupča zu. Bevor der Ort den Namen des Partisans bekam, hieß er Nemecka Lupča, also »deutsches Lupča«. Während des Zweiten Weltkriegs verschob sich die Ostfront in dieser Gegend ständig vor und zurück – und zwar so ausgiebig, daß behauptet wurde, den Nazis und Russen ginge es nur um die Destillerie am Stadtrand.

Das Dorf Partizan Lupča sieht aus, als sei die Zeit hier stehengeblieben. Ein struppiger, vernachlässigter Grasfleck markiert das Zentrum, um das sich eng die Häuser drängen. Sie haben rote Dächer und sind in blassem Eiscremerosa und -grün gestrichen; dazwischen enge Einfahrten, in denen verwahrloste Kinder spielen. Die Steinplatten tragen noch Wagenrad-Furchen aus der Zeit der Pferdekutschen.

Cyril Murva wartet schon auf uns. Genauer gesagt, er hat schon den ganzen Morgen über gewartet, seit man ihm von Oldos Anruf in der örtlichen Matrika erzählt hat. Er konnte nicht länger an sich halten und hat sich über den Borovička hergemacht, den hiesigen Gin mit dem ausgeprägten Wacholdergeschmack. Er macht gerade ein Nickerchen, sagen sie.

Wir werden durch ein Scheunentor in den dahinterliegenden Wohntrakt geführt, ein Labyrinth von Zimmern mit Betten überall. Gemalte Ikonen schmücken die Wände, flimmernde Lämpchen tauchen alles in buntes Licht. In einem engen Wohnzimmer haben Cyrils Enkelin und Urenkelin ihr bestes Porzellan gedeckt. Die Plätzchen gibt es nur zu besonderen Anlässen, der Kaffee schmeckt wie Schlamm.

Plötzlich öffnet sich eine Tür zur Rechten und vor uns steht auf etwas wackeligen Beinen Cyril.

Als er uns entdeckt, deutet er mit einem Finger auf uns, bricht in ein »Hey hey hey …« aus und setzt sich dann zu uns in Bewegung. Er ist klein und O-beinig, trägt eine blaue tweedartige Jacke, ein braunes Hemd mit überdimensionalem rundem Kragen und eine Mütze, in der sein Kopf wie geschrumpft aussieht. In seinem wettergegerbten, schelmischen Gesicht stehen Stoppelinseln, die der Rasierklinge getrotzt haben.

Unsicher schwankend hält er zwischen Daumen und Zeigefinger eine Zigarette, an der gefährlich schwer die Asche hängt. Bedächtig schnipst er sie auf den Boden, und eine unendlich geduldige Enkelin hält – zu spät – den Aschenbecher hin. Cyril schlingert auf einen Stuhl zu. »Hey hey hey …«, rasselt er und läßt uns seinen zahnlosen Kiefer sehen.

In einem passenden Moment fragt Oldo ihn, woran es wohl liegen könnte, daß er so lange lebt.

»Hey hey hey …«, quäkt er. »Ich habe zwei Kriege erlebt … Nicht zu viel essen, nur eine Schale Haferbrei in der Woche …« Er preßt die Lippen vorne zusammen und spricht aus den Mundwinkeln.

Oldo versucht es noch einmal, und Cyril legt nach: »Siebzig Jahre lang war ich Hirte, bis ich 80 war; hab in den Bergen mit den Kühen gearbeitet …« Wir wüßten gern, was wohl einen guten Hirten ausmacht, aber Cyril hüpft weiter von einem Thema zum anderen.

»Meine Söhne mochten das nicht, das Kämpfen im Krieg … Jetzt leben wir in einer neuen Zeit, wir sollten uns freuen … hey hey hey … Als ich zum letzten Mal die Kühe in den Bergen versorgt hab, sind zwei Färsen gestohlen worden. Ich mußte 45000 Koruna für sie zahlen … Ihr müßt am 25. Juli kommen, da werd ich 95 … haha … Ich bin Katholik. Ich geh immer noch zur Kirche, weil ich nicht weiß, wann Schluß mit mir ist … hey hey hey.«

Oldo sieht hilflos drein, und ich zucke mit den Achseln; ich habe mich damit abgefunden, nichts über die geheimnisvollen Künste der Hirten zu erfahren. »Wartet, wartet, ich versuche noch mal was anderes«, sagt Oldo und fragt in Richtung Arbeitsalltag.

»Ich hatte zwei Söhne und einen Helfer«, antwortet Cyril, »350 Stück Vieh, Ochsen und Färsen, neun Kühe und nur einen Hund. Wir lebten da den ganzen Sommer über in einem Holzhaus mit einem Zaun drum herum für die Herde. Aber irgend jemand hat meinen Hund umgelegt ... Die wußten, daß ich ohne ihn aufgeschmissen war ... Kennt ihr den von dem jungen Hirten?«

»Nein«, antworten wir zögernd.

»Also, dieser junge Hirte ist zum ersten Mal oben in den Bergen und er fragt die anderen Hirten, wie sie's denn mit dem Sex halten. ›Wir vögeln ein Schaf, was sonst‹, sagen sie.

›Nein, tut ihr nicht. Glaub ich euch nicht‹, sagt der junge Kerl. Na gut, die Tage gehen dahin und irgendwann hält er es nicht mehr aus. Er sucht sich also ein Schaf und fängt gerade an, sich zu amüsieren. Da sieht er, daß die anderen um ihn herumstehen und lachen. ›Stimmt was nicht?‹ fragt er. ›Du hast dir so'n häßliches geholt!‹ Hey hey hey ...« Cyril gefällt die Pointe so gut, daß er japst, bis er nicht mehr kann.

Dann beobachten wir alle, wie er versucht, sich eine neue Zigarette anzuzünden. Er raucht 40 pro Tag. Seine harten, alten Hände sehen deformiert aus. Der Mittelfinger und der kleine Finger an seiner Linken haben in den Bergen einmal Frostbeulen bekommen und sind zur Handfläche hin eingerollt. Der andere kleine Finger ist von der Arthritis rechtwinklig gebogen wie eine Kralle. Der Rest ist dünn und gekrümmt vom Melken seit frühester Jugend. Und sein Kopf. Cyril ist in sehr jungen Jahren böse gestürzt und fast daran gestorben. Er nimmt seine Mütze ab und zeigt uns eine knubbelige, gelbliche, schorfige Wunde auf seiner weißen Glatze. Er muß kopfüber gefallen sein. Er hatte Glück.

»Ich hab mein Fett abbekommen. Das wird's wohl sein, warum ich so lange lebe«, sagt er. »Hey hey hey ... Gott kümmert sich um mich.«

Wir müssen ihm nicht lange zureden, damit er sich draußen photographieren läßt. Wir kramen noch unsere Siebensachen zusammen, als er sich schon aufrappelt und zur Tür taumelt. Ich sehe, wie er gefährlich Schlagseite bekommt, mache einen Satz nach vorn und kriege ihn gerade noch zu fassen, bevor er der Länge nach hinschlägt. Cyril riecht nach Heu, Tabak und Borovička .

Vanella setzt sich lachend mit ihm vor die Scheunentür und ermuntert ihn, sich in Pose zu werfen. Aber Cyril hat eine andere Idee. Er will nur eins: seine Zunge in ihren Mund stecken. Beim ersten Versuch überrumpelt er sie so, daß er sogar Erfolg hat. Ich sehe, wie sie entsetzt zurückzuckt, aber irgendwie immer noch lächelt. Sie sagt, seine Zunge sei total heiß und schleimig gewesen.

Wieder zu Hause angekommen, macht Küchenchef Oldo das Abendessen, während wir seine eindrucksvolle Sammlung von Fingerpuppen in slowakischen Kostümen bewundern.

»Seid ihr ›angry‹?« fragt er.

»›Angry‹? Nein, wir sind nicht ›ärgerlich‹«, sagt Vanella überrascht.

»Seid ihr ›angry‹, ›hangry‹ ... äh, ›hungry‹?«

Gut, daß wir hungrig sind. Oldo tischt selbstgemachte Gulaschsuppe auf, dann scharf gewürzte Würstchen in einer pikanten Sauce und als Hauptgericht Schwein mit Zitrone und Walnüssen, alles hinuntergespült mit einem schäumenden Bier aus dem Krug. Dann sitzen wir zusammen und reden bis spät in die Nacht und stellen fest, daß wir ungefähr im selben Alter sind und auf beiden Seiten des Eisernen Vorhangs aufgewachsen sind.

Oldo sagt, daß sie dem sozialistischen System einmal vertraut haben. »Man sagte dir, du mußt daran glauben. Du stellst keine Fragen. Du meinst, so wird es in alle Ewigkeit bleiben. Aber jetzt ist es vorbei, es ist, als hätte man uns etwas aus dem Leib gerissen. Für viele Menschen ist das sehr schwierig. Man sagt ihnen, sie dürfen nicht mehr daran glauben. Vielleicht ist es für mich einfacher, weil ich seit der Wende herumgereist bin.«

Oldo findet, daß die Veränderungen in gewisser Weise trügerisch waren. Die Slowakei muß jetzt auf eigenen Beinen stehen. Aber die kommunistischen Politiker von gestern haben Anfang der Neunziger nur die Farbe gewechselt, die alten Betriebsleiter der Fabriken sind die neuen Unternehmer geworden.

Für Oldo bedeutete es eine große Umstellung, seine Karriere aufzugeben. Sein Vater war ein berühmter Filmstar, und Oldo war schon als Kind in seine Fußstapfen getreten und hatte vor der Kamera gestanden. Schließlich entschied sich Oldo dafür, ein normales Leben zu führen. Aber das war alles andere als einfach. »Mein Gesicht ist hier ziemlich bekannt«, sagt er, »deshalb urteilen die Leute nach dem Äußeren. Ihnen liegt nichts daran, mich kennenzulernen, weil sie glauben, ich sei anders. Ist bißchen schwierig.« Oldo zuckt mit den Achseln und schenkt Bier nach. »Innen sind wir alle gleich«, meint er.

Wir drei sehen uns an und heben wieder das Glas. Müde und glücklich gehen wir zu Bett, aber gemeinerweise weckt uns schon bald Glockenläuten. Oldos Haus steht gegenüber der katholischen Kirche, und die ist um sechs Uhr morgens der Dorfwecker. Die Protestanten, nur ein kurzes Stück entfernt, kennen keine so grausamen Strafen. Wir haben keine Möglichkeit, dem Getöse zu entkommen, keine Chance durchzuschlafen. Die Glocken trommeln jeden Morgen zehn Minuten lang auf uns ein.

In der Gemeindeverwaltung in Liptovský Hrádok zeigen sie uns eine wunderschön fließende Unterschrift im Standesamtbuch – Maria Zemanova. In der ehemaligen Lenin-Straße finden wir einen baufälligen dreistöckigen Wohnblock und denselben Namen auf einem Türschild.

Hier wohnen zwei kleine, alte Damen mit diesem Namen, die unsere Ankunft in Bewegung setzt. Die eine, Marias Tochter, ist noch in Morgenrock und Pantoffeln. Sie ist 73. Maria selbst ist winzig und buckelig und wird dieses Jahr 99. Sie begrüßt uns mit brüchiger, piepsender Stimme, während sie konfus herumhuscht und ihr bestes Kopftuch sucht – das cremefarbene mit den roten und grünen Blumen soll es sein.

»Möchten Sie eine große Tasse Kaffee oder eine kleine?« fragt sie. Oldo sagt, daß es uns gleich ist, also werden uns große zugedacht. Dann bittet uns Maria, es uns auf den Stühlen bequem zu machen, auf denen statt Kissen gehäkelte Quadrate liegen.

Maria rückt ihr Tuch zurecht. Alles in ihrer engen Wohnung scheint blau geblümt zu sein: ihr Kleid, die Tapete, ihre Schürze und die Plastiktischdecke.

Sie wirkt besorgt. »Wissen Sie, ich bin sehr alt«, warnt sie. »Ich bin jetzt nicht mehr ganz klar im Kopf. Es ist weg, alles weg.« Harte Arbeit und wenig anderes haben sie am Leben und bis heute gesund erhalten, erzählt sie uns. Sie wuchs in Orava auf, einer Gegend im Norden. Ihr Vater war Flößer. Er transportierte die Stämme flußabwärts nach Zilina, und vom 13. Lebensjahr an war sie seine rechte Hand. Es dauerte immer einen ganzen Tag, die Stämme den Fluß hinunterzubringen; zurück liefen sie zu Fuß, wenigstens bis die Eisenbahn gebaut wurde.

»Zucker?«

»Nein, danke.«

»Aber Sie müssen Zucker nehmen«, sagt sie.

»Völlig unmöglich, das ohne Zucker zu trinken«, flüstert Oldo, der den Kaffee schon gekostet hat. »Der braucht eine Menge Zucker.«

Ich nehme einen kleinen Schluck. Der Kaffee ist so dick, sämig und so unerträglich stark, daß Zucker auch nicht viel bewirken würde.

Maria lächelt herzlich und zwinkert Vanella bestätigend zu. »Ich war mein ganzes Leben lang glücklich«, sagt sie. »Ich war sehr arm, aber ich habe immer versucht, gerecht und gut zu sein.«

Als sie ihren Mann heiratete, war die Slowakei noch unter der Herrschaft der Habsburger, und Tausende junger Männer wurden rekrutiert, um im Ersten Weltkrieg gegen Rußland zu kämpfen. Als Marias Zukünftiger vier Tage Urlaub bewilligt bekam, hielt er um ihre Hand an. Sie wollte ihn zwar durchaus heiraten, aber sie fürchtete andererseits die Unwägbarkeiten in kriegerischen Zeiten.

Aber damals mußte ein Mädchen tun, was ihr Vater verlangte. Marias Verehrer fragte ihre Angehörigen wegen der Mitgift. Damit war alles geregelt. Sie wurden am Morgen seines letzten Urlaubstages verheiratet; am Nachmittag mußte er zurück in den Krieg. Wäre er geblieben, hätte man ihn als Deserteur erschossen.

Oldo grinst wieder, und Maria sieht besorgt aus. »Sie sagt, du mußt deinen Kaffee trinken, bevor er kalt ist. Sogar ohne Zucker.« Oldo hat seine Tasse schon geleert; während wir tapfer kämpfen, übernimmt er das Gespräch.

»Als ihr Mann zurück in den Krieg ging, traf ihn eine Kugel von hinten – hier«, Oldo zeigt in seine Leistengegend, »und das linke Ei wurde weggeschossen ...«

»Das linke Bein?« frage ich irritiert.

»Nein – Ei. Ein Mann hat zwei Eier. Das linke wurde weggeschossen. Sie sagt, das war ein Problem. Normalerweise haben die Leute hier zwölf Kinder. Sie hatten nur zwei Töchter.« Wir erfahren, daß ihre zweite Tochter schon im Alter von drei Wochen starb.

Maria seufzt, als sie daran denkt, und Vanella leidet mit ihr. Maria hat Vanella sogleich ins Herz geschlossen, sie halten sich schon bei den Händen. Genauso sieht Vanella aus, wenn sie bei ihrer eigenen Großmutter ist und ihr ihre Liebe zeigt. Maria deutet auf einen Ring an ihrem Finger.

»Den will ich dir geben, von ganzem Herzen. Er ist vom Priester gesegnet.«

»Nein, Sie müssen ihn behalten, er gehört Ihnen!«

»Bist du verheiratet? Bist du glücklich? Ist er gut?« Maria zeigt mit einem runzligen Finger auf mich.

»Ja, er ist gut.«

Maria will wissen, wie lange wir schon verheiratet sind und ob wir Kinder haben.

»In Ordnung. Wenn irgend etwas passiert und du ihm vergibst, kannst du wieder glücklich sein. Du mußt immer vergeben.«

Sie zieht die Nase kraus und zeigt wieder auf mich. »Das Wichtigste ist, daß du gut bist.«

Ich verspreche es.

»Josef Zeman war ein sehr guter Ehemann. Wenn ich verärgert über ihn war, habe ich nicht mit ihm gesprochen, wir haben beide geschwiegen. Wenn er sich entschuldigen wollte, kam er her und sagte so etwas wie: ›Wo hab ich bloß meine Brille hingelegt?‹ Dann wußte ich, daß er einen neuen Anfang machen wollte. Dann mußte ich ihm vergeben.«

»Sie waren ›hungry‹, äh, ›hangry‹, ›angry‹ vor Liebe«, sagt Oldo zwinkernd.

»Ihr beide müßt es genauso machen«, sagt Maria. Sie wirft mir einen schnellen, strengen Blick zu, und ich weiß, ich muß gut sein, sonst …

Dann zeigt sie uns einen Bilderrahmen, in dem zwei ausgeschnittene Photos zu einem Bild zusammengeklebt sind: ihre heißgeliebte Familie. Josef ging zur Arbeitssuche in die Vereinigten Staaten, als ihre Tochter vier war, und er war acht Jahre lang fort. Stolz steht er in seinem besten Anzug und mit geöltem Haar in irgendeinem amerikanischen Foto-Studio; Maria zu Hause ganz in Schwarz, und ihre Tochter mit einer hübschen Mütze und einem Blumenstrauß in der Faust.

»Man muß mit dem auskommen, was man hat, und man hat nur, was man selbst verdient«, sagt Maria. »Es war ein armseliges Leben, aber es war gerecht.«

Maria und Vanella sind jetzt gute Freundinnen. Sie plaudern vor sich hin, ohne einander zu verstehen, und die Alte streichelt liebevoll Vanellas Wange. Sie zählen.

»Wie alt bist du?« fragt Maria.

»Einunddreißig.«

»Einunddreißig? Aber das ist noch so jung.«

Dann zählt sie ihr eigenes Alter an ihren Fingern ab, »Zehn, 20, 30, 40, 50, 60, 70, 80, 90 – «

»Was haben Sie an Ihrem 100. Geburtstag vor?«

»Wenn ich dann noch lebe, werde ich feiern«, sagt sie entschlossen. »Und ihr müßt auch kommen. Ich möchte euch gern zeigen, wie ich tanzen kann.«

Wir sagen, daß wir es versuchen werden, daß es aber schwierig werden könnte.

»Dann müßt ihr schreiben, und ich schreibe zurück.« Sie notiert für uns ihre Adresse in derselben gleichmäßigen, zierlichen Handschrift, die wir schon kennen. Dann geben wir ihr einen Abschiedskuß. Maria drückt fest unsere Hände und schickt ein Gebet mit uns auf die Reise.

Als wir durch die einstige Lenin-Straße davonfahren, stehen zwei winzige Gestalten am Fenster und winken stürmisch. Die kleine Dame in der Wohnung darunter winkt ebenfalls zurück; zum Glück weiß sie nicht, daß unser Winken eigentlich nicht ihr gilt. Mit der freien Hand umklammert Vanella ein Medaillon der Jungfrau Maria, das Maria ihr endlich doch schenken durfte.

Oldo sitzt nachdenklich hinter seinem Lenkrad. »Ihr verrückten Engländer«, sagt er. »Irgendwas gebt ihr den alten Leuten. Es ist etwas … wie nennt ihr es doch gleich? … nicht physisch … Geist. Ja. Ich glaube, ihr habt sie dazu gebracht, wieder ein Jahr weiterzumachen.«

Ich denke, es ist eher umgekehrt: Ich begreife allmählich, daß es vielmehr die alten Leute sind, die uns etwas geben, jeder auf seine Art. Ich bin froh, daß meine bisherigen Prinzipien in Frage gestellt werden, und ich weiß schon jetzt, daß nichts je wieder so sein wird wie zuvor. Dann überlege ich, was die alten Menschen wohl für Oldo tun.

»Ich liebe diese Menschen«, sagt er. »Slowakische Menschen.«

Oldo sieht lustig aus, wenn er höflich ist. Er wird dann verlegen und jungenhaft. Ich finde es zum Kichern, wie er uns vorstellt. Er rasselt etwas Slowakisches herunter, steht dann blinzelnd da und wartet auf Antwort.

»Jesus Christus!« Das ist die prompte Reaktion von Martin Brezinas Enkelin. Panikartig stürzt sie ins Haus zurück und läßt uns auf den Stufen stehen. Das Haus aus solidem Naturholz steht an der Hauptstraße von Vychodna, einem etwas weiter östlich gelegenen Dorf.

Ein gewaltiger Brüller schallt heraus, das Geschrei wird lauter, schließlich steht Martin im Türrahmen. Er findet es sehr aufregend, uns zu begegnen. Seine Enkelin brüllt zurück und versucht, ihn zu beruhigen.

Martin schreit, er sei 93. Er hat bei der Eisenbahn gearbeitet.

Oldo hilft, ihn ins Haus zu komplimentieren, und nach ein paar chaotischen Minuten haben wir Platz genommen. Durch ein winziges Fenster scheint das Licht seitlich auf Martins Gesicht und hebt seine silbrigen Stoppeln hervor. Sein kantiger Schädel ist zur Hälfte kahl, zur anderen Hälfte mit kurzgeschnittenem Haar bedeckt. Plötzlich rollt er einen Ärmel hoch und zeigt Vanella seinen Arm, der am Ellbogen mit üblen Narben übersät ist. Er ist angeschossen worden, als er für Kaiser Franz Joseph gegen die Italiener kämpfte. »Ich war erst 18«, sagt er. »Ich hatte solche Angst, ich habe jeden Tag geweint.«

Die Situation an der Frontlinie am Fluß Piave war so festgefahren, daß beide Seiten tags gegeneinander kämpften und dann nachts dieselben Kneipen aufsuchten, um einen zu heben. Martin wurde aus einem Flugzeug beschossen, als er den Fluß überquerte. Als sein Eisenhelm getroffen wurde, war da ein ohrenbetäubendes Dröhnen, dann spürte er den Schmerz. Man nahm ihn gefangen und operierte ihn im Militärhospital, um seinen Arm zu retten, der auch etwas abbekommen hatte.

»Ich mochte die Italienerinnen«, vertraut er uns diskret an. Die Enkelin ist in die Küche verschwunden. »Und die Italienerinnen mochten slowakische Jungs. ›Du bist ein weißer Junge‹, sagten sie, ›nicht dunkel wie unsere Jungen.‹ Wir zogen durch die Straßen, sangen und winkten ihnen zu. Jeder von uns hatte sein italienisches Mädchen. Wir trafen uns immer abends und blieben dann zusammen. Die italienischen Jungs waren stinksauer.«

Oldo lacht und spornt Martin damit noch mehr an.

»Piccolo, piccolo«, flüstert er hinter vorgehaltener Hand. »Das gab eine Menge Kinder, neue Angehörige des slowakischen Volkes.« Ein kurzer Liedfetzen ist ihm wieder eingefallen: »Was kann mir schon passieren, wenn ich sage, daß ich dich liebe …« Dann jubelt er sich begeistert selbst zu, die Arme triumphierend hochgerissen. Seine Augen treten aus dem Kopf, sein Gesicht rötet sich, und sein blaukariertes Arbeitshemd rutscht aus der Hose.

Oldo wirft uns einen hilflosen Blick zu. Wir haben keine Chance, Martin von seinen italienischen Mädchen fortzureißen.

»Sie hatten eine italienische Freundin?«

»Aber sicher doch«, sagt er und wirft sich in die Brust.

»Wie hieß sie?«

Er weiß es nicht mehr. Aber sie war sehr schön. »Bella, bella.« Martin läßt sich selbst hochleben und schreit: »Ich bin 93 und lebe immer noch.«

»Ich glaube, dieser Mann ist sehr glücklich«, stellt Oldo trocken fest.

Wir drei können nur zusehen, wie Martin im Zimmer auf und ab schreitet, wobei er mit leuchtenden Augen und heftig pumpender Brust wild vor sich hin brabbelt. Dann setzt er sich wieder hin und erzählt uns Teile seiner Geschichte noch einmal von vorn.

Einmal – viele, viele Jahre nach seinen Kriegsdiensten für Kaiser Franz Joseph und einen Weltkrieg weiter – gelang es ihm, fünf Aufständische im Haus verschwinden zu lassen, als die Nazis mit Gefangenen vorbeimarschiert kamen. Als dann die Deutschen auf dem Rückzug waren, kamen ein paar Soldaten zu ihm und sagten: »Du bist Protestant, wir sind auch evangelisch – laß uns zusammen einen trinken. Wir schlafen heute in deinem Haus.« Martin bot ihnen also Essen und Palenka an, seinen selbstgebrannten Fusel. Die Nazioffiziere versuchten, ihn betrunken zu machen, damit er ihnen die Verstecke der Partisanen verraten sollte.

Die waren tatsächlich ganz in der Nähe und beobachteten, was vor sich ging, und Martin schlüpfte in einem unbewachten Moment hinaus und sprach mit ihnen. »Wir müssen die Faschisten in deinem Haus umbringen«, drängten sie. »Nein, nein, laßt das«, sagte Martin. »Wenn wir das tun, kommen noch mehr und töten uns. Sie werden alles zerstören. Überlaßt das nur mir.« Schließlich war es Martin, der die Deutschen betrunken machte. Sie schliefen wie die Murmeltiere, und es blieb friedlich bis zum Morgen.

Natürlich kam er ein paar Wochen später nicht umhin, die Russen in ähnlicher Art und Weise zu bewirten, als sie des Weges kamen.

Als Martin ausnahmsweise einmal still ist, fragt ihn Oldo, ob er müde sei. »Neiiiiin!« brüllt er. »Ich bin nicht müde, ich bin gern alt. Ich treffe mich mit meinen Freunden. Wir gehen zusammen einen trinken. Ich singe meine Lieder.« Mit militärischem Stolz hebt er seinen Kopf. »Lang lebe die Slowakei! Erhebt euch, Volk der Slowaken!« Halb singt er, halb schreit er. »Wir Slowaken sind viel zu lange unterdrückt worden ... von den Ungarn, den Tschechen, den Russen.« Jetzt hat er seine Hände zum Gebet gefaltet. »Möge Gott dem Volk der Slowaken Freiheit gewähren.« Dann boxt er mit den Fäusten in die Luft und brüllt: »Oh, Slowakia!«

Wir rollen in gehobener Stimmung heimwärts. Oldo hat die Angewohnheit, den Skoda zu beschleunigen und dann in den Leerlauf zu schalten und die Zündung auszustellen, um so Benzin zu sparen.

»Willst du so stark sein wie Martin, wenn du alt bist?« fragt Oldo.

»Was für ein Spinner!«

»Spinner? Was ist ein Spinner?«

Wir erklären es ihm.

»Spinner, ja. Er ist großer Spinner.«

Zu Hause wartet Oldos Freund schon auf uns. Ein stiller Mann in seinen 70ern, zierlich gebaut und mit freundlichem Blick; er heißt Janko Chalúpka. Oldo hat ihn offenbar unter seine Fittiche genommen und hat ihn zum Abendessen eingeladen. Laut Oldos Taschenlexikon heißt Chalúpka Häuschen oder Hütte. Schließlich einigen wir uns, daß sein Name übersetzt »Hänschen Kleinhaus« heißen müßte.

Janko ist Korbflechter. Als er zur Schule ging, suchte sich jedes Kind im Dorf sein eigenes exklusives Handwerk aus. Im Frühsommer kann man Janko noch heute sehen, wie er gebückt durch die Felder geht und seine ganz besonderen Gräser sucht. Sie müssen genau zur richtigen Zeit geschnitten werden. »Alles, was man über dem hohen Gras sehen kann, ist seine Mütze, die sich vorwärts bewegt«, grinst Oldo.

Janko schiebt seine grüne Mütze zur Seite und kratzt sich. Dann zeigt er uns zwei wunderschöne Körbe. Er fragt Vanella, welchen sie schöner findet, und schon gehört er ihr.

»Bald sind solche Dinge für immer verloren«, sagt Oldo. »Sein Können wird an niemanden weitergegeben. Ich finde das traurig. Aber so sind die Zeiten.«

Oldo hat einen gekühlten Dessertwein mit einer Spur Wermut serviert und behauptet, das sei wieder so ein uralter slowakischer Brauch. Janko ist überhaupt nicht beeindruckt.

»Wo ist denn der Borovička?« neckt er ihn. »Kein Slowake mit etwas Selbstachtung im Leib kann von dem Zeug betrunken werden!«

Am nächsten Morgen fahren wir über Landsträßchen nach Norden. Mit abgeschaltetem Motor fliegt der Skoda talwärts und die Luft rauscht durch die offenen Fenster. Unsichtbar steigen Feldlerchen im wolkenlosen Blau höher und höher. Die Wiesen fließen über von den Farben der Wildblumen. Sensen blitzen in der Sonne. Wir sausen weiter durch ruhige Dörfer – eine Kirche mit weißen Mauern, Häuser mit roten Dächern, einige mit grünen.

In dem winzigen Weiler Kvačany dirigieren uns die Dorfbewohner zu einem Haus mit dunkler hölzerner Giebelseite und erdbeerroten Wänden, das etwas zurückgesetzt von der Straße steht. Oldo ruft durch die offene Küchentür, aber niemand antwortet. Wir schauen uns um, während die Hennen uns umgackern und um unsere Füße herumpicken. Wir folgen Oldo in die alte Scheune und zur anderen Seite hinaus, wo zu unserer Rechten eine kleine Hütte mit angelehnter Tür steht. Plötzlich springt Oldo blitzschnell zurück und kichert. Instinktiv laufen wir hinter ihm her zum Haus, ohne zu wissen, warum. Dann erklärt er uns: Wir haben gerade Irena Pűčikova bei ihrem Morgengeschäft auf der Toilette unterbrochen.

Aber weder sie noch wir verlieren ein Wort darüber. Die alte Dame kommt aus der Scheune und lädt uns in ihr spärlich möbliertes Wohnzimmer ein, in dem kein Körnchen Staub herumliegt: ein Doppelbett mit dicker Daunendecke, ein Tisch und eine alte Nähmaschine, kahle Dielenbretter, offenliegende Deckenbalken und sattgrün gestrichene Wände. An jedem Fenster läßt sich ein Paar Fensterflügel nach außen und eines nach innen öffnen; auf dem Sims dazwischen blühen die Geranien.

Als Irena wieder zu Atem gekommen ist, plaudert sie munter drauflos. Ihre frühen Jahre sind nach einem vertrauten Muster verlaufen. Sie ist 1901 hier in Kvačany geboren; als sie sechs war, ging ihre Familie nach Kanada, um Arbeit zu suchen. Drei Jahre später kehrten sie zurück – bis auf den Vater. Ihre Großmutter hatte geschrieben, daß sie das Haus verkaufen würde, wenn sie nicht nach Hause kämen. Ihr Vater blieb weitere 18 Jahre in Kanada, schickte aber während dieser Zeit nicht einen einzigen Dollar nach Hause. Als Älteste mußte Irena sich als Landarbeiterin verdingen, um die Familie zu unterstützen. Eines Tages kehrte ihr Vater doch zurück – ohne eine Koruna in der Tasche. Es hieß, er hätte sich betrunken, sei aus dem Zug gefallen, hätte sich ein paar Knochen gebrochen und sei als arbeitsunfähig abgeschoben worden. Er wurde bald krank und starb noch im selben Jahr. Das war das Schicksal von Andrei Kuran.

Draußen rumpelt ein Heuwagen auf der Straße vorbei, die Uhr

auf dem Kaminsims schlägt zehn. Eine Goldammer trillert, und ein leichter Wind streicht durch die Geranien.

Als Irena über ihre Jungmädchenzeit erzählt, kommt mir eine Geschichte aus irgendeinem Film in den Sinn: Alle Jungen waren hinter Irena her.

»Ich hatte an jedem Finger zehn«, sagt sie und lacht in sich hinein. »Die wollten mich alle heiraten. Ich hatte viel Spaß mit diesen Jungs.«

Hinter den Runzeln kann ich immer noch das attraktive junge Mädchen erkennen – selbstbewußt, hohe Wangenknochen, adrett geflochtenes Haar, wunderschön herausfordernde Augen und ein fast neckisches Lächeln. Sie weiß genau, wie sie am besten wirkt. Ihre rosa Bluse, das kurzärmelige Kleid und die Schürze in hellem Rosa und Blau sind der perfekte Kontrast zu ihrem hübschen Kopftuch.

Matej – ihr späterer Mann – kam aus einem anderen Dorf, aber sie kannte ihn. Er war Protestant, sie eine fromme Katholikin. Als er ihr seine Liebe erklärte, sagte sie, sie könne ihn nur wie einen Bruder lieben, denn sie müsse Gott zuerst lieben. Da ging Matej fort; er reiste eine Zeitlang in Frankreich umher, lebte bei Katholiken und studierte ihre Religion. Als er zurückkam, war er ein Mann geworden und hätte zwischen allen Mädchen wählen können. Aber er besuchte Irena und las die Bibel mit ihr und korrigierte sie, wenn sie etwas Falsches sagte.

»Vielleicht bluffte er«, sagt sie achselzuckend. »Ich weiß es nicht. Aber von dem Augenblick an war ich verrückt nach ihm.« Sie lacht fröhlich und stützt den Kopf in die Hand.

Matej lud immer den katholischen Priester in ihr Haus ein, während er seinen Katechismus lernte. Da fragte Irena den Priester, was er denn meinte. »Wird Matej ein guter Mann sein?« – »Wenn ich noch einen wie ihn hätte«, antwortete der Priester, »wäre ich sehr froh.« Da war auch Irena froh und heiratete Matej im Namen Gottes.

Sie hatten zwei Kinder, aber ihr Junge blieb nur fünf Stunden am Leben. Die Wehen dauerten drei Tage und drei Nächte. Sie hatte niemanden, der ihr half, und das Baby starb. Ihre Tochter wuchs zu einem Engel heran.

Matej aber wurde in späteren Jahren gewalttätig, wild wie ein Tiger. Doch nach jedem Ausbruch ging er zum Beten. Es war, als steckten zwei Menschen in ihm, ein böser und ein guter. Der böse Teil seines Ichs ging dann auf alles und jeden los. Er trat so heftig nach den Hühnern, daß sie starben. Einmal wollte eine Kuh keine Milch geben, da schlug er sie, bis sie blutete.

Irena kneift die Augen zusammen, wenn sie daran denkt. Oldo flüstert, daß Matej wahrscheinlich auch sie geschlagen hat.

Eines Tages war er hier allein im Haus, während Irena ein paar Kilometer entfernt Bäume pflanzte. Matej destillierte Slibovice und hackte Kohl. Sie machten immer ihren eigenen Pflaumenbranntwein, und der Kohl, frisch aus dem Garten, sollte als Wintervorrat zu Sauerkraut verarbeitet werden. Matej hatte getrunken, und als er den Kohl in die Zerkleinerungsmaschine schob, geriet er mit den Fingern hinein. Dann verfing sich seine ganze Hand. Als er versuchte freizukommen, geriet auch noch sein Hemd, dann seine andere Hand in die Maschine. Er mußte nach den Nachbarn brüllen, damit sie die Maschine abstellten. Im Hospital amputierten sie eine Hand und operierten die andere.

Irena schüttelt verächtlich den Kopf. Draußen läßt eine ihrer Gänse einen Warnruf hören.

»Er hat sich selbst wieder ein paar Arbeiten beigebracht«, sagt sie. »Er hatte einen Ziehkarren, den er an seinem Stumpf festschnallte. Den konnte er so einigermaßen manövrieren.« Das war das Schicksal von Matej Púčik Er starb vor ungefähr 20 Jahren. Irena lebt jetzt allein. Ihre Tochter hat zum dritten Mal geheiratet.

»Ich habe drei Enkel, alle von verschiedenen Vätern. Meine Tochter bekam ihren ersten Sohn, bevor sie heiratete, den zweiten von einem Alkoholiker, von dem sie geschieden ist, den dritten von einem, den sie noch nicht geheiratet hatte.«

»All die Männer haben nur wegen dem Loch mit ihr zusammengelebt«, sagt Oldo ganz ernsthaft.

»Dem ... was?«

»Dem Loch, dem Loch. Das kann sie euch jetzt nicht zeigen.«

Ich muß noch über seine scharfsinnige Übersetzung lachen, als Irena plötzlich loskräht: »Father, Son and Holy Ghost. Amen.« Von ihrem kurzen Aufenthalt in Kanada sind ihr noch ein paar Brocken Englisch in Erinnerung geblieben. Sie kann bis 14 zählen, dann bleibt sie stecken.

»Hundert!« sagt sie, und wir klatschen Beifall. Dann kichert sie. »Son of a bitch – Go to hell – Zur Hölle mit dir, Hurensohn!«

Auf der Rückfahrt sind wir in Hochform. Vanella stützt die Ellbogen auf die Lehnen der Vordersitze, und Oldo grinst süffisant. »Wißt ihr, was ich erst dachte? Sie hätte ›Sun on the beach‹ *(Sonne am Strand)* gesagt.«

Wir fahren auf einem frisch geteerten Straßenabschnitt mit neu aufgemalten weißen Streifen. Oldo zieht plötzlich auf die andere Spur, wo uns ein Lastwagen entgegenkommt. Unsere Augen kleben an dem Laster, der bedrohlich näher rückt. »Wir leben, wir leben, wir leben!« brüllt Oldo, und wir lächeln, unbekümmert und bestens gelaunt. Gerade noch rechtzeitig steuert er auf seine Spur zurück, rutscht wieder in den Leerlauf und wir segeln den nächsten Hügel hinunter.

An diesem Abend verspeisen wir ein gewaltiges letztes Abendmahl und reden wieder bis in die frühen Morgenstunden. Wir schlafen kurz, solange uns die Glocken lassen, dann schütten wir etwas Kaffee in uns hinein, und Oldo bringt uns zum Zug. Am Bahnhof meint er: »Kommt, wir haben noch Zeit«, und führt uns ins Café gegenüber, das zu so früher Stunde schon gut besucht ist. Er bestellt drei gewaltige Borovička und ein Glas Bier für jeden.

»Schaut her!«

Oldo hält sein Borovička-Glas mit dem Handrücken gegen seine Wange. Dann rollt er es zum Mund, und ohne einen Finger zu benutzen, dreht er das Glas herum und kippt es auf ex hinunter. Nach einem großen Schluck Hellen verkündet er stolz mit tränenden Augen: »Slowakisches Frühstück!« Dann sind wir dran.

Als der Zug einrumpelt, zieht Oldo auf dem Bahnsteig den Reißverschluß seiner Gürteltasche auf und hält schüchtern eine der Fingerpuppen aus seiner Küche hoch. Sie trägt ein grünes Kleid, eine weiße Bluse mit winzigen roten Blumen und ein blaues Kopftuch. Er schenkt sie Vanella, und sie gibt ihm einen Kuß.

»Dovidena«, sage ich. Bis zum nächsten Mal, mein Freund.

Das wiedergefundene Paradies

Wie viele Reisende auf dem Weg nach Osten wohl im Lauf der Zeit die Tore Istanbuls durchschritten haben? Ich sehe die überfüllten Basare vor mir, wo gerissene Händler um Silber, Konfekt oder Myrrhe feilschen. Ich berühre weiche, bestickte Stoffe und fühle die tödliche Kühle von Alabaster. Ich gehe durch enge Kopfsteingassen, die von darüberholpernden Pferdefuhrwerken glattgeschliffen sind, dann drehe ich mich um und lausche dem klagenden Singsang, der den gläubigen Muslim zum Gebet auffordert. In einer Ecke treffen wir einen alten Levantiner mit krummer Nase, der uns erzählt, wie er am Goldenen Horn seine Netze auswarf und einmal seinen ganzen Fang an einen Franzosen verkaufte, dessen Tochter an diesem Tag heiraten sollte.

Ich bin gut im Träumen, aber ich hätte mir nie vorstellen können, daß Istanbul so einen widerlichen Gestank ausschwitzen würde. Die Müllmänner der Stadt streiken ausgerechnet jetzt, und der Streik dauert schon so lange, daß die Fäulnis eingesetzt hat. Es ist Hochsommer, und in den Straßen verwesen die Müllberge. Zufällig haben wir einen wachsenden Haufen auf dem Gehsteig gegenüber unserem Hotel, der dafür sorgt, daß wir unsere Fenster nachts fest geschlossen halten müssen. Da uns die segensreiche Einrichtung einer Klimaanlage abgeht, schwitzen und kochen wir in unseren Betten.

Seit einiger Zeit genießen wir es, lange zu schlafen. Wir saugen an Erholung in uns auf, was uns all die Jahre gefehlt hat, wie uns jetzt bewußt wird. Wenn wir aufwachen, ist die Sonne schon stundenlang am Himmel, und unser stickiges kleines Zimmer röchelt im Würgegriff der Hitze. Und wir liegen wie gelähmt da und fürchten uns vor den Fortschritten, die der üble Gestank draußen gemacht hat.

Mein Gott, ist das fürchterlich! Wenn wir das Hotel verlassen oder dorthin zurückkehren, sprinten wir mit den Händen vor unseren Gesichtern an dem bewußten Haufen vorbei.

»Hallo! Robert Redford!« ruft der Mann am Empfang. Er hat mich von seinem Telefon aus umsonst telefonieren lassen, und das hier ist seine Art, eine Beziehung mit uns anzuknüpfen. Überflüssig zu sagen, daß ich Robert Redford nicht gerade ähnlich sehe und daß er nicht gerade viele alte Türken kennt.

Wir suchen den Basar ab und finden statt der erhofften Alten tausend Teppichhändler, die scharf darauf sind, uns ihre Kelims zu zeigen.

»Hallo, wir haben hier einen hübschen Teppich. Hallo, Freunde, wonach suchen Sie? Entschuldigen Sie! Willkommen in unserem verrückten Land, willkommen! Wie geht's Ihnen, Madam? Ich hoffe, alles ist okay.« Ein junger Türke in Jeans; sein Akzent klingt amerikanisch.

»Danke, uns geht's gut.«

»Wo kommen Sie her? Australien? Neuseeland?«

»England.«

»Welche Gegend?«

»London.«

»Kenn ich. Middlesex, Hounslow ... Ja, bitte, wir haben hier einen hübschen Teppich.«

Er kann nichts dafür, daß er uns als wandelnde Geldsäcke betrachtet. Ganze Busladungen fallen hier ein, um die Blaue Moschee und den Palast des Sultans zu sehen, und die altehrwürdigen Straßen der Stadt sind mit Autos verstopft.

Mrs. Duran hat noch nicht einmal Platz genommen, da erzählt sie uns schon stolz, daß sie eines der wenigen verbliebenen Relikte des Osmanischen Reiches sei. »Ja, als ich kam, hatten wir noch die Osmanen«, sagt sie. »Damals hieß das noch Konstantinopel.«

Ein Zufall hat sie hierhergebracht. Es begann alles mit einer kurzen Begegnung vor sehr langer Zeit – nennen wir es Schicksal –, deren Folgen sie noch heute, im stolzen Alter von 103 Jahren, genießt.

Corinna Duran ist Engländerin. Ihre Heimat ist Brighton, und sie erinnert sich noch daran, wie die Strandpromenade zur Zeit der Herrschaft Königin Victorias aussah: zwei Piers und Militärkapellen, die man sich jeden Nachmittag für zwei Pence anhören konnte. Brighton war so etwas wie das Seebad Londons. Der Morgenzug sammelte all die frühen Pendler auf, und erst abends kehrten sie wieder zurück. Im Sommer kamen unternehmungslustige Urlauber, um an der Strandpromenade spazierenzugehen und frische Luft zu schnappen.

Komischerweise waren wir erst kürzlich in Brighton. Vanellas Großmutter lebt dort. Wir haben sie besucht, bevor wir abreisten, und sie sang uns ihre Lieder vor. »Cockles and mussels alive, alive-o ...« Das ist immer noch ihr Lieblingslied. Vanella hielt ihre Hand, und wir sangen alle mit. Liebe Pat. Sie wird älter, sie ist schon weit über 80. Vanella macht sich Sorgen, daß sie vielleicht nicht mehr dasein könnte, wenn wir zurückkommen.

Natürlich vergleichen wir die Adressen. Mrs. Duran hat einmal in Rock Gardens gelebt, und Vanellas Großmutter wohnt in der Dyke Road.

»Oh ja«, Mrs. Duran erinnert sich überrascht, »wir gingen damals immer zum Deich.«

Ich finde, sie sieht heute ein bißchen aus wie ein Jockey. Wahrscheinlich ist es die Bluse mit dem Schachbrettmuster, die am Hals mit einer Silberbrosche geschlossen ist. Sie hat die Knie in dem engen Rock fest zusammengepreßt, und ihre weißen Baumwollsocken sind so weit hochgezogen, wie es nur geht.

Jene schicksalshafte Begegnung fand in einer Teestube statt. Corinna hatte ausgemacht, sich dort mit ihrer Schwester zu treffen, und die beiden saßen schließlich gemeinsam mit ›ihm‹ an einem Tisch. Der junge Mann war besuchsweise in Brighton und studierte in Paris an der Sorbonne. Corinna hatte etwas Französisch gelernt, so daß sie sich ein wenig unterhalten konnten. Im nächsten Jahr kam er wieder nach Brighton und machte ihr einen Heiratsantrag. Aber ihre Mutter dachte anders darüber. »In mein Haus kommen mir keine Fremden«, sagte sie. Da brannte Corinna nach Frankreich durch – und erfuhr von ihm, daß er überhaupt kein Franzose war, sondern Türke. Faik Sabri hieß er.

Mrs. Duran schüttelt den Kopf und macht einen Schmollmund. »Ich hab niemandem erzählt, was ich Ihnen jetzt sage«, verrät sie mit fast verschwörerischer Miene. »England wollte mich nicht trauen. Frankreich wollte mich nicht trauen. Weil er Türke war. Polygamie, wissen Sie. Damals dachte man, daß die alle vier Frauen haben.« Der türkische Konsul in Paris hat sie dann schließlich getraut. Das war 1911.

»Was an ihm war es, in das Sie sich verliebt haben?« fragt Vanella. Sie hat immer etwas für Romantik übrig. »Oh, das war keine Liebesheirat«, flüstert Mrs. Duran. »Es war einfach zweckmäßig. Ich wollte die Welt sehen, und er sagte, er würde mich mitnehmen.«

Die Romantik des Reisens hatte also das Herz eines jungen Mädchens erobert. Paris bewunderte sie, von dem Gedanken an Konstantinopel aber war sie fasziniert. Was sie dort vorfand, war ein kosmopolitischer Schmelztiegel der Nationalitäten: Griechen, Franzosen, Italiener, Armenier und sogar eine Gemeinde spanischer Juden. Es waren die letzten Tage der Sultans. Jeder sprach französisch. Alles war so exotisch, so belebend. Genau das Gegenteil jener spröden Protzerei, die Brighton kennzeichnete.

Die Muslime unterlagen zwar einem strengen Kodex, Corinna aber genoß die Freiheiten einer ausländischen Ehefrau. Statt den Schleier anzulegen, trug sie einfach einen Hut; und im Gegensatz zu den türkischen Damen konnte sie ins Theater gehen, wann immer sie wollte.

Eines Tages klopfte es an die Tür. Ein Offizier salutierte und sagte: »Hier wohnt eine Engländerin. Ich muß sie ins Internierungslager mitnehmen.« Der Erste Weltkrieg war ausgebrochen – die Türkei stand an der Seite Deutschlands gegen England –, und Corinna war jetzt Feindin. Ihr Mann bat um eine Woche Aufschub; sie müsse zuerst ihre Dinge ordnen. Als der Offizier wiederkam, konnte Corinnas Mann sagen: »Hier ist kein Engländer und keine Engländerin.« Corinna hatte in der Zwischenzeit ihre britische Staatsangehörigkeit aufgegeben und war Türkin geworden.

Ich finde das auf einmal ziemlich verwirrend. Unsere Dame ist offiziell zwar Türkin, aber sie ist und bleibt so englisch, wie man sich das nur eben vorstellen kann. Wir sitzen hier im gemütlichen Wohnzimmer der Wohnung, die sie mit ihrer Tochter Loulou teilt, einer lebhaften Siebzigerin. Auf dem Beistelltisch liegen englische Zeitungen. Wir trinken Tee, essen Biskuitkuchen mit der Gabel. Und wenn ich zum Fenster hinüberginge, würde ich erwarten, das beschauliche Grau des Ärmelkanals und einen dazu passenden tristen Winterhimmel zu sehen.

Es ist ihre Stimme – sie beschreibt die alten Straßen von Konstantinopel; wie sie überallhin mit der Pferdekutsche fuhren; die leuchtend bunten Stoffe, den Lärm und die Gerüche des Basars –, diese Sprechweise der Mittelklasse ohne Hebungen und Senkungen, die so ungemein englisch klingt. Ihre Stimme läßt vor meinem inneren Auge nur Brighton, Antiquitätengeschäfte und *fish 'n' chips* an kalten, nassen Nachmittagen auftauchen. Dann höre ich das Knacken des Mikrophons, und der Ruf des Muezzins erschallt und fordert alle Brüder ringsum zum Gebet in der Moschee auf. Ich bin hingerissen. Er singt meisterhaft: die langen Noten vollendet kontrolliert gehalten, das Tremolieren, dann ein Tonsprung nach oben und das Absinken danach. Doch während seiner Darbietung plappern die englischen Damen – die siebzigjährige und die hundertjährige – munter weiter, als gäbe es den Rufer gar nicht. Als er geendet hat, meldet sich wie auf ein Stichwort Mrs. Duran. »Wie wär's mit einem Drink? Was hätten Sie gern?«

»Der Wein ist nicht gekühlt«, gibt Loulou zu bedenken. »Wir müßten Gin Tonic oder Champagner nehmen.« Mit klirrenden Gin-Gläsern beladen, steigen wir zur Dachterrasse hoch. Mrs. Duran schlurft mehr oder weniger aus eigener Kraft hinauf; wir setzen uns und blicken über den Bosporus, wo die Sirenen tuten und die Schiffe sich geschäftig dahinschieben. »Cheers! Auf die Gesundheit.« Himmel, ist der Gin stark!

Corinnas Mann starb jung, im Jahr 1942, aber er lebte lange genug, um sein Versprechen zu halten. Er wurde Geographieprofessor und schrieb Bücher – über das Leben der Tiere, über Reisen und Sterne. Alle zwei Jahre unternahmen sie eine Reise durch Europa und das Mittelmeergebiet. Sie reisten mit dem Zug oder auf Handelsschiffen, besuchten Ägypten, Griechenland, Albanien, Italien. Sie reisten durch Bulgarien und bis hinauf nach Schweden. Ihr Mann gab einen Atlas heraus, der angeblich noch heute unter seinem Namen erscheint. Als 1935 auf Erlaß von Mustafa Kemal, genannt Atatürk *(Vater der Türken)*, alle Türken einen Nachnamen annehmen mußten, entschied sich Faik Sabri für »Duran«; das bedeutet »einer, der bleibt«. Eine eigenartige Wahl für einen Reisenden, aber vielleicht könnte es ja auch bedeuten, »eine, die bleibt«, denn seit dieser Neu-Benennung hat Mrs. Duran nur noch hier gelebt.

Die Welt um sie herum hat sich verändert. Konstantinopel ist nicht mehr, was es einmal war. Und die Engländer sind nicht mehr englisch.

»Nein, da ist nichts Britisches mehr übrig«, sagt sie. »Ich bin zu Lebzeiten Königin Victorias geboren. An ihr orientiere ich mich.«

Goldenes Gestern! Nun ja, es gibt ja auch alternde Leute, die noch dieselbe Frisur tragen, die sie schon als Teenager hatten. Und vielleicht sitze ja auch ich irgendwann, sagen wir im Jahr 2060, weißhaarig und gebrechlich in irgendeinem entlegenen indischen Dorf und sage: »Rock'n' Roll, Leute, das isses.«

Mrs.Duran sagt, sie hätte genug. »Jetzt ist das Leben langweilig«, sagt sie. »Ich will sterben.« Sie zieht eine Grimasse; ihr gepudertes Gesicht sieht im Licht des frühen Abends noch faltiger aus. Genaugenommen möchte sie gerne in zehn Tagen sterben. »Je veux vivre jusqu'à vendredi prochain«, erklärt sie. Ihr englischer Freund hat versprochen, mit ihr am Donnerstag in einer Woche eine Spazierfahrt zu machen. Wenn das Wetter schön ist, wollen sie irgendwo eine Lunchpause einlegen.

»Ich liebe den Bosporus über alles«, schwärmt sie und reckt die Hand über das Wasser. »Er ist so schön. Drüben auf der anderen Seite ist alles voller Villen und Gärten. Der Bosporus verändert sich dauernd. Die Sonne kommt und dann der Mond und die Sterne. Ach, und man kann atmen ...«

Mutter und Tochter haben eine wunderschöne Aussicht. Weit weg in der Ferne schwelt die Altstadt im rauchigen Dunst, ein Wirrwarr von Hausdächern zwischen den vielen herrlichen Kuppeln und spitz aufragenden Minaretts. Ich sehe hinüber und frage sie, was sie vom heutigen Istanbul hält.

»Kindisch«, antwortet sie.

»Wie bitte?«

»Kindisch.«

»Was meinen Sie damit?«

»Sie wissen nicht, was sie tun und was sie sagen sollen«, sagt Mrs. Duran. »All die echten alten Türken sind tot.«

Endlich sind ein paar Männer gekommen, um sich mit dem Müll zu befassen, aber der ist schon in Zersetzung übergegangen. Mit breiten Schaufeln gehen sie darauf los, gelblicher Schlamm schwappt aufs Pflaster.

»Hallo! Harrison Ford!« ruft mein Freund vom Empfang, als wir uns anschicken, den Müllberg zu umsprinten. Wir müssen ein paar Stunden totschlagen, bevor wir in den Nachtbus Richtung Süden steigen, und haben deshalb beschlossen, uns im türkischen Bad zu erfrischen. Vanella und ich verschwinden hinter getrennten Türen für Damen und Herren.

Der Portier geleitet mich die Treppe hinunter zu einem Empfangsbereich im kuriosen Stil der 50er Jahre – Sitzgelegenheiten aus Holzlatten, eine Registrierkasse, ein plätschernder Springbrunnen, um den träge Karpfen im Kreis schwimmen. Vorherrschendes Stilelement ist Chrom. Man hat Durchblick in einen dampfigen Vorraum, wo ich halbnackte, fette Türken herumstehen und rauchen sehe. Der Portier stellt mich dem Vestibül-Mann vor, der für den Vorraum des Dampfbades verantwortlich ist und sich in gebrochenen Einwortsätzen ausdrückt. Er deutet auf meine staubigen Halbschuhe, dann auf eine Reihe Ledersandalen auf dem Boden. »Wäxeln«, sagt er.

Ich überlege, wie viele verschwitzte türkische Füße wohl vor mir in diesen Latschen steckten, pfeife mich aber schnell selbst zurück. Am besten einfach weitermachen. Der Vestibül-Mann zeigt auf die Empore.

»Wäxeln.«

Ich wedle mit meinem Kulturbeutel, als wollte ich sagen: »Brauche ich den?«

»Jo, jo, wäxeln.«

Oben an der Treppe werde ich vom Kabinen-Mann abgefangen. Er schubst mich in einen schlauchartigen Raum, der eine schmale Liege, einen Spiegel, einen dreckigen Metallaschenbecher und drei Kleiderhaken enthält. Es riecht streng.

»Wäxeln«, sagt Kabinen-Mann und reicht mir ein Baumwolltuch, das noch strenger riecht.

Das Tuch fest um die Taille gewickelt, den Kulturbeutel in der Hand komme ich wieder heraus; ich fühle mich unübersehbar englisch. Kabinen-Mann bringt mich zur Treppe zurück und Vestibül-Mann zeigt auf eine neue Reihe holzschuhartiger Sandalen. Ich wechsle die Fußbekleidung, noch bevor er mich dazu auffordern kann. Ich glaube, ich habe langsam den Dreh raus.

Ich trapple zu der Tür, die er mir öffnet, und komme in einen Saunaraum mit Duschen auf einer Seite und riesigen Waschtischen auf der anderen. Ein halbnackter glatzköpfiger Türke taucht aus dem Nebel auf; sein Tuch hat er sechsmal um den Bauch gewickelt.

»Massatsch?« fragt er.

Ich nehme an, er gehört zur Belegschaft – der Vestibül-Mann ist nicht mehr da, um mir Auskunft zu geben.

Aber warum eigentlich nicht? Eine Massage wäre sehr angenehm. Also nicke ich. Der halbnackte Türken-Mann nimmt ein frisches Tuch und führt mich durch die nächste Tür.

Als ich mich vom Hitze-K.o.-Schlag erholt habe, kann ich Einzelheiten erkennen. Das hier ist das Badehaus, ein quadratischer Platz mit einer gewaltigen Kuppel und achteckigen Oberlichtern, durch die verschwommen weißes Licht sickert. Die Hitze strahlt von einem erhöhten Marmorsockel aus; dort soll ich mich auf eine Schaumstoffmatte legen. Der halbnackte Türken-Mann legt das Tuch zurecht, sagt: »Warten« und läßt mich allein. Ich trapple herum und bewundere diesen Dampftempel. Die gefliesten Wände sind gesäumt von überdimensionalen Waschtischen mit Messinghähnen, und jedes Becken ist bis oben hin voll mit herrlich kaltem Wasser. An den vier Ecken führen Türen zu identischen, kleineren Räumen mit noch mehr Beckenreihen.

Ich strecke mich auf den Fliesen aus. Mein Schaumstoffkopfpolster riecht zwar nach ungewaschenen Handtüchern; trotzdem entspanne ich mich und versinke für eine Weile in friedlicher Meditation. Ich starre auf die Farbe, die feucht vom Dach blättert, und frage mich, ob Türken Streß überhaupt kennen. Dann überlege ich, wie es wohl Vanella ergeht. Sie ist in ihrem eigenen Tempel, irgendwo in der Nähe.

Ich lächle in mich hinein, als mir meine kleine Entdeckung von heute morgen wieder in den Sinn kommt: In der oberen Ecke meines Notizbuchs fand ich eine Nachricht, die mit Kugelschreiber kopfüber hingekritzelt war. Weil ich selbst immer nur Bleistifte für meine Notizen benutze, konnte ich die Eintragung gar nicht übersehen. Im ersten Augenblick empfand ich einen Anflug von Ärger, weil mein Notizbuch entweiht worden war, aber der verflüchtigte sich schnell, als ich das Buch umdrehte und las: »Ich liebe dich so, Jackboot! Ich liebe dich, ich liebe dich wirklich!«

»Liebst du mich? Liebst du mich?« legt sie dann los, als ich später verrate, daß ich es gesehen habe. Liebe ich sie? Ja. Ich liebe sie auch.

Ein neuer halbnackter Türke rumpelt herein, latscht im Holzschuh-Schlurfschritt in einen Raum in der Ecke und plätschert dort eine Weile herum. Ich kann nicht sagen, ob er zur Belegschaft gehört oder nicht, aber dann kommt er und baut sich vor mir auf.

»Finf Minut«, sagt er und verschwindet.

Ich kombiniere: Das ist mein Mann. Mindestens 20 Minuten vergehen, bis er zurückkehrt, meinen Kulturbeutel aufhebt und mich zum Massagetisch führt. Mein Mann ist ein muskulöser Kerl mit vorspringender Nase und struppigem, schwarzem Schnurrbart. Er fordert mich auf, mich auf den Rücken zu legen, nimmt mir das Baumwolltuch ab, so daß ich völlig nackt daliege, und wirft einen neugierigen Blick auf mein bestes Stück. Sollte ich jetzt verlegen sein? Ich wette, das macht er mit jedem.

Mein Mann benutzt kein Öl, sondern Seife. Meisterhaft walkt er jeden Muskel in meinem Körper und jedes Fitzelchen dazwischen gründlich durch. Dabei setzt er eine Kraft ein, die schon eine leicht brutale Note hat; er balanciert meinen Körper auf dem schmalen Grat zwischen Vergnügen und Schmerz. Zur Krönung ein paar Spezialgriffe: Er läßt all meine Gelenke knacken. Er legt mich auf den Bauch, greift sich eine Hautfalte am Ansatz der Wirbelsäule, hebt mich vom Tisch hoch und läßt mich fallen. Dann arbeitet er sich die Wirbelsäule entlang nach oben, hebt mich hoch, und wieder bleibt mir die Luft weg.

Zum Baden führt er mich zurück in den Hauptraum. Dort sitzt man auf dem Boden neben einem Waschtisch und wird abwechselnd eingeseift und mit eiskaltem Wasser übergossen. Er wäscht mir die Haare und übergießt mich; er schrubbt mich mit einem vor Seifenwasser schäumenden Massagehandschuh und übergießt mich; er beklopft mich mit einem weichen, weißen Besen und übergießt mich. Jedes Becken ist wie ein schwerer Sturzbach, der mich durch und durch bis ins Innerste läutert. Plötzlich schüttelt er mir kräftig die Hand und erzählt mir, welche Sonderbehandlung ich gerade genossen habe. Zumindest stelle ich mir vor, daß er das sagt. Ich fühle mich zugleich verprügelt und großartig.

Mein Mann bringt mich zum Ausgang. Mein Freund, der halbnackte Türken-Mann, bringt mir ein Mineralwasser, dann werde ich von einem zum anderen zurückgereicht. Als ich mich angezogen habe, sehe ich den Kabinen-Mann zwischen mir und der Treppe herumstehen. Man hat mich gewarnt, daß in einem Laden wie diesem Trinkgeld absolut üblich ist; also habe ich mich mit ein paar kleinen Banknoten und Kleingeld dafür gerüstet. Ich gebe ihm 5000 Türkische Lira . Nicht genug, meint er. Also bekommt er noch ein paar Münzen. Dem Vestibül-Mann, der schon mit aufgehaltener Hand dasteht, bewillige ich ebenfalls 5000. Bei dem halbnackten Türken-Mann komme ich mit 3000 davon. Der schnauzbärtige Masseur erhält 20 000, was ihn in tiefe Depressionen zu stürzen scheint. Ein neuer Typ, der Kassentisch-Mann, erleichtert mich dann um 110 000 Türkische Lira für die Massage und das Bad. Wenigstens kann ich vermeiden, ihm Trinkgeld für das Vergnügen zu geben, von ihm abkassiert worden zu sein. Fast bin ich durch, da versperrt mir der Portier den Weg. Ich riskiere 3000 und taumle hinaus ins gleißende Licht.

Vanella sitzt im Schatten und wartet auf mich.

»Na, wie war's bei dir?« erkundige ich mich.

»Toll. Und bei dir?«

»Ich komme mir vor, als wäre ich gerade ausgeraubt worden.«

Vor ein paar Jahren noch war Marmaris ein ruhiges Fischerdorf, das versteckt unten an der ägäischen Küste lag. Heute ist es eine Küstenstadt und wimmelt von Touristen. Marmaris ist ein Reiseziel geworden. Sie kommen mit dem Hotelbauen gar nicht mehr nach. Aus ganz Europa kommen Krethi und Plethi hierher, rösten am Kiesstrand in der Sonne und legen sich selbst in Öl. Sie essen, trinken und feiern; sie kaufen Ledersachen in den Straßenbasars und fliegen braungebrannt und glücklich wieder nach Hause.

Am Kai sind Vergnügungsboote in langer Reihe vertäut, verführerische 15-Meter-Boote mit leuchtendweißer Reling und Namen wie NEPTUN oder KLEOPATRA.

»Allo, woher?« rufen die Jungen in ihren T-Shirts. Ihr Job ist es, Kunden anzuwerben und ihnen etwas aufzuschwatzen. »Allo, aus England?«

»Ahhhh ... Manchester United! Ihr wollt Bootfahrt? Wir euch fahren zum Paradies. Heute? Morgen? Hier, ich zeige.« Er deutet auf eine Karte. Irgendwo auf der Halbinsel gibt es einen Platz, der Paradies heißt – ein ruhiger Strand mit einem Restaurant, Schwimmen in tiefem, klarem Wasser.

»Heute abend ist Disco auf dem Boot. Wollt ihr tanzen?« Nacht für Nacht weht das rhythmische Pochen der Disco in die Schwärze der Bucht hinaus.

Aber wir tun ja nur so, als seien wir Urlauber. Wir wohnen in einem bescheidenen Familienhotel, essen Omelettes zum Frühstück und freunden uns mit den Kellnern an. Einmal gehen wir an einem Nachmittag wie alle anderen ein paar Stunden lang an den Strand, aber wir haben nicht die touristentypische Besessenheit. Wir müssen ja auch nicht am Montag in einer Woche wieder in unseren Büros sitzen.

Wir gehen statt dessen lieber auf Erkundungstour und stoßen auf Hüseyin, der in dem winzigen Büro eines Reiseveranstalters um die Ecke arbeitet. Er ist ein liebenswürdiger Mensch Anfang 40 und hält überhaupt nichts von Hektik. Hüseyins bevorzugter Zeitvertreib ist, im Freien zu sitzen und aus kleinen Gläsern *chai* mit Pfefferminzgeschmack zu trinken – mit jedem, der ihm dabei Gesellschaft leisten will. Er stellt uns seinen Freund Mustafa vor, einen lockeren jungen Mann mit bürstenartigem, schwarzem Schnurrbart, der mit wahrer Leidenschaft seine Marlboro raucht. Beim fünften Glas Tee verraten sie, daß sie von einer sehr alten Dame wissen. Sie sei ziemlich bekannt.

Am nächsten Tag führt uns Hüseyin auf einer der Straßen aus der Stadt hinaus. Wir kommen langsam voran, gehen in der drückenden Hitze sparsam mit unseren Kräften um. Die Dame lebt in einem Wohnblock hinter einer Tankstelle, wo um die Pumpen herum gefährlich die Gase in der heißen Luft flimmern.

Drinnen ist uns sofort wohler. Wir ziehen unsere Schuhe aus und tappen in das Eckzimmer einer Erdgeschoßwohnung. Der Raum liegt im Halbdunkel, durch die geschlossenen Fensterläden dringen Sonnenreflexe. Die Wände sind rosa, die Holzteile blaßgrün gestrichen. Während wir die Familie begrüßen, genieße ich die Kühle der Fliesen an meinen Fußsohlen. Lächelnd laden sie uns ein, auf dem Boden Platz zu nehmen, über den eine leichte Brise fächelt. Zur Erfrischung gibt es Wassermelone, von der bald nur noch die glatten Kerne übrig sind.

Fatma Toksoy sitzt mit gekreuzten Beinen, umgeben von Nackenrollen und Kissen, auf einem erhöht stehenden Diwan. Es ist, als säße sie auf einem Thron und wir seien gekommen, um zu ihren Füßen ihren Worten zu lauschen. Sie streicht sich schnell das Haar zurecht, bedeckt den Kopf mit einem Baumwolltuch, das mit eng beieinanderstehenden Herzen gemustert ist, drapiert es um die Schultern und legt es über der Brust zusammen. Zu ihrer Rechten hält ein Holzstuhl alles bereit, was sie braucht: eine Plastikkanne voll Wasser, Handtücher, Talkum-Puder und eine Riesendose Fliegenspray.

Ihr reizendes altes Gesicht ist schrumpelig wie eine Walnuß. Ihre Verwandten sagen, sie sei 102 Jahre alt. Von ihren sechs Kindern hat sie fünf überlebt. »Allah sei Dank«, murmelt sie und starrt auf uns herunter. Eines ihrer dicken Brillengläser läßt ein Auge erheblich größer erscheinen.

»Seid ihr Mann und Frau?« fragt sie. Wir bejahen.

»Er ist dein Herr und Meister«, erinnert sie Vanella; die nickt, aber ich sehe ihr an, daß sie nicht davon überzeugt ist.

Die alte Dame erzählt uns über ihren ersten Ehemann. Er starb, 15 Tage nachdem er aus dem Krieg bei Gallipoli zurückgekehrt war. *(Nach einem mißglückten britisch-französischen Flottenangriff auf die Dardanellen am 18. 3. 1915 landeten die gegen Deutschland und die Türkei Verbündeten am 25. 4. auf der Halbinsel Gallipoli, mußten aber von dort Ende 1915 wieder abziehen. Anm. d. Übers.)*

»Wurde er verwundet?«

»Es war der böse Blick«, sagt sie.

»Wir nennen den bösen Blick nazar«, erklärt Hüseyin. »Habt ihr die Augen in den Basars gesehen?«

Das haben wir in der Tat – runde, flache Talismane aus blauem Glas mit dunklen Pupillen und blasser Iris; Körbe davon starren einen aus jeder Ecke an. Wenn sie als Ornamente oder Schmuck eingesetzt werden, schützen sie gegen Angriffsversuche des gefürchteten nazar. Seine Macht ist so groß, daß solche Talismane schon in winzige Stücke zersprungen sein sollen.

»Die Ärzte konnten nichts mehr tun«, übersetzt Hüseyin. »Ihr Ehemann kam aus dem Krieg, sah den bösen Blick und starb.«

Gegen ihren Willen wurde sie gezwungen, wieder zu heiraten. Ihre Mutter hatte so lange geweint, bis Fatma schließlich doch den Mann heiratete, den man für sie ausgesucht hatte. Sie schenkte ihm drei Söhne. »Meinen Jüngsten habe ich noch«, sagt sie. »Gott hat ihn hiergelassen, damit er in dieser Welt für mich sorgen kann. Auch ihr werdet Kinder haben, und sie werden für euch sorgen.«

Kinder – darüber haben wir noch nicht allzuviel nachgedacht. Hätten wir es, wären wir vermutlich nicht hier. Eines Tages werden wir's wohl angehen, denke ich. Ich möchte kein zu alter Großvater sein. In einem Land wie der Türkei ist es natürlich üblich, daß Kinder sich um ihre greisen Eltern kümmern. Diese Abmachung kam mir immer sehr fair vor: Eltern kümmern sich um ihre Kinder, bis sie für sich selbst sorgen können, dann geben die Kinder diesen Liebesdienst später zurück. Unsere westliche Gesellschaft scheint solche altehrwürdigen Traditionen abgeschafft zu haben. Wir meinen, unsere alten Leute hätten so wenig zu bieten, und davon abgesehen haben wir einfach keine Zeit. Wir stecken sie in Heime, damit wir uns keine Gedanken machen müssen. Vielleicht sehe ich das eines Tages anders, aber ehrlich gesagt: Ich wäre wohl lieber tot als in einem Heim. Seht euch vor, Kinder! Vielleicht reiße ich aus. Ich packe dann lieber meinen Stock und gehe auf Reisen.

Fatma Toksoy schüttelt den Kopf. »Wenn ich meinen Sohn nicht hätte, der sich um mich kümmert, stünde es schlecht um mich«, räumt sie ein. »Im Herzen bin ich ein Kind geblieben.«

Als kleines Mädchen war sie mit einer wunderschönen Stimme gesegnet. Sie besuchte die Koranschule, und wenn sie las, kamen alle und hörten zu.

Bevor wir es recht gemerkt haben, sind ihre Worte in einen rhythmischen Singsang übergegangen. Sie spricht arabisch, und es klingt, als würde in ihrem Mund eine Murmel herumkollern. Während die Worte unaufhörlich dahinströmen, scheint sie in eine Art Trance zu verfallen.

»Sie hat ein Gebet aus dem Koran aufgesagt«, flüstert Hüseyin. »Das ist alles, worauf sie sich besinnen muß – der Koran.«

Sie kann immer noch das ganze Werk auswendig rezitieren – alle 114 Suren, alle 6236 Verse. Sogar jetzt liest sie den Koran noch jedes Jahr zehnmal laut vom Anfang bis zum Ende. Das ist es, was sie am Leben erhält.

Fatma Toksoy läßt sich zurück zum Gebet tragen, ihre Finger flattern nach oben. Sie wird wieder langsamer, zeigt auf mich und bittet Hüseyin, etwas aufzuschreiben.

»*Bismillahirrahmanirrahim*«, schreibt er.

»*Bismillahirrahmanirrahim*«, wiederholt sie so schnell, daß die Silben verfließen. Dann rezitiert sie langsam und betont: »*Ya baki, entel baki, huvel baki, Allahim, sensim baki.*«

Das erste, die Anfangszeile des Korans, spricht sie, bevor sie irgend etwas tut, und sei es die gewöhnlichste Tätigkeit. Das zweite bedeutet übersetzt: »Mein Gott, Du bist vorher, Du bist nachher, Du bist in alle Ewigkeit.«

Ich sehe von meinem Notizbuch auf und merke, daß sie uns beobachtet. Sie nickt mir kurz zu. »In meiner Jugend war die Welt anders«, sagt sie, zieht das Tuch enger um sich und erzählt die Geschichte von einem Hajji Fazil, der vor vielen Jahren in die Gegend kam.

»Dieser Hajji war ein heiliger Mann«, beginnt sie. »Wenn er das Gebet sprach, das ich euch gesagt habe, konnte er fliegen wie ein Vogel. Da wollten die Leute sehen, ob das auch stimmte. Sie gingen zu seinem Haus; die Hälfte von ihnen war absichtlich ungewaschen und die andere Hälfte gereinigt. Wenn er wirklich heilig ist, so sagten sie sich, sollte er eigentlich den Unterschied erkennen. In unserer Religion waschen wir uns, bevor wir beten. Der Körper muß rein sein, bevor wir geistig rein werden können. Dieser Hajji Fazil also bat die Reinen zu sich ins Haus, und zu den übrigen sagte er: ›Ihr solltet rein sein, bevor ihr in mein Haus tretet.‹ Da reinigten sie sich und kehrten zurück. ›O Hajji, lehre uns das Gebet, damit auch wir fliegen können‹, sagten sie. Da lehrte sie der heilige Mann das Gebet, aber keiner konnte fliegen. Nur der Hajji flog, denn er war ein Prophet.«

»Konnte er buchstäblich fliegen?« frage ich.

»Er war ein Prophet der älteren Generation«, sagt die alte Dame und nickt. »Das war früher einmal.«

Sie hebt das schwere, in rotes Leder gebundene Buch neben sich auf und blättert das steife Pergament um, auf der Suche nach einer bestimmten Stelle. »Junge Leute sollten immer daran denken, daß der Tod in unserem Leben eine Tatsache ist. Ich werde sterben, und Sie werden sterben«, sagt sie und hebt einen krummen Finger. »Ihr mögt nur kurze Zeit leben, aber trotzdem solltet ihr ein Leben in Rechtschaffenheit führen. Und wenn ihr die Gebete gelesen habt, die ich euch gegeben habe, könnt ihr ins Paradies eingehen. So steht es geschrieben.«

Ich weiß immer noch nicht recht, ob ich an so etwas wie den Himmel glaube. Das könnte reines Wunschdenken unsererseits sein. Eines Tages, soviel steht fest, wird mein Körper dahinwelken und sterben. Meine Knochen werden zerbröckeln. Aber was passiert mit mir, mit diesem unsichtbaren, quecksilbrigen Faden hier drinnen, von dem ich weiß, daß er mein Ich ist? Es wäre tröstlich zu wissen, daß es ein Leben nach dem Leben geben wird, eine andere Spielebene. Aber wenn nicht – was dann?

Die alte Dame beginnt wieder zu lesen. »Sie betet unentwegt«, flüstert Hüseyin, »damit sie, ihre Familie und jeder sonst ins Paradies eingeht.«

»Was wird sie dort finden?« frage ich.

Fatma Toksoy schließt ihre Augen und wiegt sich ein wenig vor und zurück. »Gott wird euch die Himmel des Paradieses geben«, sagt sie. »Alles wird bereit sein, Speise wird gebracht werden und ihr werdet essen. Gott wird euch wieder Leben schenken. Ihr werdet nicht arbeiten müssen. Im Paradies gibt es keinen Tod. In der Hölle kocht alles. Dort werden die Bösen brennen.«

Und so betet sie: »Es ist kein Gott außer Allah, und Mohammed ist sein Prophet.« Sie liest wieder und fährt dabei mit dem Finger rückwärts über die fließende arabische Schrift, ihre wahre Lebenslinie. Sie wiegt sich vor und zurück, fleht unaufhörlich die Himmel an, aber länger, viel länger als zuvor. Ihre Gebete strömen aus ihr hervor, bis sie uns endlich unseren Platz im Paradies verspricht.

»Sagt Amen.«

»Amen.«

»Liebt Gott, und er wird euch nicht zur Hölle gehen lassen.«

Ihr Hände fuchteln nach oben, die Finger zucken, die Ringe blitzen.

»Bubulubulubulubu«, heult sie, während sie die prasselnden Feuer in der Tiefe beschreibt. »Frrrrrrrrrr«, macht ihre Zunge, und ehrfürchtig hebt sie die Augen himmelwärts. »Alles ist gut«, sagt sie. »Ihr werdet mit uns im Paradies sein.«

Brote und Fische

Vanella ist nicht glücklich. Manchmal hat sie diesen Blick. Ich weiß zwar, daß es nur an ihrer Müdigkeit liegt, aber sie zeigt dann so eine grimmige Entschlossenheit – sie wird nicht lockerlassen, bis wir ein Bett für die Nacht haben.

Es ist spät, wir sind gerade erst in Kairo angekommen und wissen nicht, wo wir bleiben sollen. Wir haben telefonisch vorgebucht. Aber als wir im Hotel aufkreuzen, sagt der Mann am Empfang, er hätte unser Zimmer schon vergeben. Morgen sei es kein Problem, aber gerade jetzt sei das Haus ausgebucht. Wenigstens entschuldigt er sich. Wir schlagen vor, daß er uns anderswo ein Zimmer für die Nacht sucht. Er telefoniert, verspricht, seinen Hotelboy mitzuschicken, und bietet uns sogar an, das Taxi zu bezahlen.

Damit sind wir einverstanden. Wir stürzen uns wieder hinaus in die dicke, schwere Nachtluft, das Heißeste, das wir bisher hatten. Unser Taxi flitzt zwei Minuten lang durch den Verkehr, dann hält es in einer Seitenstraße.

»Da wären wir …« Ich versuche, beruhigend zu klingen, während ich nach irgendeinem Zeichen für ein Hotel suche. Der Boy führt uns zu ein paar stählernen Lifttüren, die sich direkt zum Gehsteig hin öffnen. Überall Graffiti-Kritzeleien, und Vanella hat immer noch diesen Blick. Der Lift kommt, der Boy drückt auf sechs, und aufwärts geht's.

Die Türen öffnen sich, wir stehen in einer Art Bar mit gedämpfter Boudoir-Beleuchtung. An zurückgesetzten Tischen sitzen Männer auf billigen, mit rotem Plüsch überzogenen Sitzen vor ihren Drinks. Um die Ecke finden wir eine Rezeption, ein paar ausgeblichene Plastikblumen und einen fetten Mann mit Schnurrbart, der sagt, er habe unser Zimmer schon richten lassen. Er überprüft unsere Pässe und reicht sie uns zurück. Als ich meinen Anmeldeschein ausfülle, spüre ich jemanden an meinem Ellbogen.

»Ah, Briten«, sagt eine Stimme. »Neuankömmlinge.«

Ich drehe mich um und sehe vor mir einen vielleicht 40jährigen Mann, der die Kleidung der Einheimischen trägt: eine lange Baumwoll-Galabija und Sandalen. Das ist merkwürdig, denn er sieht europäisch aus, und der Aussprache nach könnte er Deutscher sein.

»Wir sind nur für die eine Nacht hier«, sage ich und versuche ihn zu ignorieren. Es funktioniert nicht.

»Schauen Sie mal, Sie können hier sehr nett draußen sitzen.« Der Mann scheint Vanella, die gerade neben mir ihren Schein ausfüllt, gar nicht wahrzunehmen und macht mich auf eine Dachterrasse aufmerksam, wo noch mehr Kundschaft herumsitzt und trinkt. Ich tue ihm den Gefallen, gehe zur Tür und schaue hinaus.

»Sehr nett.«

»Alles, was Sie wollen. Alles ist einfach«, erzählt er mir mit wissendem Blick. Ich werde nicht schlau daraus. Hier gehen sehr zweifelhafte Dinge vor sich.

»Jackson!« Vanellas Ruf klingt ziemlich dringend.

Ein Mann in einem roten Jackett, das an den Ellbogen farblos und speckig geworden ist, bringt uns zu unserer Tür. Da wäre zunächst einmal das Wohnzimmer, möbliert mit schmuddeligen Vinyl-Armsesseln und einem großen Kleiderschrank. Meine Blicke bleiben sofort an dem Teppich hängen, der in jeder Hinsicht ziemlich fürchterlich aussieht – braun, abgewetzt, verdreckt. Die herumliegenden Zigarettenstummel sind es, die mir dann wirklich den Rest geben. Ein Geruch nach abgestandenem Schweiß hängt in der Luft, von Klimaanlage keine Spur.

Vanella ist schon ins Schlafzimmer vorausgegangen; es ist blaßgrün gestrichen und wird fast zur Gänze von einem großen Doppelbett ausgefüllt. In der Mitte hängt es durch, und es ist ungemacht. »Yurrgh …«

Ich sehe mir das Badezimmer an, das größte Zimmer. Wir haben keine Klobrille, kein Klopapier, nur tropfendes Kondenswasser und eine dicke, bräunliche Dreckschicht. Hier würde ich mir nicht mal die Hände waschen.

»Jackson!« ruft Vanella aus dem Wohnzimmer. »Da ist jemand draußen. Ich höre Stimmen.« Ich sehe nach. Niemand da.

»Was sollen wir tun?«

»Ich glaube, wir haben keine andere Wahl.«

Ich versuche nach Kräften herunterzuspielen, wie abstoßend dieser Ort ist. Herrgott noch mal, jemand hat auf den Teppich gespuckt!

»Hier können wir nicht schlafen«, sagt sie, als wir das Schlafzimmer noch einmal inspizieren. Sie hat recht, wir können wirklich nicht. Ich schlage vor, daß wir einen Schlafsack als Unterlage ausbreiten und dann unsere baumwollenen Schlafsäcke drauflegen. Wir haben diese praktischen Jugendherbergsschlafsäcke dabei, die sich als unschätzbar wertvoll erwiesen haben.

Es klopft an die Tür. Als ich öffne, steht der Deutsche davor. »Hallo. Wenn Sie wollen, können Sie Geld wechseln«, sagt er und reibt die Finger gegeneinander.

»Nein, danke«, antworte ich und schließe die Tür.

Vanella schreit. Sie hat im Badezimmer eine Kakerlake gefunden, die in Taillenhöhe in ein Loch in der Wand geflüchtet ist. »Oh Gott. Oh nein. Ich hasse sie, ich hasse sie«, schreit sie. »Mach sie weg, bitte.«

Ich fische die Taschenlampe heraus, um mir die Sache genauer anzusehen. Sie ist riesig. Einen Augenblick lang bin ich fasziniert von ihren bösen kleinen Augen und der Sinnlichkeit ihrer Bewegungen, wenn sie mit ihren Fühlern wedelt. »Gregor«, veralbere ich sie. Seit ich den Kafka-Film »Metamorphose« gesehen habe, heißen alle Kakerlaken bei mir Gregor.

Es klopft. Schon wieder der Deutsche; diesmal hat er einen Jungen dabei. »Hallo. Tut mir leid. Er will Ihre Pässe an der Rezeption, bitte.«

»Tut mir auch leid. Kommt nicht in Frage. Gute Nacht.« Energisch knalle ich ihm die Tür vor der Nase zu.

»Mir gefällt das nicht«, sagt Vanella.

»Wir kommen schon klar. Mach dir keine Sorgen. Komm, wir versuchen eine Runde zu pennen.«

Widerwillig legen wir unsere Schutzhülle aufs Bett. Ich gebe vor, mich auf das Praktische zu konzentrieren und beruhigend lässig zu sein, aber ich berühre definitiv nichts in diesem Zimmer mit irgendeinem Teil meines Körpers. Es ist so heiß, daß es aussieht, als käme der Schweiß durch die Wände.

Wir putzen uns gerade die Zähne mit den Resten aus meiner Wasserflasche, da höre ich, wie diesmal wirklich die Tür aufgeht.

»Was ist da los?« Ich komme gerade rechtzeitig ins Wohnzimmer, um mich dem Jemand entgegenzustellen, der sich mit einem Schlüssel Einlaß verschafft hat. Es ist ein Ägypter mit protzigem, gewachstem Schnurrbart und geckenhaft geölten Locken.

»Kann ich irgendwas für Sie tun?« Ich bin alles andere als höflich.

Er spielt den Überraschten. »Oh! Guten Abend. Ich bin nur auf der Suche nach Seife.«

Seife! In diesem Badezimmer?

»Nein, wir haben keine Seife und wir wollen auch keine. Schönen Dank. Auf Wiedersehen.« Ich schubse ihn aus dem Zimmer.

Ich merke, wie es sich zusammenbraut. Vanella fängt an, Möbel zu rücken. »Ich schlafe hier nicht, wenn Leute reinlaufen, wie und wann sie gerade Lust haben. Komm, schnapp dir den Kleiderschrank!«

»Was?«

»Den Kleiderschrank. Gegen die Tür.« Sie meint es ernst. Er klebt vor Dreck, aber ich wuchte ihn herum und stelle dann als zweite Verteidigungslinie die beiden Armsessel dazu. Darauf balanciere ich den Kaffeetisch so, daß er als erstes herunterfällt und uns warnt.

Ich kann mich nicht erinnern, daß wir geschlafen haben. Ich erinnere mich nur, daß wir eng aneinandergekuschelt in einer Schweißpfütze lagen und auf die Morgendämmerung warteten.

Nur mit Mühe kann ich verstehen, was der Mann namens Hamdi sagt. Der nicht abreißende Lärm des Straßenlebens von Kairo dringt durch unser Fenster – ein Schwall aus Musik, Rufen, Pfeifen, das Klesch-klesch des Süßholzsaft-Mannes mit seinen Zimbeln und das ständige Tröt, tröt, quäk, tröt des Verkehrs. Nur der Spaßvogel mit der Schiwago-Melodie auf seiner Hupe sorgt für Abwechslung.

Das Telefon knistert. Störung.

»Entschuldigen Sie, ich kann Sie nicht hören.«

»Ich habe einen Namen herausgefunden«, wiederholt der Mann namens Hamdi, »Sir Saba Habachy Pascha, eine bekannte Persönlichkeit.«

»Und wissen Sie, wo ich ihn finde?« frage ich.

»Tut mir leid, Sir, ich habe keine Ahnung. Da kann ich Ihnen leider überhaupt nicht weiterhelfen.«

Ich danke ihm und stürze mich in einen langwierigen Kampf mit dem ägyptischen Telefonsystem. Mein Ende der Leitung ist ein klebriges, rissiges Gebilde aus lederbraunem Plastik mit einer Wählscheibe, die man mit der Geduld einer Krankenschwester behutsam im Uhrzeigersinn drehen und dann beobachten muß, wie sie in nervtötender Zeitlupe zurückschnurrt. Ein Amtsanschluß erfordert mindestens drei Anläufe. Dann wähle ich geduldig die Nummer, nur um von einem unheimlichen Schweigen begrüßt zu werden. Schließlich bleibt mir nur noch die Zen-Methode im Umgang mit der Tele-Kommunikation: Allmählich ist die tiefe Überzeugung in meine Seele gesickert, daß Zeit nicht die geringste Bedeutung hat und daß die Maschinerie nur funktionieren wird, wenn sie es will.

Aus den Büros von Al Ahram, der hiesigen Zeitung, antwortet eine Stimme; ich beschreibe meine Suche nach Sir Saba Habachy Pascha, wer auch immer das sein mag.

»Moment«, sagt die Stimme.

»Ja, hallo«, sagt eine zweite Stimme eine volle Minute später.

Ich erkläre noch einmal. »Moment.«

Das lange Schweigen wird endlich von einem schnurpsenden Geräusch unterbrochen. »Hallo … hallo?«

»Hallo. Moment«, sagt eine andere Stimme. Dann ist die Leitung tot.

Ich gebe Zen auf; Vanella schlägt vor, einfach selbst zu Al Ahram zu gehen. Es ist nur ein paar Blocks weiter. Dort, vom Telefon der Rezeption aus, erfahren wir von einer hilfsbereiteren Stimme den Namen eines Anwalts, der wissen müßte, wie wir Saba Habachy finden. Wir sollten nach einem Mann namens Adil Kamel suchen. Er sei in einer ganz bestimmten Straße irgendwo am anderen Ende der Stadt zu finden, im selben Gebäude wie der Juwelier Kasallian. Vanella entscheidet sich vernünftigerweise dafür, zum Hotel zurückzugehen, während ich mich zu Fuß auf den Weg mache.

Die Hitze der Nachmittagssonne liegt bleischwer auf meinem Gesicht, als ich durch den Strom aus Menschen und Autos laufe. Blaue Abgaswolken wabern durch die Luft, der Straßenteer fühlt sich schwammig unter meinen Füßen an. In den Seitenstraßen folgen mir die Augen von Männern, die neben ihren blubbernden Wasserpfeifen sitzen. Ich komme an Bergen von duftenden roten, grünen und goldenen Gewürzen vorbei, die in Segeltuchtaschen so groß wie Schornsteine lagern. »Willkommen in Ägypten«, ruft ein lächelnder Mann in einer langen Galabija und mit einem Käppchen und salutiert fast.

Die belebte Straße, wo Kasallian sein Geschäft betreiben soll, ist, so scheint es, auch der Wohnsitz jedes anderen Juweliers in der Stadt. Ich schaue ratlos auf die Namensschilder neben einer großen Tür: Reihen von Plastikstreifen mit arabischen Schriftzeichen. Ich frage den Pförtner, ob er Kasallian kennt, und er deutet die Straße entlang. Ich frage in einem Geschäft, und sie schicken mich um die Ecke. Ich frage wieder, und ein armenischer Juwelier schickt mich um noch eine Ecke zu einer Baustelle, wo drei nachdenklich dreinschauende Ziegen angebunden sind. Ein weiterer Versuch, und ich lande wieder dort, wo ich angefangen habe: vor dem Pförtner. Diesmal frage ich nach Adil Kamel selbst. Sein Büro ist die ganze Zeit hier gewesen, die Treppe hinauf.

Aber er ist nicht da. Die verwirrte Dame, die nebenan wohnt, gibt mir freundlicherweise seine Telefonnummer.

Wieder unten angekommen, praktiziere ich eifrig noch mehr Telecom-Zen, und einen ganzen Tag später habe ich Erfolg: Ich spreche mit Adil Kamel. Er verspricht, sich in unserem Namen nach Saba zu erkundigen; und am nächsten Tag meldet er sich zurück und gibt mir Sabas Nummer. Dreimal rufe ich an, aber das Telefon läutet und läutet nur. Nach noch mehr Zen gelingt es mir an einem der nächsten Tage, mit der Frau des großen Mannes zu sprechen. Wir machen einen Termin aus.

Das Taxi, das wir herbeiwinken, ist ein schwarzweißer Peugeot, so verbeult und abgewetzt wie ein alter Pappkarton.

»Wieviel nach El Dukki?« frage ich den Fahrer.

»20«, kommt die Antwort in Zeichensprache, 20 ägyptische Pfund.

»20? Nein, nein, nein.«

»Okay, zehn.«

»Nein. Zehn zuviel. Fünf.«

»Okay. Fünf«, sagen seine Finger.

Wir springen hinein; die Sitze sind mit Teppich überzogen, vom Rückspiegel baumeln Plüschbällchen, und der Ausweis des Fahrers auf dem Armaturenbrett hat nicht die geringste Ähnlichkeit mit dem Gesicht, das uns angrinst.

»Wohin?« signalisiert er.

»El Dukki!« wiederholen wir erstaunt und wie aus einem Munde.

Er weiß nicht mal, wo er ist. Eine Fahrt, die eine Viertelstunde dauern sollte, zieht sich denn auch drei Viertelstunden hin, wobei ich ihm Richtungsangaben aus einer unzulänglichen Straßenkarte zurufe. Unser Mann wiegt sich unterdessen am Lenkrad zu den einheimischen Hits, mit denen uns sein Radio in voller Lautstärke unterhält, und hupt alles an, was sich ihm in den Weg stellt. Sobald wir den Nil überquert haben, müssen wir nach der Straße fragen. Dann müssen wir wieder fragen, um das Haus ausfindig zu machen. »Willkommen in Ägypten«, sagt der Pizza-Lieferjunge und schickt uns in eine völlig falsche Richtung. Erhitzt, aufgebracht und erheblich verspätet steigen wir die Vordertreppe hinauf, und mit einem triumphalen Gefühl drücke ich endlich auf den Klingelknopf der Habachys.

Sir Saba Habachy Pascha war zu seiner Zeit als Rechtsanwalt, als Richter am Gerichtshof und als Minister tätig. Er war Professor für islamisches Recht an der Columbia State University, und einmal erwarb er im selben Jahr zwei Doktortitel an der Sorbonne.

Saba behauptet, er sei 96.

»Nein, ist er nicht«, ruft Lady Beatrice Habachy, die gerade mit dem Tablett hereinkommt. »Im November wird er 95.«

»Dann sind Sie also 94?«

Saba kichert. »Vielleicht stimmt das eher. Ich möchte Gott nicht um ein oder sogar zwei Jahre betrügen.« Er spricht leise, seine Aussprache ist präzise. »Natürlich, mein Bart ist ja jetzt erst drei Monate alt«, sagt er mit einem verschmitzten Funkeln in den Augen, was mich zu der Frage reizt, warum er denn nach so vielen Jahren beschlossen hat, sich einen Bart wachsen zu lassen. »Warum nicht?« antwortet er achselzuckend und reißt die Augen in gespielter Überraschung auf.

Saba erinnert ein bißchen an eine Eule. Die Augenbrauen sind ausgeprägt bogenförmig, die olivfarbenen Apfelbäckchen wie zum Hineinkneifen. Sein silbriges Haar trägt er sorgfältig zurückgebürstet, und sein dunkelblauer Morgenrock ist aus glänzender Seide.

Lady Habachy verteilt unterdessen Gläser mit gekühltem Mangosaft, der so faserig ist, daß sie ihn mit einem Löffel serviert; das meiste bleibt zwischen unseren Zähnen hängen. Sie läßt sich auf einem der vielen Stühle nieder, die in ihrem geräumigen Wohnzimmer herumstehen, und blättert sich beiläufig durch die Seiten einer Zeitschrift. Wenn Saba sich in einem Detail irrt, beugt sie sich vor und schimpft liebevoll mit ihm. »Na, Saba, was hast du da gerade gesagt? Wann haben wir geheiratet? ... Mach dich nicht alt, Saba.«

Und er antwortet zwinkernd: »Die Dame weiß es besser als ich. Ich glaube, ich erfahre noch einiges über mich.« Und seine Schultern hüpfen auf und nieder vor Vergnügen.

Zuerst müssen wir alles über die Kinder aus den vorausgegangenen Ehen der beiden hören, dann kommen die Enkel dran. Bei jeder Gelegenheit werden gerahmte Photos herumgezeigt. Hin und wieder löscht ein Kurzschluß die Lichter, aber das scheinen sie beide nicht zu merken. Draußen quäkt und hupt der Verkehr, und irgend jemand übt nebenan unmelodisch auf einer Mizmar, der orientalischen Oboe. Während ich mich noch frage, was wir von diesem genialen ägyptischen Gentleman zu lernen haben, kommt er auf Umwegen mit einem gewissen chaotischen Charme auf die Dinge zu sprechen, die ihm wirklich wichtig sind.

Als Rommel über die Westliche Wüste auf Alexandria vorrückte, ernährte Saba als Minister für Industrie, Handel und Versorgung die hungrigen Münder Ägyptens und der britischen Armee. Er machte sich bei den damals sehr einflußreichen, begüterten Grundbesitzern im Nildelta höchst unbeliebt. Ihre wertvollen Baumwollfelder mußten Weizen und Reis Platz machen. Aber diese Politik erwies sich als richtig. Laut Saba gab es keinen Nahrungsmangel.

Natürlich hat er jeder Versuchung widerstanden, sich persönlich zu bereichern. Der Minister für Versorgung erfreute sich ungeheurer Macht, und Weizen war ein Erzeugnis, das hoch im Kurs stand. Ein Kollege flüsterte ihm zu: »Du kontrollierst die Festsetzung des Preises, Saba; warum nicht den Weizen selbst kaufen und dann verkaufen, wenn der Preis hoch ist? Jede Bank würde dir das Geld leihen.« Aber Saba hatte kein Verlangen danach, sich selbst zu bereichern. Er fühlte sich seinem Land verpflichtet. Kriegszeiten waren schwere Zeiten.

Für seine gute Arbeit wurde er zum Ritter des Britischen Empire geschlagen, eine Ehre, die ihm von König George VI. erwiesen wurde. Lady Habachy erinnert uns rasch daran, daß er jetzt der letzte noch lebende ägyptische Ritter ist. Die Regierung Ägyptens verlieh ihm den Titel eines Pascha.

»Dieser Pascha ist eine pompöse Angelegenheit«, sagt er, »ein Überbleibsel des türkischen Reiches. Ich kann mich damit wichtig haben, aber der Titel hat für mich oder meine liebe Frau keinerlei Nutzen. Ich halte nichts von all diesen Titeln. Ich habe nie einen davon benutzt.«

»Wissen Sie, bei seinen Freunden hieß er immer der Minister für Schüchternheit und Bescheidenheit«, ergänzt Lady Habachy und späht über ihre Brille hinweg. Und Saba verzieht einfach das Gesicht, zieht die Augenbrauen hoch und läßt die Augen fast aus dem Kopf fallen. »Sie sind natürlich willkommen in Ägypten«, sagt er und fällt uns damit ins Wort, bevor wir unsere Bewunderung ausdrücken können.

Nicht jeder war so großzügig. Saba ist Kopte, ein Angehöriger eines uralten Volkes, das zugleich eine Minderheit christlichen Glaubens in Ägypten ist. Er hat immer hart gearbeitet und war ehrgeizig. Seine Anwaltspraxis wuchs und gedieh, weil er die schwierigsten Fälle übernahm, darunter die von Ausländern. Damals lebten in Ägypten viele Griechen und Italiener, besonders in Alexandria. Und obwohl seine Geschäftspartner und einige gute Freunde Moslems waren, wurde er von seinen arabischen Landsleuten verfolgt. In den Zeitungen und an der Universität machten sie sich über ihn lustig und nannten ihn den Minister für Handel, Versorgung ... und die sieben Fische.

»Die sieben Fische?«

Saba läßt erschüttert die Hände fallen. »Ja, weil ich Christ war, und weil Christus doch die Menge mit sieben Fischen gespeist hat ... Ich habe den Witz zuerst selbst nicht verstanden. Es gab da eine gewisse Eifersucht. Meine Politik hatte funktioniert. Warum sollte ich, ein Kopte, Erfolg haben? Dann hatte ich angeblich auch noch diesen bedeutenden Onkel, einen Mann namens Boutros, der zur wohlhabenden Oberschicht gehörte. Ich hatte gar keinen. Ich bin immer Mittelstand geblieben, aber trotzdem erfanden die Leute Geschichten über mich.«

Als nach der Revolution Nasser an die Macht kam, beschloß Saba, es sei das beste, das Land zu verlassen. Es war eine harte Entscheidung, aber er hatte Freunde in Übersee und einen guten Ruf als Anwalt und Ökonom. Er lehrte in Äthiopien, reiste und arbeitete im Ausland und ließ sich dann in den Vereinigten Staaten nieder. Erst nach fast 30 Jahren stattete Professor Saba von der Columbia State University seiner Heimat einen Kulturbesuch ab – und beschloß zu bleiben. Jetzt, da die Zeiten wieder toleranter waren, zog er das Leben zu Hause vor. Ein anderer Grund für sein Bleiben war Beatrice, die er bei seiner Rückkehr kennengelernt hatte. Auch sie hatte eine Professur an der Universität und war, sagt Saba, »une dame de société«.

Er zeigt auf ein Porträt seiner ersten Frau. Auf einem anderen Gemälde trägt Christus sein Kreuz. Ein drittes zeigt eine idyllische ländliche Szene am Nil mit einer Pyramide im Hintergrund, ein üppiges, fruchtbares Land, wo einst Weizen wuchs – das Ägypten, an dem Sabas Herz hängt. Ich vermute, daß ihn dieses Bild auf all seinen Auslandsaufenthalten begleitet hat.

Saba behauptet, daß er von all seinen Leistungen auf seine Lehrtätigkeit am stolzesten sei, aber Lady Habachy widerspricht ihm schnell. »Nein, Saba, da gibt es Wichtigeres.«

»Was? Aber das ist mein Job.«

»Nein, das ist mein Job, Saba, nicht deiner.«

»In Ordnung, wir teilen.«

»Weil es mein einziger Job ist. Du hast noch viele andere gehabt. Darf ich Ihnen von seinen Leistungen erzählen?«

Saba kichert. »Mach nur! Ich höre«, sagt er.

»Er war ein Spitzenanwalt für den Ölkonzern Aramco in den Staaten. Und er war einer der Vermittler in einem berühmten Streitfall zwischen Saudi-Arabien und Onassis.«

»Oh, ich entdecke mich selbst«, wirft er ein.

»Er war immer der Jüngste. Der jüngste Minister, der jüngste Anwalt ... Jetzt ist er natürlich der älteste. Als Minister für Industrie und Handel hat er unsere Textilindustrie angekurbelt. Aber mit der Revolution wurden die Fabriken verstaatlicht; und das hieß, sie wurden ruiniert, weil die Militärs unfähig waren, sie zu verwalten. Die meisten Fabriken gehörten davor Juden. Saba half ihnen, wieder neu anzufangen – mit Sitz in Genf. Sie bauten Textilfabriken in ganz Afrika und Lateinamerika. In Äthiopien, Somalia, Eritrea ... über die ganze Welt breiteten sie sich aus. Sie sollten sich mal die Karte mit all den roten Punkten ansehen.« Saba kichert immer noch.

»Saba versucht, bescheiden zu sein«, sagt seine Frau.

»Ich hoffe, ich versuch's nicht nur. Ich hoffe, es gelingt mir«, sagt Saba.

In diesem Augenblick läutet das Telefon. Aber weder Saba noch Lady Habachy zucken auch nur mit der Wimper; vermutlich sind sie etwas schwerhörig, oder sie haben vielleicht schon eine höhere Ebene des Telecom-Zen erreicht. Es läutet und läutet, bis der Jemand resigniert aufgibt.

Saba geht seinen eigenen Weg – etwas, das wir alle tun sollten. Er hat sich aus eigener Kraft hochgearbeitet, soviel steht fest. In seiner Jugend war er klug genug, sich umfassend und vielseitig auszubilden. Er ist sehr belesen – in mehreren Sprachen. Seiner Meinung nach sollten junge Leute alles nur Mögliche tun, um ihren

Horizont zu erweitern – und dann bescheiden damit umgehen. Erst vor kurzem hat Saba aufgehört zu arbeiten, um wieder mehr zum Lesen zu kommen. Er spricht Französisch, Englisch und natürlich Arabisch. Zur Zeit arbeitet er an seinem Deutsch; außerdem hält er sich ständig über aktuelle Ereignisse auf dem laufenden. Er hat die Bevölkerungszahlen ziemlich exakt im Kopf – ein Zentralthema für Ägypten und den Rest der Welt. So wie die Trends aussehen, könnte sich eine Katastrophe anbahnen; außerdem konsumiert ein Teil der Menschheit bei weitem zuviel.

Mir fällt auf, daß die Werte, für die Saba eintritt, die er sogar verkörpert – Fleiß, Beharrlichkeit, Sparsamkeit –, bezeichnenderweise als schrullig und altmodisch gelten und irgendwie im Widerspruch zur heutigen Welt zu stehen scheinen. Saba hat sich seine eigene Philosophie zurechtgelegt, und im Lauf der Jahre wurde sie sein Lebensstil. Er war Christ, aber kein Fanatiker, und er konnte nie eine zufriedenstellende Antwort auf die Frage finden, warum die Menschheit eigentlich hier auf Erden existiert. Obwohl er Bücher über Astronomie und die Entstehung der Welt gelesen hatte, stellte er sich nach wie vor dieselben Fragen. Wie hat alles angefangen? Warum sind wir hier?

»Wie würden Sie denn Ihre Philosophie beschreiben?« frage ich. »Mäßigung?«

Saba hat ein einfaches, bescheidenes Leben geführt. Er ißt maßvoll und er findet, daß wir bei weitem nicht genug Wasser trinken.

»Mäßigung, ja. Aber auch die innere Haltung des Dienens, der Vorsatz, anderen helfen zu wollen, unabhängig von Rasse oder Religion.«

Er geht früh zu Bett und wacht bei Tagesanbruch auf. Bis vor kurzem hüpfte er jeden Morgen auf seiner Veranda 120mal mit dem Springseil. Die Leute blieben dann stehen und sahen ihm zu.

Lady Habachy sieht auf und lächelt. »Früh ins Bett und früh wieder auf, das ist der beste Lebenslauf!« sagt sie. »Das trifft auf ihn im Wortsinne zu.« Da zieht Saba wieder sein ulkiges Gesicht, die Augen unschuldig aufgerissen. Und mir kommt der Gedanke, daß eines Tages nach all unseren Reisen ein bißchen selbstgestrickte Philosophie herausspringen könnte.

Ich schaue vom Dach aus über den Nil bei Assuan und beobachte, wie Feluken ihren Kurs hart gegen den Wind halten. Wenn ich die Augen schließe, fühle ich die Hitze. Zum ersten Mal weiß ich wirklich, daß wir in Afrika sind. Die Menschen bewegen sich eine Spur langsamer, ihre Haut ist dunkler, und jeden Abend versinkt die Sonne wie eine geschmolzene Feuerscheibe in den riesigen Sandrippeln, die den Rand der Westlichen Wüste bilden.

Vanella ist offenbar ganz darin vertieft, ihr Tagebuch nachzuschreiben. Sie schreibt ungefähr vier Worte pro Zeile, in einer unregelmäßigen, rundlichen Handschrift mit rückwärts geneigten Buchstaben. Sie ist Rechtshänderin; ich bin Linkshänder. Meine Seiten sind kleiner, und ich bekomme trotzdem neun oder zehn Worte in eine Zeile. Wir dürfen nicht sehen, was der andere schreibt. Soviel Privatsphäre muß schon sein.

Es hat lange gedauert, bis ich verstanden habe, daß Reisen für sie anstrengender ist als für mich. Ich habe gelernt, daß ich Kompromisse eingehen muß. Sie wird schneller müde als ich, deshalb ist es am besten, wenn wir ihr Tempo gehen. Jedenfalls bin ich oft sehr unternehmungslustig. Heute wollte ich auf Entdeckungsreise gehen, aber sie wollte sich ausruhen. Ich muß ständig losziehen und auskundschaften. Aber das tue ich am besten allein, ich komme dann schneller vorwärts. Das Problem ist, daß Vanella eigentlich nicht alleine losziehen kann. Sie wird so fürchterlich von den Männern belästigt; unentwegt wird sie begafft. Ich muß ganz auf Schlägertyp und Beschützer machen, muß eine übertriebene Körpersprache einsetzen, die hoffentlich signalisiert: »DAS IST MEINE FRAU. PFOTEN WEG IHR LUSTMOLCHE!«

Vanella sieht von ihrem Heft hoch und lächelt. In der Sonne hat ihre Haut eine Farbe wie Honig bekommen.

Ich versuche, ein paar Postkarten rauszuhauen, aber ich könnte es eigentlich genausogut bleiben lassen. Ich hasse Postkarten. Sie sind wie dazu gemacht, Kommunikation zu unterdrücken. »Wir sind hier, uns geht's gut, es ist heiß, das Essen ist höchst mittelmäßig und wir treffen morgen einen alten Nubier.« Nein, es ist noch viel schlimmer: Sie verleiten zur Täuschung. Ich bin gezwungen, etwas zu sagen, das kaum mehr bedeutet als: »Ich bin hier, ihr seid immer noch dort, und ich habe mir die Mühe gemacht, an euch zu denken, und habe 25 Minuten im Postamt um Briefmarken angestanden.« Wie kann ich ihnen denn von den Mustern erzählen, die Feluken weben, wenn sie im Zickzack ihre Spuren flußaufwärts ziehen – Muster, die mich faszinieren wie ein kinetisches Kunstwerk –, oder der schieren Glut der Sonne, die ich auf meinen Hut herunterbrennen fühle, oder der Tatsache, daß wir zwei volle Tage lang überhaupt nichts getan haben und uns dabei sauwohl fühlen?

Ibrahim kommt um halb neun; acht war ausgemacht – ägyptische Zeit. Wir warten im Shesha Café auf ihn und trinken heißen schwarzen Kaffee aus Gläsern, die zum letzten Mal gespült worden sind, als Moses noch ein Junge war.

Ibrahim ist der große, hoffnungslos bedächtige Bootsmann, der zugesagt hat, uns zu einem nubischen Dorf am Westufer mitzunehmen. Er winkt einem Jungen, ihm Tee zu bringen, dann stellt er seinen Mitarbeiter vor: Ibrahim. Wir haben also zwei Ibrahims vor uns, beide dunkelhäutig und kraushaarig, beide mit Schnurrbart und langen, fließenden Galabijas. Dankenswerterweise erreicht Ibrahim II nur zwei Drittel der Größe seines Chefs und ist vom Wesen her ausgesprochen forsch. Er geht fort, um das Boot fertigzumachen, während Ibrahim I seinen Tee trinkt und müßig ein bißchen Rauch durch eine Wasserpfeife blubbert.

»Wir treffen gute Menschen«, sagt er. »Sehr alter Mann.«

Wir hatten auf eine Feluke gehofft, aber das Transportmittel des Tages entpuppt sich als kleines, schmieriges Boot mit Baldachin. Endlich stechen wir in die schwarzblauen Fluten des Nils.

Ibrahim II steuert mit dem Außenborder und Ibrahim I lehnt sich im Bug zurück und läßt eine Hand im Wasser treiben. Wie ich ihn da so schweigsam sitzen sehe, denke ich mir, wir müßten ihn eigentlich mal zum Lächeln bringen.

Das Leben am anderen Ufer fließt so stetig dahin wie der Fluß. Da gibt es keine trötenden Autos, keine Abgase, keine aufdringlichen Händler, keine verrückten Fahrradfahrer, die auf der falschen Straßenseite fahren. Statt dessen schlenkern zwei Kamele im Paßgang vorbei, geritten von zwei Jungen; Frauen in Schwarz tragen Körbe auf ihren Köpfen, und kleine Kinder wühlen im Sand. Am Ufersaum flitzen Graufischer entlang *(afrikanische Eisvogelart; Anm. d. Übers.)* wie übers Wasser schnellende Kiesel, und schlaksige, weiße Reiher stochern zwischen leuchtendgrünen Schößlingen herum.

Als Ibrahim II ans Ufer steuert, sehen wir dort einen alten Mann mit Stock und weißem Bart herumhüpfen. Er packt das Tau, das ihm zugeworfen wird, zieht aus Leibeskräften und hilft uns dann, auf einen wackeligen Landungssteg hinunterzusteigen. Der alte Mann sieht ziemlich freundlich und auch ziemlich alt aus, aber als das Boot vertäut ist, würdigen die Ibrahims ihn kaum eines Blickes, wenden sich ab und führen uns auf einem gewundenen Pfad am Flußufer entlang.

Sie bringen uns zu dem alten Dorf Qopa. Die Straßen sind purer Sand; außer einem Mann, der auf einem Esel vorbeizockelt, begegnet uns keine Menschenseele. Die Häuser sind leuchtendrosa oder taubenblau gestrichen. Lehmziegel liegen zum Trocknen in der lastenden Hitze. Ein blinder Junge stöbert uns auf, schüttelt jedem die Hand und wird dann von Ibrahim I mit irgendeinem Auftrag fortgeschickt. Wir treten in einen kleinen Hof neben der Moschee, der von dicken, gekalkten Mauern umgeben ist. Eine pausbäckige Frau in einer langen, schwarzen Galabija begrüßt uns mit glasigem Blick. Als Ohrringe trägt sie flache Reifen, die rechtwinklig abstehen.

»Der Mann, er kommen«, verspricht Ibrahim I und überläßt uns unserem Erkundungsdrang. In der Ecke des Hofes finden wir eine kuppelförmige Struktur, in der wir fast stehen können, mit einem alten Ofen darin. Vanella nimmt von einem Stapel runder Tonplatten, auf denen beim Backen der Teig liegt, eine herunter, reibt sie mit der Handfläche und hält sie sich an die Nase.»Riech mal! Wunderbar.«

Ich suche mir auch eine aus. Sie sieht uralt aus und hat einen gesunden Duft. Ich kann die ganze Fruchtbarkeit der Erde riechen.

Wenig später winkt uns die Frau des Hauses zu sich heran, und wir gehen durch eine bogenförmig überwölbte Eingangstür in einen gemütlichen, verdunkelten Raum, der von einem riesigen, schwirrenden Ventilator gekühlt wird. Ibrahim I hat sich bereits lieb Kind gemacht und saugt wieder mal an einer Wasserpfeife. Wir werden zu einem abgewetzten Sofa mit quicklebendigen Sprungfedern geführt. Während der Tee zubereitet wird, sehen wir uns um. Das hier ist beides: makellos sauber und eine Farborgie, ein Durcheinander aus Rosa und Pastellblau mit Spritzern in Orange und Fuchsia. Da ist ein Tisch, eine Bank, ein Armsessel, und unter der Kohlezeichnung von irgend jemands Großmutter ist ein Stück gelbe Plastikfolie an die Wand geheftet.

Wir lächeln, und unsere Gastgeberin lächelt zurück und läßt uns die Lücke zwischen ihren Vorderzähnen sehen. Ich liebe diese Augenblicke. Wir sind so weit weg von allem, was uns vertraut ist, und sind doch wieder nur in einem anderen Wohnzimmer. Heute ist es zufällig nubisch. Ich fühle mich, als wären meine Sinne mit dem Ende eines riesigen Trichters verbunden. Wie Schwämme saugen wir alles in uns hinein. Wir nehmen alles vorbehaltlos auf, ohne uns anstrengen zu müssen. Wir bewegen uns einfach weiter, und die Welt kommt auf uns zu.

Ibrahim I blickt hinter einer Rauchwolke auf, als die Gestalt eines alten Mannes im Türrahmen erscheint. Ich sehe ein fließendes weißes Gewand und etwas, das wie ein rotes Geschirrtuch aussieht und um den Kopf des Alten gewickelt ist. Kaum haben wir einander die Hand geschüttelt, zündet er sich eine Zigarette mit weißem Filter an. Aber wir können nicht anfangen, ehe wir Pfefferminztee getrunken haben; wir bekommen ihn aus einer Messingteekanne in kleine Glasbecher eingeschenkt, die mit je vier Löffeln Zucker vollgehäuft sind.

Saad Imam Muhammad ist der Name unseres Gesprächspartners, und Ibrahim sagt, er sei 92. Seine Haut glänzt dunkel; seine fein und vornehm geformte Nase reicht fast an die Oberlippe. Während er Ibrahim aufmerksam zuhört, streicht er sich über die Stoppeln, die wie frischgefallener Schnee sein Kinn bedecken.

Wir hören das Wort »Englisch«, und Saad nickt, zwar nicht unterwürfig, aber doch mit merklichem Respekt. Wir sind zufällig über die Reste des Britischen Empire gestolpert. Ägypten war nach dem Ersten Weltkrieg eine Zeitlang britisches Protektorat, und unsere beiden Länder verband die gemeinsame Gegnerschaft zum Osmanischen Reich, die Baumwolle und der Kanal. Wenn die britische Präsenz auch alles andere als beliebt war, so hat Saad doch offenbar freundliche Erinnerungen und kann die Sprache immer noch gebrochen sprechen.

»Kairo, Alexandria, Port Said ... Ich bei Engländern gearbeitet«, sagt er. »Zuerst ich war Küchenjunge. Nach zwei Monate zweiter Kellner. Zwanzig Monate später Kellner. Dann später Nummer eins Koch ...«

Er machte ihnen Irish Stew, indische Curries, Brathuhn und Tauben. Dann erinnert er sich an einen gewissen Brigadier Howse, den er sehr mochte, ferner an jemanden, den er »Lazlie« nennt und an einen Brigadier Mansell, der immer sehr anständig zu ihm war.

Saad zündet sich noch eine Zigarette an. Er hat ein Bein übergeschlagen und wippt pausenlos mit dem Fuß. Wieder senkt er den Kopf und nickt. »Englisch gut«, sagt er, »nicht Hochnase, nicht von oben reden. Wir reden Gentlemen, Mann zu Mann.«

Er erinnert sich, daß die Methoden der Briten ein wenig eigen waren. Da gab es immer zu viele Berichte, zu viel Schreibarbeit. »Die ganze Zeit tippen, tippen«, sagt Saad.

Allein oder zu zweit gesellen sich immer mehr Frauen zu uns. Neugierig rascheln sie im Hintergrund; alle tragen Schwarz, außer einer, die in Gelb prangt.

Ibrahim II hat sich in einer Ecke zusammengekauert und macht ein Nickerchen; Ibrahim I zieht unterdessen an seiner Pfeife, bis er nach einem neuen Block Tabak mit Melassearoma rufen muß. Der Ventilator rattert an der Decke, während Saad vor sich hin plaudert. Er beschreibt Kairo, als die Straßen noch voller Kamele und Esel waren. Heutzutage dauert es zu lange, bis man irgendwohin kommt, sagt er – wegen all der Autos. Und zwangsläufig ist das Leben viel teurer geworden.

»Jetzt alles, Preis gesteigt. Früher ein Laib Brot, ein Piaster«, sagt er und demonstriert die Länge der Ware vom Ellbogen bis zu seinen Fingerspitzen. »Jetzt Huhn sieben Pfund. Früher war fünf, sechs Piaster. Und immer, immer die Kinder wünschen, wünschen ...«

Er läßt den Kopf hängen und wirft uns einen trübsinnigen Blick zu. Mit seinen dunkelbraunen Augen, die tief in ein Netz aus Runzeln und Falten eingebettet sind, erinnert er mich an einen treuen, alten Hund.

»Jetzt ist anderes Leben«, sagt er. »Ich möchte Geschichte zurück.«

Nanu, ich hör wohl nicht recht! Genau wie ich will Saad in eine frühere Zeit zurückgehen. Dabei ist er, anders als ich, schon einmal dort gewesen.

Wenn wir zusammen zurückgehen – was werden wir finden? Die Wasser des Nils werden sauber und klar dahinfließen. Wir werden zum Wasser hinuntergehen und direkt am Ufer aus der hohlen Hand unseren Durst löschen. Wir werden Schwärme von Fischen sehen, die wir zum Essen fangen können. Wir werden dasitzen und eine Stunde oder zwei den zweimastigen Feluken zusehen, wie sie ihrem Kurs flußaufwärts folgen, einige mit betuchten Besuchern aus fremden Gegenden an Bord. Von Zeit zu Zeit wird der Fluß über die Ufer treten und seinen Schlick zurücklassen und so das Land befruchten. Unser Weizen wird hoch wachsen. Wir werden unsere Tage in Frieden verleben und am Wasser wohnen; und die mächtige Wüste wird sich erstrecken, so weit das Auge reicht.

Saad sagt, daß es heute zu viele Boote gibt und daß im Wasser zu viele Krankheiten wie die Bilharziose lauern. Der Damm versperrt jetzt wie eine Bergkette die Sicht auf den Horizont. Kein Schlick kommt mehr durch und düngt die Feldfrüchte, und alle Fische sind verschwunden.

»Nil ist unser Blut«, erzählt er uns. »Bewässerung machen Leben gut. Aber Hochdamm nicht gut.«

Sein eigener Urgroßvater war 1882 nach Qopa gekommen – aus einem Dorf, das jetzt überflutet im Nasser-See liegt. Viele tausend Nubier sind in den 60ern umgesiedelt worden, als der Hochdamm gebaut wurde. Sie wurden gezwungen, die schönen alten Häuser ihrer Ahnen aus getrocknetem Lehm und Palmblättern zu verlassen. In Zeiten der Dürre, wenn der Wasserspiegel im See absank, lagerten Saads Cousins in der Wüste und warteten darauf, daß ihre Häuser wieder auftauchen würden.

»Wir wollen Zeit zurück«, sagt er. »Nubische Menschen nicht wie Ägypter. Alles an uns ist anders. Ägyptische Menschen sind schlau, stehlen. Nubische Menschen haben weißes Herz innen. Wenn ein Mann ist krank, jeder wollen helfen ihm. Wenn Alte sterben, wir gehen zu dem Haus und trösten. Freundliche Leute, leichtes Leben.«

Seine Wünsche für die Zukunft sind einfach. Er will, daß man ihn als guten Menschen in Erinnerung behält. Sein ganzes Leben lang hat er nie etwas Böses getan. Und immer noch hofft er, daß seine Kinder und Kindeskinder besser leben werden als er.

»Tötet nicht, seid liebenswert. Helft anderen und macht alles gut!« Das hat er ihnen mit auf den Weg gegeben. Wenn sie sich schlecht benahmen, bekamen sie schnell den Stock zu spüren und wurden einen Tag lang ohne Essen in ein Zimmer eingeschlossen.

»Nubische Menschen glückliche Menschen. Nubische Menschen immer lächeln«, sagt Saad entschieden.

Aus einer verrückten Laune heraus frage ich, ob es so etwas wie einen nubischen Witz gibt. Ich merke, wie Vanella mich mißtrauisch von der Seite ansieht, als ich versuche zu erklären, was mit Witz gemeint ist.

»Ein Witz. Eine Geschichte, die sich jemand ausgedacht hat, um die Menschen zum Lachen zu bringen.«

»Ausge-dackt?« Saad macht ein zweifelndes Gesicht. »Geschichte zum Lachen?«

»Geschichte ... Haha ...« Ich versuche ein Clownsgrinsen; Ibrahim I starrt mich völlig verdattert an. »Geschichte. Lustig. Hahaha ...«

»Ha haaa«, macht Saad. »Wietz, Wietz.«

Die Frauen fallen ein, kichern nervös.

Da schreckt Ibrahim II aus dem Schlaf hoch, sieht, wie der Englischmann Grimassen schneidet und alle sich vor Kichern kugeln. Er sieht zu Ibrahim I hinüber, doch der nimmt einfach einen langen Zug aus seiner Wasserpfeife und macht mit der Hand eine vielsagende Kreisbewegung.

Das alte Land

Nun also Kenia. Weiter, immer weiter in die Dunkelheit führt unser Weg. Wir folgen einem dünnen Bitumenband, das sich durch das satte Rostrot der Erde frißt. Es sieht nach Regen aus. Graue Schatten brüten drohend über dem Land. Weit weg im Westen, wo der Busch einem ausgewaschenen Aquarellhorizont weicht, ziehen silbrige Schauer ihre Schleier über das Land. Hier und da hält eine Akazie die Stellung, die flachkronige Silhouette geformt von den Stürmen der Zeit.

Ein krummbeiniger alter Masai in einem tweedartigen Mantel, den er irgendwo aufgelesen hat, hütet neben der Straße seine Rinder. Die Ellbogen über den langen, knorrigen Stab gehängt, den er sich wie ein Joch quer über die Schultern gelegt hat, sieht er uns einen Moment lang nach, als wir vorbeifahren. Gerade als ich mir vorstelle, ich wäre Robert Redford in einer dieser Szenen aus »Jenseits von Afrika«, schlenkert ein Matutu-Minibus mit deutlicher Schlagseite auf uns zu, das Dach vollgetürmt mit Taschen, Kisten und Möbeln. Ich versuche Abstand zu ihm zu halten, aber als er vorbeifährt, spüre ich trotzdem den Luftzug als Reißen am Lenkrad des Jeeps. Einen Moment lang sehen wir im Inneren eine Masse schwarzer Gesichter, und alle Augen sind auf uns gerichtet.

Ich muß wieder an den Muthaiga Club zurückdenken – letzten Freitag war es, zur Lunchzeit. Gin Tonic für alle: ein Haufen Weißer mitten in Schwarzafrika. Als wir in die Bar kamen, klang der Lärm so vertraut, als wären wir auf einer dieser schwungvollen Cocktail-Parties rund um London. Die Gesprächsbrocken türmten sich zu einer Schallmauer, so daß alle ihre Stimme heben mußten, um noch drüberzukommen. Die Gäste mußten schließlich fast schreien – auf eine möglichst nette Art, versteht sich. Alt und jung, jeder kannte jeden – ein lustiges, selbstsicheres Völkchen. Obwohl wir da unter unseresgleichen herumstanden, hatten wir nicht im geringsten das Gefühl dazuzugehören. Wie konnten wir auch? Wir wurden in diesem Club mit einem Englandbild konfrontiert, das aus längst vergangenen Tagen stammt und bis heute mit allen Mitteln verteidigt wird.

»Niemals jemanden im Auto mitnehmen!« lautete einer der Ratschläge. »Wenn ihr einen Mann auf der Straße liegen seht, fahrt weiter. Haltet nicht an, um zu helfen ... Wir hatten eine Menge Probleme ...«

Es gab Geschichten noch und noch über Raubüberfälle und Morde. Sie gehen nachts in Nairobi nicht auf die Straße, und sie fahren auch nach Einbruch der Dunkelheit nicht mit dem Bus. Nicht mehr. Es gibt Banden, erfuhren wir, die für ein Auto einen Mord begehen würden, und von Wohlmeinenden bekamen wir zu hören: Sie würden in einem Verkehrsstau nicht mal den Arm aus dem Fenster hängen lassen, weil ihn jemand mit der Machete abhacken, die hübsche Uhr behalten und den Arm wegwerfen könnte.

Platsch! Der erste Regentropfen explodiert auf der Windschutzscheibe wie eine Wasserbombe. Dort, wo ich den Mount Kenya vermute, türmen sich tintenschwarze Wolken bis in den Himmel. Innerhalb einer Minute können wir kaum noch durch die Wasserfluten durchsehen, die auf unsere Scheibe eintrommeln, selbst wenn wir den Scheibenwischer auf Höchstgeschwindigkeit laufen lassen.

Wir fahren an einem jungen Mann vorbei, der am Straßenrand entlangläuft. Sein zerlumptes Hemd und die abgewetzte Hose triefen vor Nässe, aber er kümmert sich nicht darum. Er läuft fröhlich vor sich hin. Und die rote Erde trinkt und wird mit jedem Schluck dunkler.

Am nächsten Tag sind wir nur ein paar Kilometer weit von Nairobi entfernt, doch wir könnten genausogut in irgendeinem grünen englischen Vorort gelandet sein. Das Haus ist T-förmig, aus roten Backsteinen gebaut und hat zwei Stockwerke; die einzige Abweichung vom britischen Baustil ist das Dach aus Zedernschindeln, das sich weit herunterzieht, um das Haus vor dem Ansturm der Elemente zu schützen. Wir stehen herum und inspizieren Ron Nelsons Rasen vor dem Haus.

»Bis gestern waren wir schlimm dran«, sagt er. »Seit April kein Regen, also habe ich die Pumpe angeworfen – schafft ungefähr 2000 Liter pro Stunde –, hab überall gesprengt, und dann hat's angefangen zu schütten. Haha!« Er lacht leise sein hohes Lachen. »Wenigstens kann ich zur Abwechslung mal den Rasenmäher rausholen.«

Der Rasen sieht lückig aus, eher mattbraun als grün. Er neigt sich sanft zum Fluß Naro Moru hinunter, der die Gartengrenze markiert.

Die Ortschaft Naro Moru, die wir auf unserer Fahrt hierher passiert haben, einen knappen Kilometer vor unserem Ziel, war wenig mehr als eine Ansammlung bunt bemalter Hütten und der allgegenwärtigen Coca-Cola-Schilder. Aber wir fanden schließlich doch die alte Bahnlinie in der Nähe des Ortes; die holprige Fahrspur, die zunächst neben den Schienen verläuft, schlängelt sich dann weg und mündet schließlich in dieses reizende bewaldete Tal. Man käme nie auf die Idee, daß man mitten im Busch ist.

Nun sitzen wir in Campingstühlen um den Verandatisch herum und diskutieren über das Wetter, so wie es nur Engländer können. Zoë und Dinky, Rons Jack-Russell-Terrier, sind immer noch ganz hingerissen von den aufregenden Gerüchen, die wir mitgebracht haben. Drüben in der Ecke liegt ein halbfertiges Puzzle, eine idyllische Szene mit dem Titel »Der Ententeich«. Ron erzählt uns, er sei ganz verrückt auf Puzzles, aber es müssen die alten, hölzernen sein. Offenbar bekommt er sie kaum noch. Ganz hinten im Garten flattern und schwirren lauter winzige Nektarvögel um zwei aufgehängte Futterautomaten. Vanella beobachtet entzückt das scharlachrote Aufblitzen auf unsichtbaren Flügeln, sieht zu, wie sie hin und her flitzen und im Rüttelflug mit ihren langen, gebogenen Schnäbeln nervös Zuckerwasser saugen. Dann kommt der große, böse Mausvogel und scheucht sie alle weg.

»Schade, daß der Berg nicht draußen ist«, sagt Ron und zeigt auf die Lücke zwischen den Bäumen, wo der Mount Kenya sein sollte. »Wenn keine Wolken da sind, ist der Berg genau dort. Immer ein anderer Anblick. Manchmal steht das Licht so, daß ich den roten Staub auf dem Gletscher sehen kann.«

Er streicht sich mit ruhiger Hand über die Glatze, die braun wie eine Nuß ist. Seine Augen sind klar und blau, unschuldige Augen. Ich hätte ihn allen Ernstes für einen rüstigen 70er gehalten – und hätte mich um 20 Jahre verschätzt.

»War nie da oben«, meint er in seiner verkürzten Sprechweise. »Mag nicht im Kalten schlafen. Schlafe ohne weiteres hart oder in der Wüste, aber da oben, um drei Uhr morgens ... nee, das kann keinen Spaß machen.« Und er lacht wieder sein jungenhaftes Lachen.

Der junge Master Ron, Sohn eines Gelatineproduzenten aus Warwick, wurde in Rugby zur Schule geschickt – zu seinem Leidwesen. Er war einfach kein geselliger Typ und ging lieber auf die Suche nach Vogelnestern. Folglich steckte er ständig in Schwierigkeiten. Ron wollte unbedingt fort– je schneller, desto besser. Mit 18 segelte er nach Australien und arbeitete in New South Wales und später im westlichen Queensland für den Rinderbaron Sidney Kidman. Fünf prägende Jahre lang musterte er Rinder, trieb Schafe und reparierte windgetriebene Pumpen.

»Hab nie ein Haus gesehen«, sagt er fröhlich. »Wir haben draußen gelebt. Wenn's geregnet hat, war man naß. Wenn nicht, ging's einem gut.« Als er einmal auf Urlaub zu Hause war, bot ihm ein Onkel eine freie Überfahrt nach Kenia an, dafür sollte er auf seinen Kaffeeplantagen nach dem Rechten sehen. Offiziere des Ersten Weltkriegs bekamen solche Grundstücke als Auszeichnung per Losverfahren.

Aber als Ron ankam, hatten die Plantagen schon Pleite gemacht. Er reimte sich zusammen, daß der Manager die Farm vorsätzlich heruntergewirtschaftet hatte; dafür sprach, daß er sie für ein Butterbrot selbst kaufte.

Ron blieb nicht dort – schreckliche Gegend, zu heiß und zuviel Malaria. Er ging lieber hierher ins Rinderland und suchte sich Arbeit. Seine Zeit in Australien war ihm gut bekommen, und auch hier in Kenia steckte man immer noch in den Pioniertagen und konnte einen Zupacker wie ihn gut gebrauchen. Er reparierte Zäune und kümmerte sich um Wasser-Bohrlöcher.

Kenia war damals so etwas wie das Gelobte Land. Es gab keine Straßen. Zum nächsten Geschäft war man im Ochsenkarren einen Tag unterwegs und zurück noch einmal einen Tag. Nur 20 sogenannte Nachbarn lebten in einer Entfernung, die mit dem Pferd zu bewältigen war. Ron konnte meilenweit gehen, ohne jemandem zu begegnen, nur grünes Gras, Flüsse und Wild, so weit das Auge reichte. Es gab nicht einmal afrikanische Krale, und das machte es so schwierig, Arbeiter zu bekommen. Wenn man einen Afrikaner einstellen wollte, mußte man seiner ganzen Familie ein Stück Land zur Verfügung stellen.

Ron kaufte sich Grund in Richtung der Aberdare-Berge und hielt Milchkühe. Er zog eine Molkerei auf und versorgte die Staatsbeamten in Nyeri mit Butter und Käse: Ungefähr 70 Leute mit ihren Familien wollten verpflegt sein. Sein Arbeiter trug die Ladung auf dem Rücken nach Nyeri – über 20 Kilometer weit querfeldein.

»Es war ein sagenhaftes Leben«, bekennt Ron, »wenigstens bis 1929, als die Welt bankrott ging. Da steckten wir plötzlich in der Tinte.« Das war die Zeit, als er nur noch sechs Pence für eine Gallone *(3,8 Liter, Anm. d. Übers.)* Milch bekam und die großen Mastochsen für nur fünf Pfund zum Schlachter gingen. Aber selbst wenn die Speisekammer leer war, mußte er nur vor die Tür gehen und die nächste Antilope schießen, die des Weges kam. Auf diese Weise versorgte er seine Arbeiter mit Fleisch, und sein Hund knabberte fröhlich die Knochen.

Vanella kommt, wie so oft, als erste darauf zu sprechen: »Waren Sie verheiratet?« Ron schweigt einen Augenblick nervös, dann nickt er. »Sie war meine Cousine ersten Grades«, murmelt er etwas verlegen. »Wir waren beide ziemlich altmodisch.«

Ron tut mir leid. Ich weiß, wie gräßlich es sein kann, wenn man ein schüchterner Junge ist. Alles Zureden ist für die Katz, man schafft es einfach nicht, sich den Herausforderungen zu stellen, solange man sich so kläglich fühlt. Man wünscht sich weit fort – und am allerliebsten wäre man allein. Bei mir hat sich die Schüchternheit mit den Jahren etwas gelegt. Ich hatte schließlich gar nichts mehr dagegen, vor Publikum zu treten, habe das Rampenlicht sogar ziemlich genossen – vorausgesetzt, ich war mir meiner Sache absolut sicher. Aber erst als ich schon über 20 war, hatte ich mich endlich soweit im Griff, daß ich in peinlichen Augenblicken nicht rot wurde.

Einmal habe ich etwas Eigenartiges getan. Ich war vielleicht zehn oder elf, jedenfalls alt genug, um zu wissen, daß Jungen Freundinnen haben sollten. Ein paar meiner Schulfreunde gaben ständig mit ihren Mädchen an. Eines Tages nahm ich ein Blatt weißes Papier und schrieb mit schwarzem Filzstift in großen Buchstaben: Ich will jemanden zum Liebhaben. Sorgfältig faltete ich meine Botschaft, ging zur untersten Wiese neben dem Feldweg und steckte sie dort in eine Nische in der Trockensteinmauer. Ich habe keine Ahnung, wen ich mir als Finder erhoffte. Als ich das nächste Mal nach Hause kam, schaute ich nach, und der Zettel war weg. Spurlos. Aber ich machte mir keine Gedanken. Ich fühlte, daß die Botschaft irgendwie angekommen war.

Und noch etwas tat ich manchmal: Ich stellte mir mit geschlossenen Augen den Namen des Mädchens vor, das ich irgendwann einmal heiraten würde. Auch das war eine fruchtlose Übung. Nicht in einer Million Jahren wäre ich so auf Vanella gekommen.

Rons Braut hieß Rachel. Sie kehrten auf die neue Farm zurück, die er in der Nähe von Naro Moru gekauft hatte, und genossen das Leben zu zweit. Aber wenig später statteten ihnen die Mau-Mau einen Besuch ab – Geheimbünde unter den Kikuyu, die sich um 1950 gegen die britische Kolonialherrschaft erhoben.

Ron ließ daraufhin die Lancashire Fusiliers auf seinem Land kampieren; doch die machten einen solchen Lärm und rauchten so viel, daß jeder genau wußte, wann sie kamen und gingen. Und eines Nacht schliefen sie in ihren Zelten so gut, daß Rons ganze Milchkuh-Herde, 80 Stück Vieh an der Zahl, unbemerkt weggetrieben wurde. Ron hatte zwar auch ein paar eigene Wachen, aber die bekamen von den Dieben zu hören: »Wenn ihr den Mund haltet, lassen wir euch in Ruhe. Aber ein Laut, und wir ermorden eure ganze Familie.«

So kam es, daß sich Rons Existenzgrundlage in einer einzigen Nacht in nichts auflöste.

»Was haben Sie dann getan?« fragen wir.

»Enten gezüchtet«, grinst er.

Ein paar Jahre später rief ihn dann eines Tages der Landwirtschaftsminister an: »Guten Morgen, Mr. Nelson«, sagte er, »ich übernehme Ihre Farm.« – »Das glaube ich kaum«, meinte Ron.

»Sie werden kooperieren, Mr. Nelson … andernfalls.«

Und das war das Ende. Aber wenigstens hatten Ron und Rachel einen Platz, wo sie hingehen konnten. Ron hatte dieses Haus, vor dem wir jetzt sitzen, schon von einem ansässigen Tierarzt gekauft, der ebenfalls mit ansehen mußte, wie sein Betrieb über Nacht verschwand.

Doch trotz all dieser brutalen Nackenschläge findet Ron immer noch, daß die Selbständigkeit eine gute Sache war. Sein mußte. Weniger gut findet er den heutigen Lauf der Dinge: »Die Politiker heute wirtschaften in die eigene Tasche«, bemerkt Ron mit hochgezogenen Brauen. »Eine Schande. Diese Leute hätten so viele Möglichkeiten.«

Wir sind gestern selbst zufällig dem Präsidenten begegnet, als

Lonni, 103, rockt; Crawfordville, Georgia, USA

Oben links:
Ruth Moranda, weit in den 90ern, Hebamme und Mutter aller; Simbabwe

Noor Muhammad, 100, braucht sein Opium; Jaisalmer, Indien

Oben rechts:
Herr Ichimiya, Anfang 90, Schulmeister in Uzurihara, Japan – dem Ort mit der lebensverlängernden Choju-Diät.

Don Joaquín Gantier, 93, Historiker, Stückeschreiber und bei Bedarf Zauberer, fordert Einigkeit; Sucre, Bolivien

Kin-san, Gin-san, 101, die ältesten eineiigen Zwillinge der Welt;
Nagoya, Japan

Links:
Rosenda, 93, denkt gern an durchtanzte Tage zurück; Puyo, Ecuador

Unten:
Alle Jungs waren verrückt nach Irena, 94; Kvacany, Slowakei

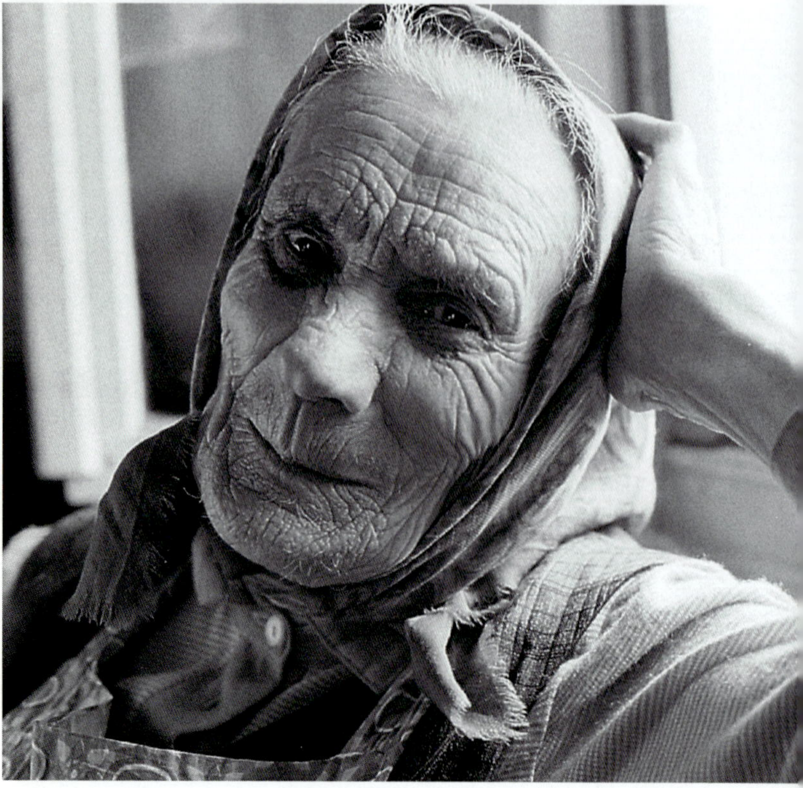

Rechts:
I Wayan Gejer, Korbflechter und Priester der Tiefkastigen; Ubud, Bali

Unten:
I Wayan Mandor, etwa 90, demonstriert, wie man ihm die Zähne feilte; Ubud, Bali

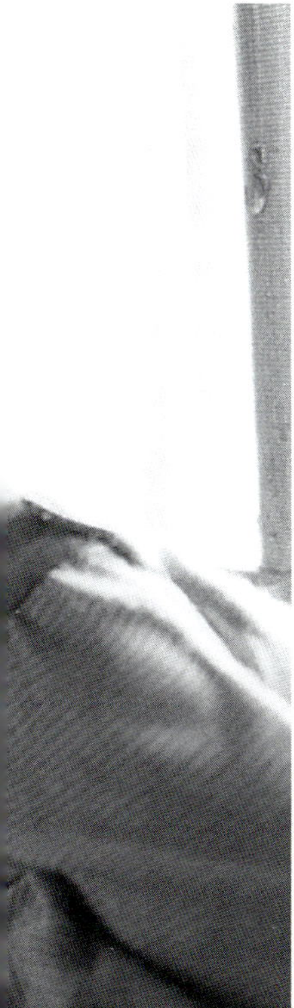

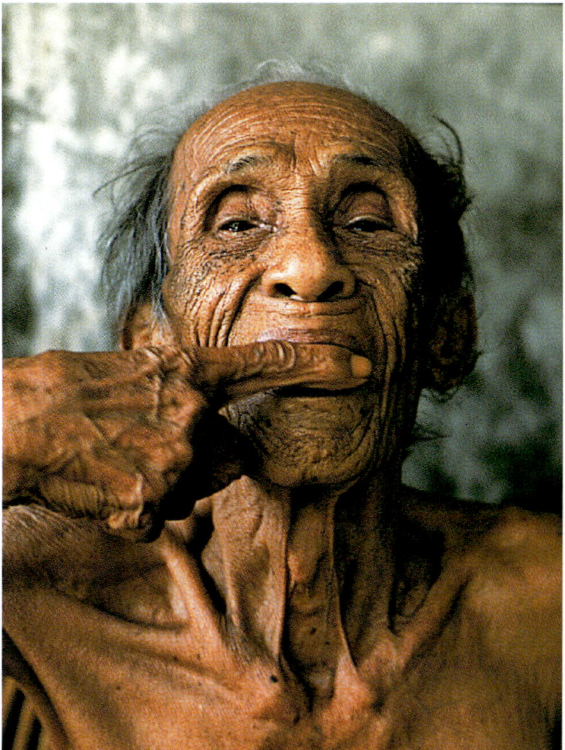

Jeanne Calment, 120, der älteste Mensch der Welt, sagt, wie's geht;
Arles, Provence

wir aus Nairobi wegfuhren. Anfangs waren uns die bewaffneten Polizisten ein Rätsel, die in Intervallen von 50 Metern überall in den Außenbezirken der Stadt Wache standen. Dann stießen wir alle zehn Minuten auf Straßensperren, die den Verkehr auf allen fünf Spuren stocken ließen. Draußen auf dem Land war es noch schlimmer. Staubwolken stiegen auf, und erfreute Obstverkäufer profitierten davon, daß sie zur Abwechslung mal an Ort und Stelle Geschäfte machen konnten. Dann sahen wir hoch über der Straße ein Transparent aufgespannt. »Wir wünschen Seiner Exzellenz Präsident Moi eine sichere Reise« lasen wir – eine Botschaft von Hunderten von Schulkindern in leuchtend blauen und grünen Uniformen. Sie waren aufmarschiert, um dem Autokonvoi Seiner Exzellenz nachzuwinken, und kehrten jetzt in ihre Klassenzimmer zurück.

Ron ist schnell auf den Beinen. »Ich deck mal eben den Tisch, ja?« Er verschwindet im Haus und läßt uns mit überraschten Gesichtern sitzen. Es sieht ganz so aus, als wären wir zum Mittagessen eingeladen.

Wir gehen durchs Wohnzimmer mit dem alten Schreibpult und dem verblaßten Blumensofa in ein gepflegtes Eßzimmer mit Spindellehnen-Stühlen und niedriger Decke. Und wir sind zu Hause. Wir sind wieder in England, nur daß statt der South Downs oder dem Lake District ein Gemälde vom Mount Kenya an der Wand hängt, wie er wirklich aussieht – der Blick, den sie von der Farm aus auf den Berg hatten.

Das Mittagessen ist auf der Kommode angerichtet: junge Kartoffeln mit Corned beef, geschälte Tomaten, kleingeschnittener Salat und Rote-Bete-Chutney; wir nehmen uns davon auf schlichte, grüne Teller, wie sie Vanellas Großmutter einmal hatte. Alles ist selbstgezogen. Ron gießt die Limonade ein, die er aus den Früchten draußen am Baum gepreßt hat.

Es ist, als würden wir einen alten Verwandten besuchen, den wir nicht allzu oft sehen. Ron will mehr über unsere Reisen erfahren, will wissen, was wir in Nairobi getan haben. Wir machen ihm Komplimente wegen seines Chutneys.

Dann kommt wieder diese Reserviertheit auf, die uns Engländern so eigen ist, und nur noch das Klappern des Bestecks ist zu hören. Er ist wieder schüchtern, und wir sind es auch. Er fordert uns auf, uns doch nachzunehmen, und Vanella bewundert ihn für seine Lebensführung.

»Ich hab drei Hektar Land, zwei Kühe, ein paar Hühner und die Enten. Ich füttere sie und ich habe genug zu essen für mich selbst ...« Er verstummt, aber er muß nicht erklären, daß er fast Selbstversorger ist. Der Küchengarten jenseits des Rasens ist gegen die Wildtiere rundum wie ein Käfig abgeschlossen und versorgt ihn mit allem, was er braucht. Sein 25jähriger Gärtner, den wir zuvor schon getroffen haben, als er gerade eine große Machete schweißte, hilft ihm ein wenig dabei.

Ron lebt jetzt allein. Er werkelt dies und das und verbringt so seine Zeit. Er kümmert sich um den Garten und versorgt die Kühe und behält seine persönliche Nahrungskette genau im Auge. Keine schlechte Art, den Rest seiner Tage zu verbringen.

»Wie sieht's aus – wer möchte Erdbeeren?« Sie sind natürlich frisch, und die Sahne kommt direkt aus der Milchkanne. Dann kommt der Käse, den ich »Nelsons Doppelrahmstufe« taufe. Schließlich holt Ron eine lädierte Dose mit seiner eigenen Hundekuchen-Marke, und Zoë und Dinky hopsen ins Zimmer und schlagen sich den Bauch voll.

Wieder draußen auf der Veranda, trinken wir starken, dunklen Kaffee und knabbern große Stücke Cadbury's Milchschokolade, während irgendwo in der Ferne der Donner rollt.

»Ob's wohl wieder regnet?«

»Glaub nicht«, sagt er. »Das geht schon seit Wochen so. Wollen Sie den Garten anschauen?« Wir bewundern die langen Gemüsereihen und ein paar Prachtexemplare Frühlingszwiebeln. Ron führt uns seine Gartenwicken vor und erzählt uns, wie es war, als hier eine Elefantenherde durchkam. Dann gehen wir zum Fluß hinunter. Er ist Rons Wasserversorgung und kommt direkt aus den Bergen. Irgendein Typ hat mal das Wasser analysiert und ihm erzählt, er solle es nicht anrühren. Es sei eher Bittersalz als Wasser. »Hat mir nie geschadet«, meint Ron.

Ich sauge die süße, schwere Luft tief in meine Lunge. Welch ein Platz zum Leben oder Sterben! »Sind Sie religiös?« frage ich.

»Ich bin in keiner Kirche Mitglied«, antwortet er. »Eigentlich glaube ich, daß wir alle zur Mannschaft einer fliegenden Untertasse gehören. Ich glaube, wir sind hergebracht und hier abgesetzt worden.«

Für jemanden, der den größten Teil seines Lebens im Rift Valley verbracht hat, das als Wiege der Menschheit gilt, scheint mir das ein einigermaßen anfechtbarer Standpunkt zu sein.

»Na, sie haben Menschenknochen gefunden, die mit Homo habilis gemischt waren, also können wir nicht gut von ihnen abstammen. Und schließlich kann diese Welt nicht die einzige sein, nicht wenn's da noch hundert Millionen Sonnen rundherum gibt. Da müssen 'ne Menge anderswo angefangen haben, bevor wir es getan haben.«

Ich weiß nicht recht, ob er Spaß macht.

»Glauben Sie an Gott?« will Vanella wissen.

»Ich weiß nicht, wie ich darauf antworten soll. Wir alle haben Gott in uns, und was wir damit anfangen, ist unsere Sache«, sagt er.

Als wir über den Rasen zurückschlendern, fliegt ein Grashüpfer eine Schleife und landet direkt vor uns. »Oh, schaut doch mal!« sage ich und zeige auf ihn. Er erstrahlt in einem phantastischen Grün.

Und während wir ihn noch ansehen, setzt Ron zu unserem Entsetzen mit einer kurzen Drehung seines Schuhs seinem Leben knirschend ein Ende. »Die mag ich hier nicht«, sagt er seelenruhig und beweist damit ein für allemal, daß die Theorie »Überleben des Stärkeren« ihre Berechtigung hat.

Wir winken Ron zum Abschied und machen uns auf den Weg nach Nanyuki, ein paar Meilen die Straße entlang und um den Berg herum. Nanyuki ist eine kleine Stadt mit einer Reihe malerischer Läden und einer Barclays Bank, vor der eine Bande junger Masai mit roten Haaren und in roter Kostümierung herumhängt. Wir finden einigermaßen problemlos das kleine Krankenhaus, werden herumgeführt und begegnen auf unserem Rundgang Peter, dem hiesigen Arzt. Er ist in Eile, aber er überrascht uns mit einer Einladung zum Dinner.

Kurz nach sieben Uhr erscheinen wir im Nanyuki Sports Club, einer ehemaligen Kolonial-Kneipe, die heute muffig wie ein alter Schuppen riecht. In einem holzgetäfelten Raum mit hoher Decke wartet Peter neben einem prasselnden Holzfeuer auf uns. Er muß Ende 40 sein, ein drahtiger Engländer mit unscheinbarer Haarfarbe und intelligentem Blick. Er ist ein aufmerksamer Gastgeber. Mir fällt ein melancholischer Zug an ihm auf.

Bei den Drinks fragt er uns über unsere Pläne aus und warnt uns vor dem Üblichen. Als er erfährt, daß wir am nächsten Tag zu den Thompson Falls wollen, erzählt uns Peter, wie sein Sohn überfallen wurde. Er fuhr eines Nachts einen Schlenker um einen Felsen, der auf der Straße lag, und landete im Straßengraben. Plötzlich tauchten Gesichter in der Dunkelheit auf. Obwohl die Achse verbogen war, schaffte er es zurück auf die Straße, aber er kam nur recht und schlecht ein kurzes Stück weiter und mußte dann wieder halten. Drei weitere Gesichter umringten ihn. Sie stahlen alles. Weil er nicht viel Geld dabei hatte, nahmen sie all seine Kleider, sogar seine Schuhe. Er mußte sich mit Zeitungspapier warm halten, bis am nächsten Morgen jemand vorbeikam. »Und er kannte sich ja immerhin aus«, sagt Peter. »Seid vorsichtig! Am besten, ihr geht nach Einbruch der Dunkelheit überhaupt nicht mehr raus.«

Das Abendessen wird aufgetragen. In der anderen Hälfte des Raumes sind schon die Tische gedeckt. Ein afrikanischer Gentleman im Anzug diniert mit seiner Frau; sie unterhalten sich mit gedämpfter Stimme. An einem anderen Tisch blättert ein indisches Ehepaar in der Speisekarte. Wir beginnen mit einer dünnen Gemüsesuppe, dazu weiche, mehlige Brötchen; dann ein ledriges Pfeffersteak, Karotten und lange weiße Chips, deren Einheitsgeschmack ich ganz gerne mag.

Peter ist ein angenehmer Gesellschafter. Wir haben so viel gemeinsam, daß es ein sehr erfreulicher Abend wird. Er arbeitet seit ein paar Jahren in dem kleinen Krankenhaus und leitet es gemeinsam mit Matron, der temperamentvollen, tüchtigen Dame, die uns herumgeführt hat.

Wir waren dorthin geschickt worden, weil man sich im Krankenhaus um die alten Leute kümmert, die nicht mehr für sich selbst sorgen können – Weiße, die es sich leisten können. Matron hatte gesagt, wir könnten mit Mrs. Amy sprechen – allerdings nur mit Hilfe ihres Hörrohrs –, doch als wir in ihr Zimmer kamen, schlief sie gerade. Wir folgten Matron den Korridor entlang bis ins Sonnenzimmer, und plötzlich blickten wir in das Gesicht des Alters, das wir alle insgeheim fürchten.

Man hatte die Sonnenblenden um fünf alte Damen heruntergezogen, die in ihren sorgfältig mit Kissen gepolsterten Stühlen saßen oder hingen. Mehr oder weniger ausgeprägt litten sie alle an irgendeiner Art Demenz. Eine Dame war mit hängendem Kopf und offenem Mund im Stuhl zusammengesackt; eine andere plapperte Unsinn und nickte weise dazu; die dritte sah aus, als schliefe sie. Die anderen beiden wirkten ebenfalls verwirrt. »Wir kümmern uns hier drin um sie, damit sie die anderen nicht zu sehr stören«, flüsterte Matron.

Ich war nicht darauf gefaßt. Ich wollte sofort und dringend weg, aber ich stand wie angewurzelt da, und meine Augen wanderten über ihre gequälten Gesichter.

Bitte, lieber Gott, laß mich nicht so enden!

»Habt ihr die neue Aids-Abteilung gesehen?« fragt uns Peter, als wir bei Obstsalat aus der Dose und Eis angekommen sind. Ja, haben wir: ein klinisch sauberer Raum mit einem einzelnen Eisenbett und blütenweißer Bettwäsche. Das Bett war leer.

»Das Problem ist, daß die Afrikaner nicht zugeben, wenn sie's erwischt hat«, sagt er, »aus Angst, daß sie dann vom Dorf geächtet werden.«

»Wie verbreitet ist es?«

»Acht von zehn bei uns getesteten Afrikanern sind HIV-positiv.«

»Wie bitte? 80 Prozent?«

»Aids ist weit verbreitet. Wahrscheinlich wird eine Generation größtenteils ausgelöscht.« Die Krankheit hat sich das Rückgrat Afrikas entlang nach Süden gefressen. Die Lastwagenfahrer hatten an jedem Stopp ihr Mädchen. Afrikanische Männer protzen pausenlos mit ihrer Männlichkeit und stehen nicht gerade im Ruf, monogam zu sein.

»Ohne Aufklärung geht gar nichts, und das kostet Zeit«, sagt Peter. »Viele glauben, das sei eine Geißel, die der weiße Mann erfunden hat.«

Peter ist endlich doch zu dem Schluß gekommen, daß das Risiko zu groß ist. Wenn jemand zur Operation ins Krankenhaus kommt, ist für ihn als Arzt die Gefahr am größten, unmittelbar mit dessen Blut in Berührung zu kommen. Und Peters Ausstattung ist nicht gerade die fortschrittlichste. Ein Patzer, und das war's. Peter wird gehen. Er übernimmt einen Posten als Schiffsarzt auf einem Kreuzfahrtschiff im Indischen Ozean.

Natürlich ist das nicht der Grund seiner Traurigkeit. Wir finden heraus, daß Peter einsam ist, weil ihn gerade seine Frau verlassen hat. Das war's, was er uns eigentlich erzählen wollte.

Die alten Kolonialisten, die wir landauf, landab treffen, sind eine traurige Gesellschaft – Offiziere, Staatsbeamte, Damen, die hier einmal Urlaub gemacht haben und geblieben sind; sogar ein Mann, der sich als Nairobis erster Optiker niedergelassen hat. Ja, sie geben sich ziemlich fröhlich, sind sehr liebenswürdig und gastfreundlich und schrecklich englisch. Sie erzählen uns über Reisen im Ochsenwagen; über das Leben im Zelt, über Häuser aus Lehm und Zweiggeflecht und über die alten Kisten, die sie als Möbel benutzten. Sie erinnern sich daran, wie sie beinahe von Löwen oder den Eingeborenen oder der Malaria umgebracht wurden. Ein alter Knabe wird nicht müde zu erzählen, wie er einmal vier Löwen schoß ... »Zwei am Abend, zwei am Morgen. Mußte die Viecher nicht mal suchen. Wenn man ein Zebra schoß, kam der Löwe.«

Es war ein großes Abenteuer. Was im Muthaiga Club in Nairobi los war, ging niemanden etwas an – oh, diese wunderbaren Parties! Es ging erst bergab, als die sonnigen Zeiten des Empire vorbei waren. Jetzt haben sie nur noch sich. Die meisten Freunde sind gestorben. Ihre Familien leben immer noch in England; ihre Kinder sind groß geworden, haben sich umgesehen und sind fortgezogen – in den meisten Fällen.

»Es war leer, es war sauber«, sagte eine alte Dame. »Es war herrlich, ein herrliches Land. Es war, als würde man in einem großen Zoo leben.«

»Kenia ist so furchtbar anziehend«, sagt eine andere. »Du kommst hierher, und du willst nie wieder weg.«

Also gehen sie nie wieder weg. Warum sollten sie auch? Kenia ist ihre Heimat. Ihr Land ist ihnen genommen worden. Ihr einst zauberhaftes Leben ist passé. Nairobi, ihre schöne Stadt, wo in jeder Straße Blumen wuchsen und man kaum je ein schwarzes Gesicht sah, hat sich so verändert, daß sie den Ort kaum wiedererkennen. Die alte Polizeistation an der Ecke zerbröckelt langsam. Es ist eine Schande. Sie sollte wirklich zum nationalen Denkmal erklärt werden.

Egal. Sie werden bis zum bitteren Ende ihre Erinnerungen hochhalten, hinter ihren hohen Mauern und Sicherheitszäunen. Denn sie können nirgendwohin gehen, und es gibt keinen anderen Ort, wo sie sein möchten.

Uralte Wunder

Wenn man seinen Fuß auf den Boden von Sansibar setzt, geschieht etwas mit einem. Da ist zuerst mal die Luft.

Der Hafen ist so klein, daß nur ein paar der zehn bis 15 Meter langen, verwitterten, mit Segeln behängten Dhaus anlegen können. Junge Suahelimänner mit muskulösen Armen beladen die Schiffe und mühen sich mit dem groben, faserigen Tauwerk ab. Andere warten neben den Lagerschuppen auf Arbeit. »Jambo«, rufen sie mit breitem Lächeln, überall »Jambo« und knatternde Unterhaltung. Einige tragen die hier übliche Kopfbedeckung – eine Art weiche, weiße, bestickte Pillbox; andere tragen außer einem schmierigen Tuch um die Hüften nur glänzende Haut. Und die Luft! Die Luft ist zum Überlaufen voll; nicht einfach nur wohlriechend, eher der geballte Angriff einer Gewürznelken-Industrie. Wir stehen eine Weile da und saugen die würzige Luft tief in unsere Lungen ein, und bald fühlen wir, wie unsere Köpfe klar werden.

Am Wahrzeichen der Stadt, dem kunstvoll verzierten Beit el Ajaib (House of Wonders), vorbei gelangen wir schließlich in die engen Gassen, die sich durch das Herz der alten Stadt winden. Hier ist es kühl und dunkel und der Weg gerade breit genug, daß sich ein Karren oder auch nur ein Fahrrad im Gegenverkehr vorbeizwängen kann. Die dunkelgrünen Doppeltüren der Ladenfronten öffnen sich zu der steilen Stufe hin, die auf jeder Seite einen hohen Gehsteig bildet. Im Inneren sehen wir die unterschiedlichsten Gesichter – Afrikaner, Inder und manchmal Araber, die ihre Waren verkaufen. Wir kommen an schweren hölzernen Eingangstüren vorbei, in die kompliziert verflochtene Muster aus Blättern, Früchten und Blumen geschnitzt sind. Die Gebäude mit ihren überhängenden Balkons ragen drei und vier Stockwerke hoch auf, die Fensterläden an den Bogenfenstern sind geschlossen, die Vordächer sind von schmiedeeisernen Manschetten gesäumt. Doch heute geraten all diese Herrlichkeiten in Vergessenheit, werden vernachlässigt, und die Sultane von Oman, für die das hier einmal das Zentrum ihrer Welt war, gibt es nur noch in der Erinnerung. Kalk blättert von den schimmelnden Wänden, in verblaßtem Blau und Grün schält sich die Farbe ab, und wo das Wasser herunterläuft, hinterläßt rostendes Metall fleckige Spuren. Die Steinerne Stadt Sansibar zerfällt langsam und majestätisch.

Halb verirrt schlendern wir umher, bis wir an eine ruhige Kreuzung kommen. In einer Ecke sehen wir einen Araber sitzen; er trägt ein weißes Gewand und hat ein weißes Tuch um den Kopf gewickelt. Mit seinem langen, zottigen Bart sieht er wirklich sehr alt aus. Wir zögern ein wenig, beschließen dann aber, ihn anzusprechen. Offenbar versteht er kein Englisch, also bitten wir einen jungen afrikanischen Ladenbesitzer auf der anderen Straßenseite um Hilfe. Er fragt den Alten auf Suaheli, wie alt er sei, aber ohne Erfolg. Der Araber spricht kein Wort. Er starrt uns mit leerem Blick hinter dicken, schwarzgerahmten Brillengläsern an. Mit Mr. Joshi haben wir mehr Glück. Zufällig essen wir in seinem Restaurant zu Abend – auf dem Balkon im ersten Stock eines Hauses, von dem aus man einen Blick auf den Hafen hat.

Mr. Joshi ist Inder, stammt aus Gujarat und ist zweifellos randvoll mit Lebenslust. Er hat pechschwarzes Haar und vorstehende Zähne, ist aber nichtsdestoweniger ein gutaussehender Mann. Immer wieder schaut er für einen Augenblick bei uns vorbei und erzählt uns irgendeine Episode über den Sklavenhandel vergangener Tage oder die Gewürze, die im Überfluß auf der ganzen Insel wachsen. Gegen Ende der Mahlzeit setzt er sich zu uns; er sagt, er teile seine Zeit auf zwischen Sansibar, wo er etlichen geschäftlichen Angelegenheiten nachgeht, und seinem Haus in Daressalam. Außerdem hat er die haarigsten Ohren, die ich je an einem Mann gesehen habe.

Seine Augen funkeln, als wir ihm erklären, daß wir nach den ältesten Menschen auf der Insel suchen. Dann grinst er und verrät, daß das Haus in der Steinernen Stadt, in dem er ein Zimmer gemietet hat, einem Kaufmann gehört, der in den 90ern ist. Sein Name ist Mansang Velji Schah.

Aber damit ist unsere Glückssträhne noch nicht zu Ende. Mr. Joshi erzählt uns, wie der indischen Bevölkerungsschicht von Sansibar seit den Tagen der Briten der Erfolg immer treu geblieben ist. Doch plötzlich unterbricht er sich selbst: »Haben Sie unseren Tempel schon gesehen?« Wir schütteln die Köpfe und wissen nicht einmal, wo das sein soll. »Dann müssen Sie hingehen, zum Hindu-Tempel! Sollen wir jetzt gleich gehen? Ja? Kommen Sie, ich bringe Sie hin.«

Wir folgen dem weißen Hemd von Mr. Joshi ins Labyrinth der pechschwarzen Gassen. Jede Nacht bricht die Stromversorgung für ein oder zwei Stunden zusammen und taucht die Stadt in Dunkelheit. Eine unsichtbare Schulter streift die meine. Aus den Häusern rechts und links von uns rufen sich Suaheli-Stimmen irgend etwas zu. Vanella geht hinter mir und umklammert fest meine Hand, die ich ihr nach hinten halte. Wir haben nicht die leiseste Ahnung, wo wir sind.

»Hier müssen Sie vorsichtig sein!« ruft Mr. Joshi, als wir über eine Türschwelle stolpern; dann ist plötzlich wieder Strom da.

Eine einzelne nackte Glühbirne baumelt verloren vom Dach herab und beleuchtet diese geistige Heimat in der Ferne. Als sich unsere Augen an das Licht gewöhnt haben, können wir die schlichte Anmut der Architektur bewundern, die einmal von den Küsten Indiens exportiert wurde – durch jahrelange Vernachlässigung ungemein verschönt. Wir steigen die Steinstufen hinauf und gehen durch einen herrlichen, spitz zulaufenden Torbogen. Die erhöhte, von einer Balustrade umgebene Marmorplattform im Inneren liegt unter freiem Himmel. Die Decke des Torbogens und die Säulen sind mit abgenutzten Fliesen oder verblichener rosa und lindgrüner Farbe geschmückt, die in Flecken abblättert. Im hinteren Teil des Tempels residiert jeder Gott für sich in einer schwach erleuchteten Kammer. Mr. Joshi stellt uns dem Gott Rama und dem Elefantengott Ganesh vor.

Er läßt uns schauen und staunen. Ich fühle mich zu Ganesh hingezogen. Mich spricht seine Tiergestalt mehr an als die anderen Gestalten, zumal mir deren Geschichten immer so komplex vorkommen. Laut Mr. Joshi schafft Ganesh Hindernisse aus dem Weg.

»Wissen Sie, ich habe die ganze Zeit über diesen alten Mann aus meinem Haus nachgedacht«, sagt er und stellt sich neben mich. »Ich hoffe, Sie können sich mit ihm treffen. Ich glaube, es wäre sehr schön für ihn. Wenn ich ihn sehe, bin ich glücklich. Er wird so gut mit dem Alter fertig. Manchmal kann er schwierig sein. Er wird böse, wenn sein Tee kalt ist, und beklagt sich darüber, daß er sich schwach fühlt. Aber Alter ist eine natürliche Sache. Man kann nicht gegen die Zeit ankämpfen.«

»Nur zu wahr!«

»Ja, man kann ihr nicht entkommen.«

»Wenn es wenigstens eine Möglichkeit gäbe, neben ihr herzulaufen, mit ihr Schritt zu halten. Vielleicht gibt es irgendeine magische Formel, mit der man ihre Auswirkungen abschwächen kann?«

»Das werden Sie auf Ihrer Reise herausfinden«, sagt Mr. Joshi und bleckt lächelnd seine Pferdezähne.

Ich werde mir der Ruhe bewußt und merke, daß ich völlig mit mir im reinen und so glücklich bin, wie ich es nur sein kann. Ein Mann, den wir vor kaum zwei Stunden kennengelernt haben, hat uns in seine ganz private Welt mitgenommen.

»Wissen Sie, ich habe das Gefühl, daß das Schicksal Sie hierhergebracht hat«, sagt Mr. Joshi. »Ich bin mir sicher, es hat etwas zu bedeuten, daß wir uns begegnet sind.«

Schritte kündigen einen anderen Besucher an. Ich habe Angst, daß die Magie des Augenblicks brechen könnte, drehe mich um und sehe einen Mann Ende 40 hereinkommen, ebenfalls Inder. Er trägt eine Baseballkappe und sieht sich um, als wäre er zum ersten Mal hier. Er wechselt ein paar Begrüßungsworte mit Mr. Joshi, dann stellt er sich vor. »Mein Name ist Kandli«, sagt er und schüttelt uns die Hand. »Ich komme aus Bombay. Sind Sie auf Reisen?«

»Ja, so ist es«, sagte ich und lächle ihn an.

»Ah, gut«, sagt Kandli. »Ich reise auch. Etwas Besseres kann man gar nicht tun, finden Sie nicht? Ist das nicht ein wunderschöner Ort?«

Da sind wir einer Meinung. Mr. Joshi spricht wieder Hindi. Kandli ist ein kleiner, gutaussehender Mann mit einem dünnen, ergrauenden Schnurrbart. Mit seinen braunen Augen mustert er immer wieder unsere Gesichter, während er zuhört. »Ich kann's nicht glauben. Was machen Sie? Sie suchen nach den alten Menschen der Welt? Kommen Sie auch nach Indien?«

»Natürlich, nächstes Jahr.«

»Dann müssen Sie bei mir wohnen. Und Sie müssen Morarji Desai treffen. Ich werde Sie hinbringen.«

Jetzt ist es an mir, ungläubig zu staunen. Ich weiß alles über Indiens ehemaligen Premierminister, aber ich habe nicht einmal darüber nachgedacht, wie wir zu ihm kommen könnten. Er ist jetzt fast 100 Jahre alt.

»Wenn Sie kommen, besuchen wir ihn«, verspricht Kandli. »Er lebt in Bombay. Mein Vater war eine Zeitlang mit ihm im Gefängnis.«

Und so besprechen wir hier und jetzt Details und vereinbaren, uns miteinander in Verbindung zu setzen. Er schreibt seinen Namen in mein Notizbuch – H. P. Upadhyaya –, dann seine Adresse und unterschreibt einfach mit Kandli.

Zwei Tage später gehen wir auf gut Glück eine heruntergekommene Seitengasse entlang und finden den Tempel wieder. Mr. Joshi hat uns eingeladen, das Diwalifest der Hindus mit ihnen zu feiern – das Lichterfest zu Ehren von Lakshmi, der Göttin des Glücks. Es ist wenige Minuten nach acht Uhr morgens.

Der Tempel ist bis auf den Tempeldiener leer, der barfuß umherschlurft und seine Vorbereitungen trifft. Wir setzen uns und sehen zu, wie er die verschiedenen Schreine aufsucht. Im Tageslicht wirken die verblaßten Farben und der Verfall nur noch erlesener. Lange Bahnen aus zerfranstem Fahnenstoff spannen sich jetzt von Säule zu Säule. Eine Glocke wird geläutet, und endlich kommen sie herein, die Frauen in wunderschönen Saris, das lange, dunkle Haar zusammengebunden oder geflochten, ihre hübschen Töchter in blaßblauen Kleidchen. Die kleinen Jungen fühlen sich in ihren Festtagsanzügen mit den übergroßen Kragen sichtlich unbehaglich. Sie schütteln Hände wie die Großen, versuchen dann aber sofort, sich gegenseitig in den Bauch zu knuffen. Nach und nach versammeln sich alle wie eine große Familie, sprechen Gebete und läuten die Glocken, die an langen, schwarzen Schnüren von der Decke hängen. Sie begrüßen einander, dann machen sie sich daran, die Götter zu salben. Sie treten vor die Figuren von Lord Rama mit seiner Frau Sita und seinem Bruder Lakshmana und vor das knallig handbemalte Bildnis von Shiva, das über und über mit Blütenblättern bestreut ist.

Mr. Joshi kommt mit seiner Frau Hemlata herein, am Arm den alten Herrn Mansang Velji Schah. Wir schütteln ihnen die Hand, und die Joshis widmen sich ihren religiösen Pflichten. Dann stellt uns Mr. Joshi allen Freunden der Familie vor.

Mansang sitzt mit gekreuzten Beinen auf den Tempelstufen. Mit grüßend zusammengelegten Handflächen lächelt er jedem entgegen, der ihm seine Aufwartung macht. Er ist barfuß gekommen und trägt ein Hemd aus handgewebtem Stoff, ein dunkles Jackett und ein Nehru-Käppi. Mit seiner knochigen Hakennase, seinem spitzen Kinn, dem kurzgeschnittenen silbrigen Haar und der Brille sieht er Gandhi gar nicht unähnlich.

Mansang Velji hatte noch nie Geburtstag. Er wurde in einem entlegenen Dorf in der Nähe von Rajkot in Westindien irgendwann im Jahr 1901 geboren – wann genau, weiß er nicht.

Als Junge von 15 Jahren kam er zum ersten Mal nach Sansibar – zusammen mit seinem Schwager und einer Gruppe von Männern aus Gujarat, die hier ihr Glück versuchen wollten. Sie hatten Stoffe und lagerfähige Lebensmittel geladen, die sie verkaufen wollten, und sie wurden von denselben Winden getragen, die Fremde seit Jahrhunderten an diese Küsten gebracht haben.

Es heißt, die Sumerer hätten sich als erste in Schiffen die Ostküste von Afrika hinuntergewagt. Dann kamen die Assyrer, die Perser und andere aus Kleinasien; dann die Araber und mit ihnen der Islam – die ersten Omanis gingen hier schon im 7. Jahrhundert an Land. Menschen aus Indien und China folgten ihnen.

Mansang und seine Freunde eröffneten einen Laden in der Steinernen Stadt, in dem Mansang aushalf und Lebensmittel verkaufte. Nach drei Jahren fuhr er wieder nach Indien, kaufte weitere Vorräte und kehrte mit neuen Stoffen für den Handel zurück.

Als er diesmal an die ostafrikanische Küste zurückfuhr, entschied er sich für Pemba, eine andere Gewürzinsel, ungefähr 45 Kilometer von Sansibar entfernt. In einem kleinen Dorf eröffnete er sein eigenes Geschäft und begann, die Afrikaner mit Lebensmitteln und farbenprächtigen Kanga-Tüchern zu versorgen. Bald darauf richtete Mansang mit seinem Schwager in Sansibar einen Tauschhandel ein. Er kaufte auf Pemba Gewürznelken oder Kopra *(getrocknete Kokosnuß)* auf und sandte die Ware in einer Dhau übers Wasser nach Sansibar. Sein Schwager schickte dann Reis, Zucker und Salz zurück.

Der einfallsreiche Sultan Seyyid Said – im Jahre 1804 wurde er Herrscher des omanischen Throns – hatte die fabelhafte Gewürznelke um 1818 von der Insel Mauritius nach Sansibar geholt. Und nicht zuletzt der erfolgreiche Handel mit Gewürznelken machte die Insel wirtschaftlich schließlich so bedeutend, daß Seyyid Said

Sansibar 1840 zu seinem Hauptsitz erklärte. Zu Mansangs Zeit florierten die Plantagen im Besitz reicher arabischer Familien noch immer. Jedes Jahr, wenn die Ernte der Gewürznelken vorüber war, kamen die Boote aus Daressalam zuerst nach Sansibar, dann fuhren sie weiter nach Pemba; weil es in Pemba keinen Hafen gab, mußten die Händler in kleinere Boote umsteigen, um ihre wertvolle Ware anlanden zu können.

Das Leben in Pemba war primitiv: Es gab keine Straßen, nur Eselspfade, und das Trinkwasser war brackig. Mansang und seine Landsleute bauten sich Häuser und richteten Straßen bis zu ihren Türen ein, die groß genug für einen Ochsenkarren waren. Dann gruben sie Brunnen, die besseres Wasser lieferten.

Alle drei Jahre kehrte Mansang nach Indien zurück. Jede Rupie, die er in seinem Geschäft verdiente, sparte er und tauschte sie gegen goldene Guineen *(von 1663 bis 1816 die wichtigste englische Goldmünze; war noch bis 1971 in Gebrauch; Anm. d. Übers.)* und Schmuck ein. Davon gab es reichlich auf den Schiffen, die von Südafrika her die Küste hochfuhren. Dann segelte er heim nach Indien, wo er das Gold mit Gewinn in Rupien umtauschte – damals gab es noch keine Devisenkontrolle. Wieder kaufte er Stoff ein, um ihn in Pemba zu verkaufen und kam mit den Monsunwinden abermals an die ostafrikanische Küste. So florierten Mansangs Handelsbeziehungen, und sein Geschäft vergrößerte sich.

»Alle drei Jahre ging es zu wie im Bienenstock«, erzählt Mr. Joshi und wiegt seinen Kopf hin und her. »Viele Leute kamen, viele, viele Leute, weil sich in Indien herumgesprochen hatte, daß das Leben hier so einfach ist.«

Wir sitzen in Mr. Joshis schlicht möbliertem Zimmer im zweiten Stock des Hauses und hören uns Mansangs Geschichte an. Ein ratternder kleiner Ventilator macht die Luftfeuchtigkeit kein bißchen erträglicher, vom offenen Fenster weht der Singsang spielender Kinder herein. Beide Männer sind in gesprächiger Stimmung; Mr. Joshi übersetzt und kommentiert, Mansang unterbricht ihn ständig und wartet mit immer neuen Erinnerungen auf. Sie könnten fast Vater und Sohn sein.

»Wenn man irgendein Papier hatte, um zu belegen, daß man aus Indien kam«, erzählt Mansang, »bekam man ohne weiteres den Stempel vom Beamten der britischen Einwanderungsbehörde im ›House of Wonders‹. Der fragte nie, wie lange man zu bleiben gedächte.«

Der alte Kaufmann trägt jetzt ein weites, weißes Unterhemd und etwas, das wie eine Baumwoll-Pyjamahose aussieht. Er hat ein Bein untergeschlagen; seine Arme sind dünn und knochig, und seine Schlüsselbeine stehen vor wie Kleiderbügel.

Sansibar war damals britisches Protektorat. Zwar regierten noch die Sultane, aber die eigentliche Macht lag in den Händen der Briten. Doch die gaben sich liberal, zumal sie die Eisenbahn bauen wollten, die sogenannte »Blödmann-Linie« quer durch Kenia bis Kampala. Viele Inder kamen: nach Mombasa, wo sie Arbeit bei der Eisenbahn fanden, oder nach Sansibar und Pemba.

Mansang hatte geheiratet, als er zum ersten Mal wieder in die alte Heimat fuhr, aber er ließ seine junge Frau in Indien zurück. Damals waren den Frauen die Inseln nicht geheuer; nur Männer kamen hierher. Erst drei Jahre später holte Mansang seine Frau nach. Mr. Joshi kann sich die Pointe einfach nicht länger verkneifen: »Wissen Sie, der Sultan von Sansibar sah sich das eine Weile genau an«, erklärt er genüßlich. »›Warum kommt ihr Inder allein? Warum habt ihr eure Frauen nicht dabei?‹, so fragte er. Schließlich erließ er eine Verordnung, die Inder ausdrücklich dazu aufforderte, ihre Frauen mitzubringen. Diese Strohwitwer fingen nämlich irgendwie an ...« Er zögert, zeigt auf Mansang, dann halb geflüstert: »Vielleicht traut er sich's nicht zu sagen, aber ich weiß es – sie haben's nachts mit den arabischen Ladies getrieben.«

Vanella ignoriert taktvoll den Tratsch und leitet zu den Fragen über, die ihr wichtig sind. Sie will wissen, wie sie mit den Afrikanern zurechtkamen.

»Keine Probleme, keine Diebe«, sagt Mansang. »Jeder ließ die

Türen offen. Ich war nachts immer noch unterwegs, weil ich andere Dörfer mit Waren versorgt habe. Ich kam mit Geld zurück, allein, aber niemand hat mich angerührt.«

»Und die Araber?«

»Wir waren wie Brüder. Wenn ich krank war, kamen sie und sahen nach dem Rechten; und wenn sie krank waren, habe ich das gleiche für sie getan. Damals glaubten die Leute noch an das Gute im Menschen. Probleme gab's nicht. Alles war zu haben, und wir kamen sehr gut zurecht.«

»Und wie war das im Vergleich zu Indien?«

»Für einen Kaufmann war es himmlisch, weil es keine Konkurrenz gab. Ich habe 45 glückliche Jahre auf Pemba verbracht, bis dann die Revolution ...«

Die Revolution kam 1964. England hatte am 10. 12. 1963 Sansibar und Pemba in die Unabhängigkeit entlassen, seine Schutztruppen abgezogen und die Araber und Inder sich selbst überlassen. Nur einen Monat später, am 12. 1. 1964, entlud sich die Wut der afrikanischen Bevölkerung auf die indische und arabische Oberschicht in einem Aufstand.

Mansang schüttelt den Kopf. »Gedungene Soldaten kamen ... Söldner«, sagt er. »Es war niederträchtig. Diese Leute kamen mit einem Lastwagen und sagten: ›Fort mit euch! Das ist nicht euer Land, das ist nicht euer Geschäft.‹ Als mein Laden geplündert wurde, kam ich hierher nach Sansibar. Ich hatte mal dreieinhalb Hektar Land und viele Nelkenbäume. Ich hatte Wagen und Ochsen. Ich habe alles zurückgelassen ... Dann fingen sie an, uns zu beschimpfen. ›Inder sind Diebe‹, sagten sie. Da schickten wir unsere Frauen und Freundinnen aus Sansibar und Pemba nach Indien zurück. Aber ich sagte mir, ich bin ein alter Mann, wenn sie mich ins Gefängnis stecken wollen, sollen sie doch. Ich bin zu alt, um fortzugehen.«

»Wer waren diese Leute?«

»Karumes Männer«, sagt Mr. Joshi. »Karume ernannte sich nach der Revolution zum ersten Präsidenten der ›Volksrepublik

Sansibar und Pemba‹. *(Karume schloß »seine« Volksrepublik am 26. 4. 1964 auf Drängen Nyereres mit dem seit 1961 unabhängigen Tanganjika zur Volksrepublik Tansania zusammen. Anm. d. Übers.)* Wir Inder wurden sehr übel beschimpft.«

Am schlimmsten traf es die Araber. Erst heute morgen hat uns Mr. Joshi den Strandabschnitt gezeigt, wo er die Leichen der Araber aufgereiht im Sand liegen sah. Tausende waren in einer einzigen Nacht getötet worden!

Mansang ist nie mehr nach Pemba zurückgekehrt. »Warum sollte ich dorthin zurückgehen?« sagt er und streicht sich schwermütig über sein unrasiertes Kinn. »Nach der Revolution kamen ein paar Chinesen und hieben 200000 Nelkenbäume um, dazu 100000 Palmen. Sie kannten den Preis von Nelken nicht und wollten Reisfelder anlegen. Das war falsch, aber wer konnte ihnen das schon sagen?«

Trotzdem muß sich Mansang wenig Sorgen machen. Er genießt das Leben. Er muß nicht arbeiten; sein Essen wird ihm gebracht; und jeden Tag betet er zu Gott.

»Das Geheimnis meiner Gesundheit ist meine Ernährung«, sagt er. »Reine Nahrung, *ghee (zerlassene Büffelbutter, Anm. d. Übers.)*, viel Milch und das reine Wasser Indiens, als ich jung war.« Er hat aus Überzeugung immer nur zu Hause oder im Haus eines Verwandten gegessen, wo er darauf vertrauen konnte, daß alles rein war. Keine Hotels; er hat noch nie in einem Restaurant gegessen. Keine Laster; er hat nie Alkohol getrunken und nie Medizin genommen, abgesehen von einem Kraut, das er manchmal zur Vorbeugung gegen Malaria nimmt.

Er ist rein in Worten und Taten. Er würde nie etwas Schlechtes über jemanden sagen. »Wenn ich sage, daß dieses Leben gut war und die Menschen gut sind, dann bin ich glücklich«, erklärt er. »Aber wenn ich behaupte, daß dies und das schlecht ist, daß dieser Mann mich beschimpft, dann ist das Gleichgewicht gestört. Ich gebe zu, es gibt schlechte Menschen, aber ich will meinen Weg gehen. Ich habe gute Tage gesehen. Ich weiß, daß ich sterben werde, und wenn es soweit ist, will ich Gutes mitnehmen. Ich will glücklich sterben.«

Wenn irgend jemand für uns einen alten Araber ausfindig machen kann, dann ist es Mr. Choma, so hat man uns gesagt. Mr. Choma gehört zu einer prominenten arabischen Familie und lebt irgendwo im Labyrinth der Steinernen Stadt. Ein Junge führt uns zu seinem Haus und läßt uns dann vor seiner beeindruckenden Haustür mit dem gewichtigen Messingklopfer stehen. Der dumpfe Widerhall ist noch nicht verklungen, als ein etwas zerzauster Kopf aus einem Fenster im ersten Stock hervorschnellt und durch Brillengläser dick wie Flaschenböden auf uns herunterstarrt. Einen skurrilen Augenblick lang schreie ich eine Erklärung für die Störung nach oben.

Der Kopf verschwindet; wir hören Schritte die Treppe hinunter- und den Flur entlangtapsen, endlich öffnet sich die Tür. Wir haben ihn aufgeweckt. Er sieht mitgenommen aus, graue Haarbüschel stehen in alle Himmelsrichtungen, aber er bittet uns anstandslos herein. Oben im Wohnzimmer der Familie bewundern wir die gerahmten alten Photos, auf denen seine Großväter und verschiedenen Onkel neben Sultanen mit Turbanen, kleinen Augen und dicken Bärten stehen. Es gab einmal 60 000 Araber auf der Insel, erzählt er uns, aber während der Revolution wurden Tausende getötet. Seine Familie hat viele Nelkenplantagen besessen. Sie gehörten zu den wenigen Glücklichen, denen nicht mehr passierte, als daß die Regierung ihren Besitz beschlagnahmte.

Mr. Choma ist wirklich reizend, und das, obwohl wir solche Nervensägen sind. Er nötigt uns, Platz zu nehmen, und plaudert ein paar Minuten lang angeregt mit uns, während wir mit seinem verwirrenden Silberblick kämpfen. Er scheint an mir vorbeizuschauen, so daß ich nicht recht weiß, wohin ich meinen Blick richten soll; ich rutsche auf dem Diwan entlang in seine Blicklinie und bitte wieder einmal um Beistand. Sofort wird er zurückhaltend. »Alte Menschen, sagen Sie? Nun ja, da gab's einen sehr alten

Mann, aber der ist vor kurzem gestorben, und dann kenne ich noch einen anderen, aber dem geht es nicht gut. Es tut mir so leid, aber ich kann Ihnen wirklich nicht weiterhelfen.« Und so wünschen wir ihm nach einer Weile einen guten Morgen und verabschieden uns.

Der Zufall indessen hat beschlossen, uns noch einmal zusammenzubringen. Eines Tages, als wir am Stadtrand entlangschlendern, stoßen wir wieder auf Mr. Choma. Er sitzt mit ungefähr acht seiner Omani-Freunde an der Mauer neben der alten Wäscherei – eine bunt gemischte Ansammlung von Nasen, Zahnlücken und bestickten Sansibar-Kappen. Und dort, am hintersten Ende, sitzt niemand anders als der alte arabische Herr, mit dem wir am ersten Tag gerne gesprochen hätten.

Der alte Mann heißt Gharib Salim und ist fast 100 Jahre alt, der älteste Omani auf der Insel. Aber bevor wir uns allzu sehr begeistern können, redet sich Mr. Choma rasch heraus: »Leider kann man nicht mehr mit ihm sprechen. Er kann sich an überhaupt nichts mehr erinnern.«

Und so kommt es, daß Gharib Salim weiter durch seine abgenutzte Brille starrt und der Rest dieser Geschichte unerzählt bleibt. Vielleicht ist es besser so.

Wenn Flut ist, hört man ein entferntes Donnern wie Flugzeuggeräusch. Ich stelle mir immer vor, es müßte jetzt bald über mich weggeflogen sein, aber es kommt nie. Wenn ich dann meine Augen zusammenkneife und gegen das Licht anblinzle, kann ich gerade noch eine verschwommene weiße Linie erkennen, die das reinste Blau in zwei Hälften teilt: in eine türkisfarbene und eine azurblaue. Das Donnern des Flugzeugs ist der Klang des Indischen Ozeans, der sich gegen das Riff wirft, zwei, vielleicht drei Kilometer weit draußen. Die Lagune schimmert türkisfarben. Mal ist ihr Wasser hoch aufgelaufen und rauh, und die Wellen lecken schäumend gegen den palmengesäumten Strand, mal dehnt sich eine spiegelnd glatte Fläche.

Bei Niedrigwasser erwacht die Lagune zum Leben. Wenn die Morgensonne den Sand in Quecksilber verwandelt, sehen wir im Osten im Gegenlicht Scharen winziger Silhouetten – die einheimischen Suahelifrauen und -kinder, die nach Venusmuscheln graben, Seegras pflanzen *(seit 1989 wird im flachen Meerwasser vor Sansibar Seegras für den Export nach Europa und Asien angebaut, Anm. d. Übers.)* oder nach gestrandeten Oktopussen Ausschau halten. An kühlen Tagen, wenn die Ebbe auf den Nachmittag fällt, stehen ein gutes Dutzend Arten Watvögel und Reiher mit schiefgehaltenen Köpfen rund um die seichten Stellen und stochern nach Futter. Die Spiegelungen im Wasser lassen sie absurd hochbeinig aussehen. Wir müssen vorsichtig gehen: Unter unseren rutschenden Füßen warten rasiermesserscharfe Muscheln im sandigen Seetang darauf, jeden unachtsamen Schritt mit einem Schnitt zu bestrafen. Am Wasser holpern Einsiedlerkrebse in ihren geborgten Häusern umher. Wenn ich einen hochhebe, ganz stillhalte und er mutig genug ist, streckt er sich vorsichtig aus und zeigt mir seine weiche Außenhaut in den Lagunenfarben Türkis und Orange.

Ich habe mich in die Boote verliebt. Sie sehen aus wie Relikte einer längst verflossenen Zeit: einfach nur gespaltenes Holz, mit einem Seil zusammengehalten. Ein ausgehöhlter, geglätteter Stamm, dessen Linie sich zum Bug hin mit einem Schwung nach oben hebt. Bugwärts und achtern sind am Schiffsrumpf zwei Querbalken festgebunden, an denen je zwei Ausleger wie Armpaare so befestigt sind, daß sie unten aufs Wasser stippen. An den Armenden verlaufen dann von »Fingerspitze« zu »Fingerspitze« an jeder Seite parallel zum Boot Stabilisatoren. Wenn ein Trimaran-Prototyp unter vollen Segeln aus löchrigem, geflicktem, speckig-grauem Segeltuch und mit einem geschälten Ast als Mast übers Wasser gleitet, berührt nur jeweils ein Arm die Wasseroberfläche. Bei Ebbe ruhen sie am Strand, einen Arm auf den Sand gestützt – wie Wasserflugzeuge, die auf einem verlassenen Flugplatz gestrandet sind.

Wir bestehen schon bald den Test, dem uns die Frauen unterwerfen. In ihre bunten Kangas gewickelt, kommen sie über den Strand und rufen im Vorbeigehen »Jambo«. Nach ein paar Versuchen sind wir in alles eingeweiht.

»Jambo«, antworten wir. Hallo. »Habari?« singen sie. Wie geht's?

»Msouri sana.« Danke, sehr gut. »Karibu.« Ihr seid uns willkommen.

Wir sind wirklich willkommen. Die Jungen zeigen uns, wie man Bao spielt, ihr Brettspiel für Reaktionsschnelle – man läßt Bohnen in Löcher fallen, die in ein flaches Holzstück gekerbt sind. Fußball wird mit einem Bündel zusammengeschnürter Lumpen gespielt. Vanella läßt die Kinder mit Wasserfarben malen, und sie sind ganz versessen darauf, sich im Walkman-Kopfhörer ihre Stimmen anzuhören. Sie lachen und rufen einander zu. Die Palmwedel rascheln in der leichten Brise, und ausnahmsweise einmal spielt unsere Hautfarbe nicht die geringste Rolle.

Wir leben in einer Hütte mit Sandboden. Wenn es Wasser gibt, schütten wir es uns aus einer alten Farbdose über die Köpfe. Wir essen Papaya und Kokosnuß und Fisch aus dem Meer. Der Tagesrhythmus wird von Sonne und Mond vorgegeben. Und wir wollen für immer hierbleiben.

James bringt Stunden damit zu, uns Bao beizubringen. Er ist kein Junge mehr, aber auch noch kein Mann, und hat die längsten, erotischsten Wimpern, die ich je gesehen habe. Jeden Morgen kommt er und führt uns geduldig in die strategischen Finessen ein. Was allerdings nichts daran ändert, daß er uns jedes Mal schlägt. Seine Finger bewegen sich blitzartig, heben auf, zucken woanders hin, lassen wieder fallen, und immer plant er mindestens 16 Züge im voraus. Und wenn es richtig schlecht für uns aussieht und das Spiel fast schon entschieden ist, klatscht James in die Hände und lächelt.

»Pau … fraysh«, erinnert er uns mit schleppenden Worten.

»Pau … fraysh«, was wohl »poor – fresh« bedeuten soll: Es steht schlecht um euch. Ein frisches, neues Spiel?

Wie ein alter Seemann sitzt Omari da, einen Zweitagebart in einem Gesicht aus poliertem Mahagoni, den Rücken an die Wand gelehnt. Er entwirrt etwas, das wie ein verheddertes Fischernetz aussieht. Sein ausgeblichener Pullover mit dem runden Halsausschnitt hat die Form weitgehend eingebüßt, und die Befestigungsnähte der beiden braunen Schulterflecke haben sich fast aufgelöst. Durch seine zerfetzten Hosen bohren sich, braun wie Kaffeebohnen, die Knie. Mit der Würde seiner Jahre sieht er sich leicht belustigt die plötzliche Invasion im Schatten vor seinem Haus an. Eine erwartungsfrohe Gruppe junger Männer hat sich versammelt, und mittendrin stecken wir beide. Ein paar haben keinen Sitzplatz gefunden und lungern im Hintergrund in der Sonne herum, heucheln Desinteresse oder scheuchen die überdrehten Kinder weg. Die Frauen sitzen in einiger Entfernung, knoten Zweige zu Bündeln zusammen und beobachten dabei alles ganz genau.

Das ganze Dorf schwatzt und schnattert. Ein neuer Freund, ein Mann namens Hilal Suleiman, hat uns am Strand entlang nach Mfumbui geführt, das wenig mehr ist als eine Gruppe Häuschen mit einer Hauptstraße aus Sand, überragt von schwankenden Palmen. Die Häuser sind aus rohem Stein gebaut und werden von einem groben Kalkzement zusammengehalten; einige haben Blechdächer und ramponierte Holztüren, auf die mit Kreide Nummern aufgemalt sind. Die älteren Häuser wie das von Omari sind strohgedeckt und haben Haustüren aus fein geflochtenen Palmblättern.

»Omari Jecha Kichachu«, buchstabiert Hilal in mein Notizbuch. Er spielt seine freiwillige Rolle als Informant und Übersetzer mit großem Ernst. Jecha war der Name von Omaris Vater, Kichachu sein Großvater. Wir nennen unsere Namen, und der alte Mann spricht sie mit seiner rauhen Stimme weich nach, bis sie korrekt sind. Dann wendet er sich mit einem Lächeln, das mehr Lücken als braune Zähne enthüllt, wieder dem Durcheinander aus Bindfaden zu.

Ich frage mich, was er jetzt wohl denkt. Damals als Junge wäre er verängstigt in den Wald gelaufen, wenn ein Engländer des Weges gekommen wäre. Und da kreuzen wir auf, eigens um ihn zu besuchen, und reden von Büchern und fernen Ländern, und er hat doch sein Leben lang nur in Mfumbui gelebt und ist nie weiter gekommen als bis in die Steinerne Stadt – eine Dreitagesreise zu Fuß –, und auch das ist schon lange her.

Ich halte Omari für einen Fischer, aber Hilal erzählt uns etwas anderes.

»Wissen Sie, er hatte vier Arbeiten«, bestätigt er nach einem kurzen Wortwechsel in Suaheli und einer Begriffsklärung des englischen Wortes »job«, das für sie irgendwie nicht so einfach mit »work« zusammengeht. »Sie haben damals wie die Tiere gelebt. Sie dachten nur an Essen und Schlafen, an sonst nichts.«

In seinen jüngeren Jahren war Omari Kokospalmenkletterer; er stieg mit einem Stück Seil zwischen den Füßen die Palmen hinauf und schlug die reifsten Nüsse herunter. Dann war er Bauer. Er baute Mais und ein bißchen Maniok an. Später zähmte er Tiere. »Ich brachte die Kühe hinaus in den Wald und ließ sie irgendwo zurück, wo sie genug Gras für den Tag hatten«, sagt Omari in seinem rauhen und doch gefühlvollen Suaheli. »Am nächsten Tag führte ich sie zu einem anderen Platz, so daß die Tiere mir allmählich vertrauten. Sie wußten, daß ich ihr Herr war.«

Seine vierte Arbeit bestätigt meine Vermutung. Er war tatsächlich Fischer. Er erinnert sich an die alten Zeiten, als der Fang noch üppig ausfiel. »Ich hatte das Boot immer voller Fische. An den seichten Stellen konnte man sie überall sehen. Damals wagten wir uns nicht über das Riff hinaus, weil da so viele große Fische waren und wir nur eine schwache Angelschnur hatten, mit der wir sie hätten fangen können. Heute kommt ein Fischer manchmal nur mit zwei oder drei Fischen zurück.« Omari reibt sich seine gefurchte Stirn. Seine Fingerspitzen sind rosa, als wäre die Pigmentierung vom vielen Gebrauch abgenutzt. Von meinem Sitzplatz aus rieche ich seine warme, kräftige Ausdünstung, die ein wenig an Hefe erinnert. Er lehnt sich vor, nimmt ein paar Streifen Stoff und beginnt dann, sie ins Netz einzuknoten.

»Was macht er da?« fragt Vanella Hilal. »Flickt er seine Netze?«

»Ja, aber nicht um Fische zu fangen. Das ist für Seegras.«

»Seegras?« Ich schaue genauer hin. Das Netzwirrwarr ist ein bizarres Arrangement aus Nylonschnur, Stoffbändern und farbigem Bindfaden. Hilal zeigt es uns. »Er zerschneidet das Zeug und knotet es hier an die Angelschnur.«

»Und darauf wächst Seegras?«

»Ja.«

»Das Netz wird von diesem Stock hier zu einem anderen gespannt, und das Seegras wird hier an den Schnüren befestigt und hängt ins Wasser. Innerhalb von zwei Wochen ist es genug gewachsen, daß man es ernten kann. Es wird an die Koreaner verkauft.«

Wir sind also gerade Zeugen von Arbeit Nummer fünf geworden. Und als ich frage, was er noch im hohen Alter gelernt hat, sagt Omari, daß er jetzt nicht nur weiß, wie man Seegras findet, sondern daß er auch die kluge Idee hatte, Kokosfaser-Seile von den Frauen zu kaufen und in der Stadt zu verkaufen. Sie stapeln Kokosschalen in den seichten Stellen der Lagune, lassen sie mindestens ein Jahr lang dort liegen und drehen dann die Fasern aus dem Schaleninneren zu Seilen. Omari der Seilhändler – das macht sechs Arbeiten.

Er ist sicherlich anpassungsfähig, und das wird ihm noch von großem Nutzen sein, denn das Dorf Mfumbui und die gesamte östliche Küstenlinie werden demnächst eine der grundlegendsten Veränderungen des Jahrhunderts erfahren: Das elektrische Kabel wird kommen. Nicht mehr lange, und sie werden hier Glühbirnen, Klimaanlagen und Seifenopern haben.

Da kommt mir ein Gedanke und ich frage Omari, ob er nachts manchmal zum Mond hinaufschaut.

»Ja«, erwidert der alte Mann und sieht mich fragend an.

»Und wußten Sie, daß Menschen zum Mond geflogen sind?«

»Also, das glaube ich nicht«, sagt er mit einem vorwurfsvollen Blick, als wollte ich ihn auf den Arm nehmen.

In dieser Nacht machen Vanella und ich einen Spaziergang am Strand entlang. Das Land liegt im Schutz der Dunkelheit da, doch der Himmel liegt offen, ein schwarzes Himmelsbecken, gesprenkelt mit zig Milliarden herrlich funkelnder Nadelstiche. Der Mond steigt verstohlen hinter den Palmen auf, und von Zeit zu Zeit sehen wir eine Sternschnuppe lautlos aufglimmen und verlöschen.

Es ist Ebbe, eine steife Brise weht von Norden her; am Rand der Lagune brennt ein Boot. Manchmal legen sie rund um die Bootsrümpfe Feuer, um das Seegras und die Algen abzusengen.

Wir gehen näher heran, um uns das anzusehen. Das Donnern der Brandung ist deutlich zu hören. Am anderen Ende des Sandstrands jenseits der piepsenden Watvögel sehen wir noch mehr kokelnde Boote.

Eine großer Suaheli-Mann hebt ein loderndes Bündel trockener Palmwedel hoch und läßt eine Glutspur ins Dunkel stieben. Er schwingt das brennende Bündel zu weiteren Palmwedeln, die am Heck des Bootes liegen, und zündet sie an. Im Nu haben auch sie Feuer gefangen und sprühen Funken.

Der Mann steht aufrecht da und atmet tief durch, sein muskulöser brauner Körper ist von der Glut erleuchtet. Er sieht zu uns herüber und nickt kaum merklich mit dem Kopf – die knappste aller Begrüßungen. Dann dreht sich der Suaheli in den kühlen Wind, und eine Rauchfahne treibt in die Nacht hinaus – wie das Kielwasser eines Bootes.

Drei Wochen später, irgendwo anders in Afrika, ruft Vanella aus dem Badezimmer: »Jackson, haben wir eine Nadel? Ich glaube, da lebt was in meinem Fuß.«

»Huhu.«

»Nein – ehrlich. Komm und schau's dir an.« An dem nassen

Fuß, den sie mir hinhält, sitzt eine Blase am fleischigen Teil der zweiten Zehe. »Warte. So was hab ich auch.« Ich hatte das für eine Blutblase gehalten, konnte mir aber nicht erklären, wie sie dahin gekommen sein sollte.

Wir vergleichen die Symptome: ein leicht geschwollener, wabbeliger Knubbel mit einer schwärzlichen Mitte, und wenn man leicht drückt, bewegt sich das schwarze Ding ... aus eigener Kraft.

Ich habe schnell eine Nadel gefunden. Ritterlich biete ich sie Vanella an, die sich sofort daran macht, ihren Knubbel aufzustechen. Die Spitze dringt leicht ein, der Druck läßt nach, und als wir behutsam drücken ...

»Oh Gott«, kommt es wie aus einem Mund.

Wir beobachten entsetzt, wie ihr Zeh zu einem Mini-Vesuv wird. Eier! Ich greife nach der Nadel. Notfall. Ich muß operieren. Je mehr ich drücke, desto mehr winzige, weiße Eier erscheinen, und desto mehr wird aus Abscheu Vergnügen. Was immer es ist – es ist besser draußen als drinnen aufgehoben. Nach den Eiern kommt Blut, und das Schlimmste ist wahrscheinlich überstanden – nur das schwarze Etwas ist immer noch drin.

Vanella verlangt nach allen verfügbaren chirurgischen Geräten. Sie will diese fremdartige Invasion keinen Augenblick länger dulden, schneidet ein großes Stück Fleisch heraus und hinterläßt eine klaffende Wunde. Ich entscheide mich für eine eher natürliche Heilmethode: Als sich nichts mehr herausdrücken läßt, appliziere ich einen Klecks Antiseptikum und lasse das Ganze in Ruhe. Eine Woche später nach viel Kratzen und Herumbohren, kann ich den vertrockneten Leichnam eines Sandflohs herausziehen. Die Weibchen dieser Art legen ihre Eier in alles Warme, Fleischige, das sie im Sand finden können.

Mutter Afrika

Der alte Toyota klappert unter einem wolkenlosen, blauen Himmel eine gerade, leere Straße entlang. Auf der Rückbank sitzen Nessie und Alice; anfangs sind sie still, aber je weiter wir uns von der Stadt entfernen, desto mehr entspannen sie sich. Nessie und Alice arbeiten für weiße Familien in Harare. Sie sind Stadtmädchen auf Heimatbesuch.

Nessie hat ein hübsches, rundes Gesicht und eng gelocktes Haar. Alice, ihre jüngere Schwester, hat ziemlich ausgeprägte Backenknochen. Beide tragen anläßlich ihres Heimatbesuches Ohrringe und haben Lippenstift aufgelegt. Nessie sieht in dem grün und blau gemusterten Kleid recht sittsam aus, während Alice schon eine Spur Glamour aufgetragen hat. Ein merkwürdiger Anblick: Vanella und ich haben uns für den Busch eingekleidet; die beiden haben sich für ein Dinner angezogen.

Als der Tag heißer wird, entspannt sich die Unterhaltung, und wir fangen an, uns gegenseitig auszufragen. Fast alles, was wir sagen, überrascht sie. »Wieviel kostet das?« fragt Nessie. Wir sprechen über Erziehung. »Es gibt ein paar Privatschulen, aber die meisten Kinder in England gehen kostenlos zur Schule.«

»Die Schulen sind kostenlos?«

»Ja.«

»Oh …« Pause. Und dann: »Wir müssen immer für die Schule zahlen.«

Vanella sagt, daß einem in England die Regierung jede Woche Geld gibt, wenn man keinen Job hat. »Oh«, kommt es von beiden.

»Habt ihr einen Swimmingpool«, fragt Alice vorsichtig.

Wir lächeln. »Es ist da, wo wir herkommen, ziemlich lange ganz schön kalt. Außerdem leben wir nur in einer Wohnung. Die ist nicht groß genug für einen Pool.«

Wieder Schweigen auf den Rücksitzen. Dann will Nessie wissen, ob wir Diener haben. Ich schüttle den Kopf. Bridie, die Dame, die immer meine Hemden gebügelt hat, zähle ich nicht mit.

»Das ist nicht wie hier«, sagt Vanella. »Wenige Leute haben jemanden.«

»Oh. Aber es leben doch auch Schwarze in England, oder?« fragt Nessie.

»Ja. Eine ganze Menge.«

Wieder Pause. Dann lehnt sich Alice nach vorne. »In England leben also Schwarze, und die sind keine Diener?« fragt sie.

Sie ziehen sich zurück und schwatzen auf Shona miteinander; vielleicht bestaunen sie dieses ferne Paradies namens England. Wir spitzen unterdessen die Ohren und freuen uns an der Melodie und dem Rhythmus ihrer Sprache, als wäre es Musik.

Wenig später überqueren wir ein weiteres ausgetrocknetes Flußbett. Es hat hier seit 18 Monaten nicht geregnet; die letzte Regenzeit ist ohne einen einzigen Tropfen vorübergegangen. Das Land ist ausgedörrt, die Farben sind ausgelaugt. Die Flüsse sind im Sand versickert oder zu Rinnsalen geschrumpft, und selbst diese Rinnsale locken immer noch Frauen mit ihren Töpfen herbei. Die Menschen sind hungrig. Eine weitere regenlose Regenzeit würde wahrscheinlich eine Katastrophe bedeuten. Aber noch gibt es Hoffnung. Letzte Nacht haben wir rund um Harare den Donner rumpeln gehört. Der Regen ist überfällig.

Vor einer Woche erst haben wir zugesehen, wie Schiffe im Hafen von Beira, im abgerissenen, kriegsmüden Mosambik, Getreide ausgeladen haben. Bewaffnete Lastwagen-Konvois schleppten die Fracht dann über die Berge nach Simbabwe, und wir wurden Zeugen dessen, was am anderen Ende der Versorgungslinie geschieht: Shona-Dörfler, die triumphierend mit schwergewichtigen Getreidesäcken auf den Köpfen die Straße entlangwankten; fürs erste gerettet.

Auch wir werden mit *mealie-meal* beladen – mit Tüten voll geschrotetem Mais, aus dem sie *sadza* machen. *Sadza* ist ein fester, gelber Brei, ein Grundnahrungsmittel der Shona-Küche. Bevor Mais eingeführt wurde, machte man *sadza* hierzulande aus einer kleinen Getreideart namens Rapoko. Nessie hat uns gezeigt, wie sie daheim *sadza* kochen, und wir haben den Brei mit Kürbisblättern und Tomaten gegessen. Lecker!

Runter vom Asphalt und rein in den Dreck. Wir sind auf dem Weg nach Zimunya, einem Gebiet, das nach seinem Häuptling benannt ist. Ein paar Kilometer weiter müssen wir an der Bushaltestelle links abbiegen, wie Nessie weiß. Die Haltestelle entpuppt sich als knorriger, alter Baum, unter dem ein Mann sitzt. Die Fahrspur verengt sich. Die Wasserfluten haben tiefe Spalten in die Erdoberfläche gefressen, und der Toyota hält nur deshalb gerade noch durch, weil wir in wahnwitziger Schräghaltung darüberschrubben. Nessie und Alice sind anscheinend nicht im geringsten beunruhigt. Offenbar ist so etwas ziemlich normal. Wir haben schon gemerkt, daß die Afrikaner eine gesunde Beziehung zum Auto pflegen. Sie lassen sich immer mitnehmen, soweit es eben geht. Und wenn das Auto anhält oder steckenbleibt oder zusammenbricht? Kein Problem. Dann laufen sie eben.

Nessies und Alices Bruder Simon hat uns kommen gehört. Er ist ein großer, schlaksiger junger Mann und hat – vielleicht in Erwartung der beiden Damen – Anzughosen und ein sauberes, weißes Hemd angezogen. Wir stellen das Auto unter einem Baum ab und schütteln ihm die Hand. Simon nickt und lächelt, dann führen uns die Geschwister auf einem schmalen Fußweg quer über zwei gepflügte Felder hügelaufwärts zum Haus des Vaters. Dann sehe ich die dunkelgrünen Sprosse, die sich zaghaft durch den Boden bohren. Ich blinzle und schaue ein zweites Mal hin. Tatsächlich, sie haben Mais angebaut. Ich frage Simon, was es damit auf sich hat. »Regen wird kommen, dachten wir«, antwortet er.

»Wir pflügen und säen. Es regnet.« Seine Stimme ist weich und ruhig.

Bis jetzt gab es nur wenig Niederschläge. Nun aber sollte es unbedingt regnen, sonst verdorrt die Saat, und alle Bemühungen waren vergeblich. Glücklicherweise haben sie noch Rinder, die den Pflug ziehen. Ihr Vater besaß einmal acht Stück, aber wegen der Dürre sind nur noch vier übrig. Er ist buchstäblich nur noch ein halber Mann. Rinder bedeuten alles für die Shona. Sie sind bei jeder Zeremonie zwischen Geburt und Tod beteiligt. Sie sind Quelle und Zeichen des Wohlstands; sie sind Tauschware und Mitgift. Sie liefern Milch und Nahrung. Und wenn der Regen kommt, muß eine Familie ohne Rinder die Erde mit den Händen umgraben.

Wir sind am Haus angekommen, einer groben Konstruktion aus nackten Baumstämmen und Beton mit einem Blechdach; es überspannt einen Hauptraum und zwei Schlafzimmer.

Der Vater der drei ist fortgegangen, um jemanden zu besuchen, sagen sie; ihre Mutter ist vor ungefähr zehn Jahren gestorben. Unsere Stiefeltritte hallen wider auf den makellos sauberen Dielenbrettern eines Wohnraums mit einer vertrauten Art von häuslichem Komfort. Nessie führt uns zu zwei alten Lehnstühlen gegenüber einem abgenutzten Sofa; dazwischen steht ein behelfsmäßiger Kaffeetisch. Eine niedrige hölzerne Anrichte ist mit Benzinmarkenaufklebern dekoriert, und in dem wackeligen Eckschrank mit Glasfront ist das Sonntagsgeschirr aufgestapelt, ein phantastisches Sortiment aus lauter verschiedenen Stücken. Die Mädchen bereiten den Lunch vor – in einer Küchenecke mit Schränken im englischen Nachkriegsdesign, gestrichen in Nachkriegs-Blaßgrün.

Simon sitzt auf dem Sofa, die Hände auf den Knien. Er sieht uns mit fragenden, braunen Augen an, dann lächelt er verlegen. Er weiß nicht, was er sagen soll, und wir auch nicht. Jetzt sind wir selbst schüchtern, und einen peinlichen Augenblick lang unterdrücke ich den gräßlichen Impuls, über das Wetter zu reden. Schließlich wird das Schweigen so peinlich, daß wir alle in Gelächter ausbrechen.

Dann bringt Nessie die Teller, einen für uns und einen für sie, jeder vollgetürmt mit weichen Weißbrotscheiben. Alice schenkt den Tee ein, und während wir sein erdiges Aroma schlürfen und das beste Brot und die vorzüglichste Margarine der Welt essen, mache ich mich selbst zum Deppen, indem ich englische Akzente vorführe – zuerst Yorkshire, dann Cockney, West Country, Birmingham. Dann versuche ich's mit Walisisch, Irisch, Schottisch …

Lachen sie darüber? Sie kugeln sich.

Nach dem Lunch machen wir uns zu Fuß auf den Weg zu Ruth, ihrer Großmutter. Simon sagt, sie lebe bei seinem Onkel.

Zimunya ist eine Hügellandschaft. Die Kegel mit ihren abgerundeten Kuppen und den gebüschbewachsenen Flanken ragen ungefähr 250 Meter hoch auf.

Auf den sandigen Flächen dazwischen gruppieren sich hier und da Hütten zu Krals. In jedem Kral steht ein Mangobaum voller Früchte, die den Bewohnern in normalen Jahren helfen, die Zeit bis zur Maisernte zu überbrücken.

Das *mealie-meal,* das wir mitgebracht haben, ist ein Geschenk für Ruth und ihre Familie. Ich habe schon versucht, eine Tüte *mealie-meal à la africaine* auf dem Kopf zu tragen, aber sie ist heruntergefallen; jetzt habe ich sie mir auf die Schulter gepackt, während ich mit Simon plaudere. Weil ich gerne Bergtouren mache, frage ich Simon, wie lange man bis zum Gipfel eines Hügels unterwegs ist. Simon wirft mir einen sehr seltsamen Blick zu. Er war noch nie dort.

Wir trotten in der Hitze dahin. Unser Weg führt um ungepflügte Felder herum; schließlich kommen wir an ein klaffendes Loch: An einer Parzelle ist die ganze Ecke weggebrochen. »Zuviel Akkerbau. Weggewaschen. Großer Regen«, erklärt Simon im Telegrammstil.

Ich sehe hinauf in den tiefblauen Himmel und entdecke einen einzelnen Bussard, der im Wind hängt und uns beobachtet. Immer noch kein Zeichen von Regen.

Der Onkel von Nessie, Alice und Simon sitzt im Schneidersitz unter einem Baum und ist gerade dabei, sich einen Handpflug zusammenzubauen: Er bindet ein kräftiges Stück Holz an eine alte eiserne Pflugschar. Statt seiner Handwerkerhand hält er uns seinen Unterarm zum Schütteln hin; wir haben kräftige Muskeln unter dunkler Haut in der Hand. Ein Kleinkind kommt aus einer Hütte gerannt, starrt auf unsere weiße Haut und bricht in Tränen aus. Dann legt ein junges Mädchen Matten aus und rückt zwei wackelige Holzstühle zurecht. Ich biete meinen Platz Nessie oder Alice an, aber sie lehnen freundlich ab. Wir haben uns gerade hingesetzt, da erzählt uns der Onkel, daß Ruth überhaupt nicht da ist. Sie ist im Haus ihrer Tochter Margaret, drüben beim Tindindi.

Das ist so durch und durch afrikanisch: Wir müssen den ganzen Weg zum Auto zurücklaufen, das *mealie-meal* wieder aufladen, den verrückten Fahrweg bis zu dem uralten Baum neben der Bushaltestelle runterschaukeln. Dann fahren wir wieder zwei Kilometer oder mehr über Land und nehmen jeden mit, dem wir unterwegs begegnen. Als wir endlich bei Margaret eintrudeln, erzählen sie uns, daß Ruth gerade badet.

Ein Kral ist kein richtiges Dorf, eher eine Ansammlung von Hütten. Vier der Häuschen hier gehören zum typischen Rondavel-Typ mit kegelförmigem Strohdach, zwei Farbtönen Ocker und lehmgrauen Wänden. Eines davon, der Lebensmittelspeicher, steht erhöht auf Ziegeln, um die Krabbeltiere abzuhalten. Die Architektur von zwei anderen Hütten ist eher zweckmäßig: Beton, rechteckig, Wellblechdach. Das Badezimmer besteht nur aus chaotisch zusammengewürfelten Brettern und übriggebliebenen Holzstückchen, die sich irgendwie gegenseitig Halt geben.

Wir bitten die Leute, Ruth auszurichten, daß sie sich Zeit lassen soll; unterdessen versammeln sich alle in der Hütte, die offenbar als Familienraum dient. Die Schwelle ist noch in gleißendes Sonnenlicht getaucht, aber drinnen ist es dunkel. Das Mobiliar besteht aus einem alten Bett, zwei Holzstühlen und einem Tisch. Die nackten Wände sind grün gestrichen; der Fußboden schimmert metallisch graublau: ein abgetretener Bodenbelag aus unzähligen Lehmschichten. Und obwohl gerade kein Feuer brennt, spürt man hinten im Hals noch das Kratzgefühl von Holzrauch.

Ich versuche den Überblick zu behalten: Da wäre einmal Margaret, Ruths blinde Tochter. Dann Gracie, Ruth und Samuel, weitere Enkel von Ruth und gleichzeitig die Cousins und Cousinen von Nessie, Alice und Simon. Dann kommen Manyara und Hanzvinei, zwei Urenkelinnen, und zuletzt der kleine Urenkel Leon. Zusammen mit den drei Nachbarn, die aufgetaucht sind, um zu sehen, was hier vor sich geht, plus Vanella und mir sind insgesamt 15 Menschen in den kleinen Raum gepfercht.

Wir stellen uns gegenseitig vor. Als wir bei Samuel angelangt sind, schüttle ich ihm die Hand und sage: »Dann mußt du also Sam Marizani sein.« Schweigen. Überrascht sehen sie einander an; niemand hat den Namen Marizani erwähnt. Da zeige ich auf einen Dachbalken, auf den irgendwann einmal jemand mit Kreide geschrieben hat: »Sam Marizani, der Letztgeborene.« Sie lachen sich kringelig, können sich gar nicht mehr halten vor Gelächter. Sie lachen viel, diese Menschen, diese zutiefst glücklichen Menschen. Ihre Gesichter verschmelzen mit den Schatten, und einen Augenblick lang sehen wir nur noch die leuchtendweißen Zähne aufblitzen.

Eine halbe Stunde später kommt, auf einen Stock gestützt, eine kleine Gestalt aus dem Badezimmer, und als sie die Hütte betritt, werden die Frauen noch geräuschvoller. Sie lächelt in die Runde, grüßt und setzt sich auf eine Häkeldecke mitten auf den Fußboden. Ihre Wangen glänzen wie gut polierte Äpfel, ihre Haut ist durchscheinend und einen Ton heller als die der übrigen Familienmitglieder. Nur auf ihrem Kinn und ihrer Stirn sind überhaupt Runzeln zu sehen.

Ruth sieht Vanella an, dann mich und lächelt wieder. Ihre Augen glänzen dunkelbraun. »Seid uns willkommen!« sagt sie mit ihrer weichen, ein wenig rauhen Stimme. Sie trägt ein leuchtendblaues Kleid, das an die Tracht einer Krankenschwester erinnert, und offenbar trennt sie sich nie von ihrer grauen Wollmütze.

Sie streckt ihre Beine aus, macht es sich gemütlich, und wir lernen, wie man sich auf Shona-Art begrüßt. Die Frauen klatschen zwei- oder dreimal leicht die Handflächen aufeinander; die Männer berühren sich leicht mit den Fingerspitzen, wobei die Hände parallel liegen und nach oben weisen. Sie tun das immer, wenn sie sich begegnen oder wenn sie, wie jetzt, sagen wollen: »Gut, jetzt sind wir alle beisammen.«

Mir fällt bald auf, daß das männliche Element mit Simon, Samuel und mir hier nur schwach vertreten ist. Das hier ist Frauensache; alle sind wegen Ruth hier. Sie schwatzen eine Weile darüber, wer sich warum als letzter entschieden hat auszusäen. Aus ihren Worten höre ich heraus, welchen Respekt sie für ihre Alten empfinden. Die Art, wie sie mit Ruth lachen, und ihr entspanntes Geplauder zeigen, daß Ruth ihre Freundin ist, ihre Schwester. Und wie zwanglos sich auch Vanella einfügt. Sie sitzt mitten unter ihnen, umrundet von kleinen Kindern, die sie anstarren oder schüchtern lächeln, wenn sie mit ihnen zu spielen versucht. Sie trägt die Haare jetzt länger; anfangs sah sie damit etwas kleinmädchenhaft aus, aber der Eindruck ist jetzt verflogen. Ich glaube wirklich, ich habe sie noch nie so zufrieden, so entspannt und glücklich gesehen.

Der kleine Leon hat eine Triefnase. Er krabbelt rüber zu seiner Urgroßmutter und fängt an, mit ihren Zehen zu spielen; sie scheint es kaum zu merken. Genau auf der Türschwelle kräht ein junger Hahn; ich mache einen erschrockenen Satz – und wieder brechen alle in Gelächter aus.

Wir erfahren, daß Ruth mit dem Namen Masabva Muteera auf die Welt kam. Als sie noch klein war, ließen sich ihre Eltern überreden, zur Methodisten-Mission in Old Mutare zu ziehen, wo sie auf den Namen Ruth getauft wurde. Sie heiratete später einen Mann, der auf den biblischen Namen Paul getauft worden war und mit Familiennamen Muranda hieß – das bedeutet »wie ein Sklave«.

Ruth hatte zwar keine Ausbildung im herkömmlichen Sinne, half aber beim Betreuen der Kleinkinder, zeigte ihnen ihre Augen und Ohren und zählte ihnen ihre Finger vor. Sie arbeitete auch als Hebamme.

»Wie haben Sie gelernt, was zu tun war?« fragt Vanella.

»Ich hatte selbst Babys, daher kommt die Erfahrung«, sagt Ruth.

»Und was ist das Wichtigste für eine Hebamme?«

»Nicht zögern«, antwortet sie lächelnd. Sie ließ sich bei der Arbeit vom Instinkt leiten und ließ der Natur gerne ihren Lauf.

»Und wie viele Kinder haben Sie auf die Welt geholt?«

Ruth zeigt im Raum herum. »Dich und dich und dich, und ihn da, und sie ...« Praktisch jeden. Die anderen lachen beifällig.

»*Maningi, maningi*«, sagt sie und strahlt in matriarchalischem Stolz. Viele, viele hundert. Ruth ist die Mutter aller.

Wir versuchen herauszubekommen, wie alt sie ist. Die eher zynischen Kolonialtypen haben uns gewarnt, daß die Eingeborenen höchstwahrscheinlich ihr Alter nicht kennen. Und anfangs sieht es ganz so aus, als könnten sie recht haben.

»Also, wie alt bin ich?« gibt Ruth die Frage an Margaret weiter.

»Woher soll ich das wissen?« antwortet ihre Tochter zur allgemeinen Belustigung.

Mit Begeisterung wird die Frage diskutiert, aber schließlich rechnen wir einfach zurück: Ruth weiß, daß sie 1918 geheiratet hat. Sie sagt, damals heiratete man Mitte Zwanzig, demnach wäre sie jetzt gut in den 90ern, ein großartiges Alter. Sie hatte zehn Kinder. Die Zwillingsmädchen starben noch als Kinder, aber von den übrigen Kindern sind fünf immer noch da. Bis jetzt haben wir erst einen Teil der Familie getroffen.

Ruth sagt, damals ließen sie sich Zeit mit dem Heiraten und blieben dann auch bei ihren Männern.

»Heutzutage gibt es Mädchen, die drei Ehemänner in drei Jahren haben«, sagt sie. »Wir versuchen sie zu überzeugen, daß sie rechtschaffen leben sollen, aber sie tun's nicht. Sie hören nicht auf uns. Das sind überholte Sitten, sagen sie.«

Bildung scheint der Kern des Problems zu sein. Die ältere Generation ist, anders als die jetzige, nie zur Schule gegangen, deshalb meinen die Jungen, sie wüßten alles besser.

Wie die Zeiten sich geändert haben. Früher gab es viel mehr zu essen, sogar in Dürrezeiten. Damals konnten sie sich ihr Essen jagen: Impala, Kudus, Warzenschweine. Die Männer gingen ein oder zwei Wochen lang in den Busch. Sie fingen das Wild in Fallen, kochten und trockneten das Fleisch, bevor sie es heimtrugen. Aber jetzt sind alle Tiere verschwunden, und außerdem ist Jagen nicht mehr erlaubt. Wenn man heute Fleisch will, muß man mit Geld in der Tasche zum Metzger gehen. Also essen sie meistens *sadza* und Gemüse.

Auch das Land sieht anders aus. Ruth erzählt uns, daß früher alles ringsum richtiger Busch war. Doch die Bäume sind als Feuerholz oder Baumaterial gefällt worden. Die Bevölkerung ist gewachsen und beansprucht Platz, so daß die Dörfer und Krals jetzt viel enger beieinander liegen. Früher konnten sie drei oder vier Kilometer weit laufen, ohne eine einzige Hütte zu sehen. Jetzt klagen sie darüber, daß sie sich gegenseitig auf die Zehen treten. Das alles ist, wie wir erfahren, in den letzten 30, 40 Jahren geschehen – mit anderen Worten, während meiner bisherigen kurzen Lebensspanne.

Ruths am weitesten zurückreichende Erinnerung ist, daß sie Vater-Mutter-Kind gespielt hat. Als sie fünf oder sechs war, bauten die Kinder Spielhäuser aus Lehm. Zur Erntezeit gingen sie auf die Felder und klaubten auf, was liegengeblieben war, und legten es als Vorrat in ihre winzigen Hütten. Sie bastelten Töpfe und Teller aus den Schalen kleiner Früchte und taten so, als kochten sie *sadza*.

Als Ruth älter wurde, trug sie Holz und holte Wasser. Sie mahlte Rapoko auf dem Mahlstein, kochte echte *sadza* und trug das Essen in geschnitzten Holzschüsseln auf. Ruth zeigt uns die Schüsseln, die sie immer noch benutzen. Sie sind dunkel und verräuchert.

Dann bringt sie die Mädchen wieder zum Kichern. Sie erzählt

uns, wie sie kleine Lendenschurze aus Rindenfasern flochten. Nessie nennt sie Deckchen. »Wir haben immer einen vorn und einen hinten zusammengebunden, und um die Brüste haben wir uns nicht gekümmert«, erzählt Ruth in das Gekicher hinein. »Wir trugen auch Schmuck. Wir mahlten etwas Rapoko, und mein Vater zog los und verkaufte es. Ich weiß nicht, wo er hinging, aber er kam mit bunten Perlen zurück, die wir auffädelten und um Hals und Taille banden.«

»Warum zieht ihr euch nicht mehr so an?« fragt Vanella. »*Ngunguzani*«, murmeln sie und sehen sich verlegen an. Die weißen Männer.

Diese Bräuche verschwanden, als die weißen Männer kamen und sie zivilisierten. Das war, bevor Ruth heiratete.

Ihr Gedächtnis ist überraschend gut. Sie kann sich erinnern, daß sie als Kind gehört hat, wie die Erwachsenen von einem Krieg redeten, dem Krieg, den Lobengula, der Häuptling des Ndebele-Stammes, führte. »Sie haben darum gekämpft, wer Chef sein sollte«, sagt sie. Die weißen Siedler waren es, die den Krieg gewannen.

Sie kann sich auch an die Dürren erinnern. Offenbar herrschte 1933 eine so schlimme Dürre, daß sie ihre Häuser verlassen und sich auf die Suche nach Wasser machen mußten. Damals, als ihnen das Rapoko ausging, kletterten sie auf den Tindindi, den Hügel ganz in der Nähe, und suchten eine spezielle Wurzel. Ruth erzählt, daß sie die Wurzel ausgruben, mahlten, in der Sonne trockneten und daraus *sadza* machten.

Also steigen sie doch auf die Hügel. Aber sie müssen dabei vorsichtig sein. »Wenn man zum Holzsammeln auf den Tindindi steigt«, erklärt Ruth, »muß man sich zu benehmen wissen. Man darf keine schlechten Dinge sagen, weil dort ein großer Geist lebt. Wenn man etwas Böses sagt, verschwindet man und wird nie wieder gesehen.«

Wir können aus ihren Gesichtern ablesen, daß das die Wahrheit ist. Es wird still in der Hütte, das aufgeregte Gelächter ist verstummt. Tindindi fordert Achtung. Der mächtige Geist, der dort lebt, wacht über sie. Wenn man alleine dort hingeht, muß der Berg ein gruseliger Ort sein.

Die Leute aus dem Dorf müssen den Tindindi auch aufsuchen, damit es wieder Regen gibt. Wenn die Regenzeit naht, verbringen die Alten drei Tage damit, ein Bier namens *makonzo* zu brauen. Die jungen Leute dürfen das nicht tun – der Geist erlaubt es nicht. Der Häuptling von Zimunya kommt dann und beaufsichtigt, wie kleine Töpfe in Höhlen rund um den Hügel versteckt werden. Nachts, wenn alles ruhig ist, erscheint der Geist und trinkt das Gebräu. Am folgenden Tag sind die Menschen an der Reihe. Sie machen sich auf die Suche nach den Töpfen, aus denen der Geist getrunken hat, und die Feierlichkeiten dauern bis zum Mittag. Etwas später fängt es dann wie auf ein Stichwort an zu regnen. Heute ist das nicht mehr der Fall, demnach muß irgend etwas schiefgelaufen sein.

Ruth glaubt, daß sie die magischen Handlungen nicht in der richtigen Reihenfolge getan oder vielleicht irgendeinen wesentlichen Teil des Rituals vergessen haben.

»Oder es liegt an den Pythons«, sagt sie. »Früher hätten wir nie eine Schlange getötet. Es hieß, wenn wir das täten, würden die Regenfälle ausbleiben. Heute töten die Menschen Pythons. Sie folgen den alten Traditionen nicht mehr. Also haben wir keinen Regen.« Ruth zuckt die Achseln und hebt verzweifelt die Hände. Mit den Ansichten der Jugend verbindet sie nichts mehr.

Unten im Dorf sind wir die Hauptpersonen. Simon besteht darauf, daß wir hinfahren und uns das Dorf ansehen, aber in Wirklichkeit ist es umgekehrt. Er will, daß sich das Dorf uns, seine neuen Freunde, ansieht.

Die Häuser sind über eine staubige Fläche verteilt, die mit wenigen spindeldürren Musasa-Bäumen gesprenkelt ist. Auf der anderen Straßenseite sitzt ein halbes Dutzend Männer im Schatten eines Flaschenlagers. Die Metzgerei sieht geschlossen aus.

Mit etlichen Trampern beladen kommen wir vor dem Gemischtwarenladen zum Stehen, in dem lärmende Schulkinder lautstark um Süßigkeiten betteln. Junge Männer in Simons Alter lungern auf den Stufen herum. Wir posieren mit ihnen für das obligatorische Photo, schütteln Hände und grinsen, bis die Gesichtsmuskeln schmerzen.

Als wir unseren Durst mit einer Limonade stillen, sehe ich mir die Reklame-Poster an, die an den Wänden kleben. Die Waschresultate der neuen, unvergleichlichen Haushaltsseife sehen aus, als seien sie durch einen Blaufilter photographiert. Nichtsdestotrotz verspricht das Plakat eine weißere Wäsche. Eine Zigarette verheißt den coolsten Geschmack. Eine Zahnpastamarke bietet Extra-Zahnschutz. Noch immer gibt es offenbar kein Entkommen, wenn die unerbittlichen Weißen, die *ngunguzani,* marschieren.

Wir nehmen Simon, Nessie, Alice und ein paar andere bis zur alten Bushaltestelle mit. Nessie und Alice haben beschlossen, länger zu bleiben.

»Ihr erinnert Botschaft«, sagt Simon feierlich, als wir ihm unter dem alten Baum zum Abschied die Hand schütteln. »Ja, ich denke daran. Ich versuch's«, verspreche ich.

Simons liebevolle Ermahnung bezog sich auf die letzten Worte, die Ruth an uns richtete: Als wir uns von ihr verabschiedeten, nahm Ruth Vanellas und meine Hand und sagte: »Geht jetzt, seid vorsichtig! Gott sei mit euch! Und wenn ihr wieder zurück nach Hause kommt, denkt daran, die Queen Mum von mir zu grüßen!«

Die Lang-Leben-Männer

Das neue Jahr beginnt in Peking.Tausende von Kilometern weit von England entfernt, ein ganzes Jahr noch vor uns, und ein Ort, den man Heimat nennen könnte, scheint unerreichbar fern. Auch wenn wir uns vom äußeren Drum und Dran nicht mehr gefangennehmen lassen, hat unser Leben auf Achse seine eigenen Sachzwänge entwickelt – wieder ein neues Land, eine neue Währung, die übliche Suche nach einem ordentlichen Frühstück.

Wir sind jetzt schon so lange auf Reisen, daß wir in eine seltsame Gemütsverfassung hineingerutscht sind. Wir fühlen uns beide ständig fehl am Platz, praktisch immer als Außenseiter.

Ich hatte auch schon zu Beginn unserer Reise gelegentlich Heimweh, aber das war meist nur Sehnsucht nach Herbstblättern oder einer guten Tasse Tee.

Unsere jetzige Verfassung ist von gänzlich anderer Art, etwas viel Subtileres, eher eine Art Leere. Ich verspüre sie, nur manchmal, wenn ich zusehe, wie der Rest der Welt seinen täglichen Geschäften nachgeht, und ich weiß, daß ich hier nie dazugehören kann. Wenn ich doch nur die Gabe hätte, in fremden Zungen zu reden, wenn ich mich mit jedem in seiner Muttersprache unterhalten könnte!

Und dann ist da auch die leidige Distanz zwischen uns und denen zu Hause. Hin und wieder erschleichen wir uns Telefongespräche, um die daheim wissen zu lassen, daß wir noch am Leben sind. Die Briefe, die uns erreichen, sind rar, und natürlich schreiben nie die Freunde, von denen wir es uns wünschen würden. Wir finden Trost in der Vorstellung, daß sie denselben alten Kram auf dieselbe alte Art machen wie wir früher. Für uns dagegen ist das Neue jetzt tägliches Lebenselixier.

Jeder Tag tritt eine neue Lawine von Reizen los. Vertrautheit mit unserer Umgebung ist nie von Dauer. Wir bleiben vielleicht ein paar Tage oder sogar Wochen, aber dann packen wir unsere Siebensachen und ziehen wieder weiter, zu einem anderen Ort, der wieder befühlt und geschmeckt werden muß. Immerhin sind unsere Überlebensinstinkte jetzt so geschärft, daß uns die üblichen Vorsichtsmaßnahmen zur zweiten Natur geworden sind. Draußen auf der Straße entgeht unseren Blicken keine lauernde Gefahr.

Zwar wäre es objektiv gesehen sicherer, länger in einem dieser unansehnlichen Hotelzimmer zu bleiben, doch jede Alternative zu ihnen erscheint uns besser. Vermutlich liegt das Problem bei mir. Diese Sehnsucht, einfach überall hinzureisen, kann ich anscheinend nicht zügeln. Ich will nach Burma, nach Vietnam, nach Korea. Aber Vanella hatte es allmählich satt, jeden Morgen mit einem anderen Blick aus dem Fenster aufzuwachen. Deshalb bleiben wir jetzt ein bißchen länger an einem Ort als zu Beginn unserer Reise. Aber ich verspüre den Drang umherzustreifen, auf eigene Faust herumzulaufen und die Seitengassen zu erkunden, nur um zu wissen, wo ich eigentlich bin.

Irgend etwas scheint mich zu zwingen, in Bewegung zu bleiben. Es geht nicht einfach darum, die Welt zu sehen oder eine vielleicht einzigartige Chance zu nutzen, es geht vielmehr um die Bewegung an sich, die mir Sicherheit vermittelt. Ich habe für mein Leben endlich eine Richtung und ein Ziel gefunden, habe nicht mehr das Gefühl, davonzulaufen. Ich laufe eher auf etwas zu. Ich bin in einer Art Mission unterwegs.

Als wir aufbrachen, war uns eigentlich nicht bewußt, welche verrückte Idee uns da befallen hatte. Jetzt bin ich fast ein bißchen besessen davon, mich mit alten Menschen zu treffen. Es fasziniert mich, jede Minute, ohne Einschränkung. Aber Vanella denkt anders darüber.

Eines Nachmittags – wir haben uns in unser schmuddeliges Hotelzimmer im Hotel Don Fang zurückgezogen – beklagt sie sich, daß sie eigentlich nur eine Statistenrolle spielt. Und ich habe nichts gemerkt! Obwohl wir jede Stunde des Tages zusammen sind. Vielleicht liegt darin schon das halbe Problem – wir können uns nicht aus dem Weg gehen.

»Das ist dein Projekt, oder? Es ist dein Buch, nicht meins«, sagt sie.

»Nein. Das machen wir zusammen.«

»Aber du bist derjenige, der es schreibt.«

»Aber das heißt doch nicht, daß du nicht dazu beitragen kannst.«

»Ja, aber alles muß immer nach deiner Nase gehen. Du bist wie so'n Feldwebel; alles nach Plan, immer eine Liste zum Abhaken.«

»Das stimmt nicht … Und Listen hab ich immer angelegt. So bin ich nun mal, das weißt du doch.«

»Du verstehst nicht, was ich meine, oder?«

»Nein … nicht so richtig.«

»Du bist so frustrierend. Du bist bloß pausenlos auf der Suche nach Antworten. Und wenn irgendeine Idee von mir nicht in dein Gedankenkonzept paßt, streichst du sie.«

»Gar nicht wahr!«

Was soll das? Ich will doch immer ihre Meinung zu allem hören.

»Es ist, als würdest du zu Gericht sitzen. Ich bin dauernd auf dem Prüfstand. Etwas ist entweder richtig oder falsch. Oder es ist ›Ich-denk-drüber-nach‹.«

»Und was ist daran falsch?«

Jetzt bin ich derjenige, der frustriert ist. Ich werde laut.

»Du reißt einfach alles an dich, damit du es später durcharbeiten kannst. Unsere Gespräche führen zu nichts. Du willst nie etwas zurückgeben.«

»Vielleicht ist das einfach meine Art.«

»Stimmt. Das kann man wohl sagen. Alles, was ich sage, wird

entweder niedergemacht, weil es unwichtig ist, oder wenn ich mal Glück habe, wird's eingesackt.«

»Aber ich versuche doch nur, mit mir ins reine zu kommen. Wenn's funkt, dann funkt's eben.«

»So ist es. Aber das spielt sich alles in deinem Kopf ab. Mich läßt du da nicht reinschauen. Du sagst nie, warum du das so und so siehst oder was du für Gründe hast. Das fände ich interessant. Hör mal, wir fahren hier nicht auf einer Einbahnstraße. Manchmal frage ich mich, ob dir wirklich was an meinem Beitrag liegt.«

»Aber ja doch! Natürlich liegt mir was dran.«

»Siehst du, schon wieder! Du hörst mir überhaupt nicht zu. Bitte versuch mal zu verstehen. Ach, ich weiß überhaupt nicht, was ich hier eigentlich soll. Schau dir mal das Zimmer an!«

Sie seufzt gequält auf und scheint den Tränen nahe. Dann sagt sie die schrecklichen, unvergeßlichen Worte: »Ich will nach Hause.«

»Oh Gott, nein.«

»Wie bitte?« Jetzt klingt sie ärgerlich.

Ich stehe eine Weile ratlos da. »Aber wir haben doch noch so viel vor uns!« flehe ich. »Wir müssen einfach weiter. Denk doch mal, was noch auf uns wartet! Wer weiß, was noch alles auf uns zukommt?«

»Ich weiß. Aber ich finde es wirklich anstrengend. Ich will nur, daß du das verstehst.«

»Okay. Okay.«

Ich beruhige sie, so gut ich kann. Wir werden schubweise reisen. Und ich streiche Burma. Wir planen, als nächstes Japan zu besuchen und uns dann über Pakistan auf den Rückweg zu machen. Wir müssen warten, bis sich das Wetter bessert, bevor wir hinauf in den Karakorum können.

All das macht mir angst. Plötzlich fürchte ich, die ganze Sache könnte in sich zusammenfallen. Wenn sie abbricht, höre ich auch auf. Irgend etwas in mir ist erstarrt, als sie es sagte – ich habe einfach große Angst vor dem Gedanken, aufzugeben und heimzufahren. Das Problem ist nämlich, daß ich nicht damit rechne, daß mir »zu Hause« noch dasselbe bedeuten wird wie früher einmal.

Ich glaube, Tapetenwechsel ist angesagt. Oder besser noch: frische Luft! Ich halte ihr meine Hand hin. »Komm, gehen wir ein Stück spazieren!«

Draußen in den Straßen Pekings riechen wir Schwarzpulver. Bis zum Jahr des Hahnes sind es noch zwei Tage, aber der Spaß geht schon los. Die Gehsteige und Seitengassen sind mit den zerfetzten Resten abgebrannter Feuerwerkskörper übersät wie mit Konfetti nach Tausenden kleiner Straßenhochzeiten. Für uns ziehen sie alle Register: von Knallfröschen über Ladycracker, große Chinaböller, bis zu zwei Dutzend ohrenbetäubenden Explosionen von irgendeinem Feuer-Monster, das über einem Straßenschild hängt.

Ich bin nervös. Ein Ministerium hat uns Hilfe versprochen, aber bis jetzt hat es noch nichts verlauten lassen. Wir machen uns also auf den Weg in der Hoffnung, das Büro des »Verbandes des Chinesischen Volkes für freundschaftliche Beziehungen zum Ausland« zu finden.

Hu, was für eine Hundekälte! Temperaturen unter dem Gefrierpunkt; wir müssen sechs Kleidungsstücke übereinanderziehen, wenn wir auch nur die Nase vor die Tür halten wollen. Die Mittwintersonne schafft es kaum über den Horizont und verträufelt schwaches, silbriges Licht in den Straßen, das alle Farben ausbleicht. Nur im Norden ist eine Spur Blau am Himmel. Die Kohlefeuerungen und Fabriken haben eine dicke, graue Staubschicht über die Stadt gestülpt. Über einem scheinbar endlosen Wirrwarr von Backsteinwohnhäusern kräuseln sich Rauchfahnen in der stehenden Luft. In den Durchgängen zwischen den Häusern verknäueln sich Fahrräder und dreirädrige Karren zu einem Durcheinander aus Altmetall. In den winzigen Geschäften, wo Papierlaternen und Feuerwerkskörper verkauft werden, überzieht ein Muster aus aufgeklebten Warenzeichen die Schaufenster. Und überall hören wir das laute, langgezogene »Hoick«, dann ein Ausspukcken, und einen Sekundenbruchteil später klatscht ein Schleimklumpen auf den Gehsteig, um dort alsbald zu gefrieren.

Alle drehen sich um und starren uns seltsame Typen an. Wir sind riesengroß und haben weder schwarzes Haar noch rundliche, schmuddelige Gesichter. Wir grinsen und grüßen, und wahrscheinlich denken sie jetzt, daß wir obendrein auch noch ein bißchen bekloppt sind. Aber wenigstens bricht das Eis und sie lächeln zurück. Manchmal brüllen die Schulkinder von der anderen Straßenseite etwas auf englisch herüber.

Peking ist Boomtown mit rund acht Millionen Fahrrädern. Marktstände, Geschäfte, Restaurants: Der Platz brummt vor Leben. Laut rufende Jungen; Berge aus frischem Obst und Gemüse; Dampfwolken umwabern den Straßenverkäufer mit seinen Klößen; eine fröhliche Frau hackt sachgerecht Ingwerwurzel und Frühlingszwiebeln auf einem Holzblock; der Besitzer einer Hühnerbraterei am Straßenrand hat sein gesamtes Sortiment ausgelegt. Taschenrechner, Kosmetik, Lederjacken – die freie Marktwirtschaft verdient sich die ersten Sporen, und jeder kauft oder verkauft oder ist auf dem Weg zum oder vom Kaufen oder Verkaufen.

Unterwegs sehen wir zufällig eine Figur im Fenster eines Ladens für Kräutermedizin stehen: einen alten Mann mit einem gewaltigen, knollig aufgetriebenen Glatzkopf und einem langen, gerade herabhängenden weißen Bart. In einer Hand hält er einen hölzernen Stab, an dessen Ende eine Kürbisflasche gebunden ist; in der anderen trägt er etwas, das wie eine große Zwiebel aussieht, aber Vanella späht durch die Scheibe und versichert mir, es sei ein Pfirsich. Der alte Mann ist mit einer prächtigen gelben Robe bekleidet und steht vor einer gemalten Waldszene. Auf einer Seite begleitet ihn ein Hirschkalb, auf der anderen ein Kranich. Gefäße voller Ginsengwurzeln und ein Exponat aus winzigen getrockneten Seepferdchen sind zu seinen Füßen angeordnet.

Natürlich fragen wir uns, wer das wohl sein mag, und erkundigen uns im Geschäft. Junge Männer in weißen Mänteln bedienen an polierten Theken und mischen in Papiertüten die Mittelchen aus hundert hölzernen Schubladen an den Wänden ringsum. Als ich frage, lachen sie verlegen. Schließlich antwortet einer auf englisch: »Lange … Leben … Mann«. »Aha!« sagen wir.

Früh am nächsten Morgen holpert und quietscht ein kleines, blaues Taxi auf einem von Pekings breiteren Boulevards durch die Fahrradflut. Der »Verband des Chinesischen Volkes für freundschaftliche Beziehungen zum Ausland« hat Kontakt mit uns aufgenommen, und unser freundlicher Guide Zhang Jinghua hat sich bereits zu uns gesellt. Er dürfte ungefähr so alt sein wie ich und scheint sehr entgegenkommend zu sein. Wir fahren an dem weitläufigen Tienanmen-Platz vorbei, der von ausdruckslosen Regierungsgebäuden und dem riesigen Porträt des Vorsitzenden Mao flankiert wird. Plötzlich komme ich mir vor wie im Film. Eine Szene muß noch durchgespielt werden. Aus dem Seitenfenster starre ich auf eine leere Fläche. Genau hier ist das alles passiert.

In einiger Entfernung hebt sich eine Reihe roter Fahnen als schwarze Silhouetten gegen das Licht ab. Ich habe das Bedürfnis, etwas zu unserem Guide Zhang Jinghua zu sagen, tue es dann aber doch nicht. Wir alle sind in vielsagendes Schweigen verfallen. Ebenso groß wie mein Drang zu sprechen ist das Bedürfnis, einfach überhaupt nichts zu sagen.

Wenig später hält das Taxi in einer Seitenstraße, die von Marktbuden gesäumt ist; wir verursachen sofort einen Verkehrsstau. Autos hupen, Fahrräder klingeln. Zwei blutbeschmierte Männer laden Schweinehälften von einem Lieferwagen ab. Wir passieren eine rote Tür, gehen einen Durchgang entlang und gelangen gleich darauf in einen friedlichen Hof, in den die schwachen Strahlen der tiefstehenden Sonne scheinen.

Wir werden schon erwartet. Eine Dame führt uns lächelnd in einen bescheidenen Wohnraum mit gefliestem Boden. In Bücherborden stapeln sich in Packpapier eingewickelte, mit Bindfaden verschnürte Päckchen – vermutlich Bücher oder Manuskripte.

Der Fernseher ist mit einem Tuch verhängt, als wäre er ein Papagei im Käfig. Ein paar Narzissenzwiebeln treiben im Wasser und parfümieren mit ihren kleinen gelben Blüten die Luft.

Als Herr Xia auf unsicheren Beinen aus seinem Zimmer kommt, sehe ich über seine Schulter hinweg eine gewaltige Ansammlung verstaubter Bücher und vergilbter Schriften – ein Lebenswerk.

Zugegeben, der Mann sieht nicht gerade gesund aus. Seine Vorderzähne sind abgebrochen und seine Wangen so hohl, daß ich mich ernstlich frage, ob er krank ist. Ein Bein scheint kürzer als das andere zu sein, was ein hoch besohlter Schuh ausgleicht. Herr Xia stellt seinen Gehstock gegen den Lehnsessel, nimmt vorsichtig Platz und streicht dann mit den langen, feingliedrigen Fingern seine blaue, kragenlose Jacke glatt. Seine Hände sind feminin, seine Nägel perfekt poliert und manikürt.

Jasmintee wird serviert, und Herr Xia beginnt mit geschürzten Lippen zu sprechen.

»Sie schreiben?« fragt er mich.

Ich nicke, aber ich weiß, daß ich ein Hochstapler bin. Neben ihm bin ich ein Nichts.

»Wenn ich nur die Zeit hätte!« meint er wehmütig. »Ihr Buch könnte sehr dick werden. Ich selbst habe ein ganzes Buch nur über meine ersten 50 Jahre geschrieben.«

Herr Xia wirft mir durch dicke Brillengläser einen schrägen Blick zu. Diese Augen haben alles gesehen.

Xia Yan war das Pseudonym von Herrn Xia. Er wurde im Jahre 1900 mit dem Namen Shen Duanxian in Hangzhou in der südchinesischen Provinz Zhejiang geboren. Seine ersten Veröffentlichungen waren Zeitungsartikel, die er schrieb, als er noch Mittelschüler war. Damals lagen die Kriegsherren miteinander im Streit – Xia forderte Frieden.

Gegen Ende des Ersten Weltkriegs hatte Deutschland zwei Städte in der Provinz Shantung besetzt, war aber von den Japanern vertrieben worden. Während der Friedensverhandlungen von Versailles sickerte in China durch, daß die chinesische Delegation drauf und dran war, Shantung an Japan abzutreten. Daraufhin initiierten die Studenten von Peking am 4. Mai 1919 eine riesige Demonstration. Diese sogenannte »Bewegung des Vierten Mai« war für unseren Gesprächspartner der endgültige Anstoß, Autor zu werden.

Der Studenten-Protest wurde friedlich unterdrückt, aber die Saat der nationalistischen Begeisterung war gesät, und Shen Duanxian wurde Marxist.

Er bekam bald engen Kontakt zur Partei und arbeitete als Journalist in Schanghai, wo er Mitbegründer der »Schanghaier Gesellschaft für Kunst und Drama« wurde. Diese Gesellschaft hatte sich der Idee des proletarischen Dramas verschrieben und begann, progressive Werke auf die Bühne zu bringen. Die unsichere Allianz zwischen den Kommunisten und Tschiang Kai-scheks Nationalpartei bestand damals schon nicht mehr. Tschiang hatte die Macht an sich gerissen, und seine Kuomintang-Regierung unterdrückte prokommunistische Aktivitäten. Wenig später schloß die Polizei das Theater der Schanghaier Gesellschaft.

Damals änderte Shen Duanxian seinen Namen in Xia Yan, und seine Kunst wurde nun definitiv politisch. Er schrieb aus Protest – gegen die Unterdrückung durch die Kuomintang und gegen die drohende japanische Invasion. Gemeinsam mit anderen führenden Persönlichkeiten gründete er die einflußreiche »Liga linker Autoren«.

Xia Yan spricht schnell und knapp. Sein Geist ist immer noch hellwach. »Ich war ein ganz gewöhnlicher Mensch«, sagt er, »aber ich lebte in einer ungewöhnlichen Zeit.« Er spricht niemanden direkt an, aber ich merke, daß er mich immer wieder beobachtet, taxiert.

Ich möchte wissen, was ihn zum Schreiben brachte

»Ich habe mich von meiner Zeit inspirieren lassen«, sagt er. »Ich habe viel erlebt. All die sozialen Unterschiede wühlten mich innerlich auf. Ich mußte schreiben. Ich schrieb für die Menschen.

Ich schrieb, um sie aufzurütteln. Alle Autoren sollten davon getrieben sein.«

Meine Antwort kommt ungewollt, sogar ungehobelt: »Klar.«

Xia wendet sich mir nun direkt zu, sagt aber nichts. Nach einer Pause fährt er fort: »Das waren unruhige Zeiten. Ich wußte, das Volk würde schließlich den Kampf gewinnen. Ich wußte nur nicht, wie. Also schrieb ich Theaterstücke und Drehbücher. Ich schrieb über ein weites Spektrum an Themen, aber meistens waren meine Akteure gewöhnliche Bürger. In einem Drehbuch mit dem Titel ›Unter den Dächern von Schanghai‹ habe ich das Leben von gewöhnlichen Leuten in den 30er Jahren beschrieben. Ich beschäftigte mich mit der Zeit vor dem Krieg gegen die Japaner, als die Leute keine Zukunftsperspektive hatten. Am Anfang des Stücks schrieb ich zum Beispiel über den ständigen Nieselregen im März, durch den sie nicht hindurchsehen konnten ... Dann habe ich ein Drehbuch mit dem Titel ›Das Bakterium des Faschismus‹ geschrieben, es ging dabei um die japanischen Eindringlinge.«

Xia übersetzte Gorki ins Chinesische; er bearbeitete mehrere Novellen für die Leinwand. Er schrieb Stücke, gab Zeitungen heraus und wurde eine der führenden literarischen Persönlichkeiten seiner Zeit.

Ich frage ihn, wie ihm als linkem Autor zumute war, als Maos Vision am 1. Oktober 1949 mit der Ausrufung der Volksrepublik Wirklichkeit wurde. Damals war Xia zum stellvertretenden Direktor des Propagandaministeriums im ostchinesischen Büro des Zentralkomitees der Kommunistischen Partei ernannt worden.

»An diesem Tag«, antwortet er, »befand ich mich zusammen mit dem Vorsitzenden Mao auf der Tribüne am Tienanmen-Platz. Ich stand neben ihm, als er die Unabhängigkeit der Volksrepublik China erklärte. Mein glücklichster Tag war der 15. August 1945, der Tag, als Japan kapitulierte. Also ist der 1. Oktober 1949 mein zweitglücklichster Tag.«

Xia war ein bedeutender Parteifunktionär. Er kannte Mao gut. Er begegnete auch Tschiang Kai-schek, der, wie er sagt, politisch ein sehr schlechter Mensch war. Aber der Vorsitzende Mao war ein großer Mann. Xia gehen die Lobesreden leicht von der Zunge. »Mao war ein großer Denker«, sagt er. »Er war klug, weil er die chinesische Geschichte und die Entwicklung unserer Kultur verstand und auch die sozialen Realitäten sah. Diese beiden Aspekte verband er miteinander und konnte deshalb der chinesischen Revolution eine neue Richtung geben.«

Xia hält kurz inne, zupft seine Jacke zurecht und fährt dann fort: »Er war ein großer Vorsitzender, auch wenn er in seinen späteren Jahren Fehler gemacht hat. Wir hatten die guten Jahre, die Zeit der erleuchteten Reform auf dem Land. Wir hatten die Jahre der Kampagnen gegen die Rechten, dann später die Aktivitäten gegen die Linksabweichler.«

Ich glaube, ich habe eine Andeutung von Zwinkern in seinem tränenden Auge gesehen, als ich fragte, ob seine Stücke je unterdrückt worden sind. Er gibt nur zu, daß die meisten seiner Arbeiten von Tschiang Kai-schek und den Kuomintang verboten wurden. Aber ich sollte immer daran denken, daß die Wahrheit in China weitaus häufiger in dem steckt, was nicht gesagt wird.

Xia vergaß zu erwähnen, daß er bei Ausbruch der Kulturrevolution den Zugriff der Partei zu spüren bekam: Im Jahre 1958, also acht Jahre vor Beginn der Kulturrevolution, hatte er eine berühmte Novelle aus den 30ern mit dem Titel »Der Laden der Familie Lin« für die Leinwand bearbeitet. Während der Kulturrevolution wurde dann die Hauptperson des Films, ein mickriger Kaufmann, als zu bourgeois befunden: Die wahren Helden der Revolution waren Arbeiter, Soldaten und Bauern. Xia Yan war damit offiziell diskreditiert und wurde von seinem alten Freund Mao öffentlich kritisiert. Seine Kunst war der Politik nicht mehr von Nutzen, und er fiel auf grausame Art in Ungnade. Er verschwand aus dem öffentlichen Leben und kehrte erst nach Maos Tod auf seine repräsentativen Posten im Literaturbetrieb zurück. Aber nach zehn Jahren im Gefängnis war er alt geworden und konnte wegen der Behandlung, die ihm in der Haft widerfahren war, kaum noch gehen.

Nach außen hin zeigt er keine Verbitterung. Sein Gesicht bezeugt nur seine Zähigkeit. »Ich bin immer noch ein Mann der Revolution«, sagt er. »Jüngere Leute halten mich vielleicht für zu konservativ, aber ich fühle mich nicht so.«

»Schreibt ein älterer Mann besser als ein junger?« möchte ich wissen.

»Ich schreibe heute nicht mehr sehr viel«, räumt er ein. »Aber wir alten Männer kennen die Geschichte und wir haben den jüngeren die Erfahrung voraus. Erfahrung ist der Schlüssel. Schreiben Sie immer aus der Erfahrung heraus! Bauen Sie immer auf der Realität auf!«

Damit dreht sich Xia zu mir um und wirft mir einen fast liebevollen Blick zu. Die Augen sind jetzt trübe, sein Gesichtsausdruck ist verbissen, aber es ist der wissende Blick eines Genossen.

Er lächelt schwach und sagt: »Schluß für heute!« Damit erhebt er sich aus seinem Sessel und kämpft sich langsam in sein Allerheiligstes zurück, in das Zimmer voller Bücher.

Als wir wieder im Büro sind – es liegt in dem ansehnlichen Gebäude, das einmal die italienische Botschaft beherbergt hat –, lädt uns der »Verband des Chinesischen Volkes für freundschaftliche Beziehungen zum Ausland« zum Mittagessen ein. Wir sitzen um einen großen, runden Tisch und werden von aufmerksamen Kellnern bedient. Zhang Jinghuas Chef, Mr. Wang, und zwei weitere Mitglieder der Abteilung haben sich unserer Gruppe angeschlossen. Wir sind Ehrengäste. Doch je länger sich das Essen hinzieht, desto mehr werde ich mir bewußt, daß wir etwas sagen müssen. Derselbe Druck ist wieder da. Ich will niemanden vor den Kopf stoßen, aber es kann nicht ewig unausgesprochen bleiben.

Schließlich ergreift Vanella die Initiative. Wir plaudern gerade über Chinas wirtschaftliche Fortschritte, auf die man hierzulande gehörig stolz ist, und darüber, daß die meisten jungen Leute hinter der Regierung stehen. Genau da sagt sie es – das T-Wort. Nicht

Tibet, sondern das andere T-Wort: »Aber was ist mit dem Tienanmen-Platz?« fragt sie mutig.

Das Schweigen hält nicht lange an, aber es ist da – einen Moment lang scheint die Zeit stillzustehen, während sich jeder seinen Teil denkt.

»Seit den Vorkommnissen auf dem Tienanmen-Platz hat sich viel geändert«, sagt Zhang Jinghua mit einem harmlosen Lächeln. »Das Wirtschaftswachstum ist gut. Jeder kann sehen, daß die Leute jetzt besser zurechtkommen.« Dann spricht Mr. Wang: »Was dort passiert ist, war ein unglücklicher Vorfall. Aber er war nicht zu verhindern. Die Regierung weiß, daß der Wechsel kommen muß – der politische Wechsel. Zur Zeit der Demonstrationen auf dem Tienanmen-Platz wäre der Wechsel zu schnell, zu früh gekommen. Er hätte nicht in die Stabilität geführt. Schauen Sie sich das Beispiel Sowjetunion an!«

»Aber das kann doch wohl keine Rechtfertigung für das sein, was passiert ist, oder?« fragt Vanella. Jetzt wollen wir's wissen.

»Natürlich nicht«, sagt Zhang Jinghua. »Blutvergießen ist nie gut. Aber die Regierung hatte keine Wahl. Sie mußte Stärke demonstrieren. Was passiert ist, war im Interesse des Volkes. Es gibt da einen Plan. Die ökonomische Reform soll zuerst kommen, später dann zu einem passenden Zeitpunkt folgt die politische Reform.«

»Wollen Sie damit sagen, daß China eines Tages soweit ist, sich auf die Demokratie einzulassen?« frage ich.

»Es wird politische Reformen geben, die den Bedürfnissen des chinesischen Volkes angemessen sind.« Unsere Gesprächspartner scheinen kein Problem damit zu haben, über für unser Gefühl sehr knifflige Fragen zu sprechen. Ist das, was sie uns auftischen, nur die offizielle Parteilinie?

Wie dem auch sei, eines ihrer Argumente ist nicht von der Hand zu weisen. Deng Xiaopings Idee, den ökonomischen Wechsel an erste Stelle zu setzen, macht in einem Land, das so riesig und komplex ist wie China, in der Tat Sinn. Und natürlich will die Regierung jedwede politische Umstrukturierung unter Kontrolle halten. Aber halten unsere Freunde das tatsächlich für eine hinreichende Entschuldigung dafür, Studenten auf einem städtischen Platz zu massakrieren und ihre Leichen vor aller Augen auf einen Haufen zu werfen?

Auch wenn dem nicht so ist – wir werden es nie herausfinden. Der Wert des Gemeinwohls wird immer den Vorrang haben. Und das Unausgesprochene sagt mehr als das Ausgesprochene.

Wir sehen ihn überall – in Jade, in Porzellan, als Scherenschnitt und Wandbehang. Wir sehen ihn als Porzellanstatuette im obersten Fach einer alten Vitrine. Dann in einem antiken Glas-Ei. Oder er wirbt für eine Teemarke. Wir essen sogar seine Kekse. Vor Pekings Kaufhäusern steht die farbenfrohe Gestalt des Lang-Leben-Mannes auf der Straße und überragt mich um Körperlänge. Neben sich hat er wie üblich sein Hirschkalb, und heute trägt der Kranich offenbar einen Pilz im Schnabel. Als Vanella und ich näher kommen, sehen wir, daß der alte Mann grinst.

Lao Shou Xing nennen sie ihn. Er ist der Gott des langen Lebens, ein sagenumwobenes Wesen, dessen Ursprünge im Dunkel der Vergangenheit liegen. Oft findet man ihn im Team mit zwei jüngeren Kollegen, den Göttern des Wohlstands und des Glücks.

Aber unser Mann ist Lao Shou Xing. Manche sagen, es sei der Pfirsich der Unsterblichkeit, den er in der Hand hält. Seine Kürbisflasche und der Kranich sind Symbole des langen Lebens. Das Hirschkalb steht für das Glück, ebenso die Fledermaus, die oft über seinem Kopf fliegt.

Ein paar hundert Meter die Straße hinunter werden wir Zeugen lebendiger Geschichte, eine unmittelbare Folge von Chinas neuer Politik der Offenheit: Wir beobachten, wie ein junges chinesisches Pärchen höchst vorsichtig seinen offensichtlich allerersten Mundvoll Hamburger ißt. Anfangs sieht es so aus, als fühlten sie sich dabei unbehaglich, sie kauen nachdenklich, beobachten dabei die Reaktion des anderen.

»Wie würdest du entscheiden«, frage ich Vanella, »einen doppelten Cheeseburger mit Pommes oder den Pfirsich der Unsterblichkeit?«

»Eine unfaire Alternative«, meint sie.

»Was meinst du, was würde wohl Lao Shou Xing sagen, wenn er Ronald McDonald treffen würde?«

Das Land des süßen Bohnen-Brötchens

Eine große, rote Sonne stiehlt sich von einem winterlichen Himmel fort und läßt das Land in Dunkelheit zurück. Die gezackten Hügel in der Ferne verwandeln sich in schwarze Silhouetten, und wir kommen uns vor wie Figuren in einem Science-fiction-Roman, die ins Zentrum einer fremden, neuen Welt befördert wurden. Rund um uns kodiert eine Sprache, die zu verstehen für uns aussichtslos ist, Informationen in komplexe Symbole. Winzige Flüssigkristall-Fernsehschirme mit erstaunlich klarem Bild preisen den durchkommenden Pendlern Waren an. Sie sind gut angezogen, diese Menschen, und ihre vornehme Kleidung läßt uns beide abgewetzt und schäbig aussehen. Ihre Schuhe glänzen, ihre Mäntel sind elegant, die Koffer, die sie tragen, sind aus festem Leder gefertigt. Die jüngeren tragen Mikro-Kopfhörer, verdrahtete, schwarze Knöpfe, die sie in ihre kleinen, braunen Ohren gesteckt haben. Das ist die Frühschicht auf dem Heimweg. Viele schlafen tief und erschöpft. Und doch leben im Land der aufgehenden Sonne die Menschen im Durchschnitt länger als irgendwo sonst auf dem Planeten.

Jede U-Bahn-Station hier hat ihre eigene klimpernde musikalische Identität. Wir raten, welche unsere ist, stolpern hinaus und verirren uns bei dem Versuch, einen Ausgang zu finden. Ein Stockwerk höher flutet noch mehr Hintergrundmusik durch den Äther, um die gestreßten Nerven der Vorüberhastenden zu besänftigen. Ein Straßenkehrer arbeitet sich um eine Münze auf dem Boden herum; er läßt sie liegen für den, der sie fallen gelassen hat, wer auch immer das gewesen sein mag.

Draußen ist es bitter kalt. Das Tokio meiner Phantasie war ein farbloses Chaos aus Gebäuden und Telegraphenleitungen. Aber das wirkliche Tokio scheint nur aus Chrom und Neonfarben zu bestehen – sauber und kompakt. Immer noch irren wir umher. Der dritte Mann, den wir fragen, hält es für das beste, mit uns bis zur Tür des *ryokan* zu gehen – so heißen die japanischen Gasthäuser –, in dem wir gebucht haben.

Wir üben uns im Verbeugen; dann heißt es »Stiefel aus«, und in Socken gleiten wir über die polierten Holzböden. Mit seinem schier unerschöpflichen Vorrat an grünem Tee und der dahinplätschernden Klimpermusik kommt man sich in diesem *ryokan* vor, als würde man in einem japanischen Restaurant leben. Unser Zimmer hat einen Futon, und als Morgenrock liegt für jeden eine *yukata* bereit, eine Art Freizeitkimono. Vanella und ich verbeugen uns voreinander und versuchen, unsere Technik zu perfektionieren. Wir glauben, daß es uns hier gefallen wird. Es gibt nur ein Problem: Das hier ist das billigste Zimmer, das in der Stadt zu kriegen war, und es kostet uns ein ganzes Tagesbudget. Trotz all des *yukata*-Komforts werden wir ein frugales Leben führen müssen.

Ein kurzer Ausflug auf der Suche nach etwas zu essen bestätigt uns, daß die Preise fürchterlich sind. Für die Menüs, die wir uns ansehen, müßten wir tief in die Tasche greifen. Sogar der nächste Supermarkt kommt uns teuer vor, wobei seine Freuden so exquisit präsentiert sind, daß wir ob ihrer Unerreichbarkeit weinen könnten. Schließlich begnügen wir uns damit, an einem Nudel-Stehimbiß an der Ecke hungrig etwas in uns hineinzuschlürfen.

In der klaren Morgendämmerung des nächsten Tages wagen wir uns hinaus, um unsere neue Welt zu erkunden. Es ist der Tag, an dem der Winter dem Frühling weicht – die Japaner nennen ihn *setsubun*. An den Hauptstraßen hängen rosa Plastikblüten in den Bäumen, und überall in der Stadt wird gefeiert. Wir gesellen uns zu der Menschenmenge, die sich am Hosen-ji-Tempel versammelt hat, um sich eine Zeremonie mit 50 alten Männern anzusehen, die als Krieger-Mönche angezogen sind – eine Kombination, wie sie bizarrer nicht sein könnte. In einer langen Reihe rücken sie an, jeder mit einem Schwert und einem Speer bewaffnet und in ein Hemd aus Lederstreifen gekleidet, die so geknüpft sind, daß das Ganze wie ein Kettenhemd aussieht. Auf ihre mönchische andere Hälfte weist die Kopfbedeckung aus Rupfen hin, die nach außen gebogen und an den Schultern versteift ist wie ein Nonnenschleier, der in einer Sturmböe gefroren ist. Darunter tragen sie transparente Umhänge in gedämpften Farben und die schlotterndsten Hosen, die man sich vorstellen kann. Sehr feierlich wackeln sie auf fast 30 Zentimeter hohen hölzernen Clogs einher. Das Dasein als Mönch mag ja erleuchtend sein, aber als Krieger müssen sie eine Lachnummer sein.

Wir beobachten, wie die Anführer eine komplizierte Serie von Ritualen ausführen, während der Rest sich wartend unter die hoch aufragende Pagode des Tempels setzt. Dann ergehen sie sich ausgiebig in nasalen Gesängen und schlagen die Zimbeln. Jemand bläst auf dem Schneckenhaus eines gewaltigen Tritonshorns, das er in einem aus Schnüren geknüpften Netz bei sich trägt; eine riesige Trommel, so groß wie ein Bierfaß, hallt dröhnend wider. Sie zünden einen Haufen grüner Zweige an, und Holzklötze, die von den Besuchern beschriftet worden sind, werden dem Feuer überantwortet.

Dann wird es wirklich aufregend. Die ranghöchsten Krieger-Mönche klettern auf eine breite Plattform und fangen an, etwas in die Menge zu schleudern. Ich habe gelesen, daß es Brauch ist, Bohnen zu werfen und daß wir so viele fangen müssen, wie unseren Lebensjahren entspricht, um unsere Gesundheit, unser Glück und unseren Wohlstand zu sichern. Statt Bohnen fliegen hier Mandarinen und ungeschälte Erdnüsse. »Oni wa soto, fuku wa uchi«, rufen die alten Männer beim Werfen. »Teufel hinaus, Glück herein!«

Es ist urkomisch. Die Umstehenden machen sich alle total verrückt bei dem Versuch, soviel wie nur irgend möglich zu erwischen.

Nach einer Weile bummeln Vanella und ich gemütlich zur Straße zurück, die Taschen vollgestopft mit 23 Mandarinen und ein paar Handvoll Erdnüssen. Es reicht nicht ganz, um unser Glück zu garantieren, aber es sollte uns eine Zeitlang die Nudelbar ersparen. Groß gewachsen zu sein kann im Land der aufgehenden Sonne seine Vorzüge haben.

Zwei Tage später sitzen wir im Frühzug und sind unterwegs nach Uzurihara, Japans Dorf des langen Lebens. Stolz hebt sich der Fuji gegen einen knallblauen Himmel ab.

Am Bahnhof von Uenohara werden wir von Kazuo, Kimberly und einem Herrn Hiraga abgeholt. Jeder verbeugt sich und stellt sich vor. Kazuo ist Vizedirektor der Yamanashi Prefecture International Association. Er ist Anfang 40, Brillenträger und hat glattes, schwarzes Haar. Kimberly ist seine Assistentin; sie ist im Rahmen eines beruflichen Austauschprogramms hier, kommt aus Kanada und spricht ausgezeichnet japanisch.

Herr Hiraga ist, wie wir durch die Blume erfahren, sozusagen aus dem Nichts aufgetaucht. Kazuo und Kimberly sind immer noch etwas irritiert. Gestern erst spazierte er unangemeldet in ihr Büro, und als die beiden ihre geplante Fahrt nach Uzurihara erwähnten, verkündete er, er wüßte alles darüber. Also haben sie ihn eingeladen mitzukommen. Herr Hiraga ist sehr formell, ein silberhaariger, dezent gekleideter Herr im dunkelblauen Anzug. Auf seiner Visitenkarte steht: Hiraga Associates International Inc.

Während sich Kazuos Minibus die waldigen Täler entlang in die Berge hinaufschlängelt, verliest Herr Hiraga getippte Notizen von einem kleinen Stück Faxpapier. Wir kommen uns vor wie auf einem Schulausflug.

»Der ehrenwerte Dr. Toyosuke Komiki machte in den 50er Jahren die Welt mit Uzurihara und seinem Phänomen der Langlebigkeit bekannt«, sagt er. »Man hatte festgestellt, daß viele betagte Leute in dem Dorf leben, deshalb begann Dr. Komiki dort Forschungen zu betreiben. Die Nahrung in dieser Region ist von besonderem Interesse. Sie heißt *choju*. Auf der Suche nach den Ursachen, die für die Verkürzung der heutigen Lebensspanne im Dorf verantwortlich sein könnten, fielen Dr. Komiki die verstädterten Eßgewohnheiten und die Veränderung in Menge und Qualität der körperlichen Betätigung auf – eine Folge der Einführung von Auto und Telephon.«

»Das ist sehr interessant«, sage ich. »Wissen Sie, was an der Nahrung so besonders ist?«

»Tja, zum *choju* gehören Taro-Wurzeln, Gelee aus Teufelszungen, geröstetes Gerstenmehl und eine besondere Art Brötchen.«

Vanella stupst mich an und hebt eine Augenbraue. Wunderbar, die Rettung naht; wir hatten wieder nur Mandarinen zum Frühstück.

Wir fahren weiter bergauf, bis wir am obersten Ende des Dorfes, wo man über rote Hausgiebel und Kiefern blickt, auf Herrn Ichimiyas Haus stoßen. Der ehemalige Dorflehrer ist ein Herr mit undurchdringlicher Miene; er ist etwas über 90, sieht aber immer noch aus wie etwas über 70. Wir verneigen uns alle sehr tief und werden – Stiefel aus – in einen kleinen, sonnendurchfluteten Raum geführt mit Papierschirmen anstelle von Wänden und Tatami-Reisstrohmatten auf dem Boden. Ein niedriger, quadratischer Tisch mit lackierter Oberseite und einer wattierten Samtdecke darauf nimmt die Raumesmitte ein. Herr Ichimiyas Schwiegertochter huscht umher und fordert uns auf, Platz auf den weichen Kissen zu nehmen und den dicken Stoff als Wärmedecke über die Knie zu drapieren.

Ich kann meine Augen nicht vom Tisch losreißen. Jeder Platz ist mit einer Anzahl von Schalen eingedeckt: frische Erdbeeren und Kiwis, eine Auswahl eingelegter Gemüsesorten, Feigen, Spinat, bestreut mit knusprigen Fischflocken und eine Portion Stangenbohnen. Herr Ichimiyas Schwiegertochter bringt noch eine größere Schüssel mit gedämpften Brötchen herein und gießt jedem grünen Tee ein, bevor sie sich unterwürfig hinter den alten Lehrer kniet.

»Das ist das *sakemanju*«, sagt Herr Hiraga und bietet mir ein Brötchen an, »eines der Nahrungsmittel, das die Menschen hier so gesund und langlebig macht. Nehmen Sie! Es ist innen süß, und der Teig außen entsteht durch natürliche Fermentation. Die Ärzte sagen, die Bakterien sind sehr gut für den Organismus.«

Sakemanju ist weiß und rund, weich und warm, und in der Mitte sitzt eine süße Paste aus roten Bohnen – eine Köstlichkeit.

Wir erfahren, daß Herr Ichimiya im 34. Jahr des Kaisers Meiji in Uzurihara geboren wurde. Er wurde Grundschullehrer für die Sechs- bis Achtjährigen. Herr Hiraga meint, damals waren der Bürgermeister, der Polizist und der Lehrer die drei wichtigsten Personen im Dorf.

»Herr Ichimiya muß ziemlich angesehen gewesen sein«, fährt er fort.

»Nein!« unterbricht ihn der Lehrer. »Ich war gefürchtet.«

Alle lachen, manche etwas nervös, doch Herr Ichimiya verzieht keine Miene und bleibt ernst auf seinen Hinterbacken sitzen, die Hände auf den Knien. Er ist gut gekleidet, sein dunkler zweiteiliger Anzug ist aus hochwertigem Stoff. Ich finde, er sieht ein bißchen aus wie Gregory Peck– ein grauhaariger, japanischer, nichtlächelnder Gregory Peck.

Lehrer hatten damals eher den Status von Rektoren. Es war die Zeit vor dem Zweiten Weltkrieg, als Japan ein Kaiserreich war und jeder den Tenno für einen Gott hielt. Herr Ichimiya unterrichtete alle Fächer an den verschiedenen Schulen der Umgebung. Der Sittenkodex war sehr strikt. Was er den Kindern sagte, war Gesetz. Auch die Eltern waren zum Gehorsam verpflichtet. Sie hatten damals in puncto Schul-Erziehungspolitik nichts zu sagen.

Vanella möchte immer wissen, welche Eigenschaften für gewisse Berufe erforderlich sind; also fragt sie Herrn Ichimiya, was einen guten Lehrer ausmacht.»Die Liebe zu Kindern«, antwortet er.

»Was lieben Sie an ihnen?«

»Ich liebe die Aufgeschlossenheit von Kindern, besonders von denen, die nicht darauf aus sind, vom Lehrer angeleitet zu werden. Jedes Kind hat einen angeborenen Charakter, der nicht verändert werden kann. Aber durch Gespräch, durch Kommunikation kann er gefestigt werden, und das Kind kann sich entwickeln. Der Lehrer hat die Aufgabe, das Wachstum der Persönlichkeit zu ermöglichen.«

»Wie waren Ihre Kinder?« fragt sie. »Brav oder ungezogen?«

»Sie waren sehr ernst.«

»Ernst? Warum so ernst?«

Das setzt eine ausführliche Diskussion in Gang, die Herr Hiraga schließlich zusammenfassen kann: »Damals herrschte hier erhebliche Armut, dergestalt, daß die Kinder äußerst hart arbeiten mußten.«

»Und wie kommt es«, frage ich unschuldig, »daß Japaner offensichtlich so hart arbeiten?« – »Es liegt in der angeborenen Natur des japanischen Volkes, hart zu arbeiten«, sagt der Lehrer. »Das ist unveränderlich. Sie werden nicht faul geboren wie Ausländer.«

Wir lachen wieder. Ich finde seine Bemerkung wirklich lustig, aber unsere Freunde ergehen sich sofort in Diplomatie. Herr Ichimiya scherzt nicht.

»Denken Sie daran, die Jungen und die Alten dürfen reden, wie ihnen der Schnabel gewachsen ist«, flüstert Kimberly.

»Ich bin zu ehrlich, um höflich zu sein«, bestätigt Herr Ichimiya mit unbewegter Miene.

Mein eigentliches Problem ist, daß niemand ißt. Vanella und ich haben uns zurückgehalten, und auch sonst hat niemand etwas angerührt. Uns droht eine Art Etikette-Infarkt. Diskret nehme ich mir mit den Eßstäbchen eine eingelegte gelbe Wurzel, und das Aroma explodiert in meinem Mund.

Vanella entschärft unterdessen die Spannung, indem sie im Plauderton das Gespräch auf das Dorf lenkt. Wir erfahren, daß es sehr isoliert war. Jeder arbeitete zu Hause – in der Landwirtschaft oder am Webstuhl. Viele Haushalte züchteten Seidenraupen, eine Ganztagsbeschäftigung für die Frauen, weil sie die Seide 24 Stunden am Tag einsammeln mußten. Die Männer holten Holz aus den Wäldern, einige stellten Holzkohle her. Früher gab es keine Straße, Wagen wären keine große Hilfe gewesen. Sie mußten ihre Pferde beladen oder einfach den ganzen Weg hinunter zum Markt in Uenohara zu Fuß gehen, um ihre Waren zu verkaufen. Auch Herr Ichimiya ist zu Fuß zu seinen Schulen gegangen. Die größte Entfernung innerhalb des Gemeinwesens maß etwa eine Stunde Fußmarsch – hügelauf und hügelab über viele steile Hänge.

Diese Lebensweise hielt sie gesund, glaubt Herr Ichimiya.

»Die saubere Luft, die Bergsonne, das klare Wasser und die Bewegung sind es, was die Leute so lange leben läßt«, sagt er. »Und die Ernährung trägt auch dazu bei.« Ah ja, die Ernährung. Endlich. Immer noch ißt niemand. Und der Lehrer würdigt den Tisch keines Blickes.

»Betagte Menschen werden in Japan geliebt und geehrt«, fährt er fort. »Als ich jung war, lebten meine Großeltern nicht bei uns, weil mein Vater nicht der Erstgeborene war. Ich beneidete die Freunde, die einen Großvater oder einen Urgroßvater im Haus hatten. Ich spielte und unterhielt mich immer mit ihnen. Ich glaube, diese Art von Gefühlen tut den alten Leuten gut. Ich erinnere mich an einen alten Mann mit Namen Tsuru; damals war ich ungefähr vier. Vielleicht tat ich ihm leid, weil ich keine Großeltern zu Hause hatte, jedenfalls liebte er mich sehr. Er buk dann Reiskuchen für mich, oder manchmal gab er mir eine gekochte Taro-Wurzel.«

»Und jetzt sind Sie so alt wie Tsuru-san; was halten Sie vom Alter?« frage ich. »Nicht viel«, meint er etwas mißmutig. »Das Leben ist ein Fluß. Niemand kann die dahinfließenden Jahre und Monate anhalten. Ich habe 91 Jahre und acht Monate gelebt, und ich glaube, in dieser Zeit gab's mehr Leiden als Freuden.«

Herr Hiraga sieht meinen verdutzten Gesichtsausdruck. »Eigentlich versucht er nicht den Eindruck zu vermitteln, daß das Leben hart war«, erklärt er. »Was er sagen will, ist, daß es Kriege gegeben hat.«

Wieder mal diese Höflichkeit. Die Bomben erwähnen wir jetzt besser nicht.

Es ist tragisch. Als wir Herr Ichimiya verlassen, haben wir kaum etwas gegessen. Kazuo wirft einen Blick auf die Uhr und sagt, es sei an der Zeit aufzubrechen. Wir verneigen uns also und werden weiter zum nächsten Haus gescheucht. Stiefel aus – wir werden in ein geräumiges Zimmer geführt, wo ein langer, niedriger Tisch für fünf Personen gedeckt ist; um jeden Platz sind elf Schalen mit Speisen angeordnet. Weitere Speisen stehen in der Mitte des Tisches. Insgesamt zähle ich an die 60 Schalen. Ich kann es kaum glauben: Kazuo, Kimberly, Vanella, ich und Herr Hiraga bekommen *choju* zum Mittagessen. Wir sitzen mit gekreuzten Beinen da, schwatzen aufgeregt und lassen unsere Augen schwelgen.

»Ich habe nicht oft die Gelegenheit, das Essen der Berge zu genießen«, sagt Kazuo. »Schaut euch das an! Ich glaube, da ist weiße Taro-Wurzel.«

Herr Hiraga inspiziert sie sorgfältig. »Das habe ich noch nie gesehen. Und hier, das ist selbstgemachter Tofu – heutzutage sehr selten.«

Die Suppe wird aufgetragen, und Kimberly unterweist uns, wie die Japaner das Tischgebet sprechen.

»Ita dakimasu«, sagt sie. Das bedeutet: Ich habe demütig am Mahl teil.

»Ita dakimasu«, wiederholen wir. Ich habe demütig am Mahl teil und haue mutig rein.

Die Pilze locken mich zuerst, eine schwarze Sorte und eine andere, kleiner und heller. Ich nehme die schwarze und schmecke ihre erdige Fülle ganz hinten in der Nase.

Kazuo beugt sich vor und schlürft geräuschvoll seine Suppe, eine Brühe mit Nudeln und allen möglichen Arten versteckter Zutaten. Ich koste ein wenig. Sie ist lecker, salzig und sie wärmt.

Herr Hiraga hält zwischen seinen Eßstäbchen etwas Hellbraunes hoch. »Das ist ein Bambusherz«, sagt er. »Normalerweise essen die Japaner Bambusherzen, solange sie noch sehr klein sind, aber hier in der Gegend wartet man, bis sie so groß geworden sind.«

»Oooh ... « Kazuo hat gerade etwas Bambus probiert. Er macht mich darauf aufmerksam und zeigt mit dem Eßstäbchen darauf.

»Mmmmm ...« Kimberly kostet die weiße Wurzel mit miso darauf.

»Hast du die schon probiert?« fragt mich Vanella und zeigt auf etwas, das wie ein Pfannkuchen aussieht. »Drinnen ist eine Art eingelegter Wurzel mit Orangenessig. Wie eine Mini-Crêpe Suzette.«

»Spitze!«

Ein außergewöhnlicher Geschmack. Als nächstes wähle ich püriertes Gemüse in einer Art süßer Sauce.

»Was ist das? Schmeckt auch eingelegt.«

»Das ist *fuki*«, sagt Kazuo. »Ich liebe es.«

»Es ist wie ein dünner Rhabarber«, meint Kimberly.

»Oh, mmmmh, ja, wunderbar.«

Vanella stochert in einer der großen Gemeinschaftsschalen.

»Das ist eine Wurzelart«, erklärt Herr Hiraga, »die sehr, sehr lang ist. Der Bauer muß sie in sehr tiefgründigem Boden ziehen, damit sie gerade wachsen kann. Wenn sie krumm sind, haben sie keinen Marktwert.«

Unsere sind kerzengerade.

»Und natürlich die Teufelszunge!« Er schlenkert ein blaßgraues Ding, das die Form und Größe einer Zunge hat. »Ein Gelee, das aus der Stärke mehrerer Arten Taro-Wurzeln gemacht wird. Wir nennen es *konnyaku.*«

Ich finde die Teufelszunge eher wegen ihrer feuchtkalten Beschaffenheit bemerkenswert als wegen ihres Geschmacks. Und dann hole ich mir noch schnell einen Happen von dem einzigen Gericht, das irgendwie vertraut wirkt, dem legendären *sakemanju.* Dieses hier schmeckt etwas anders als das bei Herr Ichimiya – die Bohnenpaste ist fruchtiger.

»Das hier sind dieselben Bohnen, *azuki*-Bohnen«, sagt Kimberly und zeigt auf eine Schale mit roten Bohnen in weißem Reis. »Zu festlichen Anlässen bereiten sie ein Gericht aus *azuki*-Bohnen und Reis zu, das *sekihan* genannt wird. Und die beiden Schriftzeichen von *sekihan* bedeuten ›rot‹ und ›Reis‹. Hier in Japan sind Rot und Weiß heilbringende, gesundheitsspendende Farben.«

Rot und weiß ... wie die Nationalflagge, wie die Sonne, die an einem blassen Morgenhimmel aufgeht, die Farben des süßen Bohnen-Brötchens.

Herr Morimoto ist der erste, der die Zwillinge erwähnt.

Herr Morimoto hatte einmal geschäftlich mit meinem Vater zu tun, und ich habe seine Telefonnummer in meinem Buch.

»Aber, äh, dann müssen Sie unbedingt äh Kin-san Gin-san treffen«, erzählt er mir.

»Verzeihung, wen?«

»Kin-san Gin-san. Sehr alte, äh, Zwillingsschwestern. Über, äh, 100 Jahre alt.«

»Wer ist das?«

»Sie sind sehr berühmt. Sie waren in, äh, der Werbung.«

»Wissen Sie, wie wir sie finden können?«

Herr Morimoto ist sich nicht so ganz sicher. Es sieht ganz so aus, als seien Kin-san Gin-san Superstars.

Eines Nachmittags dann, als Vanella und ich gerade einen kleinen Schaufensterbummel in Ginza, Tokios schicker Einkaufsmeile, machen, kommen wir an einer Tür mit dem Firmenschild Dentsu Inc. vorbei. Wir denken an Dentsus Ruf als Japans größte Werbeagentur und fragen drinnen mutig nach. Das Dentsu-Imperium, so erfahren wir, ist in einer Vielzahl von Büros überall in Ginza untergebracht. Wir beschließen, in die Archiv-Abteilung zu gehen. Was wir suchen, ist die Creative Management Division ein paar Blocks weiter, im besonderen einen Herrn Ina, Manager von Talent Business Services Development.

Herr Ina zeigt sich etwas irritiert, schickt dann aber jemanden los, um eine Videokassette zu suchen. Dann drückt er auf Play.

Wir sehen Kin-san Gin-san in einem mit Tatami-Matten ausgelegten und mit Holz und Papierschirmen unterteilten Raum auf Kissen sitzen.

»Kin-san ist 100«, sagt die eine. »Gin-san ist auch 100«, sagt ihre Schwester. Dann die Stimme eines Mannes: »Wenn Sie weitere Informationen über die Produkte von Duskin wünschen, wählen Sie bitte 100100!« Das Bild auf dem Schirm erstarrt, flimmert und verschwindet. Wir haben den Werbespot für Duskin-Haushaltslappen gesehen, der die Karriere der meistgefeierten Zwillinge Japans begründete.

Herr Ina schenkt uns ein starres Lächeln und zeigt auf die Titelseite der Abendzeitung, die auf seinem Schreibtisch liegt. Über dem Photo einer kleinen, alten Dame meldet die Schlagzeile: GIN-SAN IM KRANKENHAUS. Unsere Begegnung mit den Zwillingen scheint zum Scheitern verurteilt.

Zwei Tage später schießen wir wie der geölte Blitz durch die Stadtlandschaft. Blaßgrau flitzt die Welt im rauchigen Dunst am Fenster des Hochgeschwindigkeitszuges vorbei – wie ein Film auf Vorlauf. Da ist endlich mein Wirrwarr aus Drähten, Masten, Schornsteinen und niedrigen Hausdächern, das ich mir vorgestellt hatte, bevor wir Japan erreichten. Es erstreckt sich im Norden bis zu den Bergen und hinunter bis hart an die Küste eines silbrigen Meeres. In Null Komma nichts und rechtzeitig sind wir in der Stadt Nagoya.

Ich bin ein bißchen deprimiert. Wenn Gin-san im Krankenhaus ist, können wir nur eine Hälfte der Zwillinge treffen, und das ist nicht dasselbe. Aber als wir ins Büro der Nagoya International Association kommen, erzählen sie uns, die Star-Operation sei so gut verlaufen, daß wir ihr einen Besuch abstatten können. Wir werden Kin-san im Haus ihres Sohnes im Vorort Minami-ku treffen und am Nachmittag dann Gin-san mit einer ihrer Töchter im Fujita Health University Hospital besuchen.

Der Taxifahrer braucht keine Richtungsangaben. Er kennt Kin-sans Haus. Jeder kennt Kin-san Gin-san. Jeder, dem wir erzählt haben, daß wir sie tatsächlich aufsuchen werden, hat sofort mit weit offenem Mund gestaunt. Alle sehen sich die beiden Schwestern im Fernsehen an, wenn sie in Talkshows auftreten und nach ihrer Meinung zu aktuellen Ereignissen gefragt werden. Jetzt sind sie 101 und können absolut alles sagen, wonach ihnen zumute ist.

Sie sahen einmal genau identisch aus, aber in späteren Jahren haben sich ihre Gesichter verändert. Kin-sans Kopf ist so rund wie ein Ball, Gin-sans Kopf dagegen ist länglich und oben fast quadratisch. Außerdem hat sie vorstehende Zähne wie ein Kaninchen. Beide Schwestern haben kurzes silbriges Haar und tragen schicke Kimonos. Sie sind sehr klein und faltig, nur etwa 1,30 groß und vornübergebeugt wie Fragezeichen.

Kin-san Gin-san wurden im 25. Jahr des Kaisers Meiji an einem Ort namens Narumi geboren – damals noch eine eigene Gemeinde, jetzt aber ein Vorort von Nagoya. Nach einem alten Brauch, an dem man heute nicht mehr festhält, wurde bei Zwillingen das erstgeborene Kind – Gin-san – als das jüngere betrachtet. Das Zweitgeborene – Kin-san – war das ältere, weil es, so meinte man, dafür verantwortlich war, den Schoß der Mutter zu reinigen.

Die stolzen Eltern brachten die Babys zum Grundschullehrer des Dorfes, der sie in einem geistvollen Moment Gold und Silber nannte.

Fortan taten sie, die Kinder armer Bauern, alles gemeinsam. Sie halfen bei der Landarbeit. Verreisen gab es nicht; sie bekamen nie eine Stadt zu sehen, nur ihr eigenes Dorf. Die zwei lebten ein sehr durchschnittliches Leben. Sie wuchsen auf und heirateten. Sie zogen ihre Kinder auf und sahen ihre Enkel auf die Welt kommen. Bis sie dann an ihrem 100. Geburtstag von der Stadt Nagoya geehrt wurden und ein aufgeweckter Werbetexter von Dentsu Inc. ihre Photos in der Zeitung sah. Er erkannte ihr Potential und baute sie in den TV-Werbespot ein, an dem er gerade arbeitete. Bald lief jeder herum und plapperte »Hyaku, hyaku« – hundert, hundert. Über Nacht hatte die japanische Nation Kin-san Gin-san ins Herz geschlossen.

Das war nicht immer so. Als sie auf die Welt kamen, brandmarkte sie ein primitiver Aberglaube als gefährlich. Die medizinischen Hintergründe für die Geburt von Zwillingen hatte man damals noch nicht voll begriffen und meinte, nur Tiere brächten mehr als ein Junges zur Welt. Die Leute im Dorf verfluchten die kleinen Schwestern, zeigten mit dem Finger auf sie und schrien ihnen hinterher, wenn sie zur Schule gingen.

»*Futango, futango*«, riefen sie. »Ihr dreckigen Zwillinge!«

Die beiden dachten sich ein System aus, nach dem sie abwechselnd zur Schule gingen. Nachts erzählte dann die eine der anderen, was sie gelernt hatte. Die Daheimgebliebene hatte unterdessen im Haus bei den jüngeren Brüdern und Schwestern geholfen. Niemand merkte etwas – sie sahen sich so ähnlich.

Wir erkennen ein paar Unterschiede. Kin-san lacht mehr als ihre Schwester, ein meckerndes, quasi verschrumpeltes Lachen. »Heh heh heh« macht sie als Antwort auf fast alles, was wir sagen. Ihre Stimme ist quieksig und hoch, während Gin-san langsamer spricht, tiefer, manchmal krächzend wie eine ungeölte Türangel.

Aber Gin-san ist sehr lieb, die freundlichere von den beiden. Unsere Besorgnis um ihre Gesundheit wischt sie beiseite und antwortet mit einer Schmeichelei. Wir seien so ein hübsches Paar. Sie sagt, ich sehe so jung aus und Vanella sei sehr schön. Da lächeln wir, zieren uns gebührend und staunen über ihr Alter.

Dann spielen wir ein Spiel. Wir befragen jede Schwester über die andere: Wie ähnlich sind sie sich?

»Wir gleichen uns sehr«, erzählt Kin-san. »Gin-san ist höchstens ein bißchen gesprächiger. Eigentlich zu gesprächig«, vertraut sie uns mit einem pfeifenden Kichern an.

»Oh ja, wir gleichen uns sehr«, stimmt Gin-san später zu. Als wir ihr dann erzählen, was ihre Schwester gesagt hat, fügt sie hinzu: »Ja, das stimmt, ich rede tatsächlich mehr. Aber ich bin ein bißchen stärker als Kin-san.« Ein Punkt für sie.

Kin-sans Sohn und Gin-sans Tochter erzählen uns, daß ihre beiden Mütter genau gleich sind: unglaublich dickköpfig. Sie weigern sich, in irgendeinem Punkt nachzugeben, und haben sich angewöhnt, genau das zu tun, was sie wollen.

»Warum sind Sie über 100 Jahre alt geworden?« fragen wir die Zwillinge. »Schicksal«, antworten sie beide – jede an ihrem Ort. »Alles wird vom Schicksal bestimmt. Wie lange ein Mensch lebt, steht schon bei seiner Geburt fest.«

»Gibt es irgend etwas, in dem Kin-san gut ist, Gin-san aber nicht … oder umgekehrt?«

»Nein, nichts«, sagen sie mit einem Lächeln und einem bezaubernden kleinen Nasenrunzeln.

»Und was ist das Wichtigste im Leben?«

»Die Gesundheit. Regelmäßige Bewegung ist unerläßlich.«

»Welche Übungen machen Sie?« – »Ich gehe jeden Tag draußen spazieren«, kommt von beiden die Antwort.

»Gibt es irgendeine spezielle Ernährungsweise, die Ihnen geholfen hat, so alt zu werden?« – »Eigentlich nicht.« Sie essen beide mit ihren Familien, aber Gin-san mag Fisch besonders gern und muß darauf achten, sich nicht daran zu überessen.

»Stehen Sie mit Ihrer Schwester irgendwie in telepathischem Kontakt?« - »Nein«, antworten sie und schütteln einmütig die Köpfe.

Gin-san Kin-san sagen beide mit gleicher Bescheidenheit, daß es ihnen peinlich ist, so populär zu sein. Doch es macht ihnen auch Spaß, das Leben von Superstars zu führen. »Die Menschen sind sehr freundlich. Dauernd besuchen sie uns«, sagt Gin-san. »Ich bin gerne unter Menschen.« Auch Kin-san geht mit Begeisterung in Fernsehstudios. »Ich kann nicht anders«, sagt sie. »Es macht mir Spaß, im Rampenlicht zu sein. All diese Bewunderung.«

Ihr Leben hat sich ziemlich verändert, seit sie im Scheinwerferlicht stehen. Zuvor hat jede ihr eigenes Leben geführt. Aber seit ihrem 100. Geburtstag sind die Schwestern wiedervereint, wieder zusammen. Zwillinge zu sein ist kein Stigma mehr. Jetzt sind sie gefragt, werden ständig von Fernsehcrews gejagt, die ihnen Mikrophone hinhalten, um sie zu interviewen. Sie blühen auf bei soviel Aufmerksamkeit und sind stärker und gesünder geworden – wenn man von Gin-sans Star mal absieht. Während der letzten anderthalb Jahre hat ihnen das ganze Land gehuldigt, und sie haben fast 3000 Briefe Fanpost bekommen. Kin-san Gin-san sind heute eine kleine Firma. Kin-sans Sohn arbeitet als ihr Geschäftsführer. Sie tauchen mittlerweile in weiteren Werbesendungen auf, posieren als Photomodelle, sind karitativ tätig. Sie zeigen uns auch den aktuellen Kin-san-Gin-san-Kalender und schenken uns die Kin-san-Gin-san-Zwillingspuppen, die jetzt in den Geschäften als Andenken angeboten werden. »Schicksal«, sagen die Zwillinge. »Denken Sie immer daran, daß alles im Leben vom Schicksal bestimmt wird.«

Während uns der Hochgeschwindigkeitszug im Handumdrehen nach Tokio zurückbringt, beobachten wir zum letzten Mal, wie eine blutrote Sonne hinter den Bergen untergeht. Eine freundliche Dame, die in der Nähe sitzt, zieht zwei Orangen aus der Tasche und bietet sie uns lächelnd an. Wir müssen hungrig aussehen. Unsere Mandarinen sind uns schließlich doch ausgegangen.

Aprikosen und Tiger

Unsere Reise nach Shangri-La zieht sich hin. Der Minibus, ein sehniges, altes, blaues Arbeitspferd, trägt mehr als 20 bis zur Gefühllosigkeit zusammengepreßte Menschen. Erwachsene Männer sitzen einander auf den Knien, die Schultern hochgezogen, die Köpfe verdreht. Jemand quetscht sich sogar noch zwischen den Fahrer und die Fahrertür. Draußen auf dem Gepäckträger, wo man unsere Rucksäcke hingeschleudert hat, hocken noch mehr Passagiere; sie haben genug Platz – und laufen Gefahr, jederzeit in den nächsten Abgrund zu stürzen.

Nichtsdestotrotz sind wir ein gutgelaunter Haufen. Ein Mann schlägt eine Art Trommel, entwickelt einen Tanzrhythmus und vertreibt uns damit die Zeit. Der Schaffner vorne behält alles im Blick: wie viele einsteigen, wieviel sie zahlen, wann der Bus halten muß. Die Hintertür hält er geschickt mit einem langen, haarigen Seil geschlossen, besonders während der Fahrt; nur einmal zieht er die Tür so schwungvoll zu, daß sich ein neuer Fahrgast den Arm einklemmt. Alle finden das furchtbar lustig. Der Mann mit dem lädierten Auge, dessen Bein die ganze Zeit schmerzhaft gegen meines drückt, schläft an meiner Schulter ein; schwer geht sein Atem.

Wir sind in Gilgit aufgebrochen, einer geschäftigen Handelsniederlassung am oberen Ende eines breiten Tales voller Äcker und Felder im äußersten Nordosten Pakistans. Gilgit lebt am und mit dem Fluß, wird von finsteren, grauen Bergen geschützt und ist ein Magnet für die Menschen aus den Regionen ringsum. Die Gesichter, die sich die Hauptstraße entlangtreiben lassen, kommen aus Afghanistan, Peshawar und Chitral im Westen, aus Kaschmir im Osten und von den Bergen im Norden. Im Stadtzentrum neben der Moschee umzäunen hohe Steinmauern ein Polofeld – Polo ist die hier populäre Sportart.

Unsere Straße, der Karakorum-Highway, wurde erst in den späten 70er Jahren fertiggestellt. Davor war er nur ein holpriger Fahrweg, oft nicht mehr als ein Maultierpfad, eine ehemalige Seidenstraße, die die Täler des Indus mit den westlichen Landesteilen von China verband. Eigentlich ist der KKH – so wird die Straße genannt – nie wirklich fertig; zu unversöhnlich ist die Landschaft, durch die er führt. Das Karakorum-Gebirge ist ständig in Bewegung, und die Umweltbedingungen sind extrem. Mensch und Natur kämpfen einen nie endenden Kampf, Zerstörung und Instandsetzung wechseln sich ab – unschwer zu erraten, wer die Oberhand behält. Das macht die Fahrt so aufregend. Abgestürzte oder fortgespülte Straßenabschnitte hat man nur notdürftig mit etwas Geröll geflickt, und wenn der Bus Schräglage hat und wir einen kurzen Ausblick ins Tal haben, sehe ich weit unten den geschrumpften Fluß, der von hier aus nur noch wie ein Bach aussieht. Wir umfahren Erdrutsche und hausgroße Felsen. Aber wir schaffen es. Fast jeder schafft es.

Wir kommen im Hunza-Tal an, berühmt für seine Aprikosen und die Langlebigkeit seiner Bewohner. Die Menschen hier sollen 120 Jahre alt oder älter geworden sein. Außerdem heißt es, sie seien Nachfahren der Restarmee Alexanders des Großen, der hier vor den Bergen kapitulierte und sich auf den Heimweg machte. Und James Hilton, der 1933 »Lost Horizon« schrieb, soll sein berühmtes Shangri-La nach diesem Ort benannt haben.

Es ist zwar noch frostig, aber dennoch Frühling. Das Tal ist über und über mit blühenden blaßrosa und weißen Aprikosenbäumen getupft. Auf säuberlich terrassierten Feldern treiben Weizenschößlinge neues, zartes Grün. Die bebauten Flecken folgen in ihrer Form den Konturen der Landschaft, den Trockensteinmauern und den Teilungslinien der Bewässerungskanäle. Die runden, grauen, vom Sommerhochwasser abgeschliffenen Steine der Mauern stammen aus dem tieferliegenden Flußbett. Von beiden Ufern aus steigen die Terrassen Stufe um Stufe an, werden allmählich immer schmaler, bis schließlich der Abhang zu steil wird. Wo irgend möglich, thronen Gruppen quadratischer, schlammbrauner Häuschen. Und weit oben fällt der Schnee auf einige der höchsten Gipfel der Welt.

Wir arbeiten uns aus dem Bus heraus und inspizieren ein paar verlassene Hotels im Dorf Aliabad. Das Rakaposhi Inn, geführt von dem servilen Herrn Ghazi, erhält unseren Zuschlag. Herr Ghazi ist ein leutseliger Charakter und trägt eine braune Hunzakappe: flach, oben rund wie ein Pfannkuchen und rundum von einem Stoffwulst umgeben. Sein braunes Tuch behält er auch beim Sprechen um den Mund gewickelt.

»Guten Tag, mein Herrrr, serrr gut, mein Herrr, ja bitte, vielen Dank, mein Herrr«, sagt er und bricht bei der leisesten Andeutung von etwas mäßig Amüsantem in ungestümes Gegacker aus, das immer ein wenig zu lange anhält.

Wir werden uns wegen des Zimmers handelseinig, und nach einer kurzen Ruhepause lassen wir Herrn Ghazi, in eine Decke gewickelt, vor seinem elektrischen Ofen sitzen und wandern die staubige Hauptstraße hinauf. Im Dorf scheint nichts los zu sein; wir bemerken nur drei Typen, die in einer Art Café mit einer großen weißen Satellitenschüssel auf dem Dach vor dem Fernseher sitzen. Nicht weit davon finden wir die Büros des AKRSP – des Aga Khan Rural Support Programme.

Die Leute von Hunza sind ismaelitische Muslims, und ihr geistiger Führer ist Aga Khan. Der stolze und edle Stamm wurde einst von seinen Königen regiert – den *mir* –, und bis heute betrachten sie sich nicht als Pakistani.

Ich hatte in Gilgit mit dem AKRSP Kontakt aufgenommen, war nacheinander von einigen weltmännischen Herren empfangen worden und hatte schließlich einen handgeschriebenen Brief bekommen, der – so vermute ich – eine Art Empfehlungsschreiben ist. Ich händige ihn Mansur Khan aus, dem hiesigen Organisator für die Region Hunza. Er und sein Partner Schah Ghazi sind junge Männer in unserem Alter. Neben den Kappen und den dazu passenden Schnurrbärten tragen sie die traditionellen Hemden mit den langen Schößen und Pantalons. Mansur trägt darüber eine khakifarbene Militärjacke, Schah Ghazi ein Tweed-Sportjackett.

Mansur gibt den Brief an seinen Freund weiter. »Alte Leute«, sagt er gleichmütig. Er scheint kein Freund vieler Worte zu sein.

Ich nicke. »Ist es wahr, daß sie hier in Hunza immer noch so alt werden?«

»Ja.«

»Wie alt?«

Er zuckt die Achseln. »Vielleicht hundert, vielleicht mehr. Ein paar sind sehr alt.«

»Können Sie uns helfen, ein paar dieser Leute zu treffen?«

»Ja«, sagt er so nüchtern, daß ich es kaum aushalte. Aber irgend etwas sagt mir, daß alles in Ordnung geht.

»Möchten Sie einen chinesischen Tee?« fragt Mansur. Er läßt den Laufboten kommen, ein altes Faktotum mit dichtem grauem Bart, der so etwas Ähnliches wie flauschige Hauspantoffel trägt. Die Männer besprechen sich kurz, dann laden sie uns ein, uns an den beiden Heizstäben des staubigen Elektroofens zu wärmen, der zu unseren Füßen vor sich hin surrt. Wir erzählen ihnen, daß wir den ganzen Weg von Rawalpindi heraufgekommen sind. Sie wiederum erklären uns ein Schaubild, das Organogramm der AKRSP, das an der Wand hängt und ihre Arbeit in Landwirtschaft, Gesundheit und Erziehung darstellt.

Als wir unseren Tee halb ausgetrunken haben, verkündet Mansur plötzlich, sie müßten jetzt gehen. Wir sind überrascht, und Schah Ghazi erklärt schnell, daß sie auf einer Sitzung erwartet werden. »Wollen Sie mitkommen?« fragt er.

Wir wollen auf keinen Fall etwas verpassen, klettern in Mansurs Jeep und fahren mit ihm auf dem Highway zurück zu einem Dorf in Unterhunza. Unterwegs müssen wir eine große Schlucht auf einer kleinen Hängebrücke überqueren, gerade breit genug für ein Fahrzeug. Steinerne Torbögen halten die Drahtseile und Stützpfeiler an beiden Seiten, aber der Rest besteht aus Holz und ist in Abständen mit neuen, noch unverwitterten Planken geflickt. Sobald das Gewicht des Jeeps die Brücke belastet, verfällt sie in beunruhigende Schwingungen, die bis auf die andere Seite hinüberwogen.

Mansur grinst unter seiner Adlernase. »Keine Angst«, sagt er, als wir bis zur Mitte der Schlucht gewabbelt sind. »Die Brücke ist von den Briten gebaut worden.«

Wir sind absolut beruhigt, schauen aber lieber trotzdem nicht runter, und Vanella läßt meine Hand erst wieder los, als alles überstanden ist.

Die Briten haben in der Tat ihren Part in der Geschichte dieser Gegend gespielt. Diese Weltgegend war zwar eine der unzugänglichsten Ecken ihres Empire, aber durchaus nicht ohne strategische Bedeutung: China und das damalige russische Reich lagen nicht weit entfernt. England herrschte bis zur Unabhängigkeit und Teilung Indiens im Jahre 1947, hielt aber immer Distanz zur Regierungsbehörde in Gilgit. Nach ein paar Scharmützeln hatten die Briten das Gebiet zwar unterworfen, aber es war leichter, die *mir* bei Laune zu halten, als ein Land wie dieses zu überwachen. Von den Briten lernten die Einheimischen, Terrassen zu bauen und das Land zu bewässern. Dafür zeigten sie ihren Herren, wie man Polo spielt.

Wir fahren den holprigen Weg ins Dorf hinauf und halten vor dem Schulhaus, einem modernen Bau aus Ytong-Steinen mit kleinen Fenstern. Die Sitzung ist schon im Gange, wird aber unterbrochen, um uns vorzustellen. Wir nehmen vorne bei den Hauptrednern Platz, vor uns ein Raum voller Männer, vielleicht 50 oder 60, die sich in viel zu kleine Schulbänke gezwängt haben. Diese Männer mit ihren kräftigen Zügen und der gesunden Gesichtsfarbe sind Hunzakuts – eine markige Sammlung aufrichtiger, wettergegerbter Gesichter unter einer schönen Auswahl der landesüblichen Kappen. Ich sehe rötlich-braune Bärte in mehreren Schattierungen, buschige Augenbrauen und struppige Schnurrbärte und bin überrascht, in einer so kleinen Gemeinde so unterschiedliche Gesichter zu sehen. Besonders die Nasen faszinieren mich: spitz, hakenförmig, gebogen, groß, knollig. Dann fallen mir ganz hinten die leuchtenden Farbpunkte auf einer bestickten Pillbox ins Auge, und ich entdecke vier Frauen, die dort ruhig mit ihren Kindern sitzen.

Vanella neben mir sieht aus, als wollte sie sich am liebsten unsichtbar machen. Wir kommen uns beide vor, als säßen wir auf einer Bühne. Aber wir sind zweifellos Zuhörer und erleben die Debatte ungefähr so, als würden wir einen schwer verständlichen Film ohne Untertitel ansehen. Man spricht Brushuski, eine der drei Hunzasprachen, die immer noch verbreitet sind. Das Thema scheint wichtig zu sein. Die Antragsteller vorne legen einige Pläne dar, dann erläutern die Männer des Dorfes ernst und förmlich ihre Ansichten, wobei jeder neue Sprecher mit einem »Freunde, Hunzakuts, Landsleute« beginnt und um Erlaubnis ersucht, sich an die Versammlung wenden zu dürfen. Dann folgt entweder eine kraftvolle und leidenschaftliche Rede oder etwas Ausführlicheres und besser Strukturiertes. Offensichtlich setzt sich die alte Garde lautstark gegen jüngere, liberalere, vielleicht aufgeschlossenere Standpunkte zur Wehr. Die Männer lassen sich von uns Fremden kaum stören; sie sind in ihre Diskussion vertieft. Die Frauen sagen nichts und gehen nach etwa der Hälfte der Debatte.

Mansur lehnt sich zu mir herüber und tippt mir auf den Arm. »Sie sprechen über ein Gesundheitszentrum, das gebaut werden soll«, flüstert er. »Die Frage ist, ob wir einen Arzt fest einstellen sollen oder nicht.«

Hin und her wogt die Diskussion, dann ist plötzlich alles vorüber, die Atmosphäre entspannt sich, und alle strömen hinaus in die Dämmerung. Es scheint, als sei man zu keiner abschließenden

Entscheidung gekommen. Draußen schütteln wir wieder Hände und plaudern mit Mansurs Freunden Mustafa und Jan Alam. Mustafa ist offensichtlich ein sehr herzlicher Mann; er trägt ein blaues Jeans-Jackett über dem traditionellen Gewand. Jan Alam mit dem dunklen, buschigen Bart ist der Intellektuelle. Weil Mansur und Mustafa noch etwas Dienstliches zu klären haben, unternehmen Schah Ghazi und Jan Alam mit uns eine waghalsige Fahrt den Berg hinauf; für jede Kurve muß der Jeep mindestens dreimal vor und zurück manövrieren. Sie bringen uns zum Haus von Ghulam Muhammad, dem ältesten Mann des Dorfes.

Unsere Ankunft verbreitet große Aufregung. Kinder kommen herbeigerannt, um uns anzuschauen. Wir lächeln und begrüßen sie, und sie rennen wieder weg. Immer neue rosige Gesichter tauchen auf, aber der alte Mann selbst ist nirgendwo zu sehen. Wir werden in einen Raum geführt, der von Wand zu Wand mit einem gemusterten Teppich ausgelegt und nur mit einer antiken Nähmaschine und ein paar Polstern möbliert ist. Eine einzelne schwache Glühbirne hängt von der Decke. Wir sitzen mit gekreuzten Beinen in unseren dicken Socken da, und der Raum füllt sich mit neugierigen kleinen Jungen mit kurzgeschnittenen Haaren und in einem Mischmasch aus westlichen und traditionellen Kleidungsstücken. Sie scharen sich um uns und plappern alle auf einmal und staunen über unser seltsames Aussehen, und manchmal berühren sie uns am Ärmel. Wir lächeln in ihre eifrigen Gesichter, und Vanella arbeitet an ihrer Zeichensprache. Manchmal kommt ein junges Mädchen an die Tür, späht herein und huscht wieder davon.

Dann hat Ghulam Muhammad seinen großen Auftritt, hinter sich ein Gefolge junger Männer. Wir tauschen *salaams* aus, dann geht er auf seinem Stammplatz in die Hocke, den Rücken an die Seitenwand gelehnt; die Hände ruhen auf einem lädierten, silberbeschlagenen Stock. Ghulam Muhammad war hier einmal ein *trungpha,* ein Chef.

Vanella zählt durch. Neunzehn Männer und Jungen sitzen im Raum. Ghulam Muhammad sieht sehr alt aus. Ein Augenlid in seinem verwitterten Gesicht hängt etwas herunter, sein Vollbart paßt zum silbrigen Weiß der Baumblüte draußen. Er ist in einen groben, cremefarbenen Mantel, einen *shuqa*, gehüllt, der an den Schultern mit zwei leuchtendrosa Blumen verziert ist. Darunter trägt er eine dicke Jacke mit Pelzkragen, und der Rest von der Kappe bis zu den Socken scheint aus derbem, braunem Stoff in verschiedenen Schattierungen zu bestehen.

Meine Frage nach seinem Geburtsjahr führt zu großen Debatten. Schließlich bekommen wir die Antwort: 1895. Höchstwahrscheinlich werden die Hunzakuts heute nicht mehr so alt wie früher einmal. Aber aus »Expertensicht« ist Ghulam Muhammad höchst qualifiziert.

Er kann sich erinnern, daß in seiner Kindheit die Pilger auf der Straße durch das Tal Richtung Süden nach Mekka reisten. Dann erzählt er uns, wie einmal urplötzlich das Wasser anstieg und das Land überschwemmte und viele Häuser zerstörte. Er kann den Anblick einer großen Karawane von über 60 Pferden beschreiben, die aus China herunterkam. Die Gesichter der Menschen waren fremdartig, die Pferde wild und kraftvoll. Sie kamen, um Seide, Tee und alle möglichen exotischen Waren anzubieten, die viel zu teuer waren, als daß man sie hätte kaufen können. Und er erinnert sich auch an die Zeit, als die Engländer noch die Herren dieses Landes waren. Immer wenn sie zu Besuch kamen, wurden sie von den *mir* willkommen geheißen. Ihnen zu Ehren wurde eine Kanone abgefeuert und getanzt. Die Engländer gaben den Jungen kleine Münzen – Preisgelder für sportliche Wettkämpfe.

»Wir waren stärker als ihr Engländer«, sagt der alte Hunzakut schroff und schlägt mit der geballten Faust auf sein Knie. »Wir haben alles selbst gemacht – unsere Gewehre und sogar unser Schießpulver. Wir waren tapfere Kämpfer. Alle fürchteten uns – die Engländer, die Chinesen, die Hindustani, die Nagari. Die

Engländer konnten uns nur schlagen, weil sich auch die Leute aus dem Königreich Nagar gegen uns gestellt haben.« Sein vernichtender Blick trifft mich unvorbereitet. Er räumt dann aber doch widerwillig ein, daß die Engländer die besseren Gewehre hatten.

Man kann das Königreich Nagar von Zentral-Hunza aus auf der gegenüberliegenden Talseite sehen – wie ein exaktes Spiegelbild, nur anderthalb Kilometer entfernt. Die Nagaris sind sunnitischen Glaubens. Ihre Gesichter sehen ähnlich aus wie die der Hunza, haben aber zusätzlich einen leicht zigeunerartigen Einschlag. Seit Menschengedenken sind die beiden Clans Erzfeinde; heutzutage scheinen sie allerdings einigermaßen friedliche Nachbarschaft zu halten.

Der Sohn des alten Mannes breitet ein Tuch auf dem Boden aus, dann wird Tee mit Milch in kleine Porzellantassen gegossen. In jede Tasse kommen mindestens sechs Löffel Zucker, und dann wird systematisch umgerührt. Sie bieten uns Ingwerplätzchen an, und wir sehen mit Genugtuung, daß die Hunzakuts immer noch die Kunst des Eintunkens praktizieren.

Wir erfahren, daß Ghulam Muhammad ursprünglich aus Karimabad kam, einem Dorf, das nördlich von unserem Quartier liegt und die »Hauptstadt« von Hunza ist. Sein Vater bekam das Land vor ungefähr 70 Jahren von den *mir*; es hatte nur den einen Nachteil, daß es wertlos war – ein unfruchtbarer Hang.

Trotzdem haben sein Vater und er die Terrassen und die Bewässerungskanäle gebaut – mit einfachstem Werkzeug und einer Schubkarre. Es reichte gerade eben zum Leben. Sie bauten Weizen und Aprikosen an und hielten ein paar Ziegen.

»Das Leben war hart«, sagt der alte Chef, »und wenig einträglich.«

Er hustet, dann würgt er dreimal tief und krächzend, bis sich der Schleim gelöst hat. »Als ich jung war«, sagt er, wieder zu Atem gekommen, »galt eine Familie als glücklich, wenn sie genug zu essen oder gute Kleider zum Anziehen hatte. Aber die Kleider waren selbstgemacht und das Essen selbst angebaut. Heute schätzen sich die Leute glücklich, wenn sie Dinge kaufen können, die von auswärts nach Hunza kommen. Und sie verlachen den Mann, der auf dem Land arbeitet.«

Er schüttelt seinen Kopf in Erinnerung an die vergangenen Zeiten. Doch trotz allem gibt er nach einigem Nachbohren zu, daß er das Leben bevorzugt, das sie jetzt führen. Es ist bequemer, sogar luxuriös. Sie haben sich ein kommunenartiges System geschaffen, in dem alle Einkünfte erst einmal der Familie zufließen.

»Ich bin gut dran«, erzählt uns Ghulam Muhammad. »Ich habe gute Söhne.«

Er ist das Oberhaupt einer 33köpfigen Familie. Es gibt Arbeit. Geldverdienen ist dank des Highways ein Leichtes.

Vanella zeigt auf all die Kinder und fragt ihn, welchen Rat er seinen Urenkeln mitgibt.

Er streicht sich versonnen über den weißen Bart, dann drückt er die Brust heraus und erklärt entschieden: »Diese Zeit verlangt nach Bildung. Bildung! Ich erzähle ihnen immer, sie müssen studieren und hart über ihren Büchern arbeiten. Nur darauf bestehe ich.«

Er sieht sich in der Runde der strahlenden, jungen Gesichter um, die ihm aufmerksam zuhören. Dann kommt der nächste Hustenanfall. »Nrrgh …«, klagt er. »Ich bin nicht mehr so stark wie früher.«

Draußen wird es dunkel. Der Muezzin unten am Hügel hat schon lange mit klagendem Ruf das Abendgebet angemahnt. Erst als wir uns verabschieden, zeigen sich die Frauen und Mädchen. Eine Mutter hält uns ihren gut eingepackten kleinen Jungen hin, damit wir ihn bewundern können. Das Kind trägt einen Kopfschmuck: ein geblümtes Band, das lang über die Schultern hängt und mit denselben rosa Blumen geschmückt ist wie Ghulam Muhammads *shuqa*. Die Augen des Jungen sind mit grauem Khol geschminkt, was eine seltsame Wirkung hat: Es macht ihn einerseits hübscher, andererseits erwachsener. Ich frage mich, welche Veränderungen diese Augen wohl mit ansehen werden, bevor sie so alt sind wie die Ghulam Muhammads.

Unten im Dorf stoßen wir wieder auf Mansur; sein Freund Mustafa lädt uns zum Abendessen ein. Wir einigen uns auf einen Kompromiß: Wir trinken noch einen Tee mit ihm, denn wir haben Herrn Ghazi im Rakaposhi gesagt, daß wir heute abend sein Essen probieren wollen.

Mustafa führt uns zu seinem Haus und besteht darauf, daß wir seine Großmutter kennenlernen. Er klinkt im Wohnraum eine Tür auf, die in einen kleinen Raum mit Holzofen führt. Dort liegt sie, in ein paar Decken eingerollt.

»Sie ist noch sehr schwach«, sagt Mustafa. »Sie war nicht ganz gesund.«

Vanella und ich gehen in die Hocke und lächeln sanft. Die alte Dame trägt eine wunderschön rosa und hellgrün bestickte Pillbox, und einige Schals sind um ihre Schultern drapiert. Sie nimmt zuerst meine, dann Vanellas Hand und zieht sich hoch. Ihr erschöpftes Gesicht hellt sich kurz auf, als sie ihre Begrüßung stammelt. Sie küßt inbrünstig unsere Hände, so als wären wir irgendwelche Feudalherren. Dann sinkt sie langsam auf ihr Lager zurück, die Tür wird geschlossen, und wir stehen benommen und ein wenig verlegen da.

Während der Tee zieht, sagt jeder reihum sein Alter, und ich stelle fest, daß Mansur im selben Jahr geboren wurde wie ich. Sie versuchen uns ein paar Witze zu erzählen, aber Hunza-Humor läßt sich schwer übersetzen, und wir können die Pointen einfach nicht nachvollziehen.

Dann wollen sie unbedingt erfahren, wie sich in England Mädchen und Jungen kennenlernen. Wir versuchen – wenig überzeugend – zu beschreiben, wie das abläuft. Aber wie können wir erklären, daß Vanella und ich uns zum ersten Mal nach einer Betriebsfeier in einem Aufzug geküßt haben? Das ist so meilenweit vom dem für sie immer noch verbindlichen System der arrangierten Ehen entfernt.

Mansur erzählt uns, daß er morgen früh nach Gojal in die obere Hunza-Region fährt. Wenn wir mitwollen, müssen wir schon um halb sieben wieder abmarschbereit sein.

Erst mit gehöriger Verspätung setzt er uns bei Herrn Ghazi ab. Der ist höchst erfreut, uns zu sehen. »Oooh, serrr gut, mein Herrr, gnädige Frau, grroßes Volk, britisches Volk, serrr gut, ja bitte, vielen Dank, mein Herrr ...« Zweifellos ist er erleichtert, daß unser Abendessen heute verspeist wird und nicht morgen recycelt werden muß. Wir essen seinen Reis, seine *chapatis* und seine schlabbrige Gemüsesuppe wegen der unregelmäßigen Stromversorgung im Halbdunkeln.

Dann drängt sich uns die Erkenntnis auf, daß es im Bett wärmer sein müßte, und wir ziehen uns mit Kerzen in der Hand zurück.

Wir müssen aus dem Haus, um zu unserem Zimmer im Nebengebäude zu kommen. Während ich nach dem Schlüssel suche, schauen wir in den Nachthimmel. Er ist pechschwarz – kein Mond, keine Sterne –, und die Luft ist dünn und schneidend kalt wie Eis.

Kurz vor sechs führe ich einen Tanz in meiner Thermounterwäsche auf und versuche verzweifelt, in meine Klamotten zu kommen, bevor ich zum Eiszapfen erstarre.

»Ah ooh ah ooh ooh aaah« oder so ähnlich hört es sich an.

»Mein Gott, Jackson, du bist ein Waschlappen«, tadelt mich eine gedämpfte Stimme durch Schichten aus Sweatshirts, Schlafsack und Bettzeug.

»Oooh ah ... Na gut, dann probier's du doch mal.«

Als besonderes Glanzstück in diesem Zimmer hatte uns Herr Ghazi die Dusche angepriesen, aber das sehr heiße Wasser, das er uns in Aussicht gestellt hat, erweist sich als eiskalt. Nachdem ich mir noch ein paar Sticheleien von Vanella angehört habe, finde ich ihre Schreie aus dem Badezimmer höchst unterhaltsam.

Das Frühstück wärmt uns auf und bietet einen seltenen Luxus: gekochte Eier mit Salz. Dazu *chapatis*, massenhaft Aprikosenmarmelade und kochendheißer Tee. Herr Ghazi hockt in Hut und Schal vor dem Elektroofen, sieht uns beim Essen zu und erzählt uns, über welche Linie er von der Familie der *mir* abstammt. Dabei zieht er ein eselsohriges, sepiafarbenes Photo heraus, auf dem sein Onkel mit dem *mir* selbst und mehreren Dienern unbeholfen in die Kamera starrt. Wir erklären ihm dann, daß wir mit Mansur tagsüber unterwegs sind und daß wir zum Abendessen zurück sein werden.

»Ja, mein Herrr, ja, nette Leute, serrr gut, bitte vielen Dank, mein Herrr«, echot Herr Ghazi, während er uns zur Tür folgt.

Draußen erwartet uns eine ruhige, windige und bewölkte Welt. Nirgendwo eine Menschenseele – nur eine einzelne Elster sehe ich mit Chukka-chukka … chukka-chukka-Rufen durch die kahlen Äste hüpfen. Auf der anderen Seite des Tales liegt einsam und verlassen das Königreich Nagar. Der Rakaposhi ist in dicke Wolken gehüllt, und auf den niedrigeren Vorgebirgen liegt ein Hauch von Neuschnee.

Kurz darauf fährt Mansur in seinem Jeep vor; aus dem Wageninneren schallt eine Kassette mit religiösen ismaelitischen Gesängen, ein monotones Brummen, das zu dieser Tageszeit eigenartig beruhigend klingt. Offenbar ist Mansur glänzend gelaunt. »Heute ist ein Festtag«, sagt er, als er merkt, wie ich das Gewehr hinter den Vordersitzen mustere. »Wir gehen auf die Entenjagd. Ich weiß einen guten Platz.«

Wir fahren nach Norden, auf einer Straße, die sich hoch über den Talboden hinauswindet. Zwischen den Dörfern erstreckt sich unfruchtbarer, graubrauner Fels, unterbrochen von blaugrauen Schieferstreifen. Jetzt gegen Winterende führt der Fluß nur einen Bruchteil seiner normalen Wassermenge, schlängelt sich in milchigem Türkis durch ein flaches Flußbett und schäumt auf, wo er über seichte Stufen fällt. Hin und wieder sehen wir winzige in Decken gewickelte Gestalten über ausgedehnte Kiesflächen im Flußbett laufen, die in ein paar Monaten schon ein reißender Strom aus Schmelzwasser bedecken wird.

Der erste Halt des Tages gilt Shishkat – ein paar Häuser auf einer Landzunge. Schneeregen sticht uns wie mit tausend Nadeln ins Gesicht. Mansur sagt, daß Shishkat »Felsenland« bedeutet.

Wir kommen zum Haus des Mubarak Nazar, werden von einem seiner Söhne hereingeführt, tasten uns im Stockfinstern vorsichtig durch zwei äußere Kammern und kommen schließlich in den Hauptraum. Das Haus besteht aus einer Anzahl rechteckiger, versetzt angeordneter Stockwerke mit einem Dach, das auf vier dunklen Holzsäulen ruht, die mit den Jahren fleckig und wächsern geworden sind. Die verschiedenen Ebenen sind mit roten Bettrollen und rosa Kissen ausgelegt.

Mansur benimmt sich, als sei er ein alter Freund auf Besuch, aber ich bin mir gar nicht sicher, ob er nicht nur ein flüchtiger Bekannter der Familie ist. Sie begrüßen uns, und bald haben wir es gemütlich und sehen den Vorbereitungen zu, die nun folgen. Der Sohn legt Holz im Ofen nach, an dem sogleich gierige Flammen emporlecken. Ein Metallrohr leitet den Rauch – zumindest größtenteils – hoch zu einem quadratischen Loch im Dach, wo eine Plastikabdeckung geräuschvoll im Wind klappert. Ständig weht Sprühregen, manchmal auch Schneegestöber zu uns herunter, und jedes Mal, wenn die Außentür aufgeht, weil ein weiterer Sohn nachsehen will, was hier vor sich geht, bekommen wir wieder die Kraft eines wirbelnden Windstoßes zu spüren.

Mubaraks Frau und Töchter machen Tee in der Küche – ein Raum, der mit einem grünen Vorhang abgetrennt ist. Gegen die Kälte schützen sie sich mit Schals um Kopf und Schultern und zahllosen Schichten bunter Mäntel und Pantalons. Ihre dicken, dunklen Zöpfe sind durch Scheibenringe gesteckt, und obenauf sitzen die bunten Pillbox-Kappen mit ihren Mustern aus Hunderten dichtgesetzter, bunter Stickstiche – jede Kappe ein Unikat. Ein Brett mit Teig darauf kommt aus der Küche, und eines der Mädchen fängt an, mit einem dünnen Nudelholz *parathas* zu machen.

Schon wenig später steigen uns die Düfte in die Nase, dazu das Aroma des Holzrauchs.

Mubarak Nazar tritt ein. Er ist groß und kräftig, trotz seiner 90 Jahre. In seinem grauen Schnurrbart hängen Tröpfchen, und ein tagealter Stoppelbart rahmt sein ansehnliches, braunes Gesicht. Er trägt natürlich die bewußte Kappe, aber seine ist cremefarben; er hat sie schräg aufgesetzt. »Seid willkommen in meinem Haus!« sagt er und schüttelt mir kräftig die Hand. Auch Vanella begrüßt er auf die gleiche Weise – für ihn offensichtlich etwas Ungewohntes.

Wir trinken süßen Milchtee und essen *parathas;* Mubaraks Töchter und Enkelinnen sitzen unterdessen in den Ecken und beobachten uns genau. Wenn ich zu ihnen hinübersehe, schauen sie schnell weg.

Mubarak nimmt seinen Platz in der Nähe des Ofens ein und wickelt sich in eine *shuqa.* Ich frage ihn, welche Veränderungen in ihrem Leben der Highway mit sich gebracht hat. »Davor war es ganz anders«, sagt er; seine Stimme ist schwächer, als sein Aussehen erwarten läßt. »Wir hatten nur unsere Pferde. Jetzt kommen sie aus Gilgit herauf, mit Lastwagen aus China, manchmal auch aus Rußland. Als die Straße gebaut war, dauerte es nicht lange und die Leute fühlten sich nicht mehr so gesund.« Früher lebten sie von Aprikosen, Weizen, Hülsenfrüchten und gelegentlich ein paar Kartoffeln – kein Zucker, keine Gewürze, kein raffiniertes Öl. Sie würzten ihr Essen mit reinem Steinsalz. Fleisch gab es nur zu besonderen Gelegenheiten. Wenn die Aprikosenbäume Früchte trugen, stopften sie sich mit dem Fallobst voll und trockneten den Rest als Vorrat. Nichts wurde vergeudet, sogar aus den Kernen wurde noch Öl gepreßt oder man aß sie wie Nüsse – sie schmecken wie Mandeln. Die getrockneten Früchte reichten nie ganz über den Winter, deshalb war die Zeit vom Frühling bis zur ersten Ernte immer eine kalte, hungrige Zeit.

Das klingt ganz so, als hätten die Hunzakuts einmal einen »gesunden Lebensstil« gepflegt, wie man in westlicher Terminologie sagen würde: hauptsächlich vegetarische Ernährung, naturbelassene Zutaten, sehr viel Obst. Eine Fastenzeit im Frühjahr, dazu reichlich körperliche Betätigung. Und in den Lungen die klare Bergluft. Sie hatten ein Lebenskonzept, für das man in Kalifornien Hunderte von Dollars hinblättert.

»Wenn wir uns mal unwohl fühlen«, erzählt uns Mubarak, »essen wir dunkles Brot aus Bakla, und sofort geht es uns besser.« Seine Frau reicht uns einen zerbeulten Blechteller, auf dem in drei Segmenten Weizen, Gerste und Bakla angeordnet sind, die wichtigsten Feldfrüchte, die sie anbauen. Bakla ist ein schwarzer, bohnenartiger Samen und wird manchmal mit Weizen gemischt; Brot wird bisweilen aus einer Weizen-Gerste-Bakla-Mischung gebacken. Mubarak reibt zufrieden das Korn zwischen seinen rauhen Fingern, dann sieht er mich mit seinen dunkelbraunen Augen warm und fest an. »Bakla ist gut fürs Herz«, sagt er.

»Ja. Und gut für den Blutdruck und gegen Gelbsucht«, ergänzt Mansur. »Wissen Sie, daß nur drei Hunzakuts an Krebs gestorben sind? Und alle drei haben eine Zeitlang in Karatschi gelebt.«

Ich frage, ob ich ein paar Körnchen Bakla mitnehmen kann; ich beschließe, eines davon in meiner Tasche zu behalten, bis wir wieder zu Hause sind. Für meine Gesundheit.

Dann erzählen sie uns über die *ginany*-Zeremonie zur Zeit der ersten Gerstenernte – eines der vielen Rituale, an dem die Alten beteiligt sind. Früher war das Fest allein Sache des *mir* und seines Haushalts, heute organisiert sich jedes Dorf selbst, aber das Ritual ist unverändert.

Wenn ein Mann mit dem Titel *Der Khan* beschließt, daß der richtige Tag gekommen ist, bäckt jede Familie Brot und bereitet geklärte Butter. Sie waschen sich, ziehen neue Kleider an, ölen sich das Haar und schminken sich die Augen mit Khol. Haushalt für Haushalt folgt den ältesten Männern zum Gerstenfeld, wo Butter und Mehl über das Getreide verteilt werden, während man Allah um eine gute Ernte bittet. Dann wird ein Halm mit etwa 20 Gerstenkörnern geschnitten, nach Hause gebracht und in eine Eiersuppe gerührt. Jedes Familienmitglied muß drei Löffel voll davon essen. Später bringen sie Brot und Butter zum *Der Khan* in die Moschee, wo sich das ganze Dorf versammelt. Dann erst kann die Ernte beginnen.

Wir fragen Mubarak Nazar nach dieser anderen berühmten Tradition: Hunzawasser, der illegale hiesige Wein, auch *mell* genannt. »Vor ungefähr 20 Jahren habe ich aufgehört, *mell* zu trinken«, sagt er. »Seither habe ich keinen Alkohol und keine Zigaretten mehr angerührt. Ich bin bei guter Gesundheit, weil ich immer noch *kimsh doon, derum phitti* und *mulideh* esse.«

Diese traditionellen Gerichte – verschieden zubereitete Kombinationen aus Brot, Joghurt und Aprikosenkernöl – sind seine Standard-Diät. Heute gibt es alle möglichen Lebensmittelkonserven zu kaufen, deshalb geben sich die meisten Leute mit diesen Rezepten gar nicht mehr ab. Reis ist jetzt »in«, und Tee hat den Aprikosensaft abgelöst.

»Ich bin in meinem ganzen Leben kein einziges Mal krank gewesen«, sagt Mubarak und streicht sich versonnen über die Stoppeln. »Wenn ich zu lange auf einem Fleck sitze, fühle ich mich unwohl. Deshalb laufe ich immer im Dorf herum und über die Berge. Wissen Sie, mein ältester Sohn wirkt manchmal älter als ich.«

Die jüngeren Familienmitglieder lachen und gönnen dem alten Mann seine kleinen Eitelkeiten. Aber in seiner Behauptung könnte ein Körnchen Wahrheit stecken, denn er sieht wirklich bemerkenswert fit aus.

Er räumt ein, daß das Leben jetzt einfacher ist, aber das ändert nichts daran, daß er dem Karakorum Highway die Schuld am allgemeinen Niedergang gibt.

»Jede Familie hat einen Kranken«, sagt er, »und es herrscht nicht mehr dieselbe Brüderlichkeit wie früher. Wenn die Leute früher etwas brauchten, haben sie ihre Nachbarn oder Freunde in anderen Dörfern um Hilfe gebeten. Ich mag die Art der alten Männer von Hunza. In den Herzen der alten Männer ist immer noch Brüderlichkeit. Aber nicht bei den Jungen. Heutzutage kümmert sich jeder nur noch um sich selbst. Früher aßen wir alle von einem Teller und teilten miteinander. Jetzt hat jeder seinen eigenen Teller.«

Hinter Shishkat gräbt sich das Flußbett steiler ein, wird enger und ist übersät mit großen Felsbrocken. Wir überqueren den Fluß auf einer Behelfsbrücke; die ursprüngliche Brücke ist vom Hochwasser weggespült worden. Als wir an der anderen Talseite ankommen, müssen wir feststellen, daß gewaltige Eis- und Schneemassen die Straße völlig unpassierbar gemacht haben. Wir begegnen einem Soldaten, der sich in seinem Wachhäuschen neben ein paar Schneepflügen fest in seine pfirsichfarbene Decke gewickelt hat. Mansur kurbelt das Fenster herunter und erfährt, daß die Lawine erst vor ein paar Stunden abgegangen ist, daß unser Freund das ganze Jahr über hier stationiert ist, nur um die Straße freizuhalten, daß er aber im Augenblick überhaupt nichts tun kann, weil er auf Befehle warten muß. Aber dann hören wir, daß ein Armeekonvoi gerade auf der anderen Seite der Lawine eingetroffen ist. Sein Ziel ist Gilgit, dort will man den Unabhängigkeitstag feiern.

»Das ist gut«, sagt Mansur. »Die kommen durch.«

Er setzt über die Brücke zurück, und wir beobachten aus der Entfernung die Armee im Einsatz, während die Schneepflüge untätig herumstehen. Sie haben offenbar vor, sich unterhalb der Schneemassen am trockenen Flußbett entlang einen Weg zu suchen und dann hinter der Lawine den Hang wieder hinaufzufahren. Aber die Soldaten, die eigentlich den Weg präparieren sollten, frieren so, daß sie statt dessen lieber Reisig suchen gehen und kleine Feuer machen. Jedes Feuer hält ungefähr sieben Sekunden lang durch – vom eisigen Wind zuerst angepeitscht, dann ausgelöscht. Daraufhin halten sie sich warm, indem sie auf und nieder hüpfen. Unterdessen versucht ein ungeduldiger einheimischer Fahrer, auf dem neuen Umweg durchzukommen, aber sein Kastenwagen bleibt an einem strategisch höchst wichtigen Punkt stecken. Zwei volle Stunden lang werden wir auf diese Weise unterhalten, bis schließlich die unwiderstehliche Allianz militärischer Hirne und Muskeln obsiegt und der Konvoi durchrollt. Zuletzt müssen wir noch zu zwölft ein Fahrzeug mit wild durchdrehenden Reifen aus dem Schnee schieben.

Wir sind wieder unterwegs; die Straße gewinnt allmählich an Höhe, vom Khunjerab-Paß aus scheint uns das Tal entgegenzufließen. Hinter Passu wird die Landschaft allmählich immer schroffer, die Dörfer immer spartanischer. Das Flußbett dehnt sich zu einer ungeheuren Schlickfläche aus, der Fluß wird zum schlängelnden Rinnsal. Gewaltige Berge ragen um uns auf, steile Wände aus braunem Fels, von spitzen Hundezähnen aus Eis und Schnee gekrönt. Kein Zweifel, das ist Allahs Land.

Wir fahren schweigend. Der Motor des Jeeps arbeitet auf Hochtouren. Nach ungefähr einer Stunde werden wir auf einmal langsamer.

»Hier ist ein guter Platz«, sagt Mansur.

Neben der Straße sehen wir etwas, das wie eine kleine Kiesgrube aussieht. Ich verstehe. Er bremst, greift nach dem Gewehr und schleicht auf Zehenspitzen ans Ufer – ein Cartoon in bewegten Bildern.

»Arme Enten«, flüstert Vanella, als wir aussteigen, um ihm zuzusehen. Drei sind da. Mansur zielt sorgfältig, doch dann erheben sich die Enten wie auf ein Stichwort in die Lüfte. Ich speichere das Bild in meinem Kopf: die auffliegenden Enten, Mansurs nachziehender Gewehrlauf, die wilde Berglandschaft im Hintergrund – ein himmlisches Bild.

Mansur läßt die Kugel im Lauf. Er zuckt die Achseln, läßt den Jeep an, und weiter geht's bergauf, bis wir nachmittags einen trostlosen Platz namens Sost erreichen – das letzte Dorf in Gojal und nur wenige Kilometer von der chinesischen Grenze entfernt. Sost besteht aus gerade mal ein paar vereinzelten Häusern und Geschäften. Die Zoll- und Einwanderungsstellen für die Grenze müßten eigentlich irgendwo sein, aber der Platz sieht definitiv verwaist aus.

»Jetzt suchen wir Ihnen ein Hotel«, läßt Mansur in seiner beiläufigen Art einfließen. »Später können wir dann alte Leute besuchen.«

»Was?« rufen wir wie aus einem Munde. Er hatte uns kein Sterbenswort gesagt. Na toll. Wir haben nicht mal eine Zahnbürste dabei. Und ich hatte mich wirklich darauf gefreut, mir Herrn Ghazis besonders virulente Wanzen vorzuknöpfen, deretwegen ich den ganzen Tag an roten Hubbeln gekratzt habe.

Sost ist Mansurs Heimatdorf. Er hat sich das so gedacht, daß wir uns im Khunjerab Hotel einmieten, während er bei seinem Onkel übernachtet. Unsere Gastgeber Aziz Baig und Familie führen uns in unser Zimmer, eine trostlose Hütte mit dubiosen Waschgelegenheiten, zu denen eine Menge Eimer gehören.

Wir sind gerade auf dem Weg zurück zum Jeep, als Vanella mich ungewöhnlich fest am Arm packt. »Ich muß mich hinlegen«, sagt sie. »Schnell!«

»Was gibt's?«

»Ich hab Schmerzen.«

»Was?«

»Beeil dich. Ich muß mich hinlegen.«

In aller Eile entschuldige ich uns bei Mansur, sage, daß wir zehn Minuten Pause brauchen und ziehe mich mit ihr nach drinnen zurück.

Vanella sieht verängstigt aus, atmet ganz vorsichtig durch die Nase. »Mach schnell«, sagt sie mit zitternder Stimme. »Es ist schlimm. Ich weiß, daß es schlimm ist.«

Das Problem ist wieder ihr Dünndarm; sie hat einen Darmverschluß. Sie legt sich auf das wackelige, alte Bett, zieht ihr Hemd hoch und fängt an, die Finger tief in ihren Unterleib hineinzudrücken. Sie gerät in Panik.

»Laß mich mal. Komm. Versuch dich zu entspannen. Ruhig atmen!«

Meine Hände beginnen zu arbeiten, suchen nach einer Verspannung, die normalerweise auf die Ursache des Problems hinweist.

»Wo ist es? Kannst du's sagen?«

»Da, da«, sagt sie.

Ich ziehe die Hände behutsam seitwärts. Das funktioniert oft. Es muß funktionieren. Wir sind denkbar weit weg von der Zivilisation, von einem einigermaßen ordentlichen Krankenhaus ganz zu schweigen. Ich bezweifle, daß wir von hier aus auch nur Kontakt mit der Notrufnummer auf der Liste der Versicherung aufnehmen könnten. Wenigstens haben wir sie dabei. Ich nehme an, daß Militär in der Gegend ist. Aber die sind auf dem Weg nach Gilgit. Könnte ein Hubschrauber so weit fliegen? Der Krankentransport? Vielleicht, aber nicht bis morgen ... »Besser?«

»Nein. Horch mal rein!«

Ich lege mein Ohr an ihren Bauch. Normalerweise läßt ein merkwürdiges Gurgeln darauf schließen, daß alles wieder funktioniert. Ich höre keinen Laut.

»Jackboot ...«

»Ja.«

»Ich hab furchtbare Angst.«

»Schsch... Entspann dich. Versuchen wir's weiter.« Wieder vergehen fünf Minuten, und allmählich mache ich mir wirklich Sorgen. Eigentlich sollte ich das Problem schon beseitigt haben. Ich massiere weiter, drücke tief hinein und ziehe seitwärts. Dann plötzlich spüre ich, wie sich etwas unter meinen Fingern löst. Es fühlt sich an wie ein starkes Gummiband, das sich entspannt, und wir hören sogar das Geräusch.

»Das war's«, sagt sie und atmet aus, »das war's, glaube ich.«

Sie setzt sich auf, drückt mit den Fingern in ihren Unterleib. Ihr Magen läßt ein lautes Stöhnen hören. »Das war's.«

Wir starren uns an, blinzeln und sinken erleichtert in uns zusammen.

Wir erzählen Mansur nichts und machen weiter, als wäre nichts geschehen. Vanella wird langsam wieder munter. Sie scheint wieder in Ordnung zu sein, Allah sei Dank.

Mansur findet seinen Onkel neben dem wärmenden Elektroofen. Sein Name ist Deram Titum, ein jungenhaft aussehender Mann Mitte 60. Er ist das Oberhaupt seines Clans und tritt mit dem ruhigen Selbstbewußtsein auf, das ihm seine Position verleiht. Während seine beiden Enkel Hammelcurry und *chapatis* zubereiten, bietet er uns eine besondere Delikatesse an, ein zeremonielles Gericht namens *derum,* das für den offiziellen Frühlingsbeginn am 21. März zubereitet wird. Ich bekomme einen kleinen Teller und einen Löffel. Vanella sieht aus, als sei sie ganz scharf auf eine Kostprobe. Sie traut sich, aber ich drücke mich lieber. Sie sagt, daß ich das immer tue. Sie hat recht. Ich bin überhaupt nicht abenteuerlustig – jedenfalls nicht beim Essen. Schon das Aussehen von *derum* ist problematisch: braun und schlabberig, und ein gelbliches Öl schwimmt darauf herum. Das braune Zeug stellt sich als eine Paste mit süßem, nußartigem Geschmack heraus, fast bohnenartig. Das Öl ist das Heikle daran. Es ist schlimmer als der ranzigste Blauschimmelkäse, den man sich vorstellen kann. Was wir essen, ist eine Weizenpaste – mit flüssiger Yak-Butter. Und man kann den Yak wirklich herausschmecken. Absolut widerlich.

»Mmmm …«, sagt Vanella. »Lecker.«

»Bitte, bitte nehmen Sie sich doch noch«, nötigt man uns. Ehrengäste dürfen nicht ablehnen, also hole ich tief Luft und mache die Augen zu.

Deram Titum erzählt uns, daß das Dorf zur Zeit des Mir Nazim Khan gegründet wurde. Sie waren vier Brüder, und sie konnten nicht alle auf dem kleinen Stück Land in Karimabad arbeiten, das ihr Vater besaß. Deshalb kamen drei von ihnen hier herauf auf das Stück Ödland, das ihnen großzügigerweise vom *mir* übereignet wurde. Dafür gaben sie ihm fünf »Schafziegen«, wie Mansur sie nennt. Wenn sie unten in Gilgit ein paar Aprikosen verkaufen wollten, waren sie 16 Tage zu Fuß unterwegs.

»Man brauchte einen guten Wanderstock«, sagt der Onkel. »Wenn der Fluß voll war, sind wir über die Berge gegangen.«

Die Zeiten waren hart. Sie lebten von nichts anderem als von Aprikosen und Weizen; manchmal verkauften sie Früchte, um Kleidung kaufen zu können.

»Jetzt verändert sich alles«, sagt er und behauptet, die Generation seines Vaters sei 140 oder sogar 150 Jahre alt geworden. Das waren die Hunzakuts der Legende. Ich selbst habe ein Photo gesehen, das in den 50er Jahren aufgenommen wurde und eine Reihe von ungefähr zehn alten Männern auf einer Bank zeigt. Sie waren die wahren Methusalems.

»Ja, und ihre Väter waren sogar noch älter«, sagt Deram Titum. »Sie wurden 180 oder 190 Jahre alt. Sie sagten immer, das Geheimnis des langen Lebens sei die Aprikose und ihr Kern. Die Frucht der Erde.«

Im schwindenden Licht fahren wir ein kurzes Stück über Sost hinaus nach Norden, dann wenden wir und überqueren auf einer schwankenden kleinen Hängebrücke den Fluß. Auf einem Straßenschild steht Khuda-abad, was Mansur mit »Kolonie Gottes« übersetzt. Wir quälen uns eine unbefestigte Straße hinauf und halten an einer von eisigem Wasser überspülten Koppel. Die Aprikosenknospen zeigen hier erst einen ganz schwachen Hauch Rosa.

Plötzlich sind Kinder da. Sie geraten außer Rand und Band, rennen herum und schreien, während wir nach Niat Schahs Haus suchen. Einer der Söhne des alten Mannes heißt uns inmitten des Durcheinanders willkommen und bittet uns herein. Der warme Innenraum ist bald vollgestopft mit menschlichen Leibern; man balgt sich um die Plätze – Jungen mit kurzgeschnittenem Haar und vorwitzigen Gesichtern und kleine Mädchen, die aussehen, als würden sie eines Tages etlichen Trägern vorwitziger Gesichter Herzenspein bereiten.

Niat Schah weiß nicht so recht, was er mit uns anfangen soll, und bleibt hocken, wo er ist. Seine Frau Gul Namor scheint sehr mißtrauisch zu sein. Sie sitzt im Hintergrund und schaukelt eine trogförmige Holzwiege so schwungvoll, daß kein Baby ein Auge zutun könnte. Aber Oma weiß es wohl besser, jedenfalls kommt kein Laut unter den Decken hervor.

Achtzehn Menschen leben in diesem einen Raum. Jahrelanger Holzrauch hat die Wände mit harzigem Ruß gebeizt. In den Ecken stehen dunkle Holzkisten, in denen Weizen, Gerste und Kartoffeln gelagert werden. Eine davon ist über 80 Jahre alt, erzählen sie uns. Als das Feuer knistert, kommt Bewegung in die Frauen; sie setzen Teewasser auf und backen mit beeindruckender Geschicklichkeit *chapatis*. Der Teig wird ausgerollt, dann auf die verbeulte Oberseite des Ofens geschleudert, wo er plötzlich lebendig wird, sich krümmt und Blasen wirft. Mit einem alten Stock werden die Ecken abgelöst, die *chapatis* umgeschlagen und dann heruntergenommen. Sie riechen köstlich.

Niat Schah hockt in einem dicken chinesischen Militärmantel mit Pelzkragen ruhig da und spielt mit seinem Bart. Seine Fingernägel starren vor Dreck, seine Augen hinter den großen Brillengläsern sind trübe. Behutsam ermuntert Mansur ihn zum Reden. Er sagt, er sei 95 und könne sich noch an die Zeit erinnern, als er erst fünf war. Das war, als die Nagari Shimshal angriffen.

»Shimshal ist ein kleines Dorf, es liegt einen Zweitagemarsch entfernt, hinter diesem Berg«, erklärt Mansur und zeigt nach Südosten. »Es gab viele Kämpfe. Die Leute von Shimshal wurden gefangengenommen und zum Jagdrevier des *mir* getrieben. Als die Leute von Hunza das hörten, machte sich eine Gruppe von 50 Männern auf den Weg. Sie marschierten dorthin und töteten 68 Nagaris. Nur einer wurde am Leben gelassen und ohne Zunge zurück nach Nagar geschickt.«

Mit großen Augen hören wir uns seine Geschichte an.

»Und Frieden ist immer noch nicht«, grollt er. »Ein Land kämpft gegen das andere.« Mansur beugt sich zu mir herüber und flüstert: »Wissen Sie, er ist wie ein alter Löwe.«

»Und dann das Chipursan-Tal ...«, fährt der Alte fort. »Das ist

50 Kilometer von hier«, ergänzt Mansur. »Chipursan bedeutet ›Was will man mehr‹. Die Bewohner waren ein glückliches Volk. Sie hatten große Bäume, jede Menge Vieh und brauchten nie Hilfe von irgend jemandem. Also sagten sie immer ›Was will man mehr‹.«

»Das Hochwasser kam von beiden Seiten ins Chipursan-Tal«, sagt Niat Schah, »und es tötete sie alle, außer einer alten Frau.«

Eine Tochter des alten Mannes kniet auf einer etwas erhöhten Stufe an der Tür und zwirbelt geduldig Rohwolle auf einer Spindel zu Faden. »Das ist für diesen Stoff hier«, sagt Mansur und zeigt uns das grobe braune Material. »Für Mützen und Mäntel.«

Die Kinder sitzen mit offenen Mündern da und beobachten uns, während wir sie beobachten. Eines von ihnen hat seine Füße in Vanellas riesige Wanderstiefel gesteckt.

Niat Schah weiß genau, warum er so lange lebt: »Weil ich Jäger bin. Ich habe sehr viel Steinbockfleisch gegessen. Ich habe in meinem Leben 750 Steinböcke geschossen und mehr kleine Tiere, als mein Bart Haare hat«, erzählt er mit einem rostigen Lachen.

»Haben Sie die mit einem Gewehr geschossen?« fragt Vanella. Daraufhin verschwindet einer seiner Söhne und kehrt mit der Mutter aller Gewehre zurück. Hergestellt in Rußland, gekauft in China und über anderthalb Meter lang. Dazu ein lederner Patronengurt, der jetzt vertrocknet ist, weil er nicht mehr benutzt wird, außerdem ein Stück Ziegenhorn für das Schießpulver. Sein Sohn zeigt uns, wie das Gewehr geladen wird, und führt uns den Patronengurt vor. Vor vier Jahren hat Niat Schah ihn zuletzt benutzt: Jetzt sind seine Augen zu schwach.

Dann präsentieren uns die Männer einen Steinbockkopf mit langen, gerippten Hörnern. Steinböcke kommen in Höhenlagen zwischen 4000 und 5500 Metern vor. Sost liegt etwas mehr als 3000 Meter über null. Der Kopf mit dem Ziegenbart verströmt einen starken Wildgeruch. Die Hörner erzählen sein Steinbock-Leben: Wie viele Jahre er hinter sich gebracht hat und wann er im

Kampf verletzt wurde. Wir rechnen aus, daß er zwölf Jahre alt war, als er am falschen Ende in Niat Schahs Muskete hineinschaute.

»Das Fleisch ist sehr schmackhaft, hervorragendes Eiweiß. Deshalb lebe ich so lange«, erzählt uns Niat Schah im Brustton der Überzeugung.

Als wir ihn dazu bringen, seine Jagderlebnisse zu erzählen, taut er allmählich auf. Drüben in China ist er oft auf Bären gestoßen. »Wir haben auch oft Tiger gesehen. Ich habe sie erlegt«, sagt er stolz. »Ich habe einmal ein Lamm verloren und habe eine Woche lang danach gesucht. Schließlich hatte ich es entdeckt, sah aber, daß es schon tot war. Ich legte also mein Gewehr nieder und ging hin, um es mir genauer anzusehen. Und da waren plötzlich zwei riesige Tiger. Erst übersprang mich einer und rutschte über die Abbruchkante in den Abgrund. Als dann der zweite auf mich losging, hatte ich solche Angst, daß ich in meiner Verzweiflung nach ihm trat. Es war ein Weibchen. Ich trat sie den Berg hinunter, und sie starb.«

Niat Schah machte den einen Tiger dem *mir* zum Geschenk. Dann lief er den ganzen Weg nach Gilgit und verkaufte das andere Fell für die Summe von 100 Rupien.

Wir sind gebührend beeindruckt, bedanken uns bei allen und verabschieden uns. Die Nacht ist hereingebrochen und es schneit heftig. In unserer frostigen Unterkunft haben sie uns das Gästebuch zum Eintragen hingelegt. Viele Namen sind chinesisch und mit einem einfachen Daumenabdruck unterschrieben. Wir stellen fest, daß wir die ersten Gäste seit Monaten sind. Seit vergangenen Herbst hat hier niemand übernachtet.

Vanella wirft einen Blick ins Badezimmer; es ist absolut unmöglich, sich hier zu waschen. Auf der Suche nach zusätzlichen Decken breche ich in die anderen Zimmer ein. Mit sämtlichen Kleidern am Leib kriechen wir in ein klammes Bett; über uns türmen sich zwei schwere Steppdecken und noch ein paar leichtere dazu.

Ich versuche zu schlafen, aber mein Kopf ist voller Aprikosen und Tiger.

Auf der Suche nach dem Meister

Der Elefant, der mir einen so einladenden Blick zuwirft, ist Ganesh.

Er thront handgemalt auf der taubenblauen Wand eines Brahmanenhauses und trägt eine Blumengirlande um den Hals. Er ist ganz Arme, Stoßzähne, Rüssel. Eine Hand gebietet Einhalt, eine Hand hält eine Axt, eine andere eine Blume, die vierte eine Schale mit Früchten. Zu seinen Füßen sieht eine Ratte zu ihm auf, während sie an einer Frucht knabbert, die aus seiner Schale gefallen ist.

Inspiriere mich, gütiger Gott Ganesh! Beseitige die Hindernisse auf meinem Pfad. Zeige mir Weisheit und gewähre mir die Erkenntnis des Unendlichen. Man kann nie wissen. Ganesh ist nicht nur der Gott des Neubeginns und der gelungenen Unternehmungen, er ist auch der Hindu-Gott der Schreiber.

Als ich mich umdrehe, sehe ich ein paar junge Leute unter dem Baum im Hof, die sich die Zeit mit Kricket vertreiben, während eine dürre, weiße Kuh gleichmütig vom Brunnen aus übers Spielfeld bummelt. Ein kleiner Junge rennt nach dem Ball. Er ist leuchtend rosa – und nicht nur er: Alle fünf Spieler haben rötliche Gesichter und Kleider. Sie bringen sich in Stimmung für Holi, dieses Fest, bei dem alle durchdrehen und jeder jeden mit Farbe begießt. Ursprünglich war das eine Geste der Liebe; heutzutage überfällt man sich zu diesem Zweck meistens aus dem Hinterhalt.

Wir hatten Glück und sind noch einmal davongekommen. Ich habe eine schwarzweiße Promenadenmischung gesehen, die sich in einen seltsam purpurfarbenen Mischling verwandelt hatte, ich bin knallroten Eseln und sogar einem rosa Elefanten begegnet.

Wir bleiben eine Zeitlang in Jaisalmer, einer alten, von Mauern umgebenen Stadt am Rande der Wüste Thar an der nordwestlichen Grenze von Indien. Ich weiß nicht, warum, aber ich bilde mir ein, daß wir einen heiligen Mann treffen sollten. Indien mit seinen 101 religiösen Sekten, aus denen wir wählen können, muß der richtige Platz dafür sein. Mir schwebt eine dürre Gestalt im Lendentuch vor, die auf ihrem *charpoi* sitzt, Geschichten von Krishna erzählt und uns ein paar tiefschürfende Gedanken mit auf den Weg gibt, die wir uns zu Herzen nehmen und wie einen Schatz hüten können. In diesen engen, gepflasterten Straßen, die so großzügig mit Dung übersät sind, müssen doch jede Menge weiser, alter Männer leben.

Wir werden von Lalit geführt, einem ebenfalls rosa bekleckerten Jungen, der uns seine Dienste aufgedrängt hat. Er sucht nach einem ganz bestimmten Haus. Der alte Mann kann uns schon von seinem kunstvoll behauenen Steinbalkon aus sehen. Als wir zu seiner Tür kommen, steht er schon unten auf der Straße, um uns zu begrüßen – ein großer, ziemlich zerlumpter Mann mit grauem Schnurrbart. In seinem Gesicht zuckt es vor Aufregung. Er schüttelt uns stürmisch die Hände. Wir folgen ihm eine dunkle Steintreppe hinauf, vorbei an ein paar Frauen, die mit Stickarbeiten beschäftigt sind und dabei pausenlos quasseln. Dann noch durch einen Torbogen, und wir sind in seinem Zimmer. Wir gehen um jemanden herum, der im Staub auf dem Bauch liegt und tief schläft. Der alte Mann winkt uns herüber ans Licht und läßt sich auf einem Teppich nieder, der über das Sandsteinpflaster des Balkons gebreitet ist. Er sitzt kerzengerade da, lächelt und breitet seine Arme zu einer Willkommensgeste aus.

Ich bitte Lalit, nach seinem Namen zu fragen. »Wie heißen Sie?« fragt er auf Hindi.

»Häh?«

»Wie ist Ihr Name?« schreit unser Dolmetscher.

»Mein Name ist Kishanlal Bissa.«

Vanella lacht überrascht auf. Er hat auf englisch geantwortet, wenn auch ein bißchen unsicher.

»Und wie alt ist er?«

»Wie alt sind Sie?« fragt Lalit weiter – auf Hindi.

»Häh?«

»Wie alt sind Sie?«

Er ist 100 Jahre alt und freut sich sehr, als er sieht, wie wir darauf reagieren. Während er sich in der Hocke vor und zurück wiegt und eifrig nickt, starre ich fasziniert auf seine ungewöhnlich langen Ohrläppchen, die bei der leichtesten Bewegung zittern wie der Kehllappen eines Truthahns.

»Und wo wurden Sie geboren? … Wo sind Sie geboren?«

»Häh?« Er beugt seinen Kopf vor, als ob das helfen könnte.

»Ihr Geburtsort?« brüllt Lalit.

»Ah … im Staat Maharashtra.«

»Und was ist seine am weitesten zurückliegende Erinnerung?«

»An was erinnern Sie sich von Früher?«

»Häh?« Kishanlal lächelt entschuldigend und zieht sich am Ohr. Sein Gehör ist wirklich nicht mehr das, was es mal war.

»Eine frühe Erinnerung, etwas aus Ihrer Kindheit?«

»Häh?«

»Woran erinnern Sie sich, als Sie jung waren?«

»Maharani Victoria«, hören wir ihn sagen – Königin Victoria.

»Die Zeit damals war viel besser«, übermittelt Lalit.

»Warum war es damals besser?«

»Häh?«

So geht's nicht. Der arme Kishanlal kann uns nicht gut genug hören, obwohl unser Gebrüll schon eine kleine Zuschauerschar auf dem gegenüberliegenden Dach angelockt hat. Vielleicht sollten wir versuchen, ihm die Fragen aufzuschreiben?

»Können Sie lesen?«

Er kann. Wir suchen ein Stück Papier, aber dann ist er es, der den Stift in die Hand nimmt.

H-E-L-L-O, schreibt er vorsichtig.

»Hello!« schreit Vanella.

»Haha. Hello!« gibt er zurück, und sein Gesicht legt sich vor Vergnügen in knittrige Falten.

Ich schreibe »Warum war es früher besser?« und zeige ihm die Seite.

Warum … w… a… r … eees …frü… früher, früher … besser? Kishanlal schafft es triumphierend bis zum Satzende. Er schaut verwirrt drein, dann lacht er. »Ich hatte Lesen bis zur fünften Klasse«, sagt er stolz.

»Sie lesen sehr gut Englisch«, brülle ich ihm zu.

Kishanlal lächelt, aber er versteht immer noch nicht. Kichernd hebt er die Hände, als wollte er sagen: Was sollen wir tun?

Ich bedanke mich durch Zusammenlegen der Handflächen und Kopfneigen. Kishanlal tut spiegelbildlich und aufgeregt das gleiche, einmal, zweimal, noch einmal. Unsere Blicke begegnen sich, wir lächeln.

Gegen Abend folgen wir dem jungen Lalit durch die Haupttore der Altstadt und gehen durch die Seitenstraßen und Gäßchen, die in eine eher ländliche Nachbarschaft führen. Aus dieser Entfernung sehen die Mauern der Festung wie eine Kinder-Sandburg aus, die der Flut trotzen muß.

Hier draußen sind die Häuser einfach, aus Lehm und Steinen gebaut, und das Leben läuft abseits vom Rummel der Märkte in gemächlicherem Tempo ab. Vögel singen in den Bäumen; ein Junge treibt ein paar Ziegen heim. Zwei Frauen in bunten Saris gehen vorüber und balancieren auf ihren Köpfen große, silberfarbene Tabletts; die eine trägt Lehm, die andere einen Dunghaufen – Rohmaterial für einen Küchenboden.

Wir begegnen drei Männern, die auf einer grobgefügten Steinmauer sitzen, während ihre zähen Kamele in der Nähe herumschlumpern und fressen. Lalit ruft den Männern etwas zu, und sie werfen einen durchaus nicht beiläufigen Blick auf Vanella, aber sie scheinen ziemlich freundlich zu sein. Der älteste springt von der Mauer und führt uns durch eine Pforte in eine Einfriedung, in der hinten ein niedriges, quadratisches Haus steht, dessen Dach mit Ästen, Stroh und unzähligen Fahrradschläuchen bedeckt ist. Hier begegnen wir dem Muslim Noor Muhammad, einem Mann mit dunkler Haut und Augen so schwarz wie Oliven.

Die Männer – Enkel von Noor Muhammad – lassen ihre Kamele im Stich und gesellen sich zu uns. Ihre Frauen kommen aus dem Haus und bleiben in einiger Entfernung stehen; in den durchbohrten Nasenflügeln tragen sie glänzende Nasenstecker, und ihre Arme sind über und über mit Armreifen behängt. Und ganz hinten im Haus beobachtet ein kleines Augenpaar alles genau durch einen großen Riß in einer alten Holztür.

Noor Muhammad scheint nicht allzu glücklich zu sein. Er sitzt mit angewinkelten Knien auf seinem *charpoi* unter einer Decke und starrt leer vor sich hin.

»Sind Sie sicher, daß das in Ordnung geht?« frage ich.

»Ja, nur zu. Fragen Sie ihn, was Sie wollen«, sagen die Enkel.

Wir versuchen, uns bekannt zu machen, aber eine Zeitlang regt sich der alte Herr nicht und starrt weiter geradeaus. Das weiche, weiße Scheitelkäppchen hat er eng über den Kopf gezogen, unter seiner Hakennase trägt er einen gepflegten Bart.

Endlich spricht Noor Muhammad. »Ich bin 100 Jahre alt«, sagt er unvermittelt. »Ich war Hirte. Mein ganzes Leben lang habe ich mit Kühen gearbeitet.« Er behauptet, sein Gedächtnis sei so gut gewesen, daß er eine verlorene Kuh noch nach einem Jahr als die seine wiedererkannte. Er konnte das nicht nur an ihrer Markierung ablesen, sondern auch an ihren Hufabdrücken im Sand erkennen.

Noor Muhammad wurde in Umarkot geboren, im heutigen Pakistan. Als er sechs oder sieben war, zog seine Familie nach Jaisalmer. Als die ehemalige britische Kolonie 1947 die Unabhängigkeit gewann und sich in Indien und Pakistan aufteilte, beschloß er, in Indien zu bleiben.

»Früher war es viel besser«, sagt er und lebt ein bißchen auf. »Jetzt ist es wirklich schlimm. Damals sprach jeder die Wahrheit und war freundlich. Jetzt erzählt jeder Lügen. Unser Essen war viel besser. Früher war es rein. Jetzt ist es nicht gut, zu viele Dinge werden zusammengemischt. Die Zeit unter den Briten war viel besser.«

»Warum war sie besser«, frage ich, aber der alte Mann verstummt, brummelt irgend etwas und schließt die Augen.

»Will er schlafen?«

»Ärgerlich«, sagt ein Enkel.

»Du liebe Zeit«, sage ich und rätsle, was los ist.

»Müde.«

»Dann lassen wir ihn doch in Ruhe.«

»Kein Problem. Es ist nur das Opium«, sagt der Enkel.

»Opium?«

»Ja, er hat zu lange keines gehabt.«

»Wann zuletzt?«

»Drei Uhr.«

»Nimmt er das jeden Tag?«

»Jeden Morgen um acht Uhr und nachmittags um drei. Er geht in der Früh mit vier oder fünf Freunden in die Stadt auf den Markt. Sie sitzen herum und reden und nehmen ihr Opium.«

»Rauchen sie es?«

»Sie schlucken es wie eine Tablette, mit Wasser oder Tee. Jetzt läßt die Wirkung nach, deshalb ist er müde.«

Noor Muhammad schaut noch einmal für einen Augenblick aus seinem Halbschlaf auf. Erst jetzt sehe ich, daß seine Augen blutunterlaufen sind und die Wangen unter seinem Bart hohl. Die Hände um die Knie geklammert, schließt er langsam die Augen.

Eines Nachmittags in Jodhpur ziehe ich allein los, um die versteckten Winkel der Stadt zu erkunden und die Wärme und Buntheit der Menschen in mich aufzunehmen. Da ist etwas an Indien, das mir ein Gefühl von Leichtigkeit und Freiheit gibt; etwas, das mit dieser wilden und wunderbaren, mitleiderregenden Masse Mensch zu tun hat – Leben in seiner reichhaltigsten Mischung. Hier sieht man in einer Minute Dinge, die einem das innere Auge übergehen lassen: die Verläßlichkeit der Ochsen vor dem Bauernkarren; eine Gruppe Schülerinnen im Teenageralter, von denen jede einzelne wie eine Prinzessin aussieht; das Sonnenlicht auf einem Berg tiefroter Chilischoten; die faltigen Gesichter unter den Turbanen, die mir nachsehen; und dann der arme Teufel ohne Hände, der nur zwei häßliche rosa Stummel statt Handgelenke hat, so daß er weder betteln noch grüßen noch beten kann.

Ich schlendere weiter und betrachte gerade die Straße der Händler und ihre Verkaufsstände, als mir unter all den Leuten ein heiliger Mann begegnet. Ich hebe einfach den Blick, und da steht er vor mir. Welch ein Bild! Seine hohe Stirn ist von Pigmenten gelb verkrustet, die in der Hitze des Tages rissig geworden sind und abbröckeln. Eine dicke rote Linie zieht sich hinunter zu dem Punkt zwischen seinen Augen. Zwei rote Kleckse sind an seine Schläfen geschmiert, zwei weitere dorthin, wo sein Haaransatz am stärksten zurückweicht. Das Haar ist mit einem leuchtendgelben Band zurückgebunden; ein Stück orangenfarbenes Baumwolltuch hat er wie eine Schärpe über eine Nadelstreifen-Weste drapiert. Ich kann nicht sagen, wie alt er ist. Sein Gesicht sieht jung aus, aber sein Bart ist lang und grau und reicht mit seinen ausgefransten Locken bis auf die Brust. Der Mann ist ein Sadhu, einer, der sich auf der Suche nach Erlösung von den Freuden und Leiden des Lebens losgesagt hat.

»Namaste«, grüße ich schnell.

Der Sadhu schweigt, und für einen Augenblick stehen wir einander Auge in Auge gegenüber. Ich sehe ihn an, aber sein Blick geht direkt durch mich hindurch, und ich fühle mich jung, naiv und dumm. Dann dreht er sich um und entfernt sich gemessenen Schrittes.

Ich stehe da und staune über das, was geschehen ist. Ich setze meinen Weg fort, aber ich kann seine Gegenwart und den Blick, den er mir zugeworfen hat, nicht abschütteln. Ich gehe durch das Tor zum alten Markt. Inmitten des Durcheinanders aus Wagen und Menschen und Fahrrädern wird mir bewußt, daß ich gerade meinem heiligen Mann begegnet bin und daß er mir nichts gesagt hat. Die ganze Zeit schon versuche ich, eine Antwort zu finden. Aber ich suche immer außerhalb. Vielleicht liegt das, was ich wirklich suche, in mir.

Als wir in Delhi ankommen, haben wir gelernt, alle Eventualitäten einzukalkulieren. Alles ist möglich – und das gefällt mir. Mir fällt auf, daß Vanella und ich viel ruhiger geworden sind, seit wir diese gelassene Einstellung zu den Dingen gewonnen haben. Es muß auch etwas mit dem Lebenstempo zu tun haben, mit seinem Rhythmus. Nichts in Indien bewegt sich sonderlich schnell. Aber es geschehen Dinge, die man nicht ignorieren kann. Ich warte ständig, warte ruhig, aber gespannt und weiß, daß es nicht mehr allzu lange dauern wird.

Den größten Teil des Vormittages verbringen wir auf dem Postamt und verstauen Krimskrams in ein Päckchen nach Hause. Wir brauchen dringend eine Erfrischung. Das Unity Coffee House ist jetzt um die Mittagszeit vollgestopft mit Menschen: Geschäftsleuten aus der Umgebung und ein paar Reisenden aus dem Westen, die ihre Freude an dem verblichenen Plüsch der Einrichtung haben. Wir werden die Treppe hoch an einen Tisch geführt, an dem schon ein pummeliger indischer Herr sitzt. Er trägt eine Brille mit wuchtigem, schwarzem Gestell. Wir nicken ihm zu, bestellen ein paar *samosas* und plaudern dann miteinander über praktische Dinge, während der Mann seinen Tee schlürft und auf dreieckigen Toastscheiben herumkaut.

Auf der anderen Seite des Raumes sitzt ein Mann für sich allein. Er muß Ende 30 sein, vielleicht ein bißchen älter als ich. Sein Kopf ist kahlrasiert, seine Kleidung schmutzig und unordentlich.

Zuerst meine ich, daß er Selbstgespräche führt, aber nach einer Weile merke ich, daß er mich geradewegs ansieht und dabei in einer unverständlichen Sprache laut vor sich hin plappert. Ich glaube, er ist nicht einmal Inder. Verwirrt wende ich mich ab, aber jedes Mal, wenn ich einen Blick hinüberwerfe, sitzt er da und vereinnahmt mich mit einem neuen verbalen Ausbruch.

Der Mann an unserem Tisch fragt nach der Uhr. Zwanzig vor drei. Im Nu haben wir unsere *samosas* verputzt und wollen gerade gehen, als er fragt, was uns nach Indien geführt hat.

»Wir arbeiten an einem Buch«, sage ich, und er zuckt unmerklich. Als er hört, worum es geht, ist er fasziniert.

»Das ist höchst interessant«, meint er. »Welche Gemeinsamkeiten haben Sie unter den Leuten herausgefunden, die Sie getroffen haben?«

»Eine der deutlichsten ist die Lebensweise«, sage ich. »Die Menschen scheinen länger zu leben und im Alter eine bessere Lebensqualität zu haben, wenn sie aktiv bleiben und sich bescheiden ernähren.«

»Und kürzlich ist uns aufgefallen, wie viele von einem Verfall der moralischen Werte sprechen«, ergänzt Vanella.

Der Mann strafft sich. Es ist, als hätte man einen Schalter umgelegt. Schnell und mit Autorität beginnt er zu sprechen.

»Alles, was die Leute heute wollen, ist Geld«, sagt er. »Geld für dies, Geld für das. Sie wollen Dinge, sie müssen ständig neue Dinge kaufen, sonst ist ihnen ihr Leben nichts wert. Sie sind blind, geblendet, sie können nicht sehen. In der ganzen Welt und besonders hier in Indien haben wir verschiedenste soziale Probleme, bei deren Lösung Geld helfen könnte. Aber es wird verschwendet. Unsere Regierungen sind uns da keine Hilfe.«

Er hält kurz inne, um seine Gedanken zu sammeln und über seinen gepflegten Schnurrbart zu streichen. Mir fällt auf, daß er einen Fleck genau über seiner Oberlippe frei rasiert hat, um ihn nicht zu buschig werden zu lassen.

»Auch die Religionen der Welt sind im Niedergang«, fährt er

fort. »Wir vergessen unsere Religion, wir legen unser spirituelles Leben ab. Das ist eine Menschheits-Krise. Wissen Sie, die Täler des Indus sind die Wiege der Zivilisation. Dorthin sollten die Leute ihre Blicke richten. Unsere altehrwürdigen Texte sind heilig. Jesus Christus war ein Prophet, Mohammed war auch ein Prophet. Und immer noch beten all die Stämme zu ihrem eigenen Gott. Aber wie kann es mehr als einen Gott geben? Es gibt nur einen. Wir sind aus einem bestimmten Grund auf die Welt gekommen. Wir müssen uns bemühen, unsere Sache in diesem Leben gut zu machen, damit wir nach unserer Wiedergeburt im nächsten Leben ein besseres Los haben. Es ist meine Pflicht, für meinen alternden Vater zu sorgen. Es ist die Pflicht meiner Tochter, in Frieden mit ihrem Nachbarn zu leben.« Der Mann seufzt tief.

»Ach, wissen Sie, Indien ist ruiniert«, sagt er. »Der Einfluß des Westens hat viel zerstört. Ja, wir haben Fortschritt, aber soviel ist dabei verlorengegangen – Demut, ein Gefühl für das Lebensziel des Menschen, der Glaube an Gott, Achtung vor unseren Alten ...«

Dann zeigt er hinüber auf die andere Seite des Raumes. »Haben Sie diesen Mann gesehen? Er ist verrückt, wissen Sie.«

»Ja, ich weiß.« Er ist immer noch da, obwohl er es inzwischen offenbar aufgegeben hat, mich anzustieren.

»Dieser Mann mag ja verrückt sein, aber jetzt ist er wahrscheinlich ein heiliger Mann. Er hat etwas gefunden, das die meisten Menschen nicht finden können, etwas, das in den Extremen der menschlichen Erfahrung liegt.«

»Ein heiliger Mann?«

»Ja, das könnte überaus interessant sein. Sie haben natürlich das Buch gelesen ›In search of the master‹?«

Wir haben nicht mal davon gehört, aber jetzt ist nicht die Zeit, seine Vermutung in Frage zu stellen.

»Ja, hier in Indien sollten Sie sich auf die Suche nach einem Meister machen«, sagt er entschieden. Damit wünscht er uns einen guten Tag, zahlt seine Rechnung und geht.

Etwas benommen brechen auch wir auf. Auf dem Weg zur Toilette stoße ich fast mit dem Verrückten zusammen, der mich höhnisch auslacht. Er trägt ein abgenutztes Buch, aber er hält es so, als wollte er mich den Titel nicht sehen lassen.

In Bombay treffen wir uns mit Kandli, unserer Bekanntschaft aus Sansibar, und fallen uns gegenseitig um den Hals. Dann quetschen wir uns in ein uriges, kleines Taxi und rattern durch die Stadt in den Vorort, wo er lebt. Es ist, als hätten wir einen alten Freund wiedergetroffen.

»Wo waren Sie, seit wir uns begegnet sind?« fragt er. »Sie müssen mir gleich alles erzählen!« Das tun wir, so gut wir können. »Wie war Hunza?« will er wissen. »Ich würde gern mal dorthin. Wen haben Sie noch auf Sansibar getroffen?« Wir erzählen ihm von Omari und seinen sechs Arbeiten.

Kandli ist viel älter, als er aussieht, er ist Anfang Fünfzig. Er arbeitet als Beamter in einer Bank. Anscheinend besitzt er ein leerstehendes Haus und lebt selbst zwei Straßen weiter in einer kleinen, ebenerdigen Wohnung. Das Haus ist einfach und sparsam möbliert. Wir lassen unsere Taschen dort, und Kandli schlägt auf der Stelle vor, in den Club zu gehen. Wir könnten dort schwimmen gehen. Er ist sehr stolz auf seinen Club, denn er ist eines der Gründungsmitglieder. Sie haben ihn aus dem Nichts aufgebaut, und jetzt bietet er alle Möglichkeiten.

Ich erfahre, daß er ein passionierter Kricketspieler ist, ein brauchbarer Schlagmann, der mit Leidenschaft die Geschicke des indischen Teams verfolgt. Auch ich bin Kricket-Fan, und so haben wir jede Menge Gesprächsstoff.

Später auf dem Heimweg lächelt Kandli verträumt und sagt: »Morgen fahren wir nach Poona.«

»Poona?«

»Ja. Ich nehme euch mit zum Professor ... Professor D. B. Deodhar. Er ist der älteste *first-class*-Kricketspieler der Welt.«

In aller Herrgottsfrühe verlassen wir Kandlis Haus. Die Hitze hat uns kaum schlafen lassen, aber es gibt zuviel zu sehen, um müde zu sein; die kühle Luft, die durch die Taxifenster hereinweht, streicht sacht über unsere Gesichter. Im Dämmerlicht erwachen die Straßen: Männer, die auf Gehsteigen übernachtet haben, räkeln sich; andere schieben ihre Karren zum Markt, und plötzlich füllt eine unsichtbare Wolke Koriander unsere Lungen mit einer frischen Duftnote. Am Bahnhof schlängeln wir uns vorsichtig um die hingestreckte Menschheit herum, die noch auf dem Boden der Schalterhalle schlummert, und steigen in den Frühzug. Eine solide schwarz-gelbe Dampflok, deren Wagen aus Eisen und Holzleisten gefertigt sind, zieht uns langsam und zuverlässig durch die Stadt. Wir rollen an den verwahrlosten Slumvororten vorbei – ein ernüchternder Anblick. Dann passieren wir ein Stück Ödland, auf dem sich anscheinend die halbe Bevölkerung zwecks morgendlicher Verrichtungen hinhockt. Sobald wir die Rauchglocke der Stadt hinter uns gelassen haben, hellt sich der Himmel auf. Und von unseren rollenden Tribünenplätzen aus können wir den Kricketspielen zusehen, die auf jedem verfügbaren Fleckchen Erde im Gang sind; improvisierte Schläger dreschen auf einen in Lumpen gewickelten Stein.

Am späten Vormittag kommen wir in Poona an. Der Tag ist jetzt heiß und wolkenlos. Vom Bahnhof aus gehen wir ein ruhiges Sträßchen entlang zum Haus des Professors. Auf den Spielfeldern der Schule wird schon wieder Kricket gespielt. Es ist seltsam, plötzlich Weiße spielen zu sehen und den Klang von Weidenholz auf Leder zu hören.

Wir stehen vor einem bescheidenen Steinbungalow. Wir sind unangemeldet gekommen, aber das ist nach Kandlis Schilderung absolut normal. Tatsächlich führt uns der Boy sofort in einen hellen und luftigen Wohnraum, der mit dem heillosen Durcheinander der akademischen Welt übersät ist. Die Wände hängen voller Team-Photos, Trophäen und Bilder eines aufgepolsterten Schlagmannes in der altmodischen Haltung eines W. G. Grace.

Professor Deodhar hat seine Füße hochgelegt und liest die Morgenzeitung.

»Oh, guten Tag, meine Freunde!« ruft er und legt raschelnd die News beiseite. »Was? Ihr seid den weiten Weg bis nach Poona gekommen? Ausgezeichnet.«

Die Tatsache, daß wir aus Bombay gekommen sind, ist ihm genug, unsere halbe Erdumrundung müssen wir gar nicht extra erwähnen. Der Professor sitzt mit gespannter Aufmerksamkeit da; mit seinem weißen Hemd und dem um die Hüften gewickelten Baumwolltuch sieht er leicht exzentrisch aus. Sein Haar ist ungekämmt, die Zehen an seinen nackten Füßen sind lang und gekrümmt. Nachdem Kandli uns im Schnellverfahren vorgestellt hat, stürzt sich der Professor unvermittelt in einen Monolog über die dauerhaft wohltuende Wirkung von frischer Luft.

»Wir alle sind Geschöpfe der Natur«, beginnt er in seinem indisch eingefärbten Englisch. »Wer einer natürlichen Lebensweise anhängt, lebt lange – besonders die frische Luft, besonders im Bergland. Als ich sechs Jahre alt war, geschah es, daß Poona von der Beulenpest heimgesucht wurde; im Winter wickelten wir uns nämlich in unsere Wolldecken, und die Läuse bissen uns und übertrugen die Krankheit. Man fand heraus, daß man in Sicherheit war, wenn man die Stadt verließ und außerhalb lebte. Zehn Jahre lang siedelten mein Bruder und ich jeweils im November und Dezember an einen Ort ungefähr eine Meile Richtung Norden um und wohnten in speziell gebauten Hütten. Wir konnten in die Stadt gehen, aber wir durften dort nicht bleiben.«

Der Professor kippelt mit seinem Stuhl nach hinten und sieht uns aufmerksam an, während er tief durch die Nase einatmet. Aus seinen Augen strahlt Gewißheit. Neben uns sitzt, gelassen lächelnd, Kandli.

»Aber sehen Sie, ein Gutes hatte die Sache doch«, fährt der Professor schnell fort, »die Schulen und Colleges waren nämlich geschlossen. Es gab nichts zu lernen, und wir hatten den ganzen Tag frei. Da spielten wir morgens natürlich Fußball und Kricket. Dann gingen wir schwimmen und abends spielten wir wieder etwas anderes. Und das Wandern in den Bergen von früher Jugend an wurde mir zur Gewohnheit und schenkte mir die Wohltat der frischen Luft. Wenn man in den Bergen wandert, geht man langsam, man tut nur soviel, wie man aushält, deshalb wirkt sich das wohltuend auf die Lungen aus, auf das Herz und so weiter. Es ist ein sanftes Training. Ich bin immer hinaus in die Berge gegangen, jeden Morgen zwei Stunden lang, von sieben bis neun. Auf diese Weise habe ich ein starkes Herz und kräftige Lungen aufgebaut.«

Der Professor schlägt sich demonstrativ mit der Faust auf die Brust.

»Später dann, nach meiner Heirat«, sagt er, »habe ich die Stadt gemieden, weil Städte voll mit allem erdenklichen Staub und Schmutz sind ... auch die Belastung durch Lärm, und dann hatten wir damals überhaupt keine Kanalisation. Wer in der Stadt blieb, hat deshalb vielleicht 20 Jahre seines Lebens verloren. Mein Bruder ist mit ungefähr 80 gestorben. Aber ich lebe jetzt seit über 100 Jahren, weil ich alle Formen der Verschmutzung aus meinem persönlichen Leben verbannt habe.

Ja, ich habe Erkundigungen angestellt. Kein Kricketspieler, Fußballer oder Tennisspieler ist bisher 100 Jahre alt geworden. Das ist sehr überraschend, weil sie ja alle Annehmlichkeiten des Lebens hatten. Aber sie sind nicht so alt geworden, weil sie nie in reiner, unbelasteter Luft gelebt haben ... Das war und ist der Grund für meine 102 Jahre.«

Professor Deodhar hält einen Augenblick in Gedanken inne. Er hat uns mit seinem Enthusiasmus gefesselt. Während er eine Hand an sein ergrautes, unrasiertes Kinn legt, wandert für einen Augenblick ein Ausdruck von »Wo-war-ich-doch-gleich-stehengeblieben?« über sein Gesicht.

Doch der vertraute Kricket-Drehschwung bringt ihn leicht vom Zweck unserer Reise zum Thema Alter, ohne daß wir fragend lenken müßten. Ich dagegen erweise mich als zu langsam am Abschlag; obwohl ich den Satz schon halb fertig auf der Zunge habe, ergreift der Professor die Initiative und legt erneut los. In puncto Lebensweise, Essen und Trinken hat er nie etwas Unnatürliches getan, sagt er. Er folgte der Natur und war überzeugt, daß sämtliche Angewohnheiten, gute wie schlechte, die wir im Alter von zehn bis 15 Jahren annehmen, haften bleiben. Er hatte Glück – er hat sich die richtigen Dinge angewöhnt.

Wenn sie hinaus zum Spielen gingen, nahmen sie immer einen großen Korb Früchte mit. Früchte, Gemüse und Milch sind alles, was man braucht, davon ist der Professor überzeugt.

Während er tief Luft holt, kommt mir der Gedanke, daß lebenslanges Unterrichten wohl der Grund für diese Redseligkeit sein muß. Er war Professor für Sanskrit am hiesigen College, und zweifellos hat ihn der Anblick unserer neugierigen jungen Gesichter angespornt. Es ist offensichtlich, daß er gar nicht anders kann, als sich auszulassen. Vielleicht sollten wir jetzt mit den Fingern schnippen und »Sir! Sir!« rufen.

Diesmal verpasse ich meine Chance nicht und kann seine Aufmerksamkeit wieder auf Kricket lenken.

Von seinen frühen Schultagen an tat er sich mit seiner Leidenschaft für das Spiel hervor. Bald wurde er Mitglied des Poona Young Cricketers Club. Von 1911 bis 1936 war er der Haupt-Schlagmann für die Hindus im Quadrangular-Turnier, das jedes Jahr gegen die Europäer, die Parsi und die Moslems ausgetragen wurde. Die Teams wurden aus den besten Spielern ganz Indiens zusammengestellt und das Komitee ließ sogar Spieler aus Übersee teilnehmen; zum Beispiel traten die Engländer Rhodes und Hobbs oft als Gastspieler für die Europäer auf. Obwohl Indien damals nicht an internationalen Vergleichskämpfen teilnahm, stand Deodhar allen Spitzenmannschaften von England bis Australien gegenüber. Von 1914 an war er Kapitän des Maharashtra State-Teams und führte sie zu vielen großartigen Siegen. Sie gewannen 1939/40 und dann noch einmal 1940/41 den Ranji Pokal – damals ging er schon auf die 50 zu.

Der Professor grinst triumphierend, und wir diskutieren darüber, wie das Spiel sich geändert hat: Taktik, Ausrüstung, die Ein-Tages-Spiele. Vom Lebensstil der heutigen Spieler ist er überhaupt nicht beeindruckt. Zu seiner Zeit spielten sie Kricket um des Spieles willen. Heutzutage verdienen die Spitzenspieler viel zuviel, sie führen kein maßvolles Leben, und das verschlechtert ihr Sehvermögen. Wenn Deodhar heute Trainer wäre, müßten die Spieler abends beizeiten schlafen gehen, und jeder Tag begänne mit Training.

»Ein Jahrhundert zu leben ist viel schwieriger, als auf dem Kricketfeld zu punkten«, behauptet er mit einem ungezwungenen Lachen. »Wenn man beim Kricket müde ist, kann man sich mit ein, zwei Befreiungsschlägen etwas Luft verschaffen. Wenn man im wirklichen Leben über 90 ist, wird es schwieriger. Wenn du lang leben willst, mußt du die Schwächen des Alters hinnehmen. Die Verdauung, all die Kräfte des Körpers werden schwächer. Man muß seinen Bewegungen besondere Sorgfalt widmen. Was auch immer du in deinem Leben vorhast, mußt du folglich verwirklichen, solange du jung bist. Was immer du lernen willst, lerne es, solange du jung bist. Warte nicht damit. Wenn du alt bist, kannst du deinen Wissensvorrat mehren, aber du hast keine Chance mehr, dieses Wissen in die Praxis umzusetzen. Jeder Augenblick deiner Jugend ist wertvoll. Vergeude sie nicht. Tue Gutes, hilf anderen, führe ein sauberes, gesundes Leben!« Wer würde dem nicht zustimmen?

Wir warten ein paar Minuten, während der Professor noch einmal seine weiße Sportkleidung anzieht, um auf den Vorderstufen für ein Photo zu posieren.

»Erzählen Sie mir über diese Reise, die Sie da machen«, sagt er und packt den Griff seines Lieblingsschlägers. »Wohin werden Sie noch kommen?«

»Wir wollen die Welt einmal umrunden«, fange ich an.

»Ah«, macht er und hebt einen Finger. »Vishwabandhuttwa.

Das werdet ihr lernen. Das ist Sanskrit. Es bedeutet ›die ganze Welt‹ und ›Freundschaft‹. Die ganze Welt ist eins. Wir sollten keine Gegner sein. Wir sollten jeden als unseren Bruder und unsere Schwester betrachten. Alle sind eins in umfassender Brüderlichkeit.«

»Ich hoffe es.«

Er nickt und sagt: »Ich weiß es.«

Am Tor drehen wir uns noch einmal um und winken.

»Auf Wiedersehen, Andrew. Auf Wiedersehen, Vanella!« ruft er. »Alles Gute!« Und damit kehrt der gute Professor zu seiner täglichen Routine zurück.

Als wir das Sträßchen entlang zurückschlendern und an einer Herde Ziegen vorbeikommen, die sich an einer aufgeschnittenen Wassermelone den Bauch vollschlagen, sieht Kandli mich an: »Ein gutes Match, oder?« sagt er und strahlt übers ganze Gesicht.

Kandli weigert sich rundheraus, uns für irgend etwas zahlen zu lassen. Essen, Trinken, Zugtickets, alles. Wir sind seine Gäste. »Ihr könnt es mir eines Tages zurückzahlen«, sagt er wissend.

Wir müssen nachgeben – es bleibt uns nichts anderes übrig. Aber ich erwarte wirklich, daß es eines Morgens an der Tür läuten wird und Kandli auf der Stufe steht mit einer Tasche über der Schulter. Ich werde mit ihm ins Pub gehen, wir werden mit ihm essen gehen, und er wird nicht einen Penny zahlen. Und wenn ich sehr viel Glück habe, kann ich sein Gesicht sehen, wenn Indiens Top-Kricketspieler bei Lord's die Pavillontreppe herunterkommen.

Vanella und ich beschließen, heute abend zu Hause zu bleiben, und gehen nacheinander ins Badezimmer. Wir stehen auf einem Lattenrost, schöpfen Wasser aus einem Eimer und gießen es uns über die Köpfe. Als wir herauskommen, finden wir Kandli mit gekreuzten Beinen meditierend auf einem gepolsterten *charpoi* neben der Wohnungstür. Er schlägt die Augen auf und lächelt. »Wie wär's mit Abendessen?« fragt er.

Seine Haushälterin, eine herzensgute Frau mit einem krummen Vorderzahn, macht *chapatis*. Wir scharen uns rund um den Küchentisch und helfen, die Okras vorzubereiten. Dieses Mahl werden wir sicherlich alle höchst angenehm in Erinnerung behalten. *dal,* Curry-Okra und gekühlter Zitronensaft. Das ist alles – einfache Aromen. Jeder ißt sich satt, nur ein *chapati* bleibt übrig.

Als Kandli uns gute Nacht wünscht, sagt er, daß wir uns am nächsten Morgen auf die Suche nach Morarji machen werden. Er hat uns ein Zimmer überlassen und uns ein Bett gemacht: ein Brett, das auf zwei kleinen Tischen balanciert, das Ganze mit einem Laken überzogen. Wir müssen beide gleichzeitig hinaufklettern und unser Gewicht in die Mitte verlagern, damit die ganze Konstruktion nicht umkippt und zu Boden kracht. Wir versuchen zu schlafen, aber wieder ist es zu heiß und unglaublich feucht. Ich lasse den Ventilator über uns laufen, aber er ist zu laut. Die Alternative: Wir lauschen bis zum Morgengrauen dem Sirren von Moskitos, die um unsere Ohren tanzen. Aber wir sind bei weitem die glücklichsten Wesen auf dieser Erde.

Wieder kommen wir unangemeldet. Kandli ist zuversichtlich, aber ich bin mir nicht so sicher. Immerhin schauen wir mal eben bei einem Mann vorbei, der einmal Indiens Premierminister war.

Der Lift bleibt ruckelnd stehen, die Ziehharmonikatüren öffnen sich, und vor uns steht grinsend ein spitzbäuchiger Wächter. Er führt uns in einen Vorraum. Wir hören Schritte hin und her gehen, das heisere Gekreisch eines Papageien und das Gebrutzel von Knoblauch und Zwiebeln aus der Küche. Nach einer Weile kommt eine junge Dame, hört sich unseren Wunsch an und sagt, wir müßten zuerst mit ihrem Schwiegervater, Morarjis Sohn Kanti, sprechen. Aber Kanti ist im Badezimmer. Wir sollten später wieder anrufen.

Wir ziehen uns also zurück. Als Kandli eine Stunde später wieder anruft, wird ihm beschieden, Kanti sei immer noch im Bad. Er wird noch einmal anrufen müssen. Endlich werden wir eingeladen, um zwei Uhr zu kommen – um auf Herz und Nieren geprüft zu werden. Eigentlich müssen wir nicht viel sagen. Kanti ist einer dieser Männer, die den ganzen Raum mit dem Klang ihrer Stimme füllen. Er sitzt mit dem Rücken zum Fenster, so daß wir sein Gesicht nur schlecht sehen können, und redet eine gute halbe Stunde lang auf uns ein, wobei wir vor allem in den Genuß seiner eigenen Standpunkte kommen. Soviel wird uns klar: Alle Fragen an seinen Vater müssen zuvor von ihm abgesegnet werden.

Wir gehen also wieder fort, stellen eine Liste zusammen und liefern sie später bei ihm ab. Nachdem unvermeidlicherweise die Zensur über eine Anzahl völlig harmloser Themen verhängt worden ist, wird uns eine Audienz gewährt.

Morarji Desai wurde 1896 als ältester Sohn eines Lehrers aus Gujarat in die brahmanische Anavil-Kaste hineingeboren. Als Desai 15 Jahre alt war und zwei Tage vor seiner geplanten Hochzeit stand, beging sein Vater Selbstmord. Damit wurde der junge Morarji vor seiner Zeit Haushaltsvorstand. Er besuchte das Wilson College der Universiät Bombay, graduierte in Physik und ging dann auf dem Land in den Staatsdienst. 1930 nach 12 Jahren Dienst im britisch-indischen Verwaltungsdienst, wurde er Gefolgsmann von Mahatma Gandhi; er gab seinen Arbeitsplatz auf, um der Kongreßpartei beizutreten, und beteiligte sich an Gandhis Bewegung des zivilen Ungehorsams und an der Kampagne für Unabhängigkeit. Bis 1934 hatten die Briten Morarji schon aus zwei verschiedenen Anlässen ins Gefängnis geworfen. Er hatte Sünden begangen, wie die Landbevölkerung davon zu überzeugen, ihre Steuern nicht länger zu zahlen.

Auf seinem Weg die politische Leiter hinauf wurde er 1937 Minister für Steuern, Kooperation, Land- und Forstwirtschaft der Provinz Bombay. Doch als die Kongreßpartei beim Ausbruch des Zweiten Weltkriegs ihre Ministerposten zurückgab – aus Protest dagegen, ohne vorherige Besprechung von den Briten zu Kriegsteilnehmern gemacht worden zu sein –, nahm man Morarji Desai wieder fest. Während der Zweite Weltkrieg wütete, verbrachte er fast drei Jahre im Gefängnis von Poona.

Nach der Unabhängigkeit Indiens und Pakistans im Jahre 1947 bekleidete er den Posten eines Ministers für Innere Angelegenheiten und Finanzen in Bombay, ein Jahr zuvor schon hatte er die Aufgaben des Kongreß-Sekretärs im Bezirk Gujarat Pradesh übernommen.

Seine Politik war ausgesprochen wertkonservativ, um es vorsichtig zu sagen. Er war gegen Ausschweifungen und Korruption jeder Art, verbot Alkohol und versuchte sogar, Bombays Bordelle zu schließen.

Morarji wurde von Nehru 1958 eingeladen, sich der Regierung in Delhi anzuschließen, und wurde zum Minister für Wirtschaft und Industrie, dann für Finanzen ernannt. Bis Sommer 1963 war er Regierungsmitglied.

Zu diesem Zeitpunkt machten ihm Skandale zu schaffen, in die niemand anders als sein Sohn Kanti verwickelt war, der sich eines verdächtigen finanziellen Erfolges erfreute. Morarji selbst hat sich immer absolut integer verhalten. In der Tat galt er politisch als zu konservativ und vielleicht sogar als ein bißchen zu rechtschaffen für den Geist des neuen Indien. Es heißt, Nehru habe privat beschlossen, daß Morarji nicht sein Nachfolger werden sollte, und habe ihn auch aus der ersten politischen Reihe hinauskomplimentiert.

Nach Nehrus Tod 1964 und dann wieder 1966 verfehlte Morarji sein Ziel, Premierminister zu werden: Er schnitt bei den Wahlen zweimal schlecht ab – das zweite Mal gegen Nehrus Tochter Indira Gandhi. Unter ihrer Regentschaft nahm er den Posten des stellvertretenden Premierministers an und wurde ihr Finanzminister, bis sie ihn entließ und sich die Kongreßpartei im Jahre 1969 spaltete.

In den 70er Jahren arbeitete Desai zum Großteil in der Opposition, eine Tätigkeit, die darin gipfelte, daß er Indira Gandhi wegen Amtsvergehen im Wahlkampf attackierte. Daraufhin verhängte sie den berüchtigten Ausnahmezustand und steckte Morarji einmal mehr ins Gefängnis. Nach 19 Monaten Einzelhaft wurde er entlassen, zwei Stunden bevor Mrs. Gandhi allgemeine Wahlen ausrief, die Morarji am 20. März 1977 an der Spitze einer Allianz aus vier nichtkommunistischen Oppositionsparteien sensationell mit 298 von 540 Sitzen gegen Indira Gandhi gewann. So wurde Morarji schließlich im zarten Alter von 81 Jahren der erste Premierminister Indiens, der nicht der Kongreßpartei angehörte; er stand an der Spitze der sogenannten Janata-Koalition.

Morarji war zwei Jahre im Amt und profilierte sich besonders in der Außenpolitik. Aber die Koalition von Minderheiteninteressen war nie stark genug, um ihm den nötigen geschlossenen Rückhalt zu geben, so daß er schließlich zum Rücktritt gezwungen war. Indira Gandhi wurde 1980 mit überwältigender Mehrheit wiedergewählt, und Morarji zog sich nach Bombay zurück.

Er sitzt in einem alten Holzstuhl in der Mitte des Raumes, sein Boy hockt mit gekreuzten Beinen neben ihm. Kanti läßt sich ein Stück weit weg neben der Tür nieder – hinter dem Rücken seines Vaters. Das Mobiliar ist bescheiden, die Einrichtung in einem ruhigen Blau gehalten; und ich kann meinen Freund Ganesh sehen, der einen kleinen Schrein an einer Wand bewohnt.

Morarji sieht aus wie auf seinem Foto – das unkomplizierte Gesicht, der glattrasierte Kopf, die Brille. Für einen Mann Ende 90 wirkt er fit, sehr schlank. Starke Hände, die Haut straff und rein.

Meine Fragenliste in der Hand, erkundige ich mich zuerst danach, welche Unterschiede er zwischen dem Indien seiner Kindheit, dem Indien nach der Trennung von Pakistan und dem heutigen Indien sieht.

»Als ich ein Kind war«, sagt er, »war Indien kein freies Land. Es stand unter britischer Herrschaft, und das weckt Gefühle verschiedenster Art. Wenn man in Abhängigkeit von einem anderen Volk lebt, ist man nicht Herr seiner selbst. Nach der Teilung entstand

Pakistan und damit das Hindu-Moslem-Gefühl. Das war zuvor nicht so. Und – nun gut – heute ist Indien ein freies Land. Das ist der ganze Unterschied.«

»Und hat sich der Traum von der indischen Nation erfüllt?«

»Er wird sich in ungefähr zehn Jahren erfüllt haben. Daran glaube ich. Sehen Sie, wir waren während der Zeit der Briten ein sehr vorsichtiges Volk, denn das Leben unter einer fremden Herrschaft macht einen nicht gerade mutig. Aber dann gab uns der Kampf für die Unabhängigkeit Mut. Ich bekam dabei Mut. Ich fürchtete mich vor nichts.«

Ich empfinde das Gespräch mit Morarji als demütigende Erfahrung. Er denkt lange und gründlichst über seine Antworten nach. Manchmal wendet er dabei den Blick ab, und ich frage mich, ob er mich überhaupt gehört hat. Wenn er dann aufsieht, kommt die Antwort oft in einer Art, der man nichts entgegensetzen kann. Zum Beispiel frage ich, was er als seine größten Errungenschaften in der Politik betrachtet, und er sagt, er glaube nicht an das Denken in Errungenschaften. Und auf die Frage, welchen ausländischen Politiker er am meisten bewundert, sagt er, es sei nicht sehr zweckmäßig, den einen mehr, den anderen weniger zu bewundern. Er bewundert jeden für seine eigenen Qualitäten. Je weiter ich frage, desto deutlicher bringen seine Klarheit und Einfachheit des Denkens meine Unbeholfenheit ans Licht.

Auf der Suche nach irgendeinem romantischen Schlußakkord frage ich, ob er eine Kindheitserinnerung hat, die er uns mitgeben kann, einen glücklichen Moment vielleicht. »Ich hab immer ein glückliches Leben gehabt«, sagt er und rückt seine Brille zurecht. »Ich bin überzeugt, daß man unter allen Umständen glücklich sein kann. Sehen Sie, wir haben die Lebensumstände nicht in der Hand, aber wenn Sie sich im Leben darauf einstellen, können Sie glücklich leben. Es ist das einzige Leben, das Sie leben werden, also müssen Sie es leben.«

»Was haben Sie aus Ihrer Zeit im Gefängnis gelernt?«

»Ich habe neun Jahre hinter Gittern verbracht. Ich habe gelernt, glücklich zu leben.« Morarji lächelt, und wir lachen freundlich mit. »Was ich außerdem gründlich gelernt habe ... weil es ein hartes Leben war: Entweder man zerbricht oder man wird stärker. Ich bin stärker geworden.«

»Wie sind Sie mit der Einzelhaft während der Zeit des Ausnahmezustandes zurechtgekommen?«

»Das hat mich nicht gestört.«

»Was haben Sie getan?«

»Ich habe ein paar Bücher gelesen. Ich bin gelaufen und habe am Spinnrad gesessen.«

Spinnrad. Das ist mein Stichwort, um ihn über Gandhi zu befragen. Warum glaubt Morarji, daß Gandhi ein so großer Mann war?

»Als ich ihm begegnet bin, habe ich begonnen ihn zu verehren. Gleich beim ersten Treffen. Mahatma Gandhi glaubte an Furchtlosigkeit, an Wahrheit, Gewaltfreiheit und Demut ... Diese vier Dinge lernte ich von ihm. Furchtlosigkeit ist eine unerläßliche Notwendigkeit. Wenn man sich fürchtet, kann man nicht das Richtige tun. Deshalb kommt Furchtlosigkeit an erster Stelle. Dann müssen Sie immer der Wahrheit folgen, sonst leben Sie ein unrechtes Leben. Dann Gewaltfreiheit, Menschen nicht verletzen. Und Demut. Denken Sie daran: Man darf sich anderen gegenüber nicht für überlegen halten. Aber man sollte sich auch nicht als minderwertig betrachten. Alle Menschen sind gleich.«

Soviel Tiefgründigkeit treibt mich nur noch mehr dazu, fragend nach Anekdoten zu suchen. Ich bitte ihn, uns irgendeine Gandhi-Geschichte zu erzählen, die illustriert, welche Art Mensch er war.

»Diese vier Dinge, die er uns gegeben hat«, wiederholt Morarji, ruhig und emotionslos. »Furchtlosigkeit, Wahrheit, Gewaltfreiheit und Demut.«

»Mmmm ... und was ist Ihre liebenswerteste Erinnerung an ihn?«

»Das ist meine liebenswerteste Erinnerung. Ich habe nie einen Menschen gefunden, der ihm gleichkommt, niemanden von seiner Stärke, seinem Wesen. Er ist ein Mann, der auf der ganzen Welt in Erinnerung bleiben wird, weil er keine Feinde hatte. Ich habe versucht, ihm in allem zu folgen, aber die eigene Schwachheit macht es nicht leicht.«

»Glauben Sie, daß Gandhi mit dem heutigen Indien zufrieden wäre?«

»Nun ja, ihm verdankt es seine Existenz. Indien ist im Kommen. In zehn Jahren werden Sie sehen, daß Indien die Welt regiert ... Mit Regieren meine ich Beraten, nicht Dominieren«, fügt er hinzu.

»Welchen Rat wird Indien dem Rest der Welt geben?«

»Diese vier Eigenschaften ...«, sagt Morarji.

Das ist alles. Mehr müssen wir nicht wissen.

Morarji ist bekannt für seine asketische Lebensweise. Er steht jeden Morgen um vier Uhr auf, hält sich an seine vegetarische Ernährung, wobei er sogar auf Getreide verzichtet: Obst zum Lunch und gekochtes Gemüse zum Abendessen. Er legt sich früh zur Ruhe und schläft nie mehr als sechs Stunden. Er braucht nicht viel, weil er sich nie über irgend etwas Sorgen macht. Morarji empfindet weder Furcht noch Ärger.

»Ich habe es im Jahr '52 aufgegeben, mich zu ärgern«, erklärt er sachlich, als ginge es um ein Vergnügen, auf das er heute verzichtet.

Er hat auch regelmäßig die sogenannte Urin-Therapie betrieben, will sagen, er trank täglich seinen Morgenurin. Zum ersten Mal las er 1948 davon, probierte es aus und stellte fest, daß es ihm sehr gut tat. Die Eigenurin-Therapie beseitigte alle Hautkrankheiten und wirkte wie ein natürliches, innerlich eingesetztes Desinfektionsmittel.

Nun muß ich doch nachfragen – eine Frage, die nicht auf der genehmigten Liste steht: Ja, Urin schmeckt anscheinend etwas salzig.

»Und wieviel?«

»Soviel, wie ich morgens abgebe. Einen Löffel voll am Anfang und einen Löffel voll am Ende lasse ich durchlaufen und den Rest trinke ich.«

»Fühlen Sie sich dadurch gesünder?«

»Ja. Es ist ein Gefühl des Wohlbefindens.«

»Machen Sie das jeden Tag?«

»Ich habe mit dem Urin-Trinken vor drei Jahren aufgehört. Es ist jetzt nicht mehr notwendig.«

Morarji glaubt an regelmäßige Ertüchtigung, für Körper wie Seele. Er praktiziert Yoga, kann die gesamte Bhagavadgita rezitieren – das epische Evangelium der Hindus – und betet den ganzen Tag zu seinem Gott.

»Ich habe Übungen gemacht«, erzählt er. »Hanteltraining. Sehen Sie …« Er rollt den Ärmel seines weißen Khadi-Hemdes hoch und enthüllt einen starken Bizeps, der wie eine ansehnliche Kartoffel aussieht.

»Sehr beeindruckend!« sagt Vanella.

»Größer als meiner«, gebe ich zu.

»Kommen Sie, geben Sie mir Ihre Hand«, fordert mich Morarji auf.

Ich rolle meinen Ärmel hoch, wir packen einander mit einer Hand und üben uns im Armdrücken. Morarji gewinnt.

Leben und Tod auf Bali

Ich wache von einem herzhaften Krähen auf. Dann ist wieder alles ruhig, und ich schlafe noch einmal für eine Weile ein. Wieder meldet sich mein Wecker, die Vögel in der Nachbarschaft antworten. Ich schlage die Augen auf und folge ein paar Minuten lang den schmalen Lichtstreifen, die über eine Wand aus geflochtenen Palmblättern wandern. Neben mir liegt sanft atmend Vanella. Draußen beginnt der Tag. Jemand schlägt in einer Küche mit dem Holzlöffel auf einen Topf. Sarongs rascheln an unserer Tür vorüber. Hunde bellen. Eine junge Mutter spricht leise mit ihrem Kind, und in der Ferne krähen noch mehr Hähne.

Eine lauwarme Dusche weckt meine Lebensgeister. Ich schlüpfe in ein T-Shirt und Shorts und gehe hinaus auf eine sonnige Veranda, die von Büschen und süß duftenden Blumen eingefaßt ist. Die Luft fühlt sich warm und feucht an. In einer Thermoskanne wartet schon der schwarze Tee.

Während ich meinen Tee trinke, beobachte ich, wie ein Schmetterling von der Größe einer Untertasse landet, fluoreszierende Flügel flimmern läßt und dann seines Weges schaukelt. Auf der anderen Seite des Hofes arrangiert ein junges Mädchen sorgfältig die Opfergaben des Tages. Ich sehe zu, wie sie, vor sich hin singend, einen Tanz übt, bei dem sie ihre Finger bedächtig spreizt wie eine Dame, die ihren Nagellack bewundert. Sie hinterläßt ein paar Opfergaben auf dem Boden – ein paar Reiskörner auf Bananenblattstückchen, bestreut mit fein geriebener Orangenschale. Häppchen, um die bösen Geister bei Laune zu halten. Ihre Mutter bereitet größere Körbe vor, die für die Götter selbst, für die höheren Schreine bestimmt sind – kunstvoll gedrehte und mit einer Holznadel zusammengesteckte Blätter, die mit Fruchtstücken, Räucherstäbchen und leuchtendrosa Blütenblättern verziert sind.

Hoch und tief hat hier einige Bedeutung. Würden wir durch die Reisfelder gehen und die dichtbewaldeten Hänge hinaufsteigen, kämen wir schließlich zum Gunung Agung und zum Gunung Batur, den Vulkanen, wo die Götter wohnen. Wenn wir dagegen hinunter zum Meer gingen, könnten wir bösen Geistern begegnen. Die Balinesen gehen nicht ans Meer, wenn sie nicht müssen. Wir auch nicht; bei uns liegt es an den betrunkenen Australiern, denen wir nicht begegnen wollen.

Vanella hat sich immer noch nicht gerührt, also beschließe ich, einen Spaziergang zu machen. Draußen auf dem staubigen Sträßchen sind weitere Opfergaben für den neuen Tag zusammengestellt worden, jede für sich einmalig: auf dem Boden, auf Mauern, vor moosbewachsenen Steinstatuen. Wir sind hier in Ubud, einem Dorf an den Südhängen der Insel Bali. Unsere Unterkunft liegt ein Stück abseits der Monkey Forest Road, die in Nord-Süd-Richtung verläuft, während die andere Hauptstraße ost-westlich kreuzt. Die Kreuzung der beiden Straßen ist das Herz der Gemeinde. An einer Ecke findet sich ein etwas erhöhter offener Pavillon, der *balé bandjar (Versammlungshalle)*, wo man Stoffe in leuchtenden Farben kaufen kann. Richtung Norden liegt der Haupttempel oder pura mit seinem kunstvoll behauenen Steintor, einem Pagodenturm und den strohgedeckten Dächern, die über die äußeren Ziegelmauern hinausragen. Weiter zur Rechten stoße ich auf den Markt, der von den schräg einfallenden Strahlen der Sonne beschienen wird. Schon bald stelle ich fest, daß ich hier der einzige Mann bin.

Balinesinnen sind mit honigfarbener Haut und dunkelbraunen Augen gesegnet. Ihr Haar glänzt und schimmert wie Gefieder. Es wird zurückgebunden getragen und bringt damit ihr heiteres Lächeln und ihre vollkommen ebenmäßigen, weißen Zähne noch besser zur Geltung. Die Frauen sitzen inmitten ihrer reichbeladenen Körbe und verkaufen eine verschwenderische Fülle an Früchten und Gemüsen, Nüssen und Hülsenfrüchten. Das Farbspektrum reicht von erdigen Tönen bis zu den zartesten Schattierungen. Da gibt es klumpige Barren Tabak, Wurzelgemüse, das ich noch nie gesehen habe, gekrümmte Peperoni, gehackte Kräuter, bunte Süßigkeiten und Berge duftender rosa und gelber Blütenknospen auf geflochtenen Tabletts. Ihre Kundinnen, die anderen Hausfrauen des Dorfes, balancieren auf einem Polster aus zusammengedrehtem Stoff große Körbe auf ihren Köpfen, und während sie von Verkaufsstand zu Verkaufsstand gleiten, untermalen leise gemurmelte Gespräche die morgendlichen Geschäfte.

Ich reiße mich los und kehre wieder um. Vanella ist schon angezogen, und auf dem Tisch sind mehrere Sorten in Scheiben geschnittenes Obst und meine vor Honig triefenden Bananenpfannkuchen angerichtet. Ich trinke frischen Tee, aber statt in den Pfannkuchen zu beißen, beiße ich mir so energisch auf die Zunge, daß ich mich ziemlich übel verletze.

»Au! Wie zum Teufel habe ich das wieder hingekriegt?«

I Wayan Tapiep, ein kleiner, stämmiger junger Mann mit einem runden, lächelnden Gesicht auf breiten Schultern, ist Englischlehrer. Er ist ganz wild darauf, sein Englisch anzuwenden. Zuerst erklärt er seinen Namen. Das »I« wird kurz gesprochen und bedeutet »Mann«. Dann werden in seiner Kaste die ersten vier Kinder Wayan, Madeh, Nyoman und Ketut genannt. Das fünfte ist wieder Wayan und so weiter. *(I Wayan Tapiep ist also entweder der Erstgeborene oder das fünfte unter den Geschwistern.)* Tapiep schließlich entspricht einem Vornamen.

Er hört sich aufmerksam unsere Geschichte an, hofft, uns helfen zu können, und verspricht, morgen wiederzukommen.

Wir vertreiben uns den Tag mit Herumschlendern, Lesen, Dösen und beschließen am Nachmittag endlich, einen späten Bummel zu machen. An der Kreuzung wenden wir uns nach rechts, gehen am Markt vorbei, laufen bis zum hintersten Dorfende und biegen dort in eine Seitenstraße ein. Weg vom Trubel – zu viele Touristen für unseren Geschmack! Die Monkey Forest Road hat zu beiden Seiten einen Spülsaum aus *homestays (Unterkünften)* und Andenkenläden. Egal welcher Touristengattung man angehört, ob mit Geld oder ohne: In dieser Anballung ist man einfach nur einer von denen, die Chaos erzeugen. Ein Ort wird populär und ist in kürzester Zeit nicht mehr wiederzuerkennen. Alle sind ständig auf der Suche nach dem verlorenen Paradies.

Bald sind wir in den Reisfeldern – in Stufen angeordnete, nasse, mit Palmen gesäumte Felder mit jeweils einem Schrein im Eck. Zwischen endlosen Reihen grüner Schößlinge, die alle mit der Hand gesetzt worden sind, sehen wir hier und da gebückte Gestalten. Auf einigen knietief überfluteten Reisfeldern sind erst winzige Sprosse zu sehen; andere überzieht schon eine üppige grüne Decke; der Reis am Ende des Zyklus ist reif und goldbraun und wird von Familiengruppen geschnitten und gedroschen.

Wir kommen durch ein kleines Dorf; die Hunde bellen, und die Menschen lächeln uns an. Ein Mann zeigt uns sein Prachtstück von einem Gockel, den er in einem glockenförmigen Weidenkäfig am Straßenrand hält. Er hebt ihn am Ansatz seines blaugrünen Schwanzes hoch, ein herrliches Tier mit den Oberschenkeln eines Ringers, scharfen Krallen und einem wachen, starren Blick.

Wir gehen weiter und gelangen in ein größeres Areal von Reisfeldern, in denen sich die graue Wolke eines abkühlenden Himmels spiegelt und die Luft vom Geräusch fließenden Wassers erfüllt ist. Eine Vogelscheuche versucht, bedrohlich auszusehen; Kolonnen von Enten watscheln die Reihen entlang und suchen an den seichten Stellen nach Nahrung, ohne sich je zu weit von ihrem Bezugspunkt zu entfernen, einer zerfledderten weißen Fahne, die der Bauer aufgestellt hat.

Als es dämmrig wird, stoßen wir auf einen Tempel, ein offenes Areal, das man über drei Steinstufen betritt. Das Tor wird von einem schaurigen Paar bewacht: zwei von Flechten graugrün verfärbte Statuen in karierten Sarongs oder *kamben*. Sie haben vorquellende Augen, furchterregende Zähne, und ihre feurigen Zungen baumeln zwischen hängenden Brüsten herunter. Steinstrukturen gruppieren sich um einen erhöhten zentralen Pavillon, den *paruman*, wo die Götter höchstpersönlich Platz nehmen, wenn sie zufällig des Weges kommen. Auf einem gelben Stück Stoff hat jemand ein paar Opfergaben niedergelegt. Weitere Gesichter starren an den Seiten heraus, um jeden bösen Geist zu verscheuchen, der sich so weit vorwagen sollte. Hier ist es ruhig und leer, aber das Zwielicht ist irgendwie belebt. Es ist tröstlich zu wissen, daß die Götter, falls sie hier durchgehen sollten, unsichtbar sind – zumindest für uns Sterbliche.

Die ganze Insel ist mit Tempeln übersät, einige für Zeremonien, einige uralt, einige versteckt wie dieser hier inmitten der Reisfelder. Jeder Haushalt hat seinen eigenen Familientempel. Rund 90 Prozent der Balinesen sind Hindus, eine abgeschiedene Minderheit im Schmelztopf der indonesischen Religionen. Aber ihre Form des Hinduismus ist anders als die meisten Glaubenssysteme. Ihre Religion ist mit ihrem Leben verschmolzen, ist so wichtig wie Essen oder Schlafen. Vom Morgengrauen bis zur Dämmerung und von der Wiege bis zum hiesigen Pendant des Grabes durchwurzelt Religion ihr Gartenparadies.

Am nächsten Morgen merken wir, daß irgend etwas vor sich geht. Der *balé bandjar* an der Straßenkreuzung scheint einem neuen Zweck zu dienen. Er ist voller Männer, die in Gruppen mit gekreuzten Beinen dasitzen und sich zu einer Art gemeinschaftlicher Schnippeltherapie zusammengetan haben. Wohl an die 70 Männer müssen es sein, die da Bambus in dünne, genau bemessene Stücke schneiden und spalten. Verblüfft sehen wir ihnen zu.

»Wir machen *satay*«, ruft einer von ihnen.

»Aha. Genug *satay*, um das ganze Dorf damit zu füttern?«

»Ja.« Er nickt und schenkt uns ein strahlendes, vollkommenes Lächeln.

Als erstes geht I Wayan Tapiep mit uns zu I Wayan Mandor. Jenseits eines kunstvoll behauenen Steintores sorgt ein ummauerter Hof für friedliche Abgeschiedenheit. Vögel in Käfigen schwatzen vor sich hin, Hühner picken, und ein verwahrloster Welpe schnüffelt an unseren Knöcheln.

I Wayan Mandor sitzt auf der Veranda in einem Bambuslehnstuhl und atmet flach durch geschürzte Lippen. Sie wissen nicht genau, wie alt er ist. Ein Jahr des balinesischen Kalenders entspricht ungefähr zwei Dritteln unseres Jahres. Wenn sie also sagen, er sei 135 Jahre alt, ist das nach ihrer Zeitskala plausibel.

Er wirkt etwas gebrechlich, ein Eindruck, der von dem einzigen Kleidungsstück, das er am Leib trägt – einem Paar dünner Baumwollshorts –, nicht gerade entkräftet wird. Schlüsselbeine, Rippen, alles ist zu sehen. Die Armvenen zeichnen sich so deutlich ab wie Bindfäden. Seine Brustwarzen sind schwarze Druckknöpfe auf einer eingefallenen Brust. Seine Bizepsmuskeln sehen aus wie kleine Früchte, die unter schlaffer, runzliger Haut hängen. Er hat verhärmte Wangen, eingesunkene Augen, einen vortretenden Mund und dazu die abstehenden Ohren eines Affen.

Vier Generationen leben hier im Hause seines Sohnes. Eine Enkelin arbeitet in der Küche, während eine andere eine Anzahl Opfergaben vorbereitet, die sie überall im Hof plaziert. Der Urenkel ist ein echter Lausbub, rast herum, schnappt sich die Räucherstäbchen und jagt den Hundewelpen. Mandors Sohn, selbst schon ein älterer Mann, sieht dem herumtobenden Kind von seinem eigenen Bambusstuhl aus freundlich zu. »In Bali besteht das Leben eines Mannes aus drei Stadien«, erklärt Tapiep. »Wenn wir Kinder sind, spielen wir. Wir tun, was wir wollen. Manchmal helfen wir unserem Vater oder bereiten mit unserer Mutter Opfergaben vor. Dann finden wir ein Mädchen, wir heiraten und haben selbst Kinder. Wir arbeiten und kümmern uns um die Angelegenheiten des Dorfes. Die letzte Stufe haben wir erreicht, wenn wir alt sind. Dann kümmern sich unsere Kinder um uns. Dieser Mann ist jetzt alt genug für die dritte Stufe. Er wacht auf, trinkt ein bißchen Kaffee und schläft wieder. Nachmittags ißt er etwas, dann ruht er sich aus.«

I Wayan Mandor war Landarbeiter und stammt aus einem kleinen Dorf nördlich von Ubud.

»Ich erinnere mich, daß ich mich um die Kühe gekümmert habe, während mein Vater auf den Reisfeldern gearbeitet hat«, sagt er mit pfeifendem Atem. »Ich habe ihnen Gras gesucht, und am Abend habe ich sie zu Vater geführt. Und ich kann mich noch daran erinnern, wie meine Zähne gefeilt wurden.«

»Zähne gefeilt?« rufen wir entsetzt.

»Das macht man bei allen jungen Leuten«, erklärt Tapiep. »Unsere Zähne werden gefeilt, wenn wir Teenager sind. Das ist eine Art Ritual.«

Der brahmanische Priester führt die Zeremonie aus und feilt die oberen Zähne, bis keine Spur von teuflischen Reißern mehr zu sehen ist. Früher wurden die Zähne manchmal auch noch zusätzlich geschwärzt.

Vanella zuckt zusammen und will wissen, ob das nicht weh tut. I Wayan Mandor atmet angestrengt ein und bestätigt, daß sie mit ihrer Vermutung richtig liegt.

»Meine Zähne standen vor. Deshalb hat der Priester gefeilt, bis ein Zahn ganz dünn war. Nach zwei oder drei Tagen hatte ich dann starke Schmerzen. Er war an der Wurzel schlecht geworden.«

Er zeigt uns, wie gefeilt wurde, und reibt mit seinen dürren Fingern über seine nicht ganz so perfekte obere Zahnreihe.

Das erklärt natürlich dieses schöne, ebenmäßige Lächeln, und es erklärt auch, warum meine eigenen teuflischen Hauer beim Pfannkuchenessen meine Zunge verletzt haben.

Wie die meisten Balinesen hat I Wayan Mandor noch eine zweite Fertigkeit erlernt. Er war nicht nur Landarbeiter, sondern auch Musiker und begleitete im Gamelan-Orchester die Schatten-Puppenspiele. Heute ist er zu schwach und hat sein Wissen an eine jüngere Generation weitergegeben. »Ich kann immer noch ein bißchen spielen«, sagt er und wirft einen anklagenden Blick auf seine rechte Hand.

Dann wollen wir wissen, ob er je eine Hexe gesehen hat.

(Tapiep hat uns erzählt, daß man hierzulande an gute und böse Magie glaubt. Wie üblich ist der Glaube von Gleichgewicht und Symmetrie geprägt. Gutes wird von allem Sauberen, Starken oder rechts Gelegenen symbolisiert; Böses ist unsauber, schwach oder links gelegen. Eine leyak ist eine Hexe, die die Gestalt eines Dämons oder Tieres annimmt. Sie wird für alle bösen Geschehnisse verantwortlich gemacht.)

»Ich hab *leyaks* gesehen«, sagt I Wayan Mandor und holt mühsam Luft. »Ich kam gerade vom Reisfeld. Ich mußte nachts Wasser auf die Felder leiten. Es war ungefähr Mitternacht oder ein Uhr. Ich sah einen Affen, aber es war kein wirklicher Affe, sondern einer, der jemand anders war. So was hab ich mehr als einmal gesehen. Manchmal habe ich gesehen, wie Feuer die Straße entlanggewandert ist.« Er erzählt das ganz sachlich, so als wären solche Erscheinungen völlig normal.

»Was haben Sie dann getan?« fragt Vanella mit großen Augen.

»Wenn der Affe versucht hätte, mir etwas zu tun, wäre ich mit meiner Sense auf ihn losgegangen und hätte ihn getötet. Und so bin ich einfach weitergegangen.«

»Hatten Sie Angst?«

»Nein«, sagt er überrascht. »Ich hab mich gefreut. Ich hab sie gerne gesehen.«

Manche Leute, so erfahren wir, verfügen über eine besondere Kraft namens *saktí*, die sie vor Einflüssen der schwarzen Magie schützt. I Wayan Mandor brauchte sich nicht zu fürchten. Er hat jede Menge *saktí* von seinem Vater geerbt. Wir für unseren Teil geloben, nie nach Einbruch der Dunkelheit in die Reisfelder zu gehen.

Auf dem Weg zurück erzählt uns Tapiep, was hinter dem *satay*-Stöckchen-Schneiden steckt: Es hat mit einer Einäscherung zu tun.

»Heute ist *purnama*«, sagt er, »Vollmond, der beste Tag, um den Leichnam zu waschen. Der alte Prinz soll am Sonntag verbrannt werden, einem besonderen Tag, denn er hat ja einer hohen Kaste angehört. Ihr könnt heute nachmittag hingehen und euch die Zeremonie ansehen. Bei seinem Haus, da drüben.«

Tapiep zeigt auf ein herrliches Tor. Er beharrt darauf, daß es überhaupt kein Problem sei, wenn wir hingehen. Wir ziehen also unsere *kamben* an, binden uns besondere Zeremonie-Schärpen um die Taille und machen uns auf, um uns unter die königliche Familie zu mischen. Die Prinzen von Bali oder *ksatriyas,* wie ihre Kaste heißt, haben heutzutage kaum noch politische Macht, aber die Einäscherung eines ihrer Ältesten begehen sie doch im großen Stil.

Am Eingang begrüßt uns eine Gruppe aus 20 Gamelan-Musikern mit einer unheimlichen Melodie. Ihre Instrumente sehen wie Xylophone aus und werden unglaublich schnell einhändig mit Hämmerchen angeschlagen.

Zögernd gehen wir durch das Tor und sehen, daß es im ganzen Hof und im Schatten unter den üppig geschmückten Pavillons von erwartungsfrohen Menschen wimmelt. Wir fühlen uns wie Gäste auf einer Hochzeit betuchter Leute. Die Frauen schillern wie Waldvögel in Purpur, Blau und Grün. Sie tragen Mieder, knappsitzende Spitzenjäckchen und *kamben* mit Batikmuster. Die Männer sind in Schwarz erschienen: *kamben,* Hemden und spitze Kopftücher, sogenannte *udangs.* Ein anmutiges junges Mädchen empfängt uns, führt uns zu einem Platz, wo wir sitzen können, und serviert uns dann Tee. Offenbar hat niemand etwas gegen uns ungeladene Gäste einzuwenden.

Die Plattform des Brahmanen-Priesters sieht aus wie ein Baumhaus. Sie ruht auf vier dicken Pfählen ungefähr sechseinhalb Meter über dem Boden, hat ein strohgedecktes Dach und ist von einem Wall aus Opfergaben umgeben: Körbe voller Essen, Früchte, Blumen und ein beeindruckender Stapel ganzer gebratener Enten. Der Priester oder *pedanda,* ein Ältester mit dicken, buschigen

Augenbrauen, trägt einen mit Edelsteinen besetzten schwarzen Hut und eine schwarze Weste mit aufwendigen Goldverzierungen. Seiner Kaste wegen sitzt er da oben für sich allein. Er ist buchstäblich über alle anderen erhoben und erhaben.

Gegenüber im Hauptpavillon liegt Chokorda Raka in seinem Sarg. Er ist vor über zwei Monaten gestorben, wurde aber einbalsamiert, damit er bei seiner Familie bleiben konnte. Ein astrologisch günstiger Zeitpunkt für den großen Abschied mußte abgewartet werden. Am kommenden Sonntag nun wird sein Körper verbrannt und seine Seele befreit. Sie wird in die geistige Welt eintreten, zum Ausgangspunkt zurückkehren und sich als etwas Neues wiederverkörpern. Deshalb ist eine Leichenverbrennung ein Grund zum Feiern, nicht zum Trauern. Sogar die Witwe sieht fröhlich aus, aber dazu hat sie auch allen Grund – früher nämlich wurden Witwen zusammen mit ihren toten Prinzgemahlen verbrannt.

Oben auf seiner Plattform läutet der Priester eine Glocke und stimmt Gebete an. Er wirft ein paar Blumen in die Luft und verspritzt etwas heiliges Wasser. Die Söhne, Neffen und Enkel des alten Mannes heben seinen Körper aus dem Sarg, bugsieren ihn unsanft über ihre Köpfe hinweg auf ein spezielles Podium, wickeln ihn dort aus und gießen Wasser über den ganzen nackten Körper. Zu unserem eigenen Befremden renken wir uns beide die Hälse aus, um nur ja nichts zu verpassen.

Ich habe noch nicht viele Tote gesehen. Wir sahen einen Mann in der U-Bahn in Peking und wußten sofort, daß er tot war. Aber wir wollten nicht hinsehen. Jetzt aber sind wir von dem Prinzen und seiner ausdruckslosen Maske wie hypnotisiert. Er wirkt so lebensnah, daß ich fast meine, er müßte jetzt die Nase runzeln und die Augen aufschlagen.

Ich erinnere mich, daß Granny Jackson am Morgen vor ihrem Begräbnis im Eßzimmer in Cambrai aufgebahrt wurde. Der Sarg stand offen, damit die Familie ihr die letzte Ehre erweisen konnte.

Mein Großvater fand mich draußen in der Diele. »Willst du deine Großmutter sehen, junger Mann?« fragte er. »Sie sieht heute sehr hübsch aus.«

Ich fand, daß nichts dagegen sprach, und nickte. Er legte also seine Hand auf meine Schulter und führte mich ins Zimmer. Der Sarg stand drüben am Fenster. Im zarten Alter von 14 war ich immer noch so klein, daß ich ganz nah herangehen mußte, um hineinsehen zu können. Da kam meine Mutter aus der Küche.

»Nein«, rief sie. Opa und ich drehten uns um.

»Nein, lieber nicht! Du willst doch nicht, oder?« fragte sie.

Mum wollte mich nur schützen. Zehn Sekunden später, und das Gesicht meiner Großmutter hätte sich in meine Erinnerung eingeprägt. Eigentlich hätte ich sie doch gerne noch einmal gesehen, weil ich mich ein bißchen für ihren Tod verantwortlich fühlte. Als wir sie das letzte Mal besuchten, hatte ich eine fürchterliche Erkältung. Ich gab ihr einen Kuß zum Abschied, und im Auto sagte mein Vater, ich sollte meine Bazillen mal lieber für mich behalten. Sie starb innerhalb einer Woche.

Während die Männer Chokorda Raka waschen, knien die Frauen nieder und stimmen ein Klagelied an. Sie ziehen ihm einen frischen *kamben* an, setzen ihm einen weißen *udang* auf den Kopf und stecken ihm eine gelbe Blume hinters Ohr. Dann wird er in eine violette Schärpe und ein goldenes Laken drapiert, während seine Hände mit dem glitzernden Goldring am kleinen Finger auf seiner Brust ruhen.

Plötzlich kauern alle nieder und machen sich so klein wie möglich – und wir tun es ihnen schleunigst gleich: Der Brahmanen-Priester ist von seinem Podest herabgestiegen und geht zum Podium hinüber. Sobald er das Podium erstiegen und seine paar Zentimeter Erhabenheit wiedergewonnen hat, können wir alle wieder aufstehen.

Zuerst spritzt er heiliges Wasser mit Blütenblättern über Chokorda Rakas Kopf, dann gießt er Wasser aus einer Tonschale und einem Messingkrug über ihn, wobei er unablässig Gebete spricht. Als das vollzogen ist, ducken wir uns alle wieder, und er kehrt zu seinem Turm zurück.

Die Männer heben ihren Prinzen auf, wickeln ihn in Palmmatten, ziehen ihm eine Art Bambus-Leibchen über und schlagen ihn in ein frisches, weißes Laken ein. Dann heben sie ihn hoch und formen den Leichnam zu einem Bogen, unter dem die Frauen durchlaufen wie Kinder beim Ringelreihen. Anschließend wird der Leichnam wieder in seinem Sarg zur Ruhe gelegt.

Wir knien alle nieder, heben die Hände zum Gebet und hoffen, seine Seele möge eine sichere Reise haben. Der Priester läutet eine Glocke und gibt seinen abschließenden Segen. Jetzt wird der Sarg mit einem komplizierten Arrangement aus Blumen und Reishalmen in Rot, Orange und Gold dekoriert. Zu Füßen des Toten drapieren sie Spruchbänder und stapeln verflochtene Blätter. Von der Decke lächelt ein gerahmtes Photo von Chokorda Raka auf uns herunter und erinnert daran, wie er in besseren Tagen aussah. Jetzt ist er bereit für seine letzte Reise.

An einem Freitag dämmert der Morgen über einem bienenfleißigen Dorf. Hinten an der Monkey Forest Road sägt eine Gruppe Tischler Bambusstangen in Stücke, und der *balé bandjar* oben an der Kreuzung dient schon wieder einem anderen Zweck. Zwei fette Schweine liegen mit zusammengebundenen Füßen und Schnauzen auf dem Bauch und warten darauf, in *satay* verwandelt zu werden. Wir sehen ihnen an, daß sie das wissen. Nur ein paar Meter entfernt wird ein anderes armes Schweinchen schon in ganz kleine Stücke geschnitten. Die Dorfhunde sind völlig aus dem Häuschen.

Tapiep kommt am Samstag wieder. Er will, daß wir I Wayan Gejer besuchen. Wir finden ihn im kühlen Schatten seiner Veranda an einem alten Tisch, auf dem ein Bündel Bambusstreifen liegt. Ein großer Korb und ein Werkzeugkasten voller Messer stehen zu seinen Füßen. Zur Begrüßung nickt er uns weise lächelnd zu und schneidet weiter Holz. Seine Brust ist nackt, seine Haut dunkelbraun und mit Leberflecken gesprenkelt. Über seinem Bauch ist ein blau-weiß gestreifter *kamben* verknotet, auf dem Kopf thront ein weißer *udang*.

Seine Frau, Ny Nyoman Binder, erscheint, nackt bis zur Taille. Während sie lässig ihr eben übergeworfenes Hemd zuknöpft, kommt ihr Enkel mit zwei Kumpels auf den Hof geschlendert. Sie tragen Strandshorts und Gummilatschen. Auf der Brust des Enkels prangt eine auftätowierte Frau, die sich suggestiv aus den Flammen erhebt.

»Schaut euch nur diese schlimmen Jungs an«, stichelt Tapiep. »Der hier ist ein Playboy. Hat jede Menge australische und amerikanische Freundinnen.«

Die schlimmen Jungs setzen eine schuldbewußte Miene auf.

Während I Wayan Gejer weiter an seinem Bambus arbeitet, erzählt uns Ny Nyoman Binder, wie sie zu ihrem Mann kam: Getreu einem uralten Brauch hat er sie entführt, um sie dazu zu bewegen, ihn zu heiraten. »Ich war noch ziemlich jung«, erinnert sie sich. »Er kam zu unserem Haus und packte mich. Ich habe geschrien, aber was konnte ich schon machen? Die Männer wetteiferten um die besten Mädchen. Dann erinnere ich mich noch, daß wir, also mein Entführer und ich, lange herumgelaufen sind. Ins Dorf zurück konnten wir ja nicht, denn dann hätte vielleicht jemand anders versucht, mich zu entführen. Also hat er mich hochgehoben und in ein altes Auto gesetzt, das er angehalten hatte.«

Ny Nyoman Binder lacht und streicht sich über ihr langes, graues Haar. Ihr Mund ist vom Betelnußkauen tiefrot verfärbt.

Sie sagt, sie fuhren dann zu einem 15 Kilometer entfernten Ort, wo sie drei Monate lang lebten und sich von den Dorfbewohnern etwas zu essen zusammenbettelten. Als sie nach Hause kamen, redete ihr Cousin ihr gut zu. Er sagte, sein Freund würde einen guten Ehemann abgeben.

»Hat er recht gehabt?«

Sie nickt und lächelt.

I Wayan Gejer ist Priester. Tapiep sagt, ein Mann kann erst Priester werden, wenn seine Frau Kinder geboren hat. Und auch dann wird es nur geschehen, wenn der Zufall es will.

»Eines Tages bleiben wir zu Hause«, sagt er, »und der Geist tritt in uns ein und wir werden Priester. Die Menschen wollten, daß er Priester wird, weil sein Vater einer war.«

»Dann wird das also weitervererbt?«

»Ja, auch einer seiner Verwandten wird einmal Priester werden.« Tapiep deutet auf den Enkel, der in der Nähe herumhängt. »Der da ist jetzt vielleicht ›unmöglich‹, aber der böse Geist kann ihn auch plötzlich wieder verlassen, und dann wird der Gott auf ihn zeigen und sagen: Du mußt Priester werden.«

Unser Playboy hält das offenbar für unwahrscheinlich. Der alte Mann lächelt gelassen, während sein Messer ein neues Stück Bambus spaltet.

Er ist *pemangku,* Priester einer niederen Kaste und für den Friedhof verantwortlich. Familien niederer Kasten müssen oft sparen, bevor sie sich auch nur eine einfache Verbrennung leisten können, und parken deshalb die Leichname ihrer Lieben in provisorischen Gräbern. Der *pemangku* segnet Opfergaben an die Götter und hält den Friedhofstempel sauber.

»Gehen denn die bösen Geister überhaupt dorthin?« will ich wissen.

»*Leyaks* sieht man oft«, versichert mir Tapiep.

»Hat er schon einmal eine *leyak* gesehen?«

Der alte Mann schüttelt den Kopf und lächelt mit betelrotem Mund und geschwärzten Zähnen.

»Er ist gut geschützt«, sagt Tapiep. »Alles, was mit schwarzer Magie zu tun hat, fürchtet ihn. Wenn eine Hexe ihn sieht, rennt sie davon. Manchmal sehen die Hexen aus wie Hunde. Aber auch ein Mann kann sich in einen Hund verwandeln und nachts kommen, um einen Leichnam auszugraben. Manchmal ist es auch ein doppelköpfiger Hund. Aber Durga, die Göttin des Todes, bewacht den Friedhof. Wir können Durga mit unseren Augen nicht sehen, aber wenn du nachts hingehst oder dich in eine *leyak* verwandelst, stößt du auf eine unsichtbare Mauer und kannst nicht hinein.«

I Wayan Gejer hat kaum ein Wort gesagt. Die ganze Zeit über hat er systematisch Bambusstreifen abgespalten, einen nach dem anderen. Jeder mißt 45 Zentimeter und ist etwas über einen Finger breit. Er schneidet die Streifen von beiden Seiten bis zur halben Länge ein; das Messer führt er dabei immer vom Körper weg. Dann dreht er den Streifen um 180 Grad und schneidet die andere Hälfte ein; auf diese Weise bleibt der Streifen glatt und elastisch. Seine Bewegungen sind präzise und gelassen, die rhythmische Bewegung der Klinge ist von hypnotischem Gleichmaß.

Schon in jungen Jahren hat der Alte als Korbflechter gearbeitet. Seine Körbe – flache, runde Reiskörbe – sind hinter ihm aufgestapelt. Für jeden braucht er drei Tage, aber jetzt ist er im entscheidenden Stadium, wo der Bambus dünn und biegsam gemacht werden muß.

Ein frisches Häufchen liegt auf dem Tisch. Fahler Staub hat sich in den Falten seines *kamben* gesammelt, und seine freundlich-naiven Augen geben einen unendlich heiteren Blick zurück.

Am nächsten Morgen schart sich eine Gruppe Jugendlicher voller Bewunderung um einen Bullen mit riesigen Hoden. Er sieht bösartig und bedrohlich aus. Sein gebleckttes Maul leuchtet rot, seine spitzen Hörner, die Hufe und der Schwanz glänzen golden. Er steht auf einer Plattform aus kreuzweise miteinander verbundenen Bambusstangen, sein hölzerner Körper ist mit einer Haut aus schwarzem Filz überzogen. Er trägt ein mit Spiegelstückchen besetztes Halfter, von seinen Ohren baumeln Troddel, und seinen Kopf krönt ein gestärkter, weißer *udang*. Es ist einfach eine Schande, daß er schon bald in Rauch aufgehen soll – mit Chokorda Raka in seinem Inneren.

Auf einer anderen Plattform steht der *badé*, ein gewaltiger, reich mit Gold geschmückter Turm mit neun Pagodendächern, die sich zur Spitze hin verjüngen. Sie stellen die verschiedenen Ebenen der Himmel dar.

Unterhalb der Pagodendächer wird der Sarg stehen, und am Sockel des Gebildes starrt die Fratze von Bhoma, dem Sohn der Erde, heraus. In einem wirbelnden Rausch aus gefärbter Baumwolle breitet er seine riesigen Flügel aus, und seine Zähne, seine wilden Augen und sein blutroter Mund sind jedem störenden Geist eine Warnung.

Der Tag der Verbrennung ist gekommen, von überall auf der Insel treffen die Menschen ein. Wieder machen wir uns fein und begeben uns durch das königliche Tor.

Alle Gäste tragen heute Schwarz, aber die Stimmung ist alles andere als düster. Zur eindringlich gehämmerten Musik des Gamelan-Orchesters lachen und rauchen die Männer, und die Frauen plaudern fröhlich miteinander.

Wieder werden wir höflich empfangen und nehmen unsere Plätze in einem der Pavillons ein. Sie bringen uns Wasser und einen kleinen Korb voller in Palmblätter gewickelter Jackfruit. Wir versuchen freundlich abzulehnen, aber sie bestehen darauf, uns zu bewirten. Immer neue Gäste kommen, beladen mit Geschenken. Ein junger *pemangku-Priester* sitzt mit gekreuzten Beinen am Fuß des Sarges und spricht Gebete. Feuerwerkskörper explodieren, um die bösen Geister fernzuhalten. Dann kommen vier bierbäuchige deutsche Touristen in karierten Shorts und mit Videokameras dreist von der Straße hereinspaziert; höflich werden sie gebeten, wieder zu gehen.

Jetzt müssen wir warten, bis die Sonne den Zenit erreicht und – passenderweise – ihren Abstieg in die sterbende Hälfte des Tages begonnen hat. Kurz vor Mittag wird ein großartiges Festessen serviert, zu dem auch wir eingeladen sind. Es gibt Salat aus grünen Bohnen, würziges Gemüse in Erdnußsauce, Nudeln und Reis, die mit Kokosnuß aromatisiert sind. Vanella ist wohl die einzige, die sich bei der beeindruckenden Vielfalt von *satay* zurückhält. Immer wieder blinzle ich in das gleißende Licht und versuche, die

Position der Sonne festzustellen. Einer der Hunde hält es nicht mehr aus und macht sich mit einer gebratenen Ente aus dem Staub.

Ein Trommelschlag erdröhnt, und plötzlich muß anscheinend alles sehr schnell gehen. Alles, was noch eben auf dem Sarg lag, wird auf die Köpfe von Töchtern, Nichten und Enkelinnen verfrachtet. Sie hetzen durch das Gedränge der Gäste im Hof auf die Menschenmenge zu, die sich draußen auf der Straße drängt. Wir rennen hinter den Sargträgern her, um nur ja nichts zu verpassen.

Draußen steht der *badé (das pagodenartige Gebilde, in dem der Leichnam des Verstorbenen zum Verbrennungsplatz getragen werden soll)*; hoch ragt sein Pagodenturm in einen klaren, blauen Himmel. Weiter hinten auf der Straße sehen wir schon den Bullen warten. Beide, Bulle und badé, ruhen auf den drängenden, rempelnden Schultern zweier Teams aus 60 schwarzgekleideten jungen Männern mit weißen Schweißbändern. Als Chokorda Raka irgendwo auf halbem Weg zwischen Erde und Himmel auf dem *badé* festgekeilt wird, gerät das Gebilde bedrohlich ins Wanken. Beschattet von einem fransengesäumten Sonnenschirm, in der Hand einen ausgestopften Vogel mit auffälligem Gefieder, klammert sich einer der Söhne des alten Mannes an die Seite des Turmes. Über das Ende des Sarges muß noch schnell ein Stück rot und golden changierende Seide drapiert werden. Als dann alles an seinem Platz ist, bekommt der Mann, der rittlings auf dem Bullen sitzt, ein Signal. Es geht los.

Die ganze Prozession stürmt wie ein Mann schreiend und kreischend auf die Straßenkreuzung zu. In wahnwitziger Schieflage wendet der Bulle nach rechts. Wir folgen in dem Gedränge, das sich hinter dem *badé* mit dem hochwohlgeborenen Toten staut. Der *badé* bleibt an der Kreuzung stehen, täuscht eine Linkswendung an und beginnt dann, so schnell im Kreis herumzuwirbeln, wie 60 starke Männer das nur eben bewerkstelligen können.

Jetzt haben die Träger alle möglichen lauernden Geister abgeschüttelt und rasen hinter dem Bullen her. Staub wirbelt auf. Schweiß glänzt. Sonnenlicht wird von Spiegeln und Gold reflektiert. Eine Masse schwarzer Hemden und glänzender Haare prescht weiter. Dann ertönt ein Whoa! (Halt!), und wir laufen alle Gefahr, von hinten niedergetrampelt zu werden. Mit einer eilends herbeigebrachten Bambusstange wird ein Telegraphendraht über die Spitze des *badé* gehoben, während die Träger sich niederkauern und mit Wasser begossen werden. Weiter geht's bis zum nächsten Telegraphendraht und dann weiter, so schnell sie nur können einen Hang hinunter, ein Stück den Hügel hinauf und schließlich auf den Friedhof. Die Menschenmassen schieben sich hinterher.

Jetzt schleppen sie den Bullen eine steile, grasbewachsene Anhöhe hinauf, wo auf Pfählen ein herrlicher Baldachin errichtet worden ist. Der Sarg wird vom *badé* heruntergenommen und der Leichnam in den Bullen gelegt.

Während der Scheiterhaufen errichtet wird, nageln Helfer Bambusstangen an die Pfosten des Baldachins und bauen aus dickem Draht, den sie unter dem Bauch des Bullen hin und her spannen, eine Art Auffangnetz. Der Priester spendet seinen Segen mit heiligem Wasser. Neben ihm stehen Frauen, die das farbenprächtige »Gepäck« des Verstorbenen auf ihren Köpfen hierhergetragen haben: Wegzehrung, die Chokorda Raka auf die Reise mitnehmen soll, und Geschenke, die er unterwegs überreichen kann. Alles wird auf den Scheiterhaufen gepackt und mit Benzin aus alten, roten Kanistern übergossen. Nur wenige Meter entfernt sitzen unterdessen ein paar Verwandte und rauchen eine wohlverdiente Zigarette.

Nach einer kleinen Ewigkeit führen sich die Frauen gegenseitig den Hang hinauf; auf einem kleinen geflochtenen Tablett tragen sie eine winzige Flamme.

Whuum ... Phhhhh! Der Bulle in seiner ganzen Größe steht sofort in Flammen. Schwarzer Filz schält sich ab, eine weiße Rauchfahne bauscht sich in den Himmel. Holz prasselt, die Hitze wird immer stärker. Einer der Söhne des Verstorbenen klopft mit einer langen Stange an die Unterseite des Bullen, und langsam gleitet Chokorda Raka hinunter in das Drahtgeflecht. Er muß gut brennen, damit seine Seele befreit wird. Sie schieben noch mehr Holz ins Feuer, werfen Tüten voll Zucker darauf, gießen Kokosöl durch Bambusrohre ins Flammengeprassel hinein – alles, um ihn besser brennen zu lassen.

Es ist ein grausiger Anblick, wie der Leichnam allmählich verkohlt. Der Scheiterhaufen brennt den ganzen Nachmittag, die Zuschauer verlaufen sich langsam. Aber damit sind noch längst nicht alle Rituale vollzogen.

Wir ziehen uns ein Stück weit zurück, setzen uns hin und kühlen ein wenig ab. Neben uns sitzt ein Mann auf einem Stein. Er ist schwarz gekleidet und raucht eine Zigarette mit weißer Spitze, als sei er es nicht gewöhnt.

»Zuviel Formalin«, sagt er, »er hat nicht gut genug gebrannt.«

»Tatsächlich?«

Den Überresten des Prinzen wird wenig Respekt erwiesen. Sie liegen jetzt im Zentrum des Schmelzofens, man stochert hinein, schubst sie herum, schlägt brutal mit einer Bambusstange auf seinen Schädel ein.

»Die Familie braucht seinen Geist wieder im Haus«, sagt der Mann gelassen. »Die Seele lebt im Schädel. Sie muß befreit werden. Ich weiß das, weil ich ein Medium bin. Ich kann mit den Geistern sprechen.«

»Aha.«

»Wird sein Geist die Familie beschützen?« fragt Vanella.

»Ja, so ist es. Heute abend wird seine Asche ans Meer gebracht, zu Tanah Lot, dem Mutter-Tempel. Dort wird die Asche aufs Wasser gestreut. Später spricht dann ein Medium zu seinem Geist, um festzustellen, ob alles in Ordnung ist, und dann wird ein Schrein im Familientempel aufgestellt.«

»Dann hat seine Seele ihren Frieden?«

»Nein, das ist noch nicht alles«, sagt unser Freund. »An einem anderen Tag müssen wir seiner Seele noch helfen, ihren Himmel zu finden.«

Eine Weile sehen wir gemeinsam zu, wie weitere Versuche unternommen werden, Chokorda Raka in Asche zu verwandeln. Irgendwie bin ich neidisch auf ihn. Die Balinesen haben alles so perfekt ausgetüftelt – ein herrliches Leben im Paradies und dann die Chance, alles noch mal von vorne zu durchleben.

Außerdem hat mir immer schon die Vorstellung gefallen, daß die Geister unserer Ahnen bei uns sind. Ich kann meinen Großvater vor mir sehen, wie er uns aufmuntert.

Der Geist der Ahnen

Mein Vater sieht älter aus. Sein Haar ist auf dem Spektrum von Silbrig zu Weiß eine Schattierung weitergerückt, und er bekommt dieselben Hautfalten unter dem Kinn, wie Großvater sie hatte. Vermutlich wäre mir das gar nicht aufgefallen, wenn ich ihn jede zweite Woche gesehen hätte, aber als wir uns umarmten und dann einen Schritt zurücktraten und einander ansahen, war der Unterschied offensichtlich. Ich nehme an, daß auch ich mich verändert habe. Ich fühle mich definitiv so fit wie seit Jahren nicht, habe ein paar Pfunde verloren und mein inneres Gleichgewicht gefunden. Aber Dad erinnert sich an mein altes Ich und sagt, ich sähe abgemagert aus.

In Australien hat er mit Felicity eine neue Heimat gefunden. Für mich kann seine Frau niemals meine Stiefmutter sein. Jeder, der eine Stiefmutter geerbt hat, weiß, was ich meine. Wir kommen jetzt gut miteinander zurecht, aber anfangs war es schwer, sich mit den Fakten abzufinden. Vanellas Gegenwart hat mir damals sehr geholfen.

Sie scheinen glücklich zu sein, leben an einem hübschen Fleckchen Erde eine Stunde südlich von Melbourne auf der Mornington Peninsula. Die Port Philip Bay liegt auf der einen Seite, die Bass Strait bis hinüber nach Tasmanien auf der anderen. Ein sehr australisches Anwesen; die Hintertür hat ein Fliegengitter, und in den Eukalyptusbäumen dösen hin und wieder die Koalas. Das Haus steht auf leicht abschüssigem Gelände. Auf der Rückseite kann man über den Rasen bis hinunter zur Koppel sehen, wo mein Vater ein paar Färsen, sechs Schafe und in der untersten Ecke ein Muttertier hält.

Sieht ganz so aus, als ob Dad gerade den Garten auf Vordermann bringen will – Erdarbeiten sind angesagt. Ich sehe Haufen von Mutterboden und aufgestapeltes Totholz; ein starker Geruch nach Dung liegt in der Luft. Neulich habe ich ihn durchs Fenster beobachtet, wie er seine neuen Rosenbeete absteckte. Er führt immer noch Selbstgespräche.

Ich fühle mich wieder wie früher, wenn ich nach Hause kam. Von meinem achten Lebensjahr an bis Schulende war mein Jahr dreigeteilt. Dreimal empfand ich diese Euphorie, der kaum etwas gleichkam. Freiheit. Dad kam und holte mich ab, und wir schüttelten uns die Hände. Dann luden wir ein und fuhren im Auto nach Hause, und ich erzählte ihm als erstes meine Neuigkeiten, Triumphe und Errungenschaften. Zu Hause in Woodlands hatte Mum schon alles vorbereitet, vom blütenweißen Laken bis zu Steak und *kidney pie*. Und ein paar kostbare Wochen lang machte ich wieder Bekanntschaft mit dem Jungen, der ich einmal war. Ich konnte gehen, wohin ich wollte, konnte mir Dinge ausdenken und vor mich hin träumen. Ich brach auf zu geheimen Expeditionen jenseits des Waldes oder radelte hinauf in unerforschtes Territorium hinter dem Pooh-Hill-Baum, von dem Großvater immer sagte, er sei der höchste Punkt zwischen uns und Rußland. Wenn dann die Langeweile allmählich in meine Tage einsickerte, mischte sich der saure Geschmack des Bedauerns bei mir mit dem Drang, zurück in die Welt zu gehen und meine Schulkameraden wiederzusehen.

»Na, was ist, wie weit sind wir gestern gekommen?« fragt Dad jeden Abend nach dem Essen. Es gibt so viel nachzuholen, so viel zu berichten, daß Vanella und ich uns beim Erzählen abwechseln.

Genauso gerne höre ich Dad zu. Ich merke, wieviel ihm daran liegt, mir über seine Regenmeßanlage zu berichten: soundso viele Zentimeter, und wieviel das im Vergleich zum letzten Monat ist … Dann wieder zeigt er mir seine Fähigkeiten im Computerspiel. Manchmal sind es auch die Vögel im Garten, deren Kenntnis er mit mir teilen will.

Ich bin draußen und höre unten am Ende des Gartens den Elstern zu. Es ist ein ziemlich kühler und sonnig-klarer Morgen; bei uns zu Hause ist jetzt vermutlich ein heller Novembermorgen, hier ist es Mai. Sie sind nicht die attraktivsten Vögel, diese Elstern von der anderen Seite des Globus – eigentlich schwarzweiße Krähen mit einem blaugrünen Glanz –, aber sie geben eigenartige Töne von sich, ein wehleidiges Trällern, das jäh nach unten absackt. Sie singen morgens, und für mich ist ihre Stimme untrennbar mit der australischen Landschaft verbunden.

»Unsere Elstern sind nicht gerade brillant«, sagt er, als ich zum Frühstück hereinkomme. »Hast du den Schwalbenstar gesehen?«

»Ja, da draußen.« Ich zeige auf den Balkon. »Komischer Vogel.«

»Er hat einen wunderbaren Ruf.« Dad leckt sich über die Lippen, hebt den Kopf und pfeift eine einzelne Note, vergreift sich in der Tonhöhe und versucht es noch einmal. »Manchmal haben sie einen Triller drin«, sagt er. »Der Vogel taucht hier plötzlich auf und macht den Eindruck, als ob er ständig auf der Suche ist.«

Dad hebt die Augenbrauen und bewegt Kopf und Schultern, als seien sie zusammengewachsen – er gibt den Schwalbenstar. Dann erzählt er mir, wie eines Tages, als er arbeitete, der Vogel angeflogen kam und das Fliegengitter musterte. »Ich dachte: ›Was zum Teufel machst du da?‹ Aber im Fliegengitter vor der Tür hatte sich eine Motte verfangen. Er hüpfte drauf, fing sie und machte sich mit seinem Frühstück davon.«

Dad holt das Vogelbuch heraus, um etwas anderes nachzuschlagen, das er gesehen hat. Leise murmelnd blättert er sich durch die Seiten, »Schwalben, Schwalben . . ., nur daß es keine Schwalbe war, aber es steht auf derselben Seite . . . 167 . . . Was ist das? Nein . . . Wo war's doch gleich?« Und während er vor- und zurückblättert, werde ich mir bewußt, daß ich mehr tue, als ihm nur zuzusehen. Es klingt albern, aber ich genieße es, ihn zu beobachten. ». . . Na also«, sagt er endlich. »Segler, Segler, ja, das ist er, ein asiatischer Großsegler.«

Er zeigt mir Gelbbrüstchen, dann die Brillenvögel, die im Feigenbaum sitzen, und die Staffelschwänze, die sich neben seine Stiefel setzen, wenn er draußen umgräbt. Da sind im Sommer die Klunker-Honigfresser, manchmal Rosa-Kakadus und die roten Königssittiche, die so gerne die Löwenzahnsamen fressen. Und dann diese winzig kleinen Vögel, die von Baum zu Baum flitzen. Es muß wohl eine andere Art Staffelschwanz sein. »Tse-tse-tse-tse«, macht Dad, »...tse-tse-tse-tse.«

Sobald die Elstern spitzgekriegt hatten, daß wieder jemand im Haus wohnte, hockten sie oben auf dem Geländer. Sie waren es gewohnt, gefüttert zu werden. Dad erzählt mir, daß er sie wegscheuchen mußte, weil sie so ein Chaos anrichteten. »Und weißt du was?« sagt er. »Sie waren beleidigt. Sie flogen in den Baum zurück, drehten sich um und schauten mich so an ...« Dad zieht die Schultern hoch, verzieht das Gesicht und wirft mir aus einem Auge den finsteren Blick einer brummigen Elster zu.

Als ich das letzte Mal im Arbeitszimmer eines Schulleiters stand, war ich 16 und hatte meine Lieblingsjeans an. Irgendeine dämliche Regel besagte, daß ich sie nicht tragen durfte, nicht einmal an einem Samstagnachmittag. Er hatte mich persönlich erwischt, befahl mir, mich umzuziehen und dann wieder zu ihm zu kommen. Ich mochte diesen Mann nicht. Er wußte gerade mal meinen Namen, aber das war's dann auch schon. Er wirkte so kleinlich, so von sich eingenommen, und er hatte eine Fistelstimme, die man perfekt nachäffen konnte. Er hielt mir eine Standpauke und nahm meine Jeans an sich; ich habe sie nie wiedergesehen. Ihn wissen zu lassen, was ich von ihm hielt, kam nicht so recht in Frage. Er war allmächtig, also hielt ich den Mund und gehorchte. Danach war er mir noch mehr zuwider. Heute verstehe ich, warum er kein sonderlich guter Schulleiter war. Von ihm ging keinerlei Inspiration aus.

Sir James hat sicherlich einen anderen Typus Schulleiter verkörpert. Als ich in sein Arbeitszimmer geführt werde, bin ich allein.

Vanella sitzt zur selben Stunde mit einer rebellierenden Zahnwurzel in einem Zahnarztstuhl; wie immer wird sie die Hände versteckt haben und sich verstohlen selbst die Daumen halten.

In Sir James' Kamin knistert ein Feuer. Gebundene Bücher säumen die Wände, die Buchrücken kastanienbraun und oxfordblau. Ihre Titel decken jedes nur erdenkliche Thema ab, in wahllosen Stapeln überwuchern sie selbst den Fußboden. Sir James bleibt im Lehnsessel hinter seinem Schreibtisch sitzen, gibt mir die Hand, murmelt ein schroffes Willkommen und winkt mich zu einem Stuhl. Eigentlich ist er mehr an seiner Pfeife als an meinem Besuch interessiert. Gerade versucht er, sie in Brand zu setzen, ein Ritual, das es wert ist, von ganzen Schülergenerationen nachgeahmt zu werden: das Nachstopfen mit den Fingern, ein Schnipsen am Feuerzeug, leeres Ziehen, Nachstopfen, noch einmal das Feuerzeug, Ziehen, Klopfen, Ziehen, Glimmen, Ziehen ... Rauch. Eingehüllt in dicke, blaue Schwaden blickt er dann auf, als habe er ganz vergessen, warum ich da bin. Ich sehe mir seine gebieterische Erscheinung genau an – Backenbart, Hängebacken, Tweedjackett und Krawatte: einer der einflußreichsten Männer Australiens.

Sir James Darling war über 30 Jahre lang Leiter der Geelong Grammar School und hat zur Erziehung der Großen und Guten des Landes erheblich beigetragen. Er hat Premierminister, Gouverneure, leitende Geschäftsleute, Medienmogule, Schriftsteller, Künstler unterrichtet – alles Erfolgsmenschen. Und er ist der berühmte Gründer von Timbertop, dem weltoffenen Zentrum im Busch; allerdings meint er bescheiden, wenn er die Idee nicht gehabt hätte, wäre sie jemand anderes eingefallen.

Er hört sich an wie der typische Engländer – rauhe Stimme und Privatschule –, aber er betrachtet sich als Australier. »Ich bin überzeugter Australier, wenn ich in England bin«, erklärt er. »Und ich bin mehr oder weniger Australier, wenn ich hier draußen bin ... mehr oder weniger.«

Ich stelle fest, daß unser Gespräch sich zur Abhandlung entwickelt hat: Eine Frage über die Veränderungen, die er miterlebt hat, seit er 1930 zum ersten Mal aus England herüberkam, bringt uns von seiner ursprünglichen Antwort (die Veränderung innerhalb der australischen Bevölkerungsstruktur betreffend) zu der Behauptung, daß Australien auch heute noch kein Land, sondern eine Ansammlung von sechs Staaten sei. Dann schwenkt er zum Thema »traditionelle Klassenschranken«, kommt von dort zur Entwicklung von Anglophilie und Anglophobie, um dann zu einer abschließenden kurzen Reflexion über die derzeitige politische Lage anzusetzen. Erst danach läuft Sir James endlich auf Grund: »Mmmm, wie war noch mal Ihre Frage?« erkundigt er sich und späht durch einen Rauchschleier.

Obwohl er der geborene Analytiker ist, sind seine Betrachtungen meistens mit Exkursen und Einschränkungen gepfeffert, die Sätze gespickt mit »in gewisser Weise« oder »annähernd«; und Sir James bringt es ohne weiteres fertig, gelegentlich eine glatte Kehrtwendung einzulegen. Plötzlich sagt er dann: »Aber so war's natürlich nicht. Wenn man bedenkt, wie es sich wirklich abgespielt hat ...« Und schon hat er wieder eine ganz andere Richtung eingeschlagen.

In der Art, wie er unvoreingenommen Fakten darlegt, wie er immer nach einer plausiblen Wahrheit fahndet, erkenne ich den Denkansatz des Historikers. Seiner Ansicht nach war Australien nicht nur in Staaten unterteilt, sondern war anfangs auch von fürchterlich strikten Trennungen zwischen Protestanten und Katholiken gekennzeichnet, außerdem noch von Klassenunterteilungen, die er »unfein« nennt: Man unterschied sehr genau zwischen Menschen mit und solchen ohne Besitz. Bei einer Gesamtbevölkerung von nur sieben Millionen war die Gruppe, zu der man dann gehörte, sehr klein. Innerhalb der eigenen sozialen Schicht – so behauptet wenigstens Sir James – kannte man jeden in ganz Australien ziemlich gut. »Jack Medley«, erinnert er sich, »war stellvertretender Rektor der Universität von Melbourne. Er mochte Australien, weil man, wie er sagte, einfach schnurstracks zum Premierminister gehen konnte, wenn man etwas wollte.« Sir James zieht nachdenklich an seiner Pfeife und wendet den Blick ab.

»Ist denn die Rolle der Frauen nicht großen Veränderungen unterworfen gewesen?« erinnere ich ihn. »Mmmm«, schnauft er, »darauf wollte ich gerade zu sprechen kommen. Wahrscheinlich ist das die wichtigste Veränderung in meiner Lebensspanne gewesen.«

Schon sein Vater, Leiter einer privaten Vorschule, war wie selbstverständlich davon ausgegangen, daß Mädchen dieselbe Erziehung brauchten wie Jungen. Sie waren daheim drei Mädchen und zwei Jungen; alle gingen ins Internat, vier davon nach Oxford oder Cambridge. Aber das war alles andere als typisch für die damalige Gesellschaft. Frauen waren in England erst nach dem Ersten Weltkrieg wahlberechtigt. In Australien war es noch schlimmer.

»Merkwürdig, nicht wahr«, sinniert Sir James, »wie der Mangel an Hausangestellten den Lebensstil in der Klasse geändert hat, zu der ich einmal gehört habe? Wir hatten nie Geld, wir waren mittlere Mittelklasse, trotzdem lebten und arbeiteten bei uns vier Hausmädchen. Sie waren gut versorgt, gehörten wirklich zur Familie. Die Einstellung der Frauen hat sich enorm verändert: Jetzt betrachten sie Hausarbeit als etwas Erniedrigendes. Natürlich ist das absoluter Quatsch, wenn man davon ausgeht, daß Dienen das christliche Ideal ist.«

Im Leben gehe es doch schließlich um Dienst an anderen, darauf besteht Sir James. Christus sei der ideale Mensch, fährt er fort, und die christliche Lehre des Dienens die einzige echte Lösung in der Welt. Die einzig vernünftige Art, miteinander zu leben.

»Ich fürchte, das ist verlorengegangen«, vertraut er mir an. »Wenn ich nur wüßte, ob es jemals wirklich existiert hat …«

Frauen hätten sich früher nicht von solchen idiotischen Begriffen wie Konkurrenz, Rivalität oder Habgier beeinflussen lassen. Ihnen sei es weniger um Konzepte gegangen als um Menschen.

»Wir laufen Gefahr, ihr Geschenk an die Welt zu verlieren«, sagt er, »jetzt, da sie uns ins Hamsterlaufrad gefolgt sind. Ihr Geschenk ans Leben ... das geht über den gesunden Menschenverstand hinaus, das ist christliche Liebe; sehr wenig Männer schaffen das, aber eine ganze Menge Frauen. Das ist verloren, fürchte ich. Heutzutage wird diese Art Liebe als reine Schwäche angesehen.«

Wie gern ich jetzt Vanella bei mir hätte! Sie würde ungefähr so fragen: »Aber finden Sie nicht, daß jeder dieselben Möglichkeiten haben sollte?« Und Sir James würde antworten: »Ja, das finde ich auch. Es geht mir nur darum, das Beste aus euren Begabungen zu machen. Wir wollen die Begabungen doch nicht vergeuden, oder?« Und dann würde Vanella einen neuen Anlauf nehmen, ohne daß sich ihre Standpunkte wirklich annähern würden.

Wahrscheinlich habe ich tatsächlich einen echten Victorianer gefunden. Sir James erzählt mir, daß seinesgleichen das britische Empire einmal für Gottes Geschenk an die Welt gehalten hat. Damals dachte man wirklich so. Und wenn er sich ansieht, was seit dem Niedergang des Empire geschehen ist, fragt er sich, ob diese Einschätzung denn so falsch war. All die Menschen, die ihre Freiheit gewonnen haben, wären seiner Meinung nach ohne sie weiß Gott besser dran.

Ich sehe, daß er vor sich hin grübelt. Jetzt ist es Zeit für meine Geschichtsstunde.

»Der Leitgedanke«, hebt Sir James an, »aller geschichtlichen Abläufe seit Christus ist doch, daß die Gesellschaft irgendwie Freiheit und Gleichheit kombinieren sollte«, behauptet er. »Dieses Bemühen erklärt alle politischen Überlegungen. Aber natürlich ist das unerreichbar: Wenn man Freiheit zugesteht, bekommt man notwendigerweise Ungleichheit. Und Egalitarismus kann nur durch Unterdrückung der Freiheit verwirklicht werden. Die Australier und Neuseeländer der 80er und 90er Jahre des 19. Jahrhunderts sind der Verwirklichung der Idee von Freiheit und Gleichheit nähergekommen als irgend jemand sonst auf der Welt.«

Und wo bleiben die Aborigines in seinem Gedankengerüst, hake ich nach. Die Frage nach den Ureinwohnern ist aus seiner Sicht sentimental. Ich halte mit der Frage dagegen, wie oft wohl im Lauf der Geschichte Ureinwohner überrollt worden sind. Daraufhin verweist er mich auf England und seine Erfahrungen mit Dänen und Normannen. Oder auf Afrika. Afrika war wenig mehr als eine Ansammlung kriegführender Stämme. Unter dem britischen Empire waren sie wenigstens befriedet, wenn sie auch für ihre Sicherheit vermutlich einen hohen Preis gezahlt haben. Sicherheit – darum geht es ihm.

»Ich weiß, das gilt als völlig unakzeptable, als ketzerische Feststellung«, sagt er, »aber ich glaube, jeder vernünftige Mensch, der in Serbien oder Bosnien oder Makedonien gelebt hat, würde alles dafür geben, in friedlichen Zeiten zu leben, nach dem Motto: Ist mir völlig wurscht, wer mich regiert, solange wir uns nicht gegenseitig umbringen.«

Sir James glaubt, daß ein Mittelmaß an Freiheit, ein Mittelmaß an Gleichheit und ein absolutes Gefühl der Sicherheit für ein gewöhnliches menschliches Wesen erstrebenswerter sind als sämtliche philosophischen Überlegungen wünschenswerte Zustände betreffend. Aus seiner Sicht kommt es vor allem darauf an, ob unsere Familien zu essen haben und ob wir nachts sicher in unseren Häusern schlafen können. Gesellschaften sind wichtig, aber am wichtigsten ist der Seelenfrieden.

»Ich glaube, in gewisser Hinsicht ist das eine Frage der Religion«, sinniert er. »Für mich hängt Seelenfrieden von meiner Beziehung zu Gott ab, ob nun ein Gott existiert oder nicht. Das ist eine Konstante, etwas Gleichbleibendes. Das ist es, was die Aborigines gefunden haben. Sie sind diesem Gefühl am nächsten gekommen. Das macht den Unterschied zwischen einer statischen Gesellschaft und einer dynamischen aus. Die Aborigines wollten keinen Fortschritt, sie waren ganz glücklich, so wie sie waren. Sie entwickelten eine ordentliche Methode der Geburtenkontrolle. Sie achteten die Vergangenheit, ehrten ihre Ahnen. Sie nahmen die Dinge, so wie sie waren: als ewig fortbestehend. Und sie fanden sich innerhalb dieser Struktur zurecht.«

Gerade als ich darüber nachdenke, wie attraktiv das doch alles klingt, schlägt eine große Uhr auf dem Kaminsims die Stunde an, und es ist Zeit, die Pfeife auszuputzen und den Rauch-Zyklus von vorne anzufangen. Dann kommt seine Tochter herein und erinnert ihn daran, seine Tablette zu nehmen.

»Würdest du uns eine Tasse Tee machen?« Er wedelt mit einem Finger in meine Richtung und grunzt: »Hmmm … besser, du gibst ihm eine Tasse Tee, dann geht er.«

Der Marmoraschenbecher ist voller verkohlter Krümel; wir gießen uns Tee ein, und die Vertrautheit zwischen uns kehrt sogleich zurück. Sir James zeigt mir sein neuestes Buch. Er ist mit dem Manuskript halb durch und bittet mich sogar, einen Blick darauf zu werfen.

»Ich mache noch ein Kapitel über Alter«, sagt er, »eine Reflexion, so sagt man wohl. Aber mir reicht's. Sollte wahrscheinlich aufhören. Da wartest du mit so was, bis du 94 bist. Verflixtes, verrücktes Leben.«

»Warum sagen Sie das?«

»Na ja, man wird passiv statt aktiv. Es ist höchst ärgerlich, einen aktiven Geist zu haben und nichts damit anfangen zu können. Man lernt wieder zu akzeptieren, daß man nun mal nur eine Kerze zur Ehre Gottes anzünden kann. Ich kann nur mein kleines Beet beackern. Diese Vorstellung, daß du immer noch die Welt umkrempeln kannst oder daß irgend etwas von dem, was du tust, von Bedeutung ist …«

Sir James starrt ins Leere, seine Pfeife glimmt, ihr süßes Aroma erfüllt die Luft. Dann dreht er sich zu mir um. »Sehen Sie, ich bin ein unverbesserlicher Amateur. Meine endgültige Maxime im Leben ist, daß etwas, das es wert ist, überhaupt getan zu werden, es auch wert ist, schlecht getan zu werden. Ich bin entschieden dagegen, alles zu einer ernsthaften Angelegenheit zu erheben.«

»Warum?«

»Weil ich Engländer bin.«

»Sie haben mir gerade erzählt, Sie seien Australier.«

»Ja, aber das stimmt nicht. Ich bin in meiner Haltung immer noch Engländer … und ich bin für Kricket-Testmatches.«

Nach dem Schulabschluß bin ich sechs Monate lang durch Australien gereist. Ich hatte mir wohl vorgestellt, daß ich als Junge aufbrechen und als Mann heimkehren würde. Auf einer Schaffarm in Victoria hab ich gearbeitet und Trauben im Barossa Valley gepflückt. Ich habe gelernt, daß man ein Schaf am besten dazu bringt, dorthin zu gehen, wo man es haben will, wenn man ihm eine Hand in den Arsch steckt und schiebt. Und ich habe herausgefunden, daß man gute Chancen hat, mit drei Stichen im Kopf aufzuwachen, wenn man sich vor lauter Tawny-Portwein nicht mehr daran erinnern kann, wie man vom Bahnsteig gefallen ist.

Mit meinem abgegriffenen Buschhut machte ich mich auf den Weg ins Outback. Ich war immer ein bißchen ängstlich, wenn ich irgendwo zum ersten Mal hinkam, aber meistens steuerte ich einfach die nächste Bar an, kippte ein paar Gläser und wartete ab. Es ging mir prima, solange ich mein Bier hatte und so sprach, als versuchten gerade 50 Fliegen, in meinen Mund zu kommen. Alles war gut, solange ich daran dachte, meine Sprachmelodie am Ende des Satzes ansteigen zu lassen. Dann nannte mich niemand ein verdammtes Pommy-Schwein *(Pommy = britische Einwanderer in Neuseeland und Australien, Anm. d. Übers.)*. Es funktionierte. Sie dachten, ich käme irgendwo aus Queensland. Wenn ich ihnen dann erzählte, woher ich wirklich stammte, gaben sie mir ein Bier aus und sagten, ich sei wahrscheinlich ganz okay … für einen Pom.

Meine erste Begegnung mit einem Aborigine hatte ich draußen in der Nähe des Ayers Rock. Wir sahen den alten Kerl neben der verlöschenden Glut seines Feuers sitzen, die aschebestäubten Arme und Beine hatten den Farbton von angelaufenem Silber. Unterhalb der Taille hatte er ein Stück Stoff festgezurrt, und ein

Stirnband hielt sein weißes, welliges Haar zurück. Ein Typ namens Grenville führte mich herum – ein Outbacktyp, ganz Knie und Leder. Wir hatten zusammen Carlton Draught getrunken und über die Traumzeit geredet – die Geisteswelt jenseits der physischen Dimension, in der die Ahnenhelden der Aborigines wohnen. Die Traumzeit und ihre Geschöpfe formten einst die Landschaft, in der die Aborigines heute leben. Und sie gaben ihr Wissen als Traumzeit-Geschichten an die Generationen nach ihnen weiter.

»Hier, schau dir mal den alten Kerl an«, sagte Grenville forsch und geschäftsmäßig, »eine direkte Linie verbindet ihn mit den Männern, die vor Tausenden von Jahren diese Felsmalereien geschaffen haben.«

»Lebt er hier irgendwo?« fragte ich.

»Er lebt mit dem Land, genauso wie sie es immer getan haben. Er ist auf Walkabout *(walkabout = Umherwandern, Anm. d. Übers.)*. Der Walkabout hat ihn zum Rock geführt, so'ne Art Pilgerreise. Sie nennen es einen *bora*-Platz, 'ne Art heiliger Stätte. Er bleibt vielleicht ein paar Tage und zieht dann weiter. Hinterläßt keine Spur.«

Der Aborigine nahm wenig Notiz von mir und klopfte mit einem Stock in die Asche, als wollte er, daß wir gehen. Erst als wir Anstalten machten aufzubrechen, begegneten sich unsere Blicke. Ich erinnere mich an einen Ausdruck von Traurigkeit in seinen Augen – wie ein leerer Brunnen. Und ich hatte nicht die geringste Aussicht, ihn je zu verstehen. Zum ersten Mal in meinem Leben war ich einem Mann begegnet, von dem meine Erziehung mir sagte, er sei primitiv, den ich aber mit einigem Respekt betrachten konnte. »Schade, daß es nicht mehr viele wie ihn gibt«, sagte Grenville. »Er ist wohl einer der letzten.«

Als Vanella und ich dieses Mal Richtung Alice Springs fahren, erwacht überall grün und hoffnungsvoll das Leben aus dem Dämmerschlaf: Ein paar Tage lang hat es heftig geregnet. Der Wüstenhimmel ist so gewaltig und ehrfurchtgebietend wie immer, aber die Ränder des Highways sind es, die unsere Blicke auf sich ziehen. Wir sehen nichts als Bierdosen – geleerte Blechzylinder, die mit einem Rülpser in hohem Bogen aus dem Fenster geworfen wurden. Es muß Tausende davon geben: Ein paar sind schon angerostet, die neuesten glitzern blau oder grün in der Sonne.

Diesmal hat der Todd River Hochwasser, und Banden junger Aborigines stromern durch die mit Pfützen übersäten Straßen von Alice. Sie kommen angeschlurft und bieten uns mit ausgestreckter Hand und deprimiertem Blick Geld an. Sie wollen, daß wir ihnen im Schnapsladen einen Drink kaufen.

»Habt ihr schon mal Kap-Stachelbeeren gesehen?« fragt uns Maude Healey und tupft sich mit der Serviette den Krümel aus dem Mundwinkel, den ich in den letzten zwei Minuten auf und nieder hüpfen gesehen habe. »Sie haben pelzige Blätter und wachsen im Unterholz. Sie hängen in einer Art Glocke herunter. Das gibt so eine köstliche Marmelade!«

Maude Healey begegnete ihrem ersten Aborigine im Jahre 1906 beim Beerenpflücken. »Ich erinnere mich, als sei es gestern gewesen«, sagt sie strahlend. »Meine Mutter, meine zwei Schwestern und ich suchten unten in einer tief eingeschnittenen Rinne und schauten hoch und da sahen wir sie im Gänsemarsch daherkommen, diese Aborigine-Familie.«

Der Mann hatte die Führung übernommen. Er war groß, mager und sehr dunkel, und in der Hand hielt er einige Speere und ein paar Stöcke. Hinter ihm kam der Sohn, ein junger Mann von ungefähr 19 Jahren. Die Mutter bildete die Nachhut. Auf dem Rücken trug sie in einem geflochtenen Schilfkorb, der innen wie ein Nest mit weichem Gras ausgepolstert war, ein Baby. Sie trug den Korb an einem Band, das sie um ihren Kopf gelegt hatte.

Mrs. Healey rückt das rosa Stirnband zurecht, das zwischen ihren silbrigen Locken sitzt. »Meine Mutter winkte ihnen zu, sie sollten uns zum Haus folgen«, sagt sie. »Während sie hineinging, stand ich da und staunte Bauklötze. Sogar damals fiel mir schon auf, daß sie anders waren. Sie sind so klug, wie sie da vom Land leben. Alles gehört allen – dem Stamm, nicht dem einzelnen. Dann kam Mutter mit einer Silbermünze zurück, einer halben Krone oder so, und legte sie in die winzige Handfläche des Babys im Korb. Und diese winzigen braunen Finger umklammerten die Münze so fest.«

Mrs. Healey ballt ihre Hand zur Faust.

»Wie ist Ihr Tee?« fragt sie. »Ach bitte, essen Sie doch die Sandwiches auf.« Sie wirft einen Blick darauf und schubst Vanella den Teller hin, weiße Brotscheiben ohne Rinde.

»Wissen Sie, was ich mal gekostet habe?« fragt sie und leckt sich geziert über die Lippen. »Einmal kampierten die Schwarzen genau an der Ecke von unserem Hinterhof, und sie brieten sich da etwas, ein Stachelschwein. *Echidna* nannten sie es. Sie wickeln sie in Lehm und braten sie im Feuer. Dann bröckeln sie den Lehm wie eine Schale ab, und die Stacheln bleiben drin. Die Eingeweide ließen sie als Klumpen übrig. Ich erinnere mich, daß ich meine Finger reingesteckt habe. Ich kann es jetzt noch schmecken – wie Hühnchen, nur kräftiger.«

Sie hat auch Witchetty-Raupen mit ihnen gegessen. Sie schmecken wie Paranüsse, sind aber weich und zäh.

»Natürlich waren diese Stämme auf dem Tableland einmal Kannibalen«, sagt sie und nickt. »Ich erinnere mich, daß es da einen letzten Überlebenden gab, einen ergrauten Veteranen namens Kangaroo …«

Der alte Kangaroo brachte sich ständig in Schwierigkeiten. Seine dünnen Waden waren voller Narben von den Ketten. Man hatte ihn mehrfach wegen unbefugten Betretens oder Diebstahl festgenommen, und der Polizist hatte ihn tagelang an einen riesigen Baumstamm angekettet. Als Maude alt genug war, um in die Schule zu gehen, zog Kangaroo gerade mit einer Handvoll Knüppel und seinem geschwärzten Kochgeschirr durch den Distrikt und terrorisierte die Hausmädchen, wenn sie im Hinterhof im Kupferkessel die Wäsche wuschen. Er rannte in großen Sprüngen hinter ihnen her und forderte sein *gibbet kia kia,* womit er Essen meinte – eine milde Gabe in Form von Tee, Brot und Zucker.

Eines Nachmittags saß Maudes Mutter unter dem Orangenbaum und wartete darauf, daß ihre Töchter von der Schule heimkämen, als sie plötzlich die Gestalt von Kangaroo über die Koppel auf sich zukommen sah. Die Aussicht, daß eines ihrer kleinen Mädchen eine Mahlzeit für den ehemaligen Kannibalen werden könnte, erfüllte sie mit Entsetzen. Sie schrie und schrie, bis der Schmied von nebenan herbeigerannt kam und die Polizei holte. Als das Polizeiaufgebot erschien, bedrohte Kangaroo ihre Mutter gerade mit einem hölzernen Puppenstuhl. Er wollte sein *gibbet kia kia.* Er wurde eingekreist, schnell in Handschellen gelegt und eingesperrt, bis der Richter da war.

Der alte Kangaroo weigerte sich, bei seiner Verhandlung auf die Bibel zu schwören. Statt dessen hielt er einfach ein entflammtes Streichholz hoch, das er dann ausblies. Der Fall wurde zwei Wochen lang verhandelt. Das Urteil: Der letzte Kannibale mußte den Rest seiner Tage auf Palm Island vor der Südküste im Gefängnis verbringen.

Mrs. Healey lebt jetzt in einem Seniorenheim, und das Ticken der Uhr ist fast ihre einzige Unterhaltung.

Wir folgen den Richtungsangaben, passen auf, daß wir nicht die Abbiegung neben dem Robertson Pie Shop verpassen und fahren dann ins Buschland hinaus. Wir rasen eine gerade, leicht abschüssige Piste entlang, flitzen über die wellblechartigen Rippen. Kookaburras – der deutsche Name für diesen großen Eisvogel lautet »Lachender Hans« – hocken wie Wachposten auf den Telegraphenleitungen. Anscheinend ist ihnen nicht klar, daß sie gleich unter einer Staubdecke ersticken werden. Sie finden das sicher überhaupt nicht zum Lachen.

Wir kommen an eine Kurve, wo die Straße ins Gehölz abtaucht, das bald dunkel und dicht genug ist, um als Wald durchzugehen. Tiefer und immer tiefer schlängeln wir uns, der Himmel verschwindet, wir winden uns Kurve um Kurve hinab, bis wir schließlich auf eine Lichtung kommen.

»Das muß es sein.« Keine weiteren Anweisungen auf Vanellas Stück Papier – also parken wir und steigen aus.

Einen Moment lang atmen wir beide tief durch. Im Schatten der Eukalyptusbäume, deren Finger sich hoch oben zu einem silbrigen Gewirr verflechten, ist die Luft kühl. Eine Nebelfahne ist der Wärme der Nachmittagssonne entgangen, die hier und da Fleckenmuster auf den Boden zeichnet. Purpurrot blitzt es auf: Mit plötzlichem Flügelklatschen erhebt sich eine Schar Rosella-Papageien eiligst in die Bäume. Zu unserer Rechten sehen wir ein paar holzverschalte, weißgestrichene Häuschen. Wir folgen einem Pfad, der zu einem Haus mit Wellblechdach führt. Der Kamin aus roten Backsteinen sieht aus, als sei er irgendwann einmal außen hochgewachsen. Fünf blasse Ziegen heben mampfend die Köpfe und sehen zu, wie wir mit dem Torriegel kämpfen.

Rae kommt uns am Fliegengitter mit nassen, roten Händen und aufgerollten Ärmeln entgegen.

»Hallo«, sagt sie, »ich dachte schon, Sie kommen gar nicht mehr.« Und ihre jungenhaften Züge zerknittern zu einem großzügigen Lächeln. »Ich fürchte, ich kann Ihnen nicht die Hand geben – ich mache gerade Tamarillo-Chutney.«

Der Lehnsessel im Sonnenzimmer ist mit Kissen ausgepolstert, und neben dem Feuer liegt eine kleine Matratze. Usha, ein schwarz-grau geflecktes altes Etwas, rafft sich zu ein paar Bellern auf, dann wedelt sie uns ein arthritisches Willkommen entgegen.

Während Rae aufräumt, bewundern wir durch eine Lücke zwischen den Bäumen die Aussicht. Es ist, als würden wir aus einem Flugzeug hinuntersehen. Das da unten scheint ein ganz anderes Land zu sein – sanft gewelltes, üppig-grünes Farmland –, und in der Ferne eine gekräuselte Küstenlinie, wo am Ufer gerade noch die Brandung zu sehen ist.

Rae hat ihre Schürze durch einen alten, handgestrickten Pullunder ersetzt. Praktisch geht vor chic. Darunter trägt sie einen einfachen Pullover mit rundem Halsausschnitt, dazu eine Trainingshose und Wollpantoffeln, um die Füße warm zu halten.

Sie zeigt uns, wo die Pioniere Bass und Flinders landeten, die ersten Weißen, die sich ins Land hineinwagten. Dann ist da noch Port Kembla, und das Wasser des Lake Illawarra können wir gerade noch als metallisches Glitzern in der Sonne erkennen. Rae läßt sich in ihren Stuhl fallen und gibt den Seufzer eines Menschen von sich, der den ganzen Tag auf den Beinen war. Sie sitzt entspannt und ungezwungen mit geradem Rücken da und versucht geistesabwesend, ihr kurzes, zerzaustes Haar zu ordnen. Ich nehme an, sie schneidet es selbst. Das Ergebnis dieser Schnibbelei und ihre wunderbare Römernase verleihen ihr dieses fast jungenhafte Aussehen.

Rae ist jetzt 91 und lebt seit über 50 Jahren am Rande der Jamberoo-Berge. Sie wanderte an einem Ostertag mit ihrem Mann Pete hier herauf. Damals gab es hier noch keine Gebäude, nur einen Kamin. Das zugehörige Haus war aus Zedernholz gewesen, und die Besitzer hatten es des Holzes wegen abtragen lassen und verkauft. Sie zeigt auf ein Bild an der Wand, ein vollendetes Aquarell von einem einzelnen Schornstein.

»Sie haben einen Schornstein gekauft?«

»Und 30 Hektar Land, das meiste bewaldet. Sie müssen auf Ihrem Weg hier runter durchgekommen sein.«

Rae kaufte das Land aus einem Impuls heraus, als Pete im Krieg war. Er schrieb zurück, daß das ja alles wunderschön klinge, aber wie um alles in der Welt sie ihren Lebensunterhalt verdienen sollten.

»Wir haben uns immer angeschaut und gesagt, daß wir die glücklichsten Menschen im ganzen Land sind«, sagt Rae.

»Das sagen wir auch immer!« antworten wir wie aus einem Mund.

»Wissen Sie, es ist die Luft.«

»Ja, das ist ein gewaltiger Unterschied. Die Luft in den Städten ist so dreckig. Das Problem ist – man gewöhnt sich daran.«

»Sydney ist heute fürchterlich«, sagt Rae.

»... aber im Vergleich zu London ist Sydney wohl noch sauber.«

Rae verschränkt die Arme und lächelt. Ein Licht tanzt in ihren Augen, als sie uns nacheinander mustert. »Es ist hart, die Sicherheit aufzugeben, nicht wahr? Pete und ich waren beide Buchhalter.«

Sie arbeiteten in Sydney, nutzten aber jede Gelegenheit auszureißen. Sie liefen mit Begeisterung durch den Busch, und an Wochenenden erkundeten sie die Blue Mountains und das Land jenseits davon – nur mit einem Kompaß und einer groben Kartenskizze. Oft kehrten sie erst am Montagmorgen etwas übermüdet zurück und erwischten gerade die erste Fähre, um das Hafenbecken zu kreuzen. Dann wechselten sie schnell die Kleider und waren immer noch rechtzeitig am Arbeitsplatz.

Wir könnten Seelenverwandte sein. Vanella und ich haben es immer genauso gemacht: Wir sind weggefahren und in den Hügeln herumgelaufen. All die Jahre in der Stadt habe ich mich nie so richtig zu Hause gefühlt. Ich muß leben, wo mehr Platz ist, wo ich gute, altmodische Luft atmen kann, weg von den Abgasen und dem Verkehr. Das Gewusel hat mich immer verrückt gemacht. Ich frage mich, wie viele Stunden die Menschheit wohl in Verkehrsstaus zugebracht hat? Aber ich fühle mich auch von den hellen Lichtern angezogen. Und natürlich ist Vanella ein Londoner Mädchen. Sie würde das sicher abstreiten, aber ich glaube, ihr Herz zieht sie in die andere Richtung. Wann immer wir darüber sprechen, landen wir bei derselben Frage, Pete's Frage.

Rae kam auf die Idee, Ferienhäuschen zu vermieten. Als Pete heimkam, stellte er fürs erste ein paar Armeezelte auf und baute das Haus neben dem Kamin wieder auf. Dann wurden die Häuschen fertiggestellt, und die Leute kamen und blieben – Buschläufer, Künstler, überarbeitete Stadtleute, die sich in die Stille der Berge flüchteten. So kamen die beiden zurecht und lebten glücklich,

Juana Mamani betet nicht mehr die Sonne an;
Titicachi, Bolivien

Señor Roa, 119, erinnert sich an die Zeit, als er noch Bärenblut aus der Schlagader trank; Vilcabamba, Ecuador

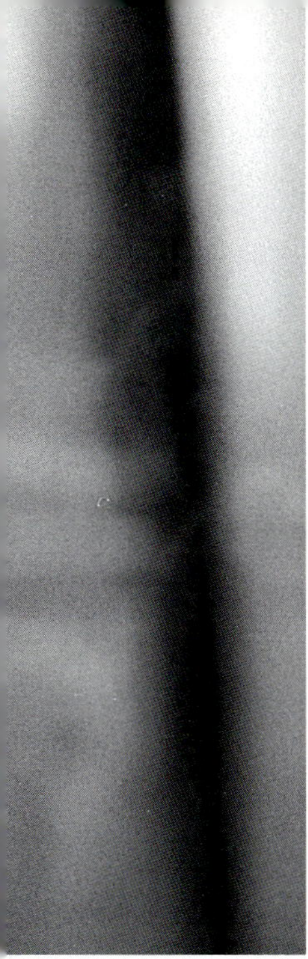

Links oben:
Cyril Murva, 94, kommt noch immer auf 40 pro Tag; Partizan Lupča, Slowakei

Rechts oben:
Saba, 94, ist eine weise alte Eule; Kairo, Ägypten

Martin Brezina, 93, sein Enthusiasmus ist ungebrochen; Východná, Slowakei

Saad Imam Muhammad, 92, würde gern die Uhr zurückdrehen;
Qopa, Ägypten

Fatme Toksoy, 102, liest laut den Koran von Anfang bis Ende, zehnmal pro Jahr;
Marmaris, Türkei

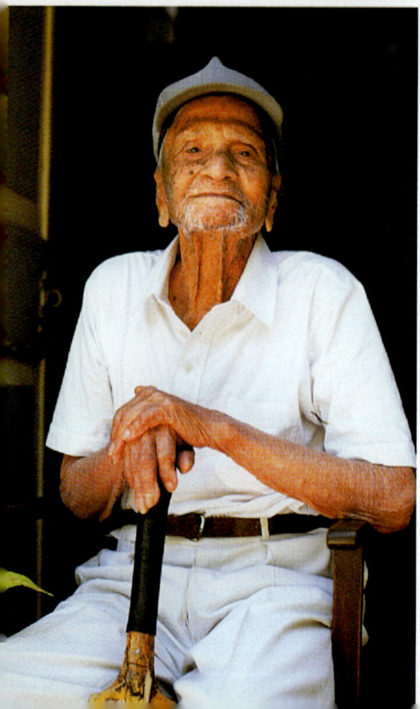

Oben links:
Maria Zemanova, 98, gibt uns ein paar Ehe-Tips; Liptovský

Oben rechts:
Bo, unser spiritueller Führer, sieht uns auf dem Weg. Seine Forschung erlaubt es ihm, Leben mit zwei Worten zu definieren.

Links:
Professor Deohar, 102, der älteste Top-Kricketspieler der Welt; Poona, Indien

Rechts:
Rae Page, 91, lebt das gute Leben der Jamberoo-Berge; New South Wales, Australien

Omari, Mann der sechs Arbeiten;
Mfumbui, Sansibar

bis Pete 1974 starb. Rae machte weiter wie zuvor. Sie brachte es einfach nicht über sich fortzugehen. Die Häuschen sind für das nächste Jahr schon ausgebucht.

Ich kann gar nicht glauben, wie gut sie aussieht. Das Leben von Jamberoo hat ihr sicher gutgetan. Einen Großteil des Tages verbringt sie draußen. Sie baut ihr eigenes Gemüse an. Bis vor kurzem hat sie Hühnchen gezüchtet, um Eier zu haben, aber die Füchse haben dem ein Ende gemacht. Von Anfang an hielt sie Ziegen, und immer noch steht sie fast jeden Morgen zum Melken um fünf Uhr auf. Natürlich haben die Jahre Rae ein paar Falten verpaßt, aber ihr gesundes, gebräuntes Gesicht hat irgendwie nie die Frische der Jugend verloren. Sie bleibt so jung, wie sie sich fühlt. Sie läuft so locker und mühelos, als könnte sie jederzeit durch den Wald davongehen, wenn sie Lust dazu hat.

Ein Teil des Landes am Berghang ist jetzt zu einem Reservat für seltene Flora und Fauna erklärt worden. Rae hat früher Kinder auf Naturlehrpfade mitgenommen. Sie kennt jeden Winkel des Waldes.

»Es ist eine tolle Sache, sich voll in etwas reinzuhängen«, erklärt sie uns. »Ich halte immer noch Kontakt zu den Sydney Bushwalkers. Wissen Sie, manchmal sitze ich hier und gehe im Geiste die Wege entlang, die wir gegangen sind. Man sollte so aktiv wie nur möglich bleiben. Viele meiner Freunde haben mit 70 beschlossen, daß sie keine Lust mehr haben. Ich arbeite auch mit den Tieren. Ich rede viel mit ihnen.«

Wir lächeln, aber sie meint es ernst. Rae mag vielleicht allein leben, aber einsam ist sie nie. »Ich hatte einmal drei Kühe«, erzählt sie uns. »Zwei habe ich da runter zu den Milchviehherden verkauft, und die dritte habe ich zu einer Herde auf der anderen Seite der Berge gegeben, ungefähr 45 Kilometer weit weg. Nach 14 Tagen war sie wieder zu Hause. Sie war zwei Tage lang gelaufen. Der Mann, der sie holen kam, schaute ihr in die Augen und sagte: Mensch, Sandy, woher hast du gewußt, daß du am Robertson Pie Shop rechts abbiegen mußt?«

Als Sandy zum zweiten Mal fort mußte, ließ Rae das Gatter offen, nur für alle Fälle. Eines Tages stand sie dann muhend draußen. Sie wollte das bezaubernde Leben in Jamberoo einfach nicht aufgeben, und Rae mußte sie zurückkaufen. »Sandy und ich bleiben jetzt zusammen, bis einer von uns stirbt«, sagt sie zufrieden.

Ich sehe, wie Rae die Nase rümpft und verstohlen zu uns herüberschaut, ob wir es auch gemerkt haben: Es ist Usha, die mit uns Kuchen gegessen hat und friedlich neben dem Feuer döst. Das alte Mädchen hat gerade eine fürchterliche Duftwolke von sich gegeben. Ich tue, als sei nichts geschehen.

Als wir wieder den Berg hinunterrollen, wirkt Vanella verschlossen.

»Komische Nudel«, sagt sie schließlich.

»Nudel?«

»Fandest du sie nicht ein bißchen reserviert?«

»Eigentlich nicht. Ich mochte sie. Toller Platz zum Leben.«

»Wir haben ihr keinen Abschiedskuß gegeben. Normalerweise hätten wir das – oder? Irgendwas hat mich zurückgehalten.«

»Sie ist einfach sehr unabhängig, das ist alles.«

»Bißchen zu unabhängig vielleicht.«

»Ich glaube, sie hat das Leben ziemlich gut im Griff. Autark. Eins mit der Natur. All die Tiere. Was braucht sie sonst noch?«

»Warum freunden sich Menschen mit Tieren an?«

»Da hinten sind nicht viele Menschen, mit denen sie Freundschaft schließen könnte.«

»Genau.«

»Für dich ist sie nur eine Einzelgängerin, oder? Sie hat aber gesagt, daß ein Nachbar ihr manchmal beim Melken geholfen hat.«

»Ich würd's ohne Menschen nicht aushalten.«

»Ihre Menschen kommen und gehen. Die in den Ferienhäuschen.«

»Aber es sieht so aus, als ob sie niemanden braucht.«

»Das ist doch okay.«

»Ist es das? Ich find's ein bißchen traurig.«

»Vielleicht ist das der Unterschied zwischen dir und mir.«

»Hmmm ...«, sagt sie. »Irgendwann will ich mal auf dem Land leben ... würde ich wirklich gern ... Aber wovon würden wir dann leben?«

Wir schlafen in einem Haus am Meer. Morgens sammeln wir gewundene Schneckenhäuser, aber nur die makellosen. Ihre Farben sehen aus wie die ineinanderfließenden Farben eines modernen Gemäldes. Ich bin ganz damit beschäftigt, in die Gehäuse hineinzuspähen, ob ich nicht irgendeine Spur des vorigen Bewohners erkennen kann. Vanella steht da und sieht drei jungen Typen in Neoprenanzügen zu, die versuchen, die nächste Welle zu erwischen. Ich schaue sie von der Seite an und sehe, daß sie Tränen in den Augen hat.

»Was hast du?«

Sie sieht mich an und beißt sich auf die Lippen. »Tut mir leid«, sagt sie und schaut wieder hinaus aufs Wasser. »Es ist wegen meiner Mutter. Ich kann dir nicht sagen, wie sehr ich sie vermisse.« Sie seufzt gequält auf; ich nehme sie in die Arme und drücke sie an mich.

»Oh, Nella, das tut mir leid. War ich das, weil ich ständig über meinen Dad gelabert habe?«

»Nein ... Ich weiß nicht. Es ist nur manchmal ...«

Schweigend sehen wir zu, wie sich eine Welle schäumend bricht.

»... ich wollte nur, ich könnte sie wiedersehen«, flüstert sie.

Wir überqueren ein dünn besiedeltes, grasiges Plateau, wo die Windpumpen stillstehen und die Farmgebäude verrostete Dächer haben. Nachmittags kommen wir in Canberra an, einem Provinzstädtchen, das immer noch vorgibt, eine Hauptstadt zu sein.

Wir biegen in eine ruhige Straße ein und bleiben vor einem bescheidenen Bungalow stehen. Ein Mann mit vollem, weißem Haar begrüßt uns. Was einmal sein Eßzimmer war, ist zu einem überquellenden Arbeitsplatz geworden. Der Tisch ist mit Papier übersät, die Regalfächer sind vollgestopft mit Buchtiteln wie *The Solid Earth* und *Quantum Reality*. Ein Globus, ein Buschhut, gerahmte Bilder von Felsenmalereien der Aborigines. Wer käme auf die Idee, daß dieser täuschend normale Arbeitsplatz einem Mann gehört, der zu seiner Zeit die verborgenen Kräfte des Universums freigesetzt hat?

Mark Oliphant wurde in einer verschlafenen südaustralischen Stadt geboren. Aufgeweckt wie er war, bekam er ein Stipendium für Cambridge, wo er bei Ernest Rutherford studierte, den man auch den Vater der Radioaktivität genannt hat. Rutherford war es, der gemeinsam mit Niels Bohr den Aufbau des Atoms entschlüsselte. Oliphant und Rutherford arbeiteten bis zu dessen Tod zehn Jahre lang gemeinsam im Cavendish Laboratory in Cambridge.

Als der Krieg ausbrach, wurde Oliphant in eine Elitegruppe berufen, die dazu ausersehen war, einen technologischen Vorsprung gegenüber Hitler zu erringen. Oliphants erste Aufgabe bestand darin, ein Radarsystem zu konstruieren, das klein genug war, um im Flugzeug transportiert zu werden. Er erfand das Magnetron, das mittels Spiegeln extrem kurze Wellenlängen erzeugt. Dieselbe Technologie steckt heute in einem Gerät, das wir Mikrowellenherd nennen. »Tja ... wenn ich einen Dollar für jedes Gerät gekriegt hätte«, sagt Sir Mark mit ironischem Lächeln.

»Uran kommt unter natürlichen Umständen in drei Isotopen vor«, erklärt er, »... die jeweils 238mal, 235mal und 234mal so schwer sind wie Wasserstoff. Das Isotop, das man für Kernwaffen braucht, ist das mit der Atommasse 235. Dummerweise macht es nur 0,7 Prozent des natürlichen Urans aus.«

Es fällt mir nicht leicht, mich zu konzentrieren. Kernphysik war nie meine Stärke.

»Es war äußerst schwierig, Techniken zur Isolierung der Isotope zu entwickeln«, erinnert er sich. »Wir haben immer gehofft, es würde sich als unmöglich erweisen und die Spaltung würde sich einfach nicht realisieren lassen.«

Die Kernspaltung war im Jahre 1938 erstmals dem deutschen Chemiker Otto Hahn und seinem Mitarbeiter Fritz Straßmann gelungen. Als der französische Atomphysiker Frédéric Joliot veröffentlichte, daß beim Spaltungsprozeß Neutronen freigesetzt werden, war klar, daß die Spaltung in eine Kettenreaktion münden würde; eine neue Energiequelle, aber eben auch die Bombe rückten in den Bereich des Möglichen.

Oliphant arbeitete in seinem Labor mit zwei Wissenschaftlern zusammen: mit Rudolf Peierls und Otto Robert Frisch. Als deutsche Emigranten durften sie eigentlich nichts mit dem geheimen Radarprojekt zu tun haben. Aber sie wollten das Ihre zu den Kriegsvorbereitungen beitragen und berechneten, wie groß die kritische Masse für eine Atombombe sein müßte. Einstein hatte es einmal versucht und war zu dem Ergebnis gekommen, eine solche Bombe würde so schwer sein, daß sie per Kriegsschiff transportiert werden müßte. Peierls und Frisch ermittelten, daß es zu spontaner Spaltung kommen müsse und daß enorme Energiemengen freigesetzt würden, wenn man das Uranisotop der Masse 235 in Quantitäten von über 10 Kilogramm abtrennen könnte.

Mechanisch streichelt Sir Mark die weiße Katze, die zusammengeringelt auf seinem Schoß liegt. Ich mag ihn auf Anhieb. Ich mag die Art, wie er spricht. Er ist umgänglich, ehrlich. Sein Blick ist offen. Seine Augen strahlen in einem bemerkenswerten skandinavischen Blau.

»Wir hatten schlichtweg Todesangst«, sagt er, »weil wir durch die Geheimdienste wußten, daß Hitler an derselben Idee arbeitete. Und wir wußten auch, daß seine Leute Spitzenwissenschaftler waren. Zum Glück sind die Deutschen an einer Ecke falsch abgebogen. Sie haben die langsame Neutronenreaktion verfolgt, wir dagegen haben uns auf die schnelle Reaktion konzentriert.«

Der Rest ist Geschichte. Als die Japaner Pearl Harbor überfielen und die Amerikaner in der Krieg eintraten, wurde in der Wildnis von New Mexico unter dem Kommando von General Groves das Manhattan Project vorbereitet. Mark Oliphant wurde eingeladen, sich dem Team unter Robert Oppenheimer draußen in Los Alamos anzuschließen. Seine Aufgabe war es, sich um die Trennung der Uranisotope zu kümmern, ein oft frustrierender Prozeß für einen reinen Wissenschaftler. Aber damals ging es nur darum, die Bombe zu bauen.

Sie hatten alles genau ausgearbeitet. Die optimale Höhe für die Explosion der Bombe war vor dem ersten Test ermittelt worden. Sie wußten genau, wie groß die resultierende Zerstörung sein würde. Nach dem Test ging das gesamte Projekt in die Hände von Militär und Politik über. Die Wissenschaftler, die die Arbeit geleistet hatten, hatten nicht mehr das geringste zu sagen. Ein paar taten sich zu einer Gruppe zusammen und schickten ein Memorandum an Präsident Roosevelt, in dem sie ihre Befürchtungen formulierten. Sie drängten ihn, die Bombe nicht gegen zivile Ziele einzusetzen. Statt dessen sollte man die große Macht demonstrieren, die jetzt in den Händen der Alliierten lag. Amerika könnte eine Munitionsfabrik ausradieren oder die Spitze des Fudschijama wegsprengen. Die Wissenschaftler gingen davon aus, daß solche Aktionen einen interessanten Effekt auf die japanische Psyche haben könnte. Aber vergeblich.

Mark Oliphant hörte die traurige Nachricht am 6. August 1945 und wußte, die Welt würde nie wieder so sein wie zuvor.

Ich glaube, man spürt menschliche Größe. Die Unterhaltung wird mühelos. Da ist Intelligenz ohne eine Spur von intellektueller Arroganz. Und das, was gesagt wird, ist so offenkundig und unübersehbar vernünftig.

Unser Thema war erst die Wissenschaft, aber schließlich reden wir über die Umwelt. Wenn ich mir das Chaos ansehe, das die Menschheit anrichtet, fühle ich mich unendlich hilflos. Auch ich frage mich, ob unser gefräßiges Konsumverhalten und seine Konsequenzen nicht letztendlich unser Verderben sein werden. Ich frage Sir Mark, ob er optimistisch ist. Könnte die Technik unsere Probleme noch lösen?

»Ich weiß«, sagt er mit Nachdruck, »ich weiß, daß die Technik die Antwort hat, aber sie wird von keinem Land genutzt.«

»Warum nicht?«

»Einfach wegen des Geldes. Wir leben in einem Zeitalter, in dem Geld der dominante Faktor ist. Die Großunternehmen, zentriert vor allem in Amerika und Japan, regieren in Wirklichkeit die Welt. Nicht die Regierungen. Die müssen einfach nur ja sagen, wenn diese Großunternehmen etwas vorhaben. In den Augen der Regierung ist Geld jetzt alles. Profit ist das Motiv, etwas zu tun. Wir leben in einer verrückten Welt. Ich weiß nicht, wo das enden wird. Mit all unserer Schlauheit haben wir uns selbst eine sehr tiefe Grube gegraben.«

Sir Mark dreht sich um und schaut durchs Fenster in den Regen, der gleichmäßig auf die Terrasse pladdert. »Ich bin sehr pessimistisch«, sagt er. »Nichts deutet darauf hin, daß die Regierungen endlich die Fakten akzeptieren. Die Energiereserven des Globus werden irgendwann aufgebraucht sein. Deshalb habe ich unsere Regierung zu überzeugen versucht, hier eine Politik der Solarenergie zu entwickeln. Australien hat die geringsten Niederschläge und die höchste Sonneneinstrahlung aller kontinentalen Regionen. Wissen Sie, daß wir die ganze Welt mit Strom versorgen könnten, wenn man die Simpson-Wüste in Südaustralien mit Solarmodulen überziehen würde?«

Eine Weile herrscht Schweigen, während wir uns das ausmalen.

»Donnerwetter!« sagt Vanella. »Ein umwerfender Gedanke.«

»Wissen Sie, wieviel Energie uns von der Sonne erreicht«, fragt Sir Mark mit einem Lächeln. »Pro Quadratmeter bekommen wir ungefähr ein Kilowatt, wenn die Sonne im Zenit steht und mit der höchsten Intensität einstrahlt. Das heißt, daß auf einen Quadratkilometer, was keine sehr große Fläche ist, ein Gigawatt einstrahlt.«

»Wie bitte? Warum beschließt dann die australische Regierung nicht, Energieversorger zu werden? Und warum haben wir noch nicht alle auf Solarenergie umgestellt?«

»Weil eine Regierung wie die Industrie funktioniert«, antwortet Sir Mark. »Wenn etwas nicht schon morgen Profit abwirft, ist es uninteressant. Jede Art von langfristigem Ansatz ist heute praktisch allen Regierungen ein Greuel. Zum Beispiel hat die Umweltbewegung hier versucht, Waldgebiete im südlichen New South Wales unter Schutz zu stellen. Aber die Regierung unternimmt aus ökonomischen Gründen keine Schritte, das Abholzen zu beenden. Und sie schlagen die Bäume nicht etwa, um Bauholz zu gewinnen. Sie schicken sie gehäckselt nach Japan.«

Mein Gott, ich liebe diesen Mann – liebe sein Denken. Diese Art, wie er alles durchdacht hat. Er hat einen fundamentalen Respekt für das Phänomen Leben auf der Erde. Er betrachtet den Planeten als einen komplexen Organismus und versteht, wie er funktioniert. Er weiß, wie leicht unser kostbares Gleichgewicht zerstört werden kann.

»Wußten Sie, daß in Australien auf 100 Menschen 140 Rinder kommen? Die werden natürlich wegen des Fleisches gezüchtet. Aber ein Acre Land *(das entspricht in etwa 4050 m², Anm. d. Übers.)* kann zehn Pfund Protein in Form von Wolle produzieren, 60 Pfund Protein in Form von Fleisch und 600 Pfund Protein in Form von Sojabohnen. Es ist ziemlich klar, welche Richtung wir angesichts einer rasant wachsenden Weltbevölkerung einschlagen müßten.«

Mark Oliphant begeistert sich natürlich auch für Wasserstoff als Energiequelle. »Wasserstoff wird idealerweise mit Solarenergie produziert«, erläutert er. »Die Deutschen haben Autos gebaut, die mit Wasserstoff laufen. Und die Russen haben es geschafft, ein wasserstoffbetriebenes Flugzeug zu bauen.«

Ich fühle mich ungemein angeregt vom Oliphant-Plan zur Rettung der Welt. Wir könnten unserer Abhängigkeit von den fossilen Brennstoffen ein Ende machen. Man stelle sich nur vor! Wenn wir die Sonne als primäre Energiequelle nutzen würden, könnten wir noch ein Jahrtausend oder auch zwei weitermachen. Wir könnten die Klimaveränderung auf Eis legen, die globale Erwärmung verzögern. Sojaprotein statt Rinderzucht! Und wir könnten noch einmal mit einem blauen Auge davonkommen.

Aber Sir Mark schüttelt schon den Kopf. Den Großunternehmen, den Politikern würde das nicht zusagen. Und auch damit hat er wohl recht. Mir fallen sofort etliche Zeitgenossen ein, denen absolut nicht an einer Wende gelegen wäre.

Sir Mark ist Agnostiker. Er hat auch das durchdacht. Er sieht keinen Beweis für Gottes Existenz. Es liegt ganz bei uns, ob wir glauben. Glauben an die Menschheit hat er allerdings definitiv nicht. »Es ist schon eine merkwürdige Welt«, sagt er. »Die Wissenschaft hat sich in eine Karikatur dessen verwandelt, was sie sein sollte. Die Ergebnisse unserer wissenschaftlichen Bemühungen sind bisher verheerend gewesen. Der Mensch ist es, der auslöscht und zerstört. Die Australier glauben an einen biblischen Gott, der den Menschen geschaffen hat, auf daß er herrsche. Und diese Herrschaft spielen die Menschen aus – weiß Gott! Alles, was sich bewegt, wird abgeschossen.«

Sir Mark hebt die Augen – eine kleine Geste der Verzweiflung; die Katze beschließt, daß es Zeit ist für einen Ortswechsel, und hopst herunter, um sich zu strecken.

»Ich bin überzeugter Umweltschützer«, sagt er und bürstet mit niedergeschlagener Miene die Katzenhaare von seiner Hose. »Wissen Sie, als ich Gouverneur von Südaustralien war – ich war das nur fünf oder sechs Jahre lang –, habe ich oft mit den Aborigine-Ältesten geredet. Sie sagten mir immer: ›Wir wissen, daß unsere Kultur am Ende ist. Alles, was unsere Jungen und Mädchen wollen, sind Transistor-Radios und Fernseher, genau wie jeder andere auch.‹«

Sir Mark seufzt und wirft uns einen Blick zu. »Alles wird vernichtet.«

Zurück in Red Hill. Eines Abends holt mein Vater einen Karton heraus und fängt an, über sein Testament zu reden und darüber, welches Möbelstück er jeweils mit welcher Bezeichnung meint. Ich höre aufmerksam zu, aber ich will es nicht wirklich wissen und vergesse schnell die Einzelheiten von dem, was er erzählt hat. Er wird dieses Jahr 70.

Am nächsten Tag machen wir einen Spaziergang unten am Strand in Shoreham, nur wir beide. Wir klettern über die Felsen und hinterlassen unsere Fußabdrücke im Sand. Er ist immer gern gelaufen. Früher haben wir am Sonntagnachmittag Mum zu Hause gelassen, sind den Cuttlehurst hinaufgewandert und auf dem Rückweg runter durch den Wald. Im Winter mochte ich den Weg besonders gern, wenn die Tage kürzer wurden und die Saatkrähen riefen.

Dad erzählt mir von seiner Arbeit. Darüber spricht er immer als erstes. Er ist noch aktiv, beschäftigt sich. Nach einer Pause fragt er dann, wie es Mum geht. Sie sprechen nicht mehr miteinander. Mum findet, es sei nur eine Quälerei. Sie hat mich gebeten nachzusehen, ob er den Ring noch hat. Als er ging, hat sie ihn zurückgegeben. Aber jetzt ist sie unschlüssig, ob sie ihn nicht doch lieber möchte, nur so, um ihn zu haben.

Dad zögert, dann sagt er, er weiß nicht mehr, was er damit getan hat. Ich werfe ihm einen irritierten Blick zu, ohne daß er es bemerkt. Ich wundere mich. Vielleicht hat er ihn einfach eines Tages ins Meer geworfen. Es ist jetzt vorbei, im Guten wie im Schlechten.

Dann versuche ich ihm zu erklären, wie sich unser Leben ändern soll, wenn wir zurückkommen – bescheidener, mehr Zeit. Vanella redet neuerdings über Kinder, und ich brumme dann: »Klar, irgendwann mal«, eine Mischung aus Zustimmung und Wurstigkeit. »Du weißt, wir sollten nicht zu lange damit warten«, sagt sie.

Dad erzählt mir über seine Arbeit am Familienstammbaum. Er verfolgt unsere Ahnenreihe zurück; bis zu einem gewissen John Jackson von Low Town, Ackworth, Nähe Pontefract, ist er gekommen – mein Ur-Ur-Ur-Urgroßvater. Er wurde 1759 geboren und war von Beruf Gerber. Dad hat die Ahnenforschung als Aufgabe an sich gezogen, so als sei es seine Pflicht. Wie die meisten Familien sind wir jetzt in alle Himmelsrichtungen verstreut.

»Und ich glaube, ich werde ein Buch schreiben«, sagt er plötzlich, als wir uns am Strand auf den Rückweg machen. »Ich will die frühe Familiengeschichte erzählen. Über William Michael – du weißt doch: den Teehändler. Dann die Zeit mit der Weberei, die verschiedenen Generationen und alles über deinen Großvater. Ich will das tun. Für meine Enkel. Damit sie ihr Erbe kennen.«

»Das ist eine wunderbare Idee.«

Und ich denke wieder über die Traumzeit der Aborigines nach und darüber, wie Erfahrung weitergereicht wird, von alt auf jung. Wir müssen alle soviel wie möglich weitergeben – an die, die nach uns kommen. Irgendwie.

Ich hasse es zu fliegen. Ich genieße zwar das prickelnde Gefühl beim Starten, den plötzlichen Kraftschub und das Abheben. Und es ist phantastisch, wenn ein Kapitän ein Flugzeug sanft landen kann. Manchmal trifft man sie noch. Aber ich hasse es, da oben zu hängen und über die Tatsache nachzudenken, daß ich in 10000 Meter Höhe bin und nur von Metall, Kerosin und einem bißchen Elementarphysik in der Schwebe gehalten werde.

Dad hat mich einmal in einer Cessna mitgenommen. Er hatte noch seine Pilotenlizenz und flog über ganz Yorkshire herum. Ich war vor Angst wie gelähmt, als er die Steuerung losließ und rief: »Und jetzt du!«

Wir haben uns gerade verabschiedet. Ich habe ihm einen Kuß gegeben. Wie damals, als ich ein Junge war. Wir halten Kurs auf den Pazifik, die Triebwerke sind gedrosselt, im Ohr habe ich den Klang vorbeirauschender Luft. Keine Turbulenzen heute nacht. Ich gehe ein paar Reihen nach hinten durch, damit ich mich später zum Schlafen ausstrecken kann. Ich schiebe eine Kassette in den Walkman und lasse mich von der Musik einhüllen.

Ich bin allein im Dunkeln. Und ich weine. Ich weiß nicht, warum, aber ich muß es einfach rauslassen. Ich weine und weine.

Geschichten aus der Neuen Welt

Das ist vielleicht ein Jet-lag! Der zweite Morgen schon, an dem wir wie abgedrehte Jugendliche herumhängen. Können nicht in Gang kommen. Wollen nicht in Gang kommen. Drücken bloß auf die Fernbedienung.

Klick. »... Nichts verschafft schneller Erleichterung von unerwünschten Rückenschmerzen ...« Klick. »Oukeei, da wären wir wieder. Deine erste Frage, Jim. Was machen Amerikaner lieber als alles andere? Jim, was meinste?« »Ähm ... Fernsehen?« »Tut mir leid. Nein. Janice, weißt du's?« »Hmmm ... Sex?« »Huahuahua. Tja, da könnt'se recht haben, oder? Huahua. Nein, die richtige Antwort ist ESSEN! Wir essen schrecklich gern, isses nich so, Leute?« Klick. »... dieser wunnnnderschöne, neue Kamin, dieses elegante Design mit dem reizvoll geschwungenen Sockel. Und jetzt werde ich Stacey das erste Gebot ...« Klick. »...Wo sin'se hin? Hamse gesehn, wie viele?« »Drei sin's. Hintenrum. Riko hat 'n Schießeisen. Mann, der ist verrückt.« »Bleib hier. Das wird kein schöner Anblick ... Peng ... Pengpengpeng ... Pengpeng ...« Klick. »... Bob, um 9 Uhr 45 heute morgen betrat der Bewaffnete das Bürogebäude hinter mir durch den Haupteingang und fuhr mit dem Aufzug in den 16. Stock, wo er mit einer halbautomatischen Waffe das Feuer eröffnete. Augenzeugen sagen, er wurde nach minutenlanger Schießerei von der Polizei verhaftet. Die Zahl der Opfer beläuft sich jetzt auf fünf ...« Klick.

Am Mittwochnachmittag fühlen wir uns selbst wie im Film – Leihauto, Klimaanlage, Sonnenblende. Wir sind cool. Wir rollen gemächlich auf den Santa Monica Boulevard und bremsen vor den Ampeln. WALK – DON'T WALK signalisiert die Fußgängerampel. Schlechte Gegend für Fußgänger. Hier geht man nicht, hier muß man Räder haben. Oder Reflektorstreifen an den Rollerblades. Die Bullen halten neben uns. Sie sind Freund und Helfer und kauen Kaugummi. Aber in ihrem Film will ich nicht mitspielen. Ich hab's nicht mit Verfolgungsjagden.

Wir halten Kurs auf die Hills und rollen eine breite Allee entlang, gesäumt von bleistiftdünnen Palmen. Hier wechseln rote Backsteinhäuser mit stuckverzierten Villenfronten, Sprenger schwenken ihre Wassergarben über Rasengrün. Wir suchen nach einem niedrigen, weißen Palisadenzaun und parken neben einem kleinen, sauberen Bungalow. Das ist wohl der einzige Zaun in Beverly Hills, der kein Warnschild trägt: »Vorsicht, Schußwaffen!« Im Schatten der Pinien ist die Luft angenehm. Ruth, die Haushälterin, öffnet uns, führt uns durch ein Eßzimmer mit einer großen, getäfelten Bar in den Salon, wo uns aus zwei beigefarbenen Lehnsesseln zwei Katzen anstarren. Zur Rechten ein Alkoven: sein Arbeitszimmer – dunkel und anheimelnd und die Wände voller alter Bücher. Darin ein Drehstuhl, eine elektrische Schreibmaschine und zwei passend eingestellte Gelenkleuchten.

»Hello, hello!« ruft eine Stimme, eine sehr englische Stimme. Eine untersetzte Gestalt tritt mit elegantem Schwung ins Zimmer und drückt uns energisch die Hand. Unser Gastgeber läßt sich in den weichen Velour eines Sessels sinken, nimmt einen Schluck aus seinem Weißweinglas und strahlt dann von einem Ohr zum anderen. Mr. Charles Bennett hat schon Filmdrehbücher geschrieben, als Westwood wirklich noch ein Dorf war.

Als junger Mann stand er auf den Brettern und spielte Shakespeare – manchmal zwei- oder dreimal am Tag. Überall in England. »Da, schauen Sie mal!« sagt er und zeigt auf ein gerahmtes Plakat. »Meinen Namen sehen Sie über dem von John Gielgud, als Darsteller von Cassius im Apollo. Haha!« Er lacht mit jungenhafter Ausgelassenheit; noch immer artikuliert er wie ein echter Thespisjünger.

Später versuchte er sich im Stückeschreiben. Eines Nachts sah sich ein fetter, kleiner Filmregisseur im West End »Blackmail« an, ein frühes Bennett-Stück mit Tallulah Bankhead in der Hauptrolle. Die Geschichte gefiel ihm so ausgezeichnet, daß er British International Pictures überredete, die Rechte zu kaufen. Das war im Jahr 1928, und der kleine, fette Mann hieß Alfred Hitchcock. Er drehte »Blackmail« zuerst als Stummfilm, aber weil gerade der Tonfilm aufkam, bekniete er die Produktionsgesellschaft, die Dialogszenen noch einmal aufzunehmen. Er drehte dann, allerdings ohne Wissen der Studiobosse, den ganzen Film noch einmal. »Blackmail« wurde der erste in Europa gedrehte Film, in dem durchgehend gesprochen wurde – ein riesiger Erfolg.

(»Durchgehend« entspricht wohl nicht ganz den Tatsachen; die Hitchcock-Biographie von Donald Spoto nennt »Blackmail« die »intelligenteste Mischung aus Ton- und Stummfilm«. Anm. d. Übers.)

»Ich habe acht Filme für Hitch geschrieben«, sagt Bennett. »… Ich habe ›Die 39 Stufen‹ geschrieben, ich habe ›Sabotage‹ geschrieben, ich habe ›Secret Agent‹ geschrieben«, sagt er. »Ach, da gab's so viele Projekte, und Hitch und ich waren die dicksten Freunde. Wir fuhren immer zusammen nach St. Moritz, er mit seiner Frau Alma und ich mit meiner Frau Maggie. Über Weihnachten und Silvester. Ich ging Ski laufen, und Maggie ging Ski laufen und Alma ging Ski laufen, und Hitch saß an der Bar im Palasthotel. Haha! Wundervoll!«

Bennett folgte seinem Freund nach Hollywood und wurde von Universal Pictures vertraglich verpflichtet, für ein damals fürstliches Gehalt Drehbücher zu schreiben. »Tausend Dollar pro Woche«, vertraut er uns an. »Und ich kann Ihnen sagen, wieviel das war: Für einen Vierteldollar konnte man damals einen Martini bei Brown Derby bekommen, und das war eine Top-Adresse!«

Sorglose Tage waren das. Er schrieb ein Drehbuch nach dem anderen. Und er tat sich für »Foreign Correspondent« wieder mit Hitchcock zusammen, machte aber auch vier Filme mit Cecil B. de Mille.

»Wie gehen Sie vor, wenn Sie ein Drehbuch schreiben?« will ich wissen.

»Na, Sie brauchen eine Story!« ruft er.

»Woher nehmen Sie die?«

»Von hier.« Er tippt sich an seine glatte Stirn. »Phantasie. Ich habe massenhaft Ideen. Ich notiere sie mir alle, aber oft benutze ich sie dann gar nicht.«

»Und was kommt dann?«

»Sehen Sie mal – was ist ein Film? Er hat einen Anfang, einen Mittelteil und ein Ende. Und wenn die Spannung bis zur Klimax ansteigt, dann haben Sie eine Story. Ich erinnere mich, daß de Mille einmal wollte, daß ich ein Drehbuch mit dem Titel ›Reap the Wild Wind‹ schreibe, Hauptrolle John Wayne. Sie hatten so 'ne Art Story, aber die war fürchterlich, also habe ich das Ganze zu einer guten umgebaut. Von da an hat mich de Mille vergöttert. Das Schönste daran war der Schluß.«

Bennett macht große Augen und läßt uns einen Augenblick lang zappeln, bevor er fortfährt: »Wir wußten genau, wohin es lief«, sagt er, »aber wir hatten keinen Schluß. Ich weiß noch, wie de Mille in seinem Büro sagte: ›Wir haben keinen Schluß. Wir brauchen einen sensationellen Schluß, Charles.‹ Ich kam also nach Hause, und am nächsten Morgen im Bad – ich lag tatsächlich in der Badewanne – habe ich mir den Unterwasserkampf mit dem Riesenkraken ausgedacht. Am nächsten Tag sagte de Mille: ›Wie sieht's aus, meine Herren, haben wir einen Schluß?‹ Er drehte sich zu mir um, und zu seiner großen Überraschung sagte ich, ich hätte einen. Ich habe dann die ganze Szene gespielt. Ich spielte beide Darsteller: John Wayne und den Riesenkraken mit seinen Fangarmen und allem. Ich hab mich 20 Minuten lang ins Zeug gelegt, und ich darf sagen, ich habe meine Sache ziemlich gut gemacht. Immerhin war ich ja mal Schauspieler. Als ich fertig war, herrschte eine halbe Minute lang Grabesstille. De Mille saß einfach da und dachte nach. Dann sagte er: ›Ja, Charles … und in Farbe!‹«

Mir wird allmählich klar, daß Charles Bennett sein Leben und seine Zeit zu einer Serie gut einstudierter Geschichten kondensiert hat. Er verrät uns seine Maxime: Eine Geschichte muß gut sein, sonst wird's ein Flop! Ich werfe ein, daß es vermutlich auch hilft, wenn ein oder zwei berühmte Namen im Spiel sind.

»Diese Bar hat mehr berühmte Leute gesehen als irgendeine andere auf der Welt«, erklärt er dann. »Ich habe sie alle ziemlich gut gekannt. Besonders die Engländer kamen immer hierher … Charles Laughton, wissen Sie. Howard Hughes hat einmal das Haus gemietet und sich um meine Haustiere gekümmert. – Einmal war ich 18 Monate lang weg, und da brauchte ich einen Mieter …« Wieder spannt er uns auf die Folter. »Bugsy Siegel!« schreit er schließlich und wir müssen über sein Temperament lachen. »Im übrigen ein reizender Mensch. Sehr gut aussehend. Als ich wieder nach Hause kam, haben wir zusammen zu Abend gegessen. Absolut bezaubernd. Wäre nie auf die Idee gekommen, daß ich mit dem größten Killer unter der Sonne zusammensaß. Haha!«

Aber er haßt Los Angeles. Sagt er jedenfalls: »Das ist so eine Jeder-gegen-jeden-Gegend. Wenn mir dieses Haus nicht gehören würde und ich hier nicht meinen Lebensinhalt hätte, wäre ich längst weg und wieder in England.«

Er vermißt Englands Sternhyazinthen im Frühling. Aber trotz seines verträumten Blicks bin ich nicht völlig überzeugt. Er vermißt die Hyazinthen jetzt immerhin schon seit fast 60 Jahren. Er wird bald 94. Er brächte es nie übers Herz, dieses Leben unter den Stars aufzugeben.

»Vielleicht habe ich einen Glückstreffer gelandet«, sagt er fröhlich. »Carrie Fisher – Sie wissen, die Tochter von Debbie Reynolds – ist meine Nachbarin geworden. Sie hat jetzt das Haus hinter mir und sie hat beschlossen, daß ich ihr guter Freund bin. Sie kommt zu mir und sitzt bei mir auf dem Boden herum. Reizende Person! Ihre Freunde sind Leute wie Meryl Streep.« Und dann nach einer Pause: »Das beste ist, wenn man einen Star dazu bringt zu sagen: ›Ich will diesen Film machen‹, dann ergibt sich alles wie durch ein Wunder fast von selbst. Sehen Sie, ich habe da eine neue Version von ›Blackmail‹. Völlig umgeschrieben, aktualisiert. Spielt in Washington. ›Blackmail‹ ist eine dieser Geschichten, die bleibt gut, auch wenn sie in Timbuktu spielt.«

Bennett beugt sich vor und deutet auf unsere Gläser. Wir haben bisher Kräuterlimonade geschlürft, die wie Mundwasser schmeckt. Deshalb entscheiden wir uns jetzt lieber für Weißwein.

»Ruth!« brüllt er, dann rappelt er sich hoch. »Wahrscheinlich schläft sie. Ich gehe selbst.«

Vanella und ich flüstern miteinander, während er weg ist. Ein Gedanke läßt mich nicht los: Wenn Außenseiter wie wir – reichlich mit Hollywood gefüttert – in die Staaten kommen, stellen wir fest, daß das Leben genauso ist wie auf der Leinwand. Das macht wohl den Reiz aus. Alles ist vertraut. Wo wir gehen und stehen – immer sind wir in irgendeinem Film. Aber wie stellt sich das für die Amerikaner selbst dar? Können sie noch zwischen Phantasie und Wirklichkeit unterscheiden?

»Die meisten, die ins Kino gehen, halten für wahr, was sie dort sehen«, sagt Charles Bennett und stellt die Getränke ab. »Nehmen Sie zum Beispiel Ruth. Vor kurzem erst habe ich gemerkt, daß sie tatsächlich meinte, was sie auf der Leinwand sah, sei wirklich passiert. Ihr kam es nie in den Sinn, daß all das zuvor geschrieben werden muß. Und ich könnte mir denken, daß es ungefähr 70 Prozent der Zuschauer genauso geht.«

»Aber ist das nicht gefährlich, wenn die Leute glauben, sie schauen durch ein Fenster auf die Welt? Was ist, wenn jeder Arnold Schwarzenegger sein will?«

»Darüber weiß ich nichts. Da bohren Sie für mich zu tief«, sagt Bennett und räuspert sich übertrieben. »Wissen Sie, ich bin nur ein Autor. Worauf es wirklich ankommt, ist doch, ob es unterhaltsam ist.«

Wir kampieren in der Nähe des Canyons und verbringen unsere Tage auf den Spuren der Navajos. Wir reisen durch vertraute Landschaften, Kilometer um Kilometer sonnenverbrannter Ebene, hochaufragende Felszylinder und Tafelberge aus rotem Stein. Das hier ist ein anderer Film, aber wir haben ihn schon hundertmal gesehen. Ab und zu fahren wir an den Straßenrand und klettern aus der kleinen Blase gekühlter Luft, mit der uns die Klimaanlage praktischerweise gegen die anstrengende Wirklichkeit abschirmt. Von der Hitze zerfleischt, lassen wir eine Weile den Blick schweifen. Das ist zweifellos ein großes Land, geprägt von gewaltigen Entfernungen. Felsen so groß wie ein Berg werden zu Graten aus rötlichen Schatten. Ich möchte es nicht durchwandern. Dieses Land bereist man am besten auf dem Pferderücken.

Wir kommen durch Gemeinden mit Namen wie »Rough Rock« und »Many Farms«, und in jeder steht auf Stelzen ein riesiger silberglänzender Wassertank. In den weiten, kargen Flächen dazwischen sehen wir gelegentlich ein paar moderne Fertighäuser, die neben einem kreisförmigen *hogan* errichtet wurden, dem traditionellen Navajo-Haus aus kräftigen Baumstämmen und dickem rotem Lehm. Manchmal, wenn der Besitzer gestorben ist, steht ein alter *hogan* verlassen da, dem Verfall preisgegeben.

Wir fragen uns durch, und wo immer wir aufkreuzen, bekommen wir dieselbe Geschichte zu hören: Die amerikanischen Ureinwohner, die im Canyon de Chelly leben, wollen erst mal Geld – so um die 400 Eier–, bevor sie bereit sind, auch nur ein Sterbenswörtchen zu erzählen. Man sagt uns auch, daß ein Journalist kürzlich 2000 gezahlt hat, um eine Geschichte zu bekommen. Ihre Begründung: Sie seien schon zu oft ausgebeutet worden.

Dann treffen wir Howard. Er wartet im Window Rock Senior Citizens Center auf sein Mittagessen; hier sitzen die Oldtimer in Baseball-Mützen um Blockfuß-Tische. Die Frauen hocken in weitgeschnittenen Röcken und Sweatshirts in einer Ecke zusammen und schwatzen. Sie drehen sich zu uns um und begrüßen uns mit einem neugierigen Lächeln. Das Mittagessen riecht nach zerkochtem Fleisch mit Kohl.

Howard McKinley ist der älteste unter ihnen; er ist gut in den Neunzigern und so gut wie blind. Ein Auge ist fast geschlossen.

Aber er hört uns und pflanzt sich mit dem ziellosen Blick des Blinden vor uns auf.

»Die Art der Navajos war es einst, eine Geschichte zu erzählen«, sagt er mit einer Stimme so rauh wie Sandpapier. »Vor langer Zeit suchte man sich einen Geschichtenerzähler, und der erzählte die ganze Nacht, den ganzen Tag und noch eine Nacht, solange genug zu essen da war. Heute bleibt niemand stehen und hört zu. Sie wollen fernsehen. Oder sie haben keine Zeit. Sie sind Sklaven ihrer Uhr geworden. Zeit ist Arbeit. Und Arbeit ist Geld.«

Howard sitzt ganz still da, als würde er meditieren. Er sieht indianisch aus, aber sein Gesicht ist hell. Er hat das Blut des weißen Mannes in seinen Adern. Sein Großvater McKinley, ein Engländer, betrieb eine Handelsniederlassung. Seine Mutter war ein Navajo-Mädchen. Deshalb kann Howard beide Seiten sehen.

»Ich wurde da draußen in den Sanddünen geboren«, raspelt er und zeigt mit einem krummen Finger in eine unbestimmte Richtung. »Meine Mutter hütete drüben am Church Rock in New Mexico auf der anderen Seite von Fort Wingate die Schafe. Damals stiegen die Frauen vom Pferd, brachten ein Baby zur Welt, standen auf und zogen weiter.«

Howards Großvater mütterlicherseits war Medizinmann. Grey Water war sein Name, und er lehrte seinen kleinen Enkel die Lebensart der Navajo.

»Er lehrte mich ein wenig Philosophie«, sagt Howard und hält inne, um seine Gedanken zu sammeln. »Sein Tenor war: ›Rüste dich fürs Überleben‹; so ähnlich hat das Sokrates auch mal gesagt. Das schafft man nur, wenn man morgens früh aufsteht. Er sagte, daß man seine Überlebenstüchtigkeit entwickelt, sobald man läuft. Aber nicht einfach Laufen um des Laufens willen, wie man das heute so tut. Die Pferde sind weit jenseits des Hügels – also rennst du ein Stückchen, bringst sie zurück, weil du Holz transportieren oder Wasser holen willst. Und wenn du Holz transportierst, suchst du nicht nach Stöckchen. Schärf deine Axt und such nach den großen Stücken, die du hinter dem Wagen herziehen kannst. Und dann lernst du zu pflügen und das Land zu bestellen. Du lernst, Schafe zu hüten und für sie zu sorgen, so daß die Kojoten, die Pumas und Luchse sie nicht erwischen. Jeden Tag bringst du sie zu neuen Weidegründen und Wasser. Und du bearbeitest deine Felder und reifst darüber zu einem jungen Mann heran. Wenn du gut für deine Schafe sorgst, bekommst du ein paar davon und ein paar Pferde, die für dich arbeiten. Aber sieh dich vor – du mußt dich dafür anstrengen! Und wenn du dann im Ackerbau erfolgreich bist und eine große Herde hast, bist du ein achtbarer, angesehener Navajo. Du bist kein Bettler oder Wanderarbeiter. Und wenn jemand kommt und durstig oder hungrig ist, kannst du ihm jederzeit Wasser oder etwas zu essen anbieten. So ist ein echter Navajo.«

Howard nickt, gibt seinem Strohhut einen Schubs, schlägt sich mehrmals auf die Knie und sitzt dann wieder einmal reglos da. Ich sehe mir sein Gesicht aus der Nähe genau an. Er hat dunkle, tief eingeschnittene Falten. Ein Muskel zuckt, als könnte er fühlen, daß ich ihn beobachte. Er holt tief Luft.

»... die Lebensphilosophie der Navajo ist, daß man nichts geschenkt bekommt. Man muß für alles arbeiten, muß für sich selbst aufkommen und die eigenen Leute ernähren können.«

Er erzählt uns, daß Grey Water die Macht hatte, Krankheiten zu heilen und vor den Mächten des Bösen zu schützen. Seine Zeremonien waren langwierig, zogen sich über Jahre hin. Salbei, Wacholderblätter, Tollkirsche und Schwalbenwurzgewächse spielten eine Rolle. Er hatte einen Beutel Maispollen bei sich und trug Türkise und Korallenperlen. Er sang *chantways* und kannte die *blessingway*-Riten. Immer strebte er danach, durch seine Arbeit *hozho* zu bewahren. *Hozho* bedeutet Schönheit, Frieden, Glück und Harmonie: die guten Dinge des Lebens in vollkommenem Gleichgewicht. *Hozho* ist außerordentlich wichtig im Leben der Navajo. Sie glauben nicht an ein Leben nach dem Tod. Das Jetzt ist wichtig, sagen sie, es ist die einzige Zeit, die wir kennen.

Ich frage Howard, wie man diese Harmonie erreicht.

»Es kommt auf den ganzen religiösen Hintergrund an«, sagt er. »Es gibt ein Gebet, einen alten Gesang, der so anfängt.« Und er hebt den Kopf, schließt die Augen, und ein Augenlid zittert leise:

»I am a son of Changing Woman,
I am a son of the First Woman,
I will walk in peace with my feet,
I will walk in peace with my legs,
I will walk in peace with my healthy body,
I will walk among people that are kind and compassionate,
I will walk in peace and health with my surroundings.«

»Das ist sehr schön«, sagt Vanella sanft.

»Die Menschen nennen das einen *blessingway*«, sagt er, »aber für mich ist es der Weg des Friedens und der Gelassenheit.«

Er neigt aufmerksam den Kopf. »Jetzt können Sie mir etwas erzählen. Was wissen Sie über die Geschichte der Navajo?«

»Nur ein bißchen.«

»Also, die Navajo nennen sich selbst in ihrer Sprache *diné*, was bedeutet ›das Volk‹. Vor langer Zeit, als sie noch Nomaden waren, überquerten sie die Beringstraße von der Mongolei her und ließen sich im äußersten Nordwesten nieder.«

Ich lasse meine Augen schnell durch den Raum wandern und sehe mir ihre wettergegerbten, runden, alten Gesichter an. Er hat recht. Sie sind aus Zentralasien herübergekommen.

Im 16. Jahrhundert wanderten sie nach Süden, erwarben Kenntnisse im Ackerbau und bauten Mais an. Dann kamen die Spanier und brachten Viehherden mit. Die Navajo widersetzten sich den Eindringlingen, lernten aber schließlich, Tiere zu hüten, Pferde zu reiten und Decken zu weben. Sie entwickelten ihren Lebensstil. Doch im Jahr 1851 bauten die Vereinigten Staaten mitten im *diné*-Land ihr Fort Defiance; auf einmal mußten die Indianer mit den Pferden, Maultieren und Rindern der US-Armee um Weideland konkurrieren. Als sich Widerstand regte, griff die Armee brutal durch. Die Felder der *diné* wurden zerstört, ihre Schafe gestohlen oder getötet. Die Menschen wurden zusammengetrieben und ihres Landes beraubt. Im Winter 1864 wurden sie gezwungen, das Stammesland zu verlassen und fast 500 Kilometer weit über die offenen Ebenen nach Fort Sumner zu wandern. Dort wurden sie über vier Jahre lang festgehalten, bis sie schließlich ein Stück Papier unterzeichneten, in dem sie versprachen, nicht mehr zu kämpfen und ein paar gerade Linien anzuerkennen, die auf einer Karte eingezeichnet waren.

Die Überlebenden liefen die ganze Strecke zurück nach Hause.

Wir finden schließlich doch noch unseren Medizinmann. Eines Tages blättere ich in einem Porträtbuch herum, in dem das Leben der Navajo beschrieben wird, und stoße auf das Photo eines Ältesten. Sein langes, graues Haar ist zu einem Zopf zusammengebunden. »Adilthdoney Begay, Indian Wells«, heißt es darunter. Wir betätigen uns als Detektive und finden heraus, daß er tatsächlich noch lebt. Ich rufe seinen Enkel Richard an, und nach ein paar Tagen teilt er uns die Neuigkeit mit: Der Medizinmann sagt, er will reden.

Richard ist Koordinator des Sozialdienstes draußen in Indian Wells, einer Handvoll Gebäude in einem trostlosen Tal ganz in der Nähe des Hopi-Reservats. Wir treffen ihn in seinem Büro – in einem dieser Wohncontainer, wie man sie auf Baustellen findet. Aber da gibt's ein Problem.

»Ich habe zu meinem Opa gesagt: ›Ich weiß nicht, welche Sorte Fragen sie stellen, aber ich bin mir sicher, daß sie nichts über Religion fragen.‹«

Er wirft mir einen vielsagenden Blick zu, und ich ziehe eine Augenbraue hoch.

»Nein?« frage ich.

»Ich glaube nicht, daß er Ihnen irgendwas in der Art erzählen wird.«

Wir können nur abwarten. Der Großvater lebt bei Richards Tante. Er fährt mit uns in seinem Pick-up hin, einem völlig erledigten monströsen Ford mit einem langen, schmalen Fenster auf der Rückseite des Fahrerhauses und einer Unmenge Fliegen, die total überhitzt und benommen herumkrabbeln und -summen.

Richard ist ein guter Junge: in den 30ern, rundes Gesicht, breites Lächeln und glänzendes, schwarzes Haar, das er aus der Mongolei mitgebracht hat. Er möchte unbedingt wissen, wie die Leute in den Ländern leben, die wir besucht haben. Er sagt, es ist höchste Zeit, daß sich die Navajo entscheiden, in welche Richtung sie gehen wollen: Entweder sie kehren zu einem traditionellen Leben zurück, oder sie stehen im modernen Amerika für sich ein.

»In den 60ern hat sich alles geändert«, erzählt er uns. »Als Fertiggerichte aufkamen, haben sie das harte Leben der Vergangenheit aufgegeben. Eine ganze Generation dachte gar nicht daran, irgend etwas von der alten Lebensweise weiterzugeben. Jetzt interessieren sich die Kinder für Nintendo, Baseball und was sie sonst im Supermarkt finden.«

Sie lernen nicht mal ihre eigene Sprache. Obwohl Richard und Gleichgesinnte darüber reden, wie man die Kultur am Leben erhalten könnte, gibt es immer dringendere Bedürfnisse. Indian Wells, sein »Revier«, ist ungefähr 30 mal 30 Kilometer groß. Und es ist arm. 95 Prozent der Leute leben noch draußen auf dem Land; 70 Prozent haben keinen Strom. Über die Frage, wie weit sich die Überlandleitung noch verlängern läßt, wird immer am heftigsten debattiert. Aber das wirkliche Problem ist seiner Meinung nach der Mangel an Verantwortungsgefühl. Sie leben von den milden Gaben der Bundesregierung und sind darüber einfach zu sehr in Abhängigkeit geraten.

»Sehen Sie das Maisfeld da?« fragt er und zeigt auf ein trockenes, verbuschtes Stück Land mit einem armseligen Drahtzaun herum. »Dieses Stück Land gehörte meiner Großmutter. Sie hat es immer mit der Hand bestellt und bebaut, aber von den Jüngeren will das keiner mehr machen.«

Ich erwarte fast, einen Wigwam zu sehen mit angebundenen Pferden davor und einem offenen Feuer oder wenigstens einen *hogan.* Aber als wir einen Hang hinaufholpern, kommt eine Art Schrottplatz in Sicht: ein heilloses Durcheinander aus Verschlägen und baufälligen Schuppen, aus rostigen Autos ohne Räder und Türen. Die Vorderhälfte eines silberfarbenen Wohnwagens fällt mir auf. In diesem Verhau thront ein einstöckiges Haus aus verschiedensten Materialien, Brettern und Gipskartonplatten, einige davon gestrichen, andere verwittert.

Richard schlägt vor, daß wir im Pick-up bleiben und er zunächst allein hineingeht. Wir schmelzen also weiter in der Hitze vor uns hin und staunen über die Zahl der Fliegen. Wir hören einen lebhaften Wortwechsel zwischen verschiedenen Navajo-Stimmen, dann geht knarrend die Tür auf, und der Medizinmann kommt heraus, in der Hand den Drahtgriff einer roten Plastikfliegenklatsche. Er will mal einen Blick auf uns werfen. Wir springen aus dem Auto. Der Navajo-Handschlag, so haben wir gelesen, ist nur eine leichte Berührung, aber unser Bemühen, uns kulturell informiert zu geben, wird sofort von seinem kräftigen Händedruck unterbunden. Er spricht nicht viel Englisch und schaut perplex drein, bis Richard mit Klappstühlen wieder auftaucht und sie unter die Markise stellt, die als Veranda herhält.

Der alte Mann mag zweifellos Türkis. Das Silberband seines breitkrempigen Stetson hat leuchtend blaue Einlegearbeiten. Von jedem Ohrläppchen baumelt an einem frischen, weißen Baumwollfaden ein Stein, glatt wie eine Bohne. Und eine wunderschöne Halskette hebt sich von seinem verwegen pink, lila und türkis gemusterten Hemd ab.

Richard grinst. »Das ist sein Garth-Brooks-Hemd. Meine Tante hat es ihm geschickt, aus Houston.«

Zufällig wird er heute 96. Wir wünschen ihm alles Gute zum Geburtstag, aber er sagt, er will nicht groß feiern.

»Wie alt sind Sie?« fragt er dann etwas schroff.

»Ich werde in drei Tagen 38«, sage ich.

»Sie sind noch ein Kind«, meint er geringschätzig. Dann lächelt er und um seine Augen bilden sich weiche Falten. Es sind freundliche, warme, feminine Augen. »Ich habe überall Enkel«, sagt er und zeigt weit über die Bäume zu den Hügeln dahinter. Er hat 60 Enkel, von denen 30 selbst wieder Kinder haben. Insgesamt hat er über 150 Nachkommen.

Das erste, an das sich Adilthdoney Begay erinnern kann, ist die Milch seiner Mutter. Er behauptet, er habe nie einen Tropfen Milch getrunken, der nicht von ihr war. Sein Vater war ein Jäger und erfolgreicher Viehzüchter. Auch er hieß Adilthdoney.

Richard zieht eine Postkarte von seinem Urgroßvater heraus, ein Photo aus dem Jahr 1903: Es zeigt einen stolzen und starken Mann mit einer langen, dunklen Mähne, die bis zur Taille reicht. Er trägt eine Tunika aus Schaffell, in die ein kompliziertes Muster hineingeschoren ist, und eine Halskette aus Perlen und Knochen. Über seinen Schultern liegt eine geschmackvoll gewebte Decke. »Many Arrows, Navajo-Krieger«, steht unter dem Foto, aber Richard meint, »Scharfschütze« wäre eine passendere Übersetzung. Der Sohn des »Scharfschützen« nickt und sagt, er erinnere sich an den Tag, als das Photo gemacht wurde; er war damals noch ein kleiner Junge.

Er wirkt so entgegenkommend, daß ich ihn zu fragen wage, ob er uns etwas über seine Kenntnisse als Medizinmann erzählen könnte.

»Und was habt ihr mit dieser Information vor?« blafft er sofort mißtrauisch zurück. Vanella beruhigt ihn schnell, daß wir nur gerne hören wollen, wie er gelebt hat und etwas von seiner Arbeit erfahren möchten. Das scheint ihn zu besänftigen, aber er wirkt immer noch verschlossen.

»Ein Medizinmann ist wie ein Arzt«, sagt er. »Er nimmt sich der Menschen an. Ich habe andere gelehrt, wie sie Zeremonien abhalten müssen, und habe am Lake Powell und am Little Colorado River meinen Segen gegeben.«

Mehr will er nicht sagen. Er patscht mit der Fliegenklatsche gegen seine Handfläche, und ich beobachte eine Fliege, die sich für einen Klecks Essen interessiert, der irgendwann auf der staubigen Spitze seines linken Stiefels gelandet ist.

»Ich bin ein wirklich guter Geschichtenerzähler«, erklärt er dann – seine erste spontane Bemerkung.

»Das ist er mit Sicherheit«, stimmt Richard zu.

»Welche Art Geschichten erzählt er?« Keine Antwort. Wir sehen Richard an. »Erzählt er seinen Urenkeln Geschichten?« fragt Vanella.

Der Medizinmann nickt mit steinerner Miene.

Also frage ich ihn, ob er uns eine Geschichte erzählen kann, die man an die Welt weitergeben könnte, und hoffe auf eine Erzählung, in der die Bedeutung von Gleichgewicht und Harmonie sinnbildlich dargestellt ist.

»Stopp!« sagt er brüsk und hört einfach auf zu sprechen. Beleidigt schaut er auf den Boden und scharrt mit den Füßen. Dem armen Richard ist in dieser melodramatischen Szene eindeutig unbehaglich zumute. Der Wind weht mittlerweile heiße Böen staubiger Luft vor sich her, und ich kann sehen, daß sich jemand im Haus die Nase am Fliegengitter plattdrückt und mithört.

Natürlich kriechen wir zu Kreuze und entschuldigen uns. Wir wollten ihn nicht verletzen, wir wollen uns nicht mit seinen Geschichten davonstehlen. Und als hätte man ihn wieder eingeschaltet, kommt er in Gang und beginnt aus freien Stücken, über seine Lebensweise zu erzählen. »Wir lebten von Schaf, Rind, Mais, Wassermelone. Dieses Zeug, das sie Fast food nennen, ist nicht gut. Man muß seinen eigenen Mais auf einem Stein mahlen, wenn man so alt werden will wie ich.«

Er zieht mit der Fliegenklatsche vier schräge Linien.

»Ich habe nie Alkohol getrunken. Ich war Jäger«, sagt er würdevoll, »ein guter Schütze, wie mein Vater. Ich habe Hirsche gejagt und die Geweihe heimgetragen. Wie ich geritten bin, das war manchmal schon verrückt. Einmal habe ich meinem Pferd sogar den Hals gebrochen, weil ich die Zügel so hart angezogen habe. Und ich bin immer gelaufen. Früh am Morgen noch vor Sonnenaufgang bin ich aufgestanden. Ich rannte damals wie der Wind.«

»Wie weit?«

Er schielt unter seiner Hutkrempe hervor und deutet mit der Fliegenklatsche: »Bis zu diesen Hügeln und noch weit drüber hinaus und wieder zurück. Wenn du nicht rennen kannst, bist du keinen Pfifferling wert.«

Noch immer starrt er über das Land, wo die Schatten allmählich länger werden und ein Truthahngeier mit ausgebreiteten Schwingen auf der Thermik segelt.

»Dieser Platz bedeutet alles für mich«, sagt er. »Weil ich hier aufgewachsen bin. Weil hier meine Frau begraben ist. Das ist unser Land.«

Er fragt, wieviel Land ich besitze, und als ich ihm die Wohnung beschreibe, lacht er. »Das ist ja gar nichts.«

Plötzlich kommen vier kleine Jungen um die Ecke gesaust, in den Händen imaginäre Revolver – Holzstücke und alte Metallteile. »Psschiu-psschiu!« feuern sie und springen schnell in Deckung. Sie sehen aus wie typische amerikanische Kinder, tragen Baseball-Mützen, Levi's und Turnschuhe. »Psschiu-psschiu.« Einer zielt mit seinem Revolver auf mich, und ich grinse in die Mündung. Spielen sie jetzt Räuber und Gendarm oder Cowboy und Indianer? Und wenn ja, wer sind dann die Guten?

Wild ballernd verschwinden sie, und ich frage ihren Urgroßvater, was er über den weißen Mann denkt. »Der weiße Mann?« wiederholt er und wirft mir einen leicht ungläubigen Blick zu. Dann kichert und giggelt er, als könnte er sich gar nicht mehr halten. »Weiße sind Gauner. Die versuchen immer, einen über den Tisch zu ziehen. Aber sie stellen sich dabei so plump an.« Er gibt ein geringschätziges kleines Grunzen von sich. »Weiße?« sagt er. »Die sind Schlitzohren.«

Ich schaue von meinem Buch auf. In letzter Zeit habe ich Dinge gelesen, die ich längst hätte lesen sollen, aber bis jetzt bin ich nie so recht dazu gekommen. Gerade habe ich Hemingway gelesen, *Der alte Mann und das Meer*. Jetzt bin ich bei *Das Bildnis des Dorian Gray*.

Ich schaue auf, weil Vanella in jeder Hand eine Brust hält. »Ich muß schwanger sein«, sagt sie. »Findest du nicht, daß sie größer aussehen?«

Sie ist seit fast einem Monat mit ihrer Periode überfällig. Sie sagt, ihre Brustwarzen brennen, und ihre Brust fühlt sich ungewöhnlich fest an. Ich gebe zu, mir kommen sie auch etwas schwerer vor als sonst.

»Was sollen wir tun?«

Sie hat sich durch unser zuverlässiges medizinisches Handbuch gewühlt. Der Herr Doktor rät in bestimmtem Ton von Reisen ab: Während einer Schwangerschaft sei das keine sonderlich gute Idee, mahnt er, und Reisen nach Südamerika schon gar nicht.

»Das ist furchtbar«, sagt sie; sie sieht gequält und bestürzt aus. »Irgendwie will ich's ja, aber gleichzeitig auch wieder nicht.«

»Hmmm.«

»Wir könnten nicht weiterfahren, oder?«

»Glaub nicht. Jedenfalls nicht mehr lange. Soviel zur magischen Kraft von Honig!«

Wir verhüten mit einem Honigpessar; das Ding heißt so, weil es buchstäblich in Honig aufbewahrt wird. Die alten Ägypter waren die ersten, die den Wert von Honig als Spermizid erkannt haben, hat man mir gesagt. Jahrelang hat es auch uns gute Dienste geleistet. In den letzten Monaten haben wir uns an den Anblick von Ameisenkolonnen gewöhnt, die auf der Suche nach dem Plastikbehälter, in dem es aufbewahrt wird, zielstrebig das Tischbein hochmarschieren.

Ich kann's noch nicht glauben. Aber das könnte immerhin erklären, warum Vanella neuerdings den Eindruck macht, als habe sie alles gründlich satt. Und ein bißchen reizbar ist sie auch. Erst neulich nachts stand ich am Pranger. Sie neigt dazu, ihre Emotionen rauszulassen. Mir dagegen fällt das nicht so leicht. Manchmal erstickt sie mich so mit Küssen, daß mir alles zuviel wird. Ich ziehe meinen Kopf weg.

»Warum tust du das?« schreit sie aufgebracht.

»Was? Ich hab doch nur ...«

»Was glaubst du wohl, wie ich mir vorkomme? Als würdest du mich ablehnen!«

»Aber ich lehn dich nicht ab, natürlich nicht ...«

»Wie wär's, wenn du deine Zuneigung mal 'n bißchen zeigen könntest?«

»Tu ich doch ... Nella, bitte ...«

»Nein ...«

Sie stürmt ins Badezimmer und kommt beleidigt zurück. Sie schweigt verbissen, und ich bin nur noch defensiv. Soviel zum Thema Harmonie. Ich weiß, daß sie recht hat. Aber ich kann manchmal nicht anders. Ich hasse Streitereien. Und dann kann ich mit dem Schweigen nicht umgehen. Letzten Endes entschuldigt sich einer von uns, und ich sage ihr, daß ich sie liebe, aber sie ist immer noch tief verletzt. Und so weiter.

Wir machen uns auf den Weg zum Drugstore und kaufen so ein Set, um einen Test zu machen. Wieder im Motel sitze ich auf dem Bett, während sie im Badezimmer ist. Ich spüre, wie sich die Welt dreht, und frage mich, in welche Richtung wir wohl geschickt werden.

»Ich kann nichts sehen, und du?«

Vanella hält das Plastikröhrchen ans Licht. Wir versuchen krampfhaft, einen blauen Punkt zu finden. Da ist nichts.

»Was bedeutet das?«

»Komisch.«

Sie glaubt es nicht. Wir warten noch einmal 24 Stunden und versuchen es wieder. Immer noch nichts, aber sicher können wir uns nicht sein.

Am nächsten Tag rollen wir auf dem Highway 290 Richtung Houston. Wir sind still, betäubt von der Monotonie des Verkehrsflusses und den endlos wiederkehrenden Fast-food-Schildern.

»Weißt du was? Ich glaube, ich krieg gerade meine Periode«, sagt sie plötzlich.

»Bist du sicher?«

»Mmmm. Ich glaub schon.«

Sie lächelt. Die Erleichterung, die ich empfinde, ist fast schon Freude. Irgendwie wußte ich es. Es ist noch nicht an der Zeit, uns auf den Heimweg zu machen. Wir sind noch nicht soweit. Denn das hier sind die längsten Tage unseres Lebens.

Wir sehen zu, wie Angie von Tisch zu Tisch geht, ein Tablett abwischt, eine Familie zu einem freien Platz führt, sich bückt, um einem Baby über die Backe zu streicheln.

»Hallo, ich bin Granny Angie. Wie geht's ?« sagt sie fröhlich, als sie uns über den Weg läuft. Sie hat eine tiefe Stimme, ein kehliges, texanisches Näseln.

»Wie ich mich freu, euch kennenzulernen, Leute!« sagt sie, und als ich mit dem Kaffee zurückkomme, ist sie schon lebhaft am Plaudern. »Ohne Arbeit bin ich nie glücklich gewesen«, sagt sie. »Da gibt's Leute, die wundern sich, wieso in aller Welt ich bloß arbeite. Aber wenn ich am Montagmorgen aufsteh, fühl ich mich, als ging's in den Himmel.«

Dieses ganz besondere Unternehmen mit Direktzufahrt in den Himmel ist der McDonald's am 610 Loop Freeway in Houston, wo sich normalerweise übergewichtige Texaner in einer standardisierten Umgebung aus keimfreiem Plastik und Neon etwas zwischen die Kiemen schieben. Angie ist ihre Hosteß. Und sie ist so etwas wie eine Berühmtheit geworden. Sie war schon in den Zeitungen und hat bei The Jenny Jones Show mitgemacht. Die Leute fahren kilometerweit, nur um sie zu sehen.

Der Name Angie und ein goldenes M sind auf beiden Seiten des vorgeschriebenen Halstuchs auf ihr gestärktes weißes Hemd gestickt. Sie trägt ihr Haar kurz und ordentlich zurückgekämmt, hat einen Hauch rosa Lippenstift aufgelegt, und auf ihrer Hakennase sitzt eine Brille mit Gläsern so groß wie Fernsehschirme. Meine Damen und Herren ... bitte begrüßen Sie mit mir Angie Runnels, den Hamburger-Superstar, auch bekannt als ... McGranny. Sie sieht keinen Tag älter als 70 aus. In Wirklichkeit ist sie 93.

Man muß ihr nicht lange zureden, damit sie erzählt, wie alles angefangen hat. Eines Tages sagte eine neue Bewohnerin des Seniorenheims, in dem Angie lebt, sie könnte das Lebensmittelgeschäft am Ort nicht finden. Angie bot Hilfe an. Also machten sie sich im Auto der Dame auf den Weg, und Angie sagte ihr, wie sie fahren mußte. Aber die Dame ignorierte sie und fuhr ihren eigenen Weg.

»Wir waren schon fast in Richmond, Texas, so an die 60 Kilometer von hier, bevor sie mir geglaubt hat, daß sie die Stadt schon hinter sich hat«, erinnert sich Angie. »Sie sagte dauernd: ›Ich weiß, wo ich bin‹. Und das alte Auto ist gehopst und geruckelt und abgesoffen, aber endlich hab ich sie dazu gebracht umzukehren. Und wir sind weiter geruckelt und gehopst, bis wir hier ausgestiegen sind. Loop 610. An der Unterführung hier um fünf Uhr nachmittags hat das Auto seinen letzten Hüpfer getan – und die Leute fuhren um uns rum und brüllten und hupten …«

Die Leute von McDonald's kamen den beiden Damen zu Hilfe. Während sie sich von ihrer Nervenzerreißprobe erholten, klagte die Managerin darüber, wie schwer es sei, die Belegschaft zu halten. Da sagte Angie, wenn sie zwei gute Augen hätte, würde sie ihr ganz bestimmt helfen. »Sie sind eingestellt«, sagte die Managerin. »Schätzchen, ich hab nur 'n Witz gemacht«, meinte Angie. Aber das Anmeldeformular wurde an Ort und Stelle ausgefüllt.

Angie war bestens qualifiziert. Vor langer Zeit hatte sie ihr eigenes Restaurant und servierte sogar ihre besonderen, selbstgemachten Hamburger – damals, bevor diese Art Essen so populär wurde. Es war nur ein kleines Restaurant, das sie da draußen am Flugplatz hatte.

Sie beugt sich vor, und ihre kräftigen Ellbogen drücken schwer auf den Tisch. »Ich wollt, ich könnt Ihnen noch meine Speisekarte zeigen. Ich hab Schinken mit Eiern für 25 Cent verkauft, Steak und Kartoffeln für 75 Cents, eine Schüssel Chili für 15 Cents. Genau in der Depression hab ich angefangen.« Der Anfang war hart, aber dann kamen die Öl-Prospektoren. Sie fragten Angie, ob sie sie verpflegen würde, solange sie vor Ort tätig waren. Das tat sie.

»Um Mitternacht, wennse mit ihrer Schicht fertig waren, sind'se hier reinmarschiert, um was zu essen«, erzählt Angie. »Ich hab mich trotzdem zwischen den Schichten der Oiler ausruhen können, und ich hatte jede Menge Hilfe. Eine dicke, schwarze Köchin, die Lucille, hat für mich gekocht. Einmal hatten sie da unten die ganze Nacht durchgearbeitet, und es regnete, es war kalt und matschig, und sie bekamen die Lastwagen nicht mehr raus. Da sagte Mr. English, dem die Lastwagenlinie gehörte, zu ihnen: ›Ihr bringt mich aus diesem Schlamassel raus, und ich organisiere etwas zu essen für euch.‹ Das tat er dann auch. An dem Morgen kam er rein und sagte: ›Cilles, mach mir 41 Portionen Eier mit Schinken fertig, so schnell du kannst.‹ Und Lucille rollte ihre großen Augen und sagte: ›Na, Mr. English, so viele Eier mit Schinken kriegense aber nich runter.‹«

»Heutzutage sind die Leute so eigen mit Cholesterin«, klagt Angie. Sie trauen sich keine Eier zu essen, sie schütten all den guten Saft vom Schinken weg und haben schließlich bloß noch faden Fraß zwischen den Zähnen. »Bei uns im Restaurant wurde immer gut gekocht und gut gewürzt«, bekräftigt sie mit einem energischen Kopfnicken. »So bin ich aufgewachsen – darum!«

Angie wurde in einem Blockhaus als neunte in einer Familie mit zehn Kindern geboren, und sie wuchs auf einer Farm in der Nähe von Clayton, Alabama, auf. Die einzigen Lebensmittel, die sie je kauften, waren Mehl, Zucker und Kaffee. Sie bauten Gemüse an und legten es ein. Sie mahlten Mais und machten ihre Grütze selbst. Und sie zogen Schweine.

Angie erinnert sich an die kalten Wintermorgen, wenn sie vielleicht acht oder zehn Schweine schlachteten und im Räucherhaus aufhängten. Sie zerlegten und portionierten das Fleisch, machten Schweineschmalz. Und aus den Resten wurde immer Seife gekocht.

»Ich weiß nur, daß das Leben damals besser war«, sagt sie. »Alles hat soviel besser geschmeckt.«

»Was ist mit diesen Hamburgern?« fragt Vanella unverhohlen mutwillig. Aber Angie bleibt korrekt und wirbt diskret für ihre Arbeitgeber. Sie möchte niemanden vor den Kopf stoßen. Angie hat wirklich ihren Traumjob bekommen. Ihre Aufgabe ist ganz einfach: jeden glücklich machen. »Wenn Gäste reinkommen, geh ich auf sie zu und begrüß sie«, erklärt sie. »Die wissen das offenbar zu schätzen. Und die Kinder sagen die niedlichsten Sachen. Die haben mich lieb und fallen mir immer um den Hals. Mein Boß sagt, ich bekomm mehr Streicheleinheiten als sonst jemand. Und davon kann man gar nich' zuviel bekommen. Ich freu mich jeden Tag in meinem Leben, weil ich weiß, daß ich geliebt werd. Und dann kommen junge Männer her, so alt wie mein Enkel, und sagen: ›Mensch, Sie sind mir ein Vorbild. Jetzt such ich mir 'ne Arbeit.‹ Das tut mir so gut, mehr als alles andere. So alt kannste gar nich' werden, daß du dich über Komplimente nich' mehr freust.«

Angie hat beachtliche Energie, und sie hat immer gearbeitet – und zwar hart. Es muß wohl auch an ihrer Kindheit auf der Farm liegen: Weil sie das Nesthäkchen und außerdem ein Mädchen war, hieß es immer: Dafür bist du noch zu klein! Diese Zurücksetzung ärgerte Angie enorm, und aus diesem Ärger ist ihr wohl dieser Tatendrang erwachsen. Ihre Mutter bestärkte sie: »Sag nie, ich kann nicht!« Daran hält sich Angie bis heute. Und auch ehrgeizig ist sie immer noch.

»Ich werd hier weiterarbeiten, bis sie mich feuern. Dann mach ich woanders weiter. Ich werd weiterarbeiten, bis ich 95 bin oder vielleicht noch länger. Dann werd ich 'ne Weile auf Reisen gehn.«

Ich muß lachen. »Wohin?«

»Ich schaff mir 'n Auto an mit Chauffeur«, sagt sie. »Ich muß aufs Land raus, wo ich all das Schöne sehn kann. Ich will nie wieder die Sonne am selben Fleck untergehn sehn.«

»Ich mach Ihnen jederzeit den Chauffeur, Angie«, biete ich ihr an. Wir fahren sie nach Hause und rollen durch die Tore von Holly Hall. Ich hätte nie gedacht, daß ich ein Seniorenheim aufregend finden könnte. Aber Holly Hall ist gepflegt und weitläufig wie ein

Fünf-Sterne-Hotel. Angie führt uns herum. Nach links und rechts grüßend marschiert sie derart zügig über den Korridor, daß wir kaum mithalten können. Sie zeigt uns ihr ordentliches Zimmer, die Küche, wo sie sich ihre Mahlzeiten selbst kocht, und die Turnhalle. Um sechs Uhr steht sie hier jeden Morgen auf der Matte: Aerobic!

Dann laufen wir wieder zurück zur Rezeption. »Glauben Sie, daß das alles irgendwie mit Schicksal zu tun hat?« fragt Vanella. »Ich meine, daß Sie hier leben? Daß Sie diesen Job bekommen haben?«

»War'n glattes Wunder«, antwortet Angie voller Überzeugung. »Ich hab ungefähr drei Tage vorher zum Herrn gebetet: Wenn ich meine Tage weiter so verleben muß wie hier, dann soll er's doch bitte kurz machen. Ich war gestrandet. Sehn'se, ich hab früher mit jungen Leuten zusammengearbeitet. Ich hab Fluggesellschaften mit Essen und Getränken versorgt. Und dann sitz ich hier mit nichts als 200 alten Leuten ...«

Angie senkt die Stimme und schaut sich um, ob auch niemand zuhört.

»Na ja, ich mag ja alte Leute sehr, wirklich. Aber die schauen nich' vorwärts, nich' auf morgen. Ich will glücklich sein. Wenn ich morgens aufsteh, dann will ich sagen: ›Guten Morgen!‹ und nich': ›Dies is' falsch und das is' falsch.‹ Wenn ich auf dem Sterbebett lieg und ihr fragt mich, wie's mir geht, werd ich euch sagen: Prima geht's mir.«

Dann beugt sie sich noch dichter zu uns herüber und flüstert: »Wißt ihr, das Problem mit den alten Leuten ... die haben keine Visionen.«

Als sie der Preservation Hall von New Orleans ihren Namen gaben, können sie bei der »Errettung« nur an die Musik gedacht haben. Das Haus an sich ist völlig erledigt; alte Lochbretter und der Nikotinausstoß einiger Raucher-Generationen überziehen die Wände. Das Innere ist weniger eine Halle als ein Raum – quadratisch, mit einer Bühne in einer Ecke, die um eine Stufe erhöht ist.

Ein paar Sitzreihen sind eng hintereinandergestaffelt, auf den Stehplätzen dahinter drängen sich in Dunkelheit und Hitze gut 50 Leute.

Auf der Bühne sitzen Seite an Seite zwei silberhaarige schwarze Gentlemen, angezogen wie Zwillinge – kurzärmelige, weiße Hemden, breite Krawatten, die auf ausladenden Bäuchen ruhen. Die Band legt gerade zwischen zwei Programmpunkten eine Zigarettenpause ein, die beiden aber sind geblieben und sitzen mit gesenkten Köpfen da. Sie warten geduldig, wechseln nur gelegentlich ein Wort. Sie sind Brüder: Willie und Percy Humphrey. Willie spielt Klarinette; er ist 92. Percy mit der Trompete ist der drei Jahre jüngere Bruder und Leader der Preservation Hall Jazz Band.

Applaus für die Band. Die anderen sind jung: Posaune, Kontrabaß, Schlagzeug, ein weißes Mädchen am Banjo und eine schwarze Lady am Klavier, auf dem ein schwirrender Ventilator von der Größe eines Düsentriebwerks steht. Als sie alle bereit sind, quetscht Percy ein halb improvisiertes, verhaltenes Vorspiel heraus, und wie aus dem Nichts setzen alle genau im richtigen Moment ein.

Der Beat erweckt die Brüder schlagartig zum Leben. Percy stanzt die Töne aus der Trompete. Willie spielt wie der Teufel, der Kopf verschwindet zwischen den Schultern, die Klarinette zielt auf den Boden. Bald stampfen wir die Dixieland-Melodien mit, und die Preservation Hall swingt, wie nur sie es kann.

Nacheinander schnappen sie sich ihre Solos. Percy ist von den Brüdern als erster dran, seine Backen blähen sich zu Billardkugeln. Willie zählt die Takte, dirigiert, klopft mit, markiert die Pausen. Dann ist er an der Reihe und steht auf, das Rohrblatt an den Lippen. Er beherrscht sein Instrument aus dem Effeff. Der Klarinetten-Ton steigt auf, gaukelt, macht kehrt, strebt höher und immer noch höher, tanzt auf den höchsten Tönen, kehrt noch einmal zurück und hält durch bis zum Ende. Wir überschütten ihn mit Applaus.

Nach zwei Programmnummern sind wir wieder auf der Straße; es ist Samstag nacht, und das Leben brodelt. Die Luft ist bleiern, heiß und schwül. Menschenmengen pflügen durch das Französische Viertel, das von vorn bis hinten Neon-beleuchtet ist. Alle Welt ist nachts unterwegs und hat Bier in Pappbechern dabei.

Dann plötzlich Dünste nach Erbrochenem, die uns unerwartet an einer Straßenecke anspringen. Aus jeder Sorte Bar schwappt Musik: Blues, Rhythm and Blues, Cajun, Funk und Jazz aller Arten. Auf dem Gehsteig versuchen sich schwarze Kinder in Turnschuhen mit Silberkappen im Steptanz und heimsen Kleingeld und beifälliges Geschrei ein. Showgirls mit Schmollmündern posieren und winken vor den Strip-Club-Eingängen. Big Daddy's Topless Bottomless Table Top Dancing. Niemand schenkt den Predigern viel Aufmerksamkeit, die in der Bourbon Street auf und ab patrouillieren. Sie schleppen ein schweres Kreuz, auf dessen waagrechtem Balken ein elektronisches Display entlangläuft. »GÖTZENDIENER ...« bauen sich die Buchstaben auf, bleiben stehen und blinken rot in die Nacht »... SÄUFER ... PRASSER ... JESUS IST FÜR EUCH GESTORBEN ...«

Vanella und ich gehen weiter, Arm in Arm, entspannt, von der Musik belebt. Wir haben das Viertel fast hinter uns gelassen, als wir ganz hinten neben der Hintertür von Woolworths eine andere Melodie hören. Ein alter Stadtstreicher im Rollstuhl spielt durchschnittlich Trompete für jeden, der bereit ist, ihm zuzuhören.

Wir stehen an der Ecke von Peachtree und Auburn und beugen uns wie Touristen über eine Stadtkarte von Atlanta. Wie kommen wir zum Martin Luther King Center? Ein Typ bleibt stehen und zeigt es uns.

»Können wir da hinlaufen? Ist es nicht zu weit?« Der Typ, ein Weißer, schaut uns an, als hätten wir nicht alle Tassen im Schrank.

»Laufen? Auf keinen Fall laufen. Besser, ihr seid vorsichtig, Mann. Besser, ihr nehmt ein Taxi.«

Wir halten also ein Taxi an, und in zwei Minuten sind wir dort.

Wir sehen uns eine halbe Stunde lang um, wobei uns die Worte in die Ohren schallen: »I have a dream …« Nebenan ist die Ebenezer Baptist Chapel, wo King, sein Vater und sein Großvater gepredigt haben. Da ist nicht viel zu sehen: ein Pult, drei Stufen für den Gospel-Chor und ein rundes Fenster aus buntem Glas, das Christus kniend zeigt. Andere Besucher setzen sich und geben sich einen Augenblick stiller Besinnung hin; wir folgen ihrem Beispiel.

Eine schwarze Familie marschiert an uns vorbei zu der Bank zwei Reihen vor uns. Als sie sich in die Kirchenbank setzen, dreht sich der Sohn um und lächelt. Er kann nicht älter als 14 sein. »Wir möchten Ihnen allen danken, daß Sie heute hierher gekommen sind«, sagt er herzlich.

Wir lächeln und wissen nicht so recht, was wir sagen sollen. Dann stupst mich Vanella an. »Ist das nicht ungewöhnlich?« flüstert sie. »Daß er uns danken will, nur weil wir gekommen sind?«

Wir nehmen den Bus zurück. Wir sind die einzigen Weißen. Die beiden älteren schwarzen Damen gegenüber schauen uns an, als seien wir verrückt.

Lonnie Stewart sitzt sacht schaukelnd auf seiner vorderen Veranda. Er strahlt vollkommenen Frieden und Gelassenheit aus. Er trägt ein frisch gebügeltes hellblaues Baumwollhemd mit Streifen. Seine Hose hängt hoch und locker an khakifarbenen Hosenträgern mit türkisfarbenen Doppelstreifen. Sogar seine Brille hat Stil: silberfarben mit Schildpattgrau.

Wir brüllen. Er scheint ein bißchen schwerhörig zu sein.

»Sir?«

Ich versuche zu erklären, daß wir gerne seine Geschichten hören würden. Dann dämmert mir, daß es an meinem Englisch liegt. Er versteht nicht, wie ich spreche.

»Sir?«

Ich weiß nicht, wie er das gemacht hat. Er ist 103, aber sein Gesicht ist so glatt, so sichtlich unbeeindruckt vom Alter. Er hat noch eine Menge Haare, die – kurzgeschnitten – wie ein Hauch schwarzer Pfeffer auf dem Kopf liegen, und seine Stirn schimmert wie geschmolzene Schokolade. Noch Lonnies Vater war Sklave.

Er grinst. »Yessir ... da sinnen paar komische Sachen, die kannich Ihn' erzähl'n, aber die nehm'Se mir nich ab.« Sofort ist er mittendrin in einer Geschichte. Und ich bin schon wieder mit meinem Latein am Ende; ich verstehe ihn einfach nicht. Vanella lächelt unsicher, beugt sich vor und legt den Kopf schief. Wir müssen wirklich die Ohren aufsperren, um ihn zu verstehen. Er spricht den Jargon der Schwarzen, manchmal hastig, manchmal gemächlich.

»Da habich mal inne Nacht meine kranke Schwester besucht«, sagt er. »Bin mi'm Wagen da rüber ... so drei Meilen von hier, nebena Kirche. Sinwa am Friedhof vorbei, unnen Kind von meine Schwester sacht mir doch, dasse kleine Leute ausm Friedhof kommen sieht. So kleine Leute stehn da vor mir aufe Straße, so groß.«

Lonnie zeigt mit der Hand ungefähr einen Meter an.

»Binnich ih'n 'ne Meile nach ... denn abgedreht und nach Hause und da spiel'n se doch vor Mr. Edwards Haus. Stellense sich mal vor, so anne 50 Leute aufe Straße. Hamse so gemacht, die klein' Leute – ›Aaitäitättatah ...‹« Es klingt, als wenn Kinder herumalbern, rat-tat-tat.

»›Aainänaneh ...‹«

Ich winde mich innerlich und nicke nur noch.

»Was waren das für Leute?« schreit Vanella.

»Maam?«

»Wer war das?«

»Oh, war 'ne Art Geister. Gibt Leute, die glaum so was nich. Aber's gibt 'ne Art Geister. Ungefähr so groß.« Lonnie lacht leise mit hoher Fistelstimme und läßt zwei Reihen cremeweißer Zähne sehen.

»›Aaynendätättatah... dätäitatah...‹« macht er wieder wie ein kläffender Hund.

»Hatten Sie Angst?«

»Yessir, 'türlich hattich Angst vor ihn'. Will ja nich erwürgt wer'n. Hab gehört, 'n paar von den' hams in'n falschn Hals gekriecht …«

Lonnie grinst süffisant, seine Stimme kippt vor Heiterkeit.

»Hehehe … hamse ei'm die Zähne rausgehaun … hehe … Mein Junge hattse gesehn. Hat beschworn, daß da so'n Geist rausgekomm' is un mit ihm gespielt hat. Frag ich ihn, warum er's mir nich erzählt hat, da sagt er: ›Papa, hättste mir ja doch nich geglaubt.‹«

Lonnie schaukelt ein bißchen, als würde er Gymnastik machen, und ich weiß nicht recht, was ich davon halten soll. Wie heiß es hier draußen ist. Ich fühle, wie mir der Schweiß unter dem Hemd rausläuft. Die Veranda ist ein einziges Durcheinander: Dielenbretter, die an den Enden verrotten, rostige Einrichtungsgegenstände aus Eisen, Spinnweben, Krimskrams. Wir sitzen auf quadratischen Stücken Baumwolle, die man uns gegeben hat. Lonnie lebt allein hier draußen. Hier ist tiefstes Land, wir sind irgendwo in der Nähe von Crawfordville, Georgia, eine ganze Ecke südlich von Athens.

Jetzt denkt er nach und zupft dabei mit Zeigefinger und Daumen an seinem lückigen Schnurrbart. »Mmmm hmm … Da gibt's 'n paar komische Sachen aufm Land«, warnt er und hält den Kopf schief. »'s Tollste, das ich Ihn' erzähln kann, das war die komische Frau, die immer die Straße hier langgekomm' is.« Er zeigt zurück hinter den Feldweg, auf dem wir gerade hergefahren sind. »Ich habse an ihr'n Haaren erkannt.«

»Eine Frau?«

»Glaub schon … War'n Mordstrumm von Frau. Sinwa an 'nem Abend zur Kirche, wissense, zu 'ner Feier, irgend so'n Basar, weilse Geld für die Schule einnehm' wollten oder so. Und da hörn wa ›Barmp … Barmp…‹.«

Lonnie macht mit heiserer Stimme das Geräusch nach und reibt dazu raspelnd seine Hände gegeneinander.

»Wir drehn uns um und gehn weiter nach Hause. Aber sie war nett mit uns, hat niemand was getan. Is nur weiter hinter uns her

... Barmp ... Barmp ... Barmp ... Der alte Abbie war bei mir und hat gesagt, wennde dich nach ihr umschaust, dann siehste, dasse an die acht oder zehn Fuß groß is. Ham wa öfters gesehn, die Frau, aber in letzter Zeit hab ich nix mehr von ihr gehört.«

»Wer war sie?«

»Weiß man nich, weiß man nich ...« Lonnie lacht und zeigt seine rosa Zunge. »Manchmal sins die bösen Geister der Dunkelheit, die ein' anbaggern. Kam was an meine Tür und hat geklopft. Bamm bammm bamm ... Manche könnense sehn, manche nich.«

»Sie können sie sehen, oder?«

»Ja, ich auch. Aber 'n paar Geister warn da, die ham mir keine Angst gemacht. Meine Frau is mal in 'ner Nacht zurückgekomm'. Kamse hier rein und ich wußte, dasse tot war. Kommt zur Tür rein, ich war aufm Bett, hab mich umgedreht, gesagt: ›Nu mach mir keine Angst.‹ Kommt zur Tür rein und küßt mich. War's der Geist von meine Frau Marie. Wir war'n 67 verrückte Jahre zusamm' und ham nie gestritten.«

»Lesen Sie die Bibel?« frage ich ihn.

»Yessir, hab ziemlich gut gelesen, bevor meine Augen schlecht geworden sind. Hab 50 Jahre lang anner Wand gestanden und inner Sonntagsschule unterrichtet. Ham gesagt, ich wär richtich gut, ich weiß ja nich. Hab ihn' was über die Wege des Herrn erzählt ...« Und im Tonfall eines Predigers wiederholt er: »... die Wege des Herrn.«

Er fängt an, die Geschichte von König David zu erzählen, der – so sagt er – als erster das Gesetz Gottes in Jerusalem eingeführt hat. David war im Begriff, gegen die Philister in den Krieg zu ziehen, als Gott auftauchte und sagte, er solle noch warten, bis er ein Geräusch in den Maulbeerbäumen hörte. Dann würde Gott vor ihm her in die Schlacht reiten.

Ich erinnere mich vage an die Geschichte, aber ich habe sie anders in Erinnerung, als Lonnie sie erzählt. Er kann einen simplen Text zu einem Kunstwerk ausschmücken. Er läßt David Reden vor seinen Männern halten und läßt sie alle gespannt darauf warten, daß sich die Bäume bewegen. Kichernd beschreibt Lonnie den Wind, den sie in den Ästen hören, den Klang der raschelnden Blätter. Dann läßt er David sein Pferd satteln und in die Schlacht reiten.

»Wissense, seine Frau mocht' ihn 'tüllich nich besonders«, vertraut er uns an. »Dieser David, der sah nich grade toll aus.«

Davon habe ich noch nichts gehört, aber Lonnie spinnt die Geschichte von Davids Häßlichkeit in seine nächste Erzählung ein, eine ausgefeilte Version vom Hirtenjungen, der zum König gesalbt wurde.

»Fast wärich Priester geworden«, sagt Lonnie wie zur Erklärung. »Yessir ... Mein Kopf is gesalbt worden, da war ich noch keine zehn. Da is im Traum was mit mei'm Kopf passiert. Da is was runtergekommen und hat mich an mei'n Haarspitzen erwischt, wie so'n Blitz. Bevor ich recht weiß, was los is, wach ich auf.« Er hält inne, ein nachdenklicher Schatten huscht über seine edlen afrikanischen Züge.

»Aber ich denk, 's war nur gut, daß ich nich versucht hab zu predigen«, sagt er. »Ich war nich reich. Wissense, 'n Mensch kann's ziemlich hart ham, wenn er arm is un versucht zu predigen. Christus hat's hart gehabt. Hamse sicher gelesen, oder nich?«

Klar, haben wir. Da kichert Lonnie wieder und erzählt uns eine andere Geschichte, diesmal über Jesus.

Auf welchem Trip er auch immer sein mag, ich hätte auch gern ein Stück davon. Dieser Mann ist unsterblich. Ich kann mir nicht vorstellen, daß er irgendwann mal nachläßt. Was ist es? Es muß irgendeine angeborene Fähigkeit sein, die jenseits des Meeres ihre Ursprünge hat und durch die Generationen weitergegeben wurde. Er ist kreuzfidel. Aber wir können ihn nicht fragen. Lonnie ist sich seiner Natur nicht im mindesten bewußt, er geht einfach nur völlig darin auf zu leben.

Ich werde nachdenklich. Wenn ich über meine eigene bisherige kurze Lebenszeit nachdenke, wird mir klar, daß ich zuviel Zeit dem Haben gewidmet habe und viel zuwenig Zeit dem Sein.

»'ch freu mich einfach, dassich hier bin«, sagt Lonnie. »Is richtich gut, hier zu sein.« Er sorgt sich um nichts, hat sich seinen Lebensunterhalt mit Baumwollanbau verdient und war sogar ziemlich erfolgreich. Aber dann kamen die verdammten Baumwollkapselkäfer hier durch. Jahr um Jahr vernichteten sie beinahe seine ganze Ernte. Kaum zwei Ballen Baumwolle konnte er pflücken und verkaufen. Das waren harte Zeiten. Sie lebten von Wassermelonen, Mais und Kürbis. Er baut immer noch ein bißchen in seinem Garten an.

Als ich ihn dann doch nach der Grundlage seines Seelenfriedens frage, antwortet er: Religion. »Die Hand des Herrn hat mich hier hingesetzt«, sagt er. Er hat buchstäblich das Licht gesehen – so wie es im berühmten Gospel-Song heißt: I'd seen the light. »Merkste doch genau, wenn was Besonneres passiert, oder nich?« ruft er aus. »Du merkses, du merkses ...« Fast singt er die Worte.

Wieder grinst er mit blitzenden Zähnen.

»Is mir passiert, wie ich krank war. Hab gebetet; war soweit, dassich aufgehm und sterben wollte. Un wie ich aufgegeben hab, um zu sterben, da is 'n Licht über mir erschienen, und etwas hat gesagt: ›Glaube und du wirst errettet werden ... glaube nur, und du wirst errettet werden‹.«

Einen Augenblick herrscht Schweigen zwischen uns. Über die Veranda weht eine sanfte Brise, ein Vogel trillert süß im nahen Busch. Und Lonnie saugt an seiner Lippe, lacht und schaukelt ein bißchen stärker.

Menschen, die älter als 100 Jahre sind, haben eine besondere Eigenschaft. Ich könnte es Hunderlichkeit nennen, aber ich glaube, ich nenne solche Leute lieber hunderbar; das klingt nach angenehmem Lebensgefühl.

Alle, die das große 1-0-0 erreicht haben, scheinen sie zu haben, diese Hunderlichkeit. Sie ist etwas sehr Subtiles, aber sie ist mit Sicherheit da. Sie hat mit Vertrauen zu tun, mit Sicherheit – Arroganz oder Stolz haben natürlich keinen Platz. Es muß so etwas wie das Gefühl sein, das einen überkommt, wenn man in einem Baumwipfel sitzt. So etwas wie »Ich bin oben, ich hab's geschafft«. Und du bist deshalb da oben, weil du stark bist. Du hast überlebt. Denn diejenigen, die gleichgültig sind oder sich selbst kaputtmachen oder krank werden, halten normalerweise keine 100 Jahre durch. Hundert Jahre, das bedeutet Ausdauer, Zähigkeit, sogar eine überraschende Beweglichkeit. Und es bedeutet auch Fitneß im Denken: Heiterkeit, Aufgeschlossenheit, Humor. Auch Lachen? Sie lachen bis zum letzten Tag. Und schließlich – und das ist vielleicht das Wichtigste – spüren wir immer, daß solche Menschen in einem tiefen Sinne des Wortes leben. In einem Zustand vollkommener Ruhe. Sie haben ihren Frieden gefunden. Sie sind eins mit sich. Sie leben, als sei jeder Tag ein Geschenk, das man mit Freuden genießen sollte.

Mary Elliott hat es. Sie ist wunderbar hunderbar.

Wir haben uns zu einer Runde zusammengefunden. Mary sitzt neben dem Fenster in einem Sessel mit hoher Lehne und geschwungenen Armstützen, der an ein Chorgestühl erinnert, und das Licht spielt sanft in ihrem weißen Haar. Neben ihr liegen Stapel von Briefen und Papiertüten voller Strickzeuge.

Mary ist hellwach. Sie kann sich an jede Einzelheit erinnern und bombardiert uns mit den Namen und Daten ihrer Ahnen, die in den späten 20er Jahren des vorigen Jahrhunderts aus Cornwall und Glasgow nach Amerika kamen. Ihre Art zu sprechen verrät noch immer ihre Abstammung. Der Akzent ist zwar amerikanisch, Ostküste, gebildet, aber da ist diese altmodische Korrektheit in ihrer Ausdrucksweise. Und in der Art, wie sie die Vokale rundet, klingt manchmal ein schwaches Echo aus Südwestengland an.

»Du liebe Zeit, da gibt's soviel zu erzählen«, sagt sie und spielt mit dem Bug ihres Kragens. Sie trägt, was der Mode ihrer Jugendzeit wohl am nächsten kommt: eine ärmellose Strickweste und einen langen, blauen Wollrock.

Mary wurde im späten 19. Jahrhundert geboren und wuchs in einem reizenden alten Städtchen in Summit, New Jersey, auf. Ihr Vater arbeitete bei der Eisenbahn. Es war eine Zeit der Erfindungen und des Fortschritts; asphaltierte Straßen kamen gerade erst auf. Bis dahin mußte man überall in der Stadt den Staub, den die Pferde, Einspänner und Karren aufwirbelten, mit Wasser besprengen.

Mary zeichnet diese alte Welt sehr präzise, bis hinunter zu einem so einfachen Vorgang wie dem Bonbonkaufen. Sie erinnert sich daran, wie sie zu dem Gemischtwarenladen hinüberlief, der auch eine Bonbon-Theke hatte. »Der alte Mr. Baldwin ...«, sagt sie und lächelt bei der Erinnerung. »Er hatte einen Bart. Er zog immer seinen schwarzen Mantel an, wenn er die Leute bediente, und der war ständig mit weißem Puder bestäubt. Er stand hinter dieser Bonbon-Theke und bediente mich. Und er ließ immer die Bemerkung fallen: ›Bonbons sind nicht gut für kleine Mädchen.‹« Hier schüttelt Mary den Kopf und ahmt die zitternde Stimme des alten Ladenbesitzers nach. »Und doch hat er sie mir immer verkauft«, sagt sie, »und ich habe mich gewundert, warum er das tat.«

Sie lächelt wieder, wendet den Blick ab, und das Sonnenlicht, das vom Garten hereinkommt, spiegelt sich in ihren Brillengläsern.

Wenn es jemand verdient hat, so lange zu leben, dann ist sie es. Sie wirkt wie der Inbegriff von Güte und Tugend. Ich könnte mir nicht vorstellen, daß sie in Worten oder Taten irgend etwas Böses bewirken könnte.

Diese Saat war frühzeitig gesät worden. Ihre Familie war fromm und ging gewissenhaft zur Kirche; sie gehörte der Episkopal-Kirche an. Ihr Vater war in der anglikanischen Tradition verwurzelt.

Sogar ihre erste Erinnerung hat ein christliches Thema. Es war Weihnachten vor über 100 Jahren. Sie war zweieinhalb Jahre alt und spielte in einem Winkel im Schlafzimmer ihrer Mutter. Im Zimmer darunter saß ihre Mutter am Klavier und sang »O kleines Städtchen Bethlehem«.

Mary neigt den Kopf und zitiert noch einmal die ersten Zeilen, als ginge sie mit etwas sehr Kostbarem um.

»Liebe Mutter«, sagt sie, »... wie sie gesungen hat.«

Meine eigene erste Erinnerung betrifft keinen bestimmten Augenblick, sondern ein seltsames Lebensgefühl. Es kam ohne Vorwarnung über mich, so etwas wie ein *déjà vu*. Dieses Gefühl wurde immer vom Klang einer Stimme ausgelöst, die jemand Beliebigem gehören konnte, aber eine ganz bestimmte Intonation haben mußte. Als ich alt genug war, um darüber nachzudenken, sagte ich mir, daß es eine Erinnerung an meine Kinderwagen- oder sogar Uterus-Zeit sein mußte. Es war ein Gefühl von Sicherheit und Wärme, ohne jede Empfindung für meine Arme und Beine, nur ich, Dunkelheit, meine Existenz. Aber ich nahm Klänge sehr bewußt wahr. Der zugehörige Klang war ein vertrautes, aber entferntes Murmeln, als wenn jemand im angrenzenden Raum spräche. Das Traurige ist, daß mir diese Erinnerung irgendwann in meiner Kindheit abhanden gekommen ist. Meine Fähigkeit, dorthin zurückzukehren, schwand, je älter ich wurde. Jetzt kann ich mich nur noch an die Tatsache erinnern. Die nächste Erinnerung spielt, wie bei Mary, in meinem dritten Lebensjahr, als ich im Korridor von Woodlands spielte.

»Mutter und Vater hatten einen enormen Einfluß«, erzählt sie uns. »Sie haben uns eine Menge gegeben. Sie legten großen Wert auf die Entwicklung des Denkens, des Körpers und der Seele. Meine Eltern befaßten sich mit den griechischen Helden, den skandinavischen Sagen und mit Tiefenatmung.«

Mary hebt den Kopf und holt instinktiv tief Atem, dann lacht sie.

»Als kleine Kinder sind wir morgens in Pops Zimmer gegangen, haben uns auf die Brust geschlagen und gesagt: ›Schau mal, Papa, wie groß mein Brustkorb ist, wie tief ich atmen kann!‹ Ich mache das immer noch auf meinen Spaziergängen, wenn ich daran denke. Es ist eine Lebenseinstellung. Die Mädchen in der

Schule sagten immer, ich gehe, als hätte ich einen Besenstiel verschluckt, ich habe mich so geradegehalten.«

Sie machte gerne Gymnastik, marschierte zu Musik. Sie liebte die Natur und machte kilometerlange Spaziergänge, sommers wie winters. Und sie tanzte. Sie hatten einen ausgezeichneten Tanzlehrer, der jeden Donnerstag von New York herauskam.

»Wie wir das geliebt haben«, schwärmt sie. »Ich tanzte und tanzte und tanzte … Mutter spielte so wunderschön Klavier.«

Wenn sie von ihrer Mutter spricht, hat sie eine Spur von Traurigkeit in der Stimme. Sie starb jung, als Mary erst 14 Jahre alt war. Sie unterhielten sich oft und lange. Mary erinnert sich, daß sie einmal in ihrem Landhaus in Sullivan County im Staat New York auf dem Fensterbrett knieten und hinaus über das Feld zum Hunter Mountain schauten.

»Mutter vertiefte sich oft in die Bibel«, sagt sie. »Sie war fast eine Heilige. Sie hatte so einen wundervollen Charakter. Aber sie war etwas kränklich, und vielleicht ahnte sie schon damals, daß sie nicht sehr lange leben würde. Jedenfalls wollte sie mir in unseren Gesprächen etwas hinterlassen, das meinen Charakter und meine Seele formen würde. An jenem Tag knieten wir da und träumten vor uns hin. Und mit ruhiger Stimme sagte sie zu mir: ›Mary, Liebling, jeder strahlt etwas aus. Ich möchte, daß du immer Gutes ausstrahlst.‹«

Dieser Gedanke hat Mary nie mehr losgelassen.

Auch Vanella denkt immer an ein Gespräch, das sie einmal mit ihrer Mum hatte. Hilary wies darauf hin, daß Vanella gelegentlich ein bißchen hart mit den Menschen umging und zu schnell mit Kritik bei der Hand war. Hilary lächelte damals und sagte: »Weißt du, es ist viel einfacher, einen Fehler zu finden, als großzügig zu sein.« Und auf diese Weise gab sie ihre Einstellung weiter.

Mary mußte die bittere Lektion lernen, mit Trauer fertig zu werden. Im Lauf der Jahre hat sie beide Eltern, eine Schwester, den

Bruder, zwei Ehemänner und zwei Kinder verloren. Sie hat auch die meisten ihrer Freunde überlebt. Aber sie bleibt positiv und heiter und hat die Verstorbenen in Gedanken immer um sich. »Die Lieben, die weitergegangen sind, sind mir jetzt geistig näher, als sie es im Leben waren«, sagt sie.

Je länger sie lebt, desto mehr hilft ihr die Religion, geistig beweglich zu bleiben. Sie findet großen Trost in ihrem Glauben. Er gibt ihr die Fähigkeit, im Denken ruhig und sachlich zu sein. Sie gibt uns zu verstehen, daß die Welt jetzt durch genau die Zeiten der Verwirrung und Aufruhr geht, die in der Bibel prophezeit sind. Sie fühlt, daß es Zeiten der Prüfung sind. Ich glaube, sie könnte recht haben, aber Enthüllungen wie diese deprimieren mich meist.

Mary dagegen ist optimistisch. »Wissen Sie«, sagt sie, »die Bibel wappnet uns mit allem, was wir brauchen. ›Seid stille und erkennet, daß ich Gott bin.‹ Wenn die Leute nur die Zeit finden würden, still zu werden und in sich zu gehen. Wir haben Gott schon vor vielen Jahren vergessen. Sogar der Kongreß hat das Gebet in unseren Schulen abgetan. Das ist fürchterlich dumm, ein ignoranter Akt; in jedem Clan und jedem Volk auf der ganzen Welt ist Gebet doch etwas Ureigenes. Es ist doch natürlich für den Menschen, sich seinem Schöpfer zuzuwenden.«

Mary lächelt uns beide an, ihre freundlichen, blauen Augen sprühen verheißungsvoll. »Liebe«, sagt sie einfach.

»Kann Liebe uns denn helfen, länger zu leben?« frage ich.

»Ja, natürlich. Liebe zu Gott und Liebe zu unseren Mitmenschen, Rücksichtnahme auf andere …«

»Wie kann Rücksichtnahme bewirken, daß man länger lebt?«

»Na, es bewirkt, daß man nicht soviel über sich selbst nachdenkt. Das Leben unseres Herrn war darauf ausgerichtet, anderen Menschen zu helfen. ›Lasset die Kinder zu mir kommen.‹ Jesus hat darauf hingewiesen, wie Kinder einander lieben. Es ist so wichtig, einander zu lieben, ungeheuer wichtig.«

Mary hält inne und befaßt sich mit einer widerborstigen Haarsträhne.

»Wissen Sie, das baut einen auf«, sagt sie.

»Man wächst, indem man anderen hilft, und ihre Anerkennung hilft einem selbst weiter.«

Dann wird sie auf einmal nervös und tastet nach einem Steckkamm auf ihrem Hinterkopf. »Du liebe Güte ... das fühlt sich ja an, als ob mein Haar ... Ich hatte es aufgesteckt, aber heute geht es mir auf die Nerven.«

Vanella versichert ihr, daß es hübsch aussieht. Sie strahlt noch immer.

»Werden Sie weiser, je älter Sie werden?« frage ich.

»Aber ja, sicher. Die Chinesen haben generationenlang daran geglaubt, daß die Alten leben, damit sie die Jungen lehren können.«

»Was können Sie uns lehren?« fragt Vanella. »Welchen Rat würden Sie uns geben?«

Es folgt eine lange Schweigepause, in der Mary sorgfältig überlegt, die Fingerspitzen fast wie im Gebet aneinandergelegt.

»Denkt daran, daß es Gott ist, der uns gemacht hat und nicht wir selbst«, antwortet sie. »Das ist das eine. Das andere ist, mit frohem Herzen zu singen. Musik, wir sollten immer Musik in unserem Leben haben ... eine gesunde Lebensweise ... vernünftiges Essen, einfache, gut zubereitete Mahlzeiten. Bewegung im Freien, Aufgeschlossenheit, Umgänglichkeit ... Folge deinem guten Stern und seinem Schein. Lerne, was immer du lernen kannst ... Ich glaube, Lernen ist spannend. Ich lerne ständig noch dazu.«

Dann geht ihre Hand hoch. »Oh nein, jetzt kommt mein Haar aber wirklich runter. Lieber Himmel, alles fällt auseinander. Ein Steckkamm ist wahrscheinlich schon weg.«

Ihre Höfe liegen verstreut auf fruchtbarem Land. Ihre hohen und wuchtigen, weißgestrichenen Holzhäuser haben in den oberen Stockwerken kleine, quadratische Gucklöcher als Fenster. Ein Haus, die Scheune, ein Räucherschuppen und zwei riesige, röhrenförmige Kornsilos drängen sich aneinander und beherrschen die ausgedehnten Felder rundum. Breitblättriger Tabak wird angebaut, der Mais reift, und über Wiesen voll saftiggrünem Alfalfa-Klee tanzen Tausende von Schmetterlingen auf Nektarsuche.

Durch eines der Tore sehen wir einen Farmer und seine Söhne mit scharfen Sensen, Heugabeln, Pferd und Wagen die Ernte einbringen. Die Szene wirkt altertümlich. Die Menschen sehen in der Tat ein bißchen seltsam aus mit ihren blauen Hemden und Hosen und den Strohhüten.

Man hat uns hier in Lancaster County, Pennsylvania, zum Schild des Radmachers geschickt. Hier müßten wir eigentlich Amos Zook finden, der sehr alt sein soll. Wir fahren durch das Tor und rollen den Abhang hinunter auf das Haus zu. Ein schüchterner Jugendlicher zeigt auf einen roten Backsteinanbau neben dem Hauptgebäude, während seine Geschwister, schmuddelige, barfüßige Bälger, unsere seltsame Kleidung anstarren. Maddy öffnet die Tür. Sie sieht schlicht aus und ist für unsere Augen merkwürdig gekleidet. Ihre weiße Leinenhaube wird von einer einfachen Schleife gehalten und bedeckt das glatt gekämmte, in der Mitte gescheitelte, farblose Haar. Sie trägt ein königsblaues, offensichtlich handgemachtes Hemd, darüber eine weiße Schürze und einen Kittel, der bis zu einem Paar extrem vernünftiger Schuhe hinunterreicht.

Maddy lächelt verschämt. Sie sagt, daß Amos gerade ein Nickerchen macht, und geht hinein, um nach ihm zu sehen. Wir spähen in die Wohnstube und schauen uns die einfachen Holzmöbel an, die an den Wänden aufgestellt sind. Maddy bittet uns, in einer halben Stunde wiederzukommen, wenn Amos zu Mittag gegessen hat.

Die Amish sind eine Gruppierung verschworen zusammenhaltender Mennoniten. In ihrer alten europäischen Heimat erregten sie wegen ihrer radikalen Vorstellungen vom wahren Christentum Anstoß und wurden verfolgt. So vertraten sie beispielsweise die Trennung von Kirche und Staat, lehnten den Militärdienst, die Todesstrafe und jede Form des Eids ab und waren außerdem der

Meinung, jeder sollte selbst über den Zeitpunkt der eigenen Taufe bestimmen. Als sie Ende des 17. Jahrhunderts aus der Schweiz vertrieben wurden, machten sie sich mit dem Schiff auf die Reise und auf die Suche nach einer neuen Heimat, wo sie ungestört getreu ihren Überzeugungen leben konnten. Heute leben sie noch immer hier, befolgen strikte Kleider- und Verhaltensvorschriften und weisen alles zurück, das zuviel »von der Welt« ist, wie sie sagen.

Wo allerdings das Zuviel anfängt, darüber gehen die Meinungen auch unter den Amish auseinander. Die Anhänger der »Old Order« beharren strikt auf den Vorgaben des Religionsgründers Jakob Ammann und sind bei Kleidungsstil und Arbeitsweise des späten 17. Jahrhunderts stehengeblieben. Die aufgeschlosseneren Gruppierungen dagegen machen gewisse Zugeständnisse an die neue Zeit. So benutzen die liberalsten unter ihnen, die Beachy Amish, neuerdings auch Autos, Telefone, Traktoren und haben elektrisches Licht in ihren Häusern.

Doch trotz Glühbirnen und Landmaschinen kann von einer Annäherung an die Welt mit ihren Verlockungen keine Rede sein. Auch nach fast 200 Jahren in der Neuen Welt ziehen die Amish es vor – ob Old Order oder Beachy –, unter sich zu bleiben. Bis heute erziehen sie ihre Kinder in eigenen Schulen, arbeiten viele Stunden auf dem Feld, halten gemeinsame Gottesdienste ab und üben sich in den Tugenden der Sparsamkeit und Selbstgenügsamkeit.

Es ist, als hätten wir zu guter Letzt doch noch eine Zeitreise in die Vergangenheit unternommen. Wir stehen am Straßenrand und sehen zu, wie eine Ladung Tabakblätter vorbeirollt. Zwei starke Pferde und ein gelassener Farmer mit buschigem, rotem Bart manövrieren den schweren Wagen mit den rumpelnden Metallrädern vorwärts. Die Pferde hufklappern mit ihrer Ladung das Sträßchen entlang, nur um von irgendjemandem im Toyota Land Cruiser überholt zu werden, dem das Amish-Zeitmaß fremd ist.

Und natürlich kommen die Touristen und gaffen und zielen mit ihren Teleobjektiven auf die Exotenshow; anschließend kaufen sie dann nette Kleinigkeiten oder Marmelade und nehmen sie als Souvenir mit nach Hause.

Wir entscheiden uns für einen hausgemachten Pfirsich-Pie, den wir Amos als Nachspeise mitbringen wollen.

Er trägt einen verblichenen, alten Strohhut, der an den abgewetzten Stellen geflickt ist. Amos' verhutzeltes Gesicht blickt etwas verdutzt unter der Hutkrempe hervor – buschige Augenbrauen und spitze Nase. Ansonsten ist er typisch Amish – der Topfschnitt, das bis zum Unterkiefer freirasierte Gesicht mit dem Bart darunter –, wobei Amos' Bart ein bizarres Arrangement gekräuselter, herunterbaumelnder Auswüchse ist. Seine Kleider sind schlicht in Stil und Farbe: natürliche Schattierungen, Grau und Tintenblau. Seine Weste ist mit Haken und Ösen geschlossen, und an den Füßen trägt er das älteste Paar schwarzer Nagelstiefel, das ich je gesehen habe.

»Ooh, ich habe Kopfschmerzen«, stöhnt er. »Das Schlimme ist, daß ich in letzter Zeit ständig Kopfschmerzen habe ... Und meine Lunge trocknet dauernd aus.«

Man bittet uns nicht ins Haus. Wir sitzen in Picknickstühlen draußen neben der Tür. Die Metallbeschläge an den Kufen von Maddys zusammenklappbarem Schaukelstuhl geben ein kratzendes Geräusch von sich. Dort, wo sich an der Seite ihres Schuhs Falten gebildet haben, hat sie ein Loch. An der Innenseite von Amos' Hosenbein ist wie ein Fenster deutlich sichtbar ein Flicken aufgenäht.

»Ich weiß nicht, wie lange ich noch lebe«, sagt er. Seine Stimme ist ein raspelndes Quieksen, als würde er die Luft anhalten und gleichzeitig versuchen, sich zu räuspern. »Ein Weilchen noch, vielleicht ein halbes Jahr.«

Wir versuchen, beim Anfang zu beginnen, aber Amos ist unsicher. Er wurde im Februar geboren. Aber war's der 17. oder der 22.?

Er findet das zum Brüllen komisch. »Nicht zu fassen, ich weiß meinen eigenen Geburtstag nicht mehr«, sagt er und bricht in meckerndes, wunderbar ansteckendes Gelächter aus. Er sollte Comic-Serien synchronisieren.

Mit 24 Jahren hat er geheiratet und hatte dann 14 Kinder. Wie viele Jungen und Mädchen, weiß er auch nicht so genau. »Warten Sie …« Amos krault sich den Bart, kratzt sich dann an der Nase. »Heh. Na so was, ich weiß es nicht.«

Stirnrunzelnd versucht Stieftochter Maddy, den Nachwuchs an ihren Fingern abzuzählen. Sechs … nein, fünf Mädchen und neun Jungen, bekommt sie endlich heraus.

Amos verlor seine Frau bei der Geburt des letzten Kindes und mußte dann seine Kinder selbst großziehen.

»Wie haben Sie das geschafft?« wollen wir wissen.

»Man muß sie nur hart arbeiten lassen. Muß ihnen was zu tun geben«, sagt er und wundert sich, daß wir überhaupt fragen.

Nach einer gewissen Zeit hat er dann wieder geheiratet.

Er war Farmer, pflanzte Tabak, Tomaten und Mais, hielt Pferde und Schweine. Dann beschloß er, Radmacher zu werden, und baute ein kleines Geschäft auf. Er berechnete im Schnitt 50 Dollar für ein Rad – je nach Art des Rades. Vor einer Weile verkaufte er sein Geschäft an den Nachbarn nebenan. Aber es ist noch sein Schild, das wir draußen an der Straße gesehen haben.

Gerade trabt ein Pony vor einem zweirädrigen Einspänner vorbei; die beiden lebhaften Pferde auf der Koppel fangen prompt an herumzutoben und zu wiehern. Dann dröhnt ein Lastwagen vorüber und schaltet knirschend durch die Gänge.

»Hat sich 'ne Menge verändert«, schnauft Amos. »'ne Menge verändert. Die größte Veränderung, das is' der Verkehr hier inne Gegend.«

Er ist kaum je über Lancaster County hinausgekommen. Als er ein Junge war, fuhren sie manchmal nach Reading, um Kartoffeln zu verkaufen. Sie fuhren um zwei Uhr morgens weg und kamen noch am selben Tag zurück. Das war immer sehr aufregend, weil sie damit rechnen konnten, vielleicht ein paar Autos zu sehen. Sie zählten dann immer, wie viele. In der Schule rannten sie alle ans Fenster, wenn sie ein Auto vorbeifahren hörten. Das erste Auto, das er in seinem Leben zu Gesicht bekam, hatte den Motor hinten und eine Art Kettenantrieb.

»Hat sich 'ne Menge verändert«, wiederholt er. Da taucht zu unserer Linken am Fuß des Abhangs eine seltsame weibliche Gestalt auf, wie aus einem Kostümfilm des 18. Jahrhunderts. Sie ist von Kopf bis Fuß in Schwarz gekleidet und hinkt wie ein altes Weib, obwohl sie vielleicht erst 60 ist. Ihre Haube hat einen extravaganten Mützenschirm, ihre taillierte Jacke wird von Nadeln zusammengehalten; und sie hat sich in mehrere Röcke übereinander gewickelt, die alle irgendwie befestigt sind. Auch sie trägt ein Paar gewaltiger Nagelstiefel. Ihr Name ist Susie.

»Grad bin ich mit der Arbeit fertig geworden«, schwatzt sie im Näherkommen. »Ich hab den Garten umgegraben, weil ich meine Möhren noch vor dem Herbst in den Boden kriegen wollte, aber ich hab meine Gemüsesamen nicht finden können, und da dacht ich, ich schau mal eben rüber.«

»Wissen Sie, sie war nie verheiratet«, murmelt mir Amos ins Ohr. »Nie verheiratet.« Von ihrer Kleidung her hätte ich sie für eine Witwe gehalten. »... Nein, sie war nie verheiratet.«

»Ich dachte, der Boden wär feuchter und leichter zu bearbeiten«, sagt Susie, »aber hättet ihr gedacht, daß es drunter immer noch trocken ist?«

Ihr Gesicht ist nicht unattraktiv, in einer kräftigen, bäuerlichen Art fast hübsch, allerdings sitzt auf einem Augenlid eine große, runde Warze. Ihre Kleider sind von der Gartenarbeit mit Erde beschmiert, und als sie näher kommt, um Maddy ihr Exemplar des Penny Saver zu geben, der hiesigen Zeitung, weht mir eine unappetitliche Duftwolke in die Nase.

Susie schlurft herum, ihre Blicke schweifen unruhig umher. Sie will wissen, was wir hier tun.

»Seine Frau hat sich gut um mich gekümmert«, sagt Susie, um

auch etwas beizusteuern, und zeigt mit besitzergreifendem Lächeln auf Amos. Aber Amos macht ihr Familienstand noch immer zu schaffen, und er wiederholt diese Tatsache, bis ich ihn frage, ob er einverstanden ist, wenn ich seinen Hut photographiere. Die Amish haben sich einer strengen Regelung in puncto Kameras unterworfen. Ein Photo ist ein Götzenbild und bricht damit das zweite Gebot. Außerdem ist Posieren ein Akt des Stolzes.

Sein Hut wirft kein derartiges Problem auf. Eigentlich hält Amos die Idee für ganz lustig und tut uns nur zu gerne den Gefallen. Aber beim Anblick der Kamera dreht Susie durch und läuft, aufgeregt vor sich hin brummelnd, davon. Der Hut erweist sich als ideales Photomodell. Der Mann selbst indessen wirkt mit seiner entblößten, rosig-grauen Birne hager und peinlich unvollständig.

Maddy holt das Gästebuch aus dem Haus, und Vanella trägt sich ein.

»Aber haben Sie denn keine Postleitzahl«, fragt Maddy und bewundert ihren allerersten Eintrag von einer Gegend außerhalb des Lancaster County.

»Na ja, es ist ja nur ein kleines Fleckchen, eine winzige Insel im Vergleich zu den Vereinigten Staaten.«

»London ist eine Insel?« bohrt Maddy nach.

»Nein, London ist die Hauptstadt von England. England ist der Teil einer Insel.«

»Oh«, meint sie und denkt eine Weile nach. »Sprechen Sie Englisch in England?« fragt sie dann in aller Unschuld.

Amos mit Hut ist wieder ganz er selbst. Er schimpft vor sich hin. »Das Leben ist schlecht heutzutage; 'ne Menge Diebstähle. 'ne Menge Morde. Nich grade gut.«

»Haben Sie schon mal ferngesehen?« frage ich ihn.

Amos muß darüber nachdenken. »Ich könnt's mal gesehen haben, aber ich hatte nie einen«, sagt er. »'s gibt Gutes und Schlechtes, aber ich glaub nich, daß die Dinger 'ne gute Sache sind. Die anderen können so was ja haben, wennse wolln, aber für mich is das nix.«

»Sind Sie mal im Kino gewesen, haben Sie schon mal einen Film gesehen?«

»Ne, könnt ich nich sagen.«

»Lesen Sie Bücher?«

»Nee, ich weiß nich', ob ich wirklich lesen kann.«

»Nein, du hattest nur immer zu viel zu tun, um zu lesen«, verteidigt ihn Maddy.

»Vielleicht, wenn ich mal in'n Ruhestand geh, daß ich dann 'n bißchen mehr les«, sagt Amos, und sein schlaues, altes Gesicht legt sich in heitere Falten.

Vielleicht will ich doch nicht in die Vergangenheit zurück. Ich stehe am höchsten Punkt direkt am Rand, und ganz Manhattan liegt wie auf einer Karte gezeichnet vor mir.

Und ich liebe es.

Während der Tag schwindet, zeichnen sich allmählich die Lichter der Metropolis ab. Ein paar Dutzend Meter unter mir windet sich ein Hubschrauber auf den East River zu und verschwindet, klein wie eine Mücke, im Dunst. Die gelben Taxis schieben und drängen sich wie Mikroben unter dem Mikroskop. Dann bekomme ich plötzlich diesen Anflug von Übelkeit in der Magengrube und trete schnell einen Schritt zurück.

Die Luft unten auf der Straße pulsiert und knistert fast vor Energie. Sogar hier oben kann ich das spannungsgeladene, dumpfe Dröhnen des Fortschritts fühlen, das vom Wind heraufgetragen wird.

Aber wenn mein alter Freund Bo, der belesene Schwede, hier oben stünde, würde er den Wert all dieses Fortschritts in Frage stellen.

»Wir können alles so viel schneller tun, aber haben wir deshalb auch nur das kleinste bißchen mehr Zeit?« würde er sagen. »Wir werden mit Informationen überschwemmt, aber sind wir deshalb besser mit der Wahrheit gewappnet? Wir haben unser Wissen über das Universum ausgeweitet, aber sind wir deshalb Gott näher?«

Oder stell Mark Oliphant ans Geländer, und er würde auf den Wald der Wolkenkratzer zeigen, deren rote Lichter jetzt blinken, und mir dabei erzählen, daß die Großunternehmen die Macht an sich reißen, daß sie uns kontrollieren – auch das, was wir konsumieren, sogar das, was wir denken.

Und manchmal kann ich mir die Erde vorstellen, wie sie vom Weltraum her aussieht, nur stelle ich mir statt eines blauen Ozeans und wirbelnder weißer Wolken einen Organismus vor, der sich selbst verschlingt, der sich in unaufhörlicher Bewegung dreht, bis alles zerfressen ist. Aber ich bin mir jetzt auch bewußt, daß es nicht weiterhilft, wenn man sich nach der Vergangenheit sehnt. Die Weisen der Navajo verstehen das. Das Jetzt ist die einzig existierende Zeit. So ist es. Und welche Art Welt wir an unsere Enkel weitergeben, liegt bei uns.

Ein paar willkürlich ausgewählte Statistiken sind mir in den vergangenen Wochen in die Hände gefallen. 95 US-Städte haben offiziell ein Problem mit der Umweltverschmutzung. 68 Prozent der Bevölkerung sind übergewichtig. 14 Kinder sterben pro Tag durch Schußwaffen – und dabei sind Selbstmorde eingerechnet. In manchen Staaten müssen Polizisten durch die Schulen patrouillieren.

So oft haben Vanella und ich in Teilen Europas, Afrikas und Asiens gesehen, wie leicht sich Menschen vom American Way of Life blenden lassen. Sie wollen das alles auch haben. Sie wollen den Glanz. Sie wollen das Geld. Die ganze Welt will wie Amerika sein.

Aber ich habe meine Zweifel, ob die US-Amerikaner es richtig gemacht haben. Sie setzen auf das falsche Pferd. Ich glaube, was sie mehr als alles in der Welt bräuchten, wäre ein bißchen Weitblick, ein wenig von dieser Harmonie und diesem Pioniergeist ... die Fähigkeit zu leben, ohne zu denken, und Liebe für ihre Mitmenschen zu empfinden ... dies ganze alte Zeugs eben. Tja, da geht's lang. Also aufgepaßt.

Los Gringos y los Ancianos

Kaum hat mein Stiefel keinen Bodenkontakt mehr, da rastet irgendwo tief unter mir Metall in Metall, der Bus rülpst eine üble Qualmwolke aus und prescht los. Ich schwinge mich von der Leiter aufs Dach und suche mir einen Platz zwischen Säcken voller Gemüse und alten, mit Bindfaden verschnürten Holzkisten. Wenn man mal von dem Risiko absieht, von Telefonleitungen erdrosselt zu werden, fühlen wir uns auf dem Dach sicherer als im Businneren. Hier oben stehen unsere Überlebenschancen besser, falls der Fahrer über den Straßenrand hinausgeraten sollte und wir durch die Bäume Richtung Río Pastaza hinunterkrachen.

Bald schon dröhnen wir in der klaren, sauberen Luft dahin, in den Lungen die durchdringenden Korianderschwaden aus irgendeinem Korb. Neben mir hält sich Vanella fest. An ihrer Seite streckt ein wild dreinblickender Gockel seinen Kopf aus einer Leinentasche und pickt neurotisch nach allem und jedem, was er erreichen kann. Clara, die junge Quechua-Indianerin, die uns mit zu einer alten, ihr bekannten Dame nimmt, juchzt entzückt, als wir uns unter unsere Jacken verkriechen, um nicht von den Wasserfällen über uns durchweicht zu werden.

Wir fahren Richtung Osten, fort von den Bergen und Vulkanen, nach Puyo, einer kleinen Stadt am Rande von Ecuadors Dschungelgebiet. Eine berauschende Fahrt durch saftiggrüne Täler mit steilen Flanken, wo weiße Wolkenfetzen sanft die Gipfel verbrämen. Aber immer wieder geht unser Blick auf die Straße; denn da sind schließlich noch diese Kurven, die unser Mann am Steuer atemberaubend scharf nimmt.

Nach etwa einer Stunde und ein oder zwei trübseligen Dörfern verlieren wir allmählich an Höhe, und die Schlucht, jetzt von reinen Lehmabbrüchen gesäumt, wird immer breiter. In der Ferne droht lastende Schwärze einen Wetterwechsel an. Eine Zeitlang denken wir, es könnte bei der Drohung bleiben, aber dann werden wir doch noch überrumpelt.

Der erste Schauer erwischt uns auf einer Bergkuppe, und innerhalb von Minuten sind wir bis auf die Haut durchweicht. Clara quietscht, ich fluche, und Vanella hält sich fest und lacht. Egal wie energisch wir klopfen, der Fahrer hält nicht an – wenn er uns durch die stampfenden Salsa-Rhythmen, die durchs Dach dröhnen, überhaupt hören kann. Dann endlich bremst er und wir klettern hinunter zu den Einheimischen, wo die tropfnassen und gleichzeitig demütig dankbaren Gringos für einige Erheiterung sorgen.

Wir haben uns schon an unseren neuen Status gewöhnt – den Status eines Gringos. Wir sind offenbar Objekte einer tiefempfundenen Geringschätzung – die wir im übrigen für höchst unfair halten. Denn wir betrachten uns nicht als Gringos; die kommen doch wohl aus Nordamerika, oder? Aber es gibt kein Entrinnen: Ein weißes Gesicht bedeutet, daß du Geld hast, und sie haben freie Hand, es dir mit allen möglichen Schummeleien abzuluchsen. Der Typ, der uns die Buskarten verkauft hat, grinste dümmlich, als er uns völlig unverfroren zu schröpfen versuchte, indem er das Dreifache berechnete. Sogar Kinder ahmen die Älteren nach und verspotten uns. Und wenn wir draußen auf der Straße sind, kann es uns passieren, daß uns ein höhnisch grinsender campesino mit »Buenos días, gringitos« – »Guten Tag, ihr Fremdelchens« – begrüßt, ein netter Knalleffekt der spanischen Vorliebe für Verkleinerungen.

Am frühen Nachmittag erreichen wir Puyo und machen mit einem Einheimischen aus, daß er uns in seinem Camioneta-Lieferwagen bis zum Ende eines langen Fahrweges ein Stück jenseits des Stadtrandes mitnimmt. Nachdem er versucht hat, uns beim

Wechselgeld übers Ohr zu hauen, machen wir uns auf den Weg. Wir sind mit den Vorräten bepackt, die wir auf Claras beharrliches Drängen hin heute morgen auf dem Markt in Baños gekauft haben. Eigentlich hatten wir vorgehabt, nur ein paar passende Geschenke mitzunehmen, aber Clara war unglaublich versessen darauf, daß unsere Großzügigkeit ewig in Erinnerung bleiben sollte, und hatte das Kommando bei unserem Einkaufsbummel übernommen. Von reichlichen Mengen Gemüse, Reis, Mehl, Brot und Salz in die Knie gezwungen, folgen wir ihr bergauf durch die Zuckerrohrplantagen. Plötzlich verkündet Clara, daß ihre Tante ganz in der Nähe wohnt; also stehen wir herum und lächeln, während die beiden Neuigkeiten austauschen. Bevor wir recht wissen, wie uns geschieht, nimmt die Tante dankbar einen beträchtlichen Teil der Lebensmittel in Empfang. Wir verabschieden uns, und weiter marschieren wir durch den dichter werdenden Unterwuchs. Schließlich stoßen wir auf einen Holzschuppen auf Stelzen, einen Verhau aus lose zusammengebundenen oder aneinandergelehnten Brettern. Wir schauen hinein, schrecken ein paar Hennen auf, aber die alte Dame scheint nicht zu Hause zu sein.

Jetzt verstehe ich, warum Clara Gummistiefel trägt. Es fängt wieder an zu regnen, dieses Mal bindfadenartig, dreißig Minuten nonstop. Wir suchen im Laufschritt Unterschlupf beim Haus der Nachbarin, einer Frau, die Clara auch zu kennen scheint. Sie sagt, die alte Dame nebenan sei in die Stadt gegangen. Sie erzählt uns auch, daß sie nicht besonders alt ist, nur ungefähr 70. Und so saugen Vanella und ich nachdenklich an Zuckerrohrstücken, sehen zu, wie der Regen herunterprasselt, und fragen uns, wohin wir wohl als nächstes geraten. Nach einer Weile kehrt die alte Dame selbst zurück, ein riesiges Bananenblatt als Regenschirm über dem Kopf. Sie bestätigt uns, daß sie gerade mal 73 ist, aber dann erinnert sie sich, daß sie ganz in der Nähe eine Tante hat, die 130 Jahre alt ist. Als der Regen nachgelassen hat, verteilen wir weitere Lebensmittel, lassen uns den Weg beschreiben und trotten auf der Suche nach der noch viel älteren Tante der alten Dame davon.

Schlitternd und rutschend tasten wir uns durch den Schlamm; wir folgen einer Art Abkürzung, die uns einen abschüssigen Hang durch dichten Unterwuchs hinunterführt. Der Pfad besteht andeutungsweise aus ein paar Stufen, aber die sind entweder voll Wasser oder zu einem tückischen Matsch zerlaufen. Clara wartet unten, sie wirkt unsicher. Der Pfad ist verschwunden. Zu unserer Rechten steht eine einfache hölzerne Behausung, also gehen wir hinüber, um nach dem Weg zu fragen. Auf der Veranda sitzt mit nacktem Oberkörper ein Indianer mit schulterlangem Haar, umgeben von ungefähr 500 grob geschnitzten Balsaholz-Papageien. Er ist vermutlich der Mann, der die Formen grob heraushaut, bevor ein geschickterer Handwerker die Details schnitzt und sie anmalt, auf daß dann alles an Los Turistos verkauft werde.

Die Augen des Indianers leuchten auf. »Gringos!« ruft er hocherfreut und breitet die Arme aus. »Meine Freunde! Willkommen! Kommt herein. Seid von Herzen willkommen in meinem Haus, Gringos. Setzt euch, laßt uns reden. Kommt, trinken wir einen!«

Schwankend steigt er die Vordertreppe hinunter. Als ich ihn mir genauer ansehe, stelle ich fest, daß mit seinen Augen etwas nicht stimmt. Er hat sich mit irgend etwas total zugeknallt.

»Komm, Gringo! Laß uns einen trinken, und du kannst mir erzählen, was es Neues gibt«, sagt er freudig und schnappt sich einen schmierigen Eimer mit einer gelben Flüssigkeit, auf deren Oberfläche irgend etwas schwimmt. Großzügig schöpft er das Zeug in eine gleichermaßen schmierige Tasse.

Das tödliche Gebräu heißt *chicha* und wird aus fermentiertem Mais gemacht. Normalerweise sind wir sehr erpicht darauf, Neues auszuprobieren, aber in diesem Fall überwiegt sehr deutlich unsere Zurückhaltung – der schmierige Eimer sieht entschieden unhygienisch aus, und eine Stunde erleuchteter Konversation ist nicht ganz das, was uns vorschwebt. Ich lehne also ab, so höflich ich nur kann, aber das macht unseren Freund nur noch hartnäckiger, und je deutlicher wir ablehnen, desto mehr verwandelt sich seine enthusiastische Begrüßung in Ärger.

»*Tranquilo, tranquilo*«, besänftigt ihn Clara und bietet an, in unserem Namen zu trinken. Sie flüstert, daß er von einem anderen Stamm, von den Shuar, sei; sie waren einmal Schrumpfkopfjäger, und unter ihnen ist es üblich, Gastfreundschaft dieser Art anzunehmen.

»Warum willst du nicht mit mir trinken, Gringo?« beklagt er sich und mustert mich trübe und eindeutig gekränkt, obwohl Clara für uns alle eine große Tasse voll hinunterwürgt. Sie entschuldigt sich taktvoll für uns, wir lächeln aufmunternd und trampeln glucksend über seine schlammige Parzelle davon.

»Warum kommen diese Gringos den ganzen Weg hierher, um mich zu besuchen, wenn sie keinen Drink haben wollen?« hören wir ihn hinter uns herrufen.

Wir suchen uns einen Weg durch die Bäume, passieren auf einem Ast einen Bach … und stellen fest, daß der Weg von einem stattlichen Sumpf versperrt wird. Clara sieht wieder unentschieden aus – und ein bißchen beschwipst. Es bleibt uns nichts anderes übrig, als umzudrehen und zurückzulaufen, vorbei am Haus des Indianers. Zuerst gehen wir auf Zehenspitzen, soweit das in 15 Zentimeter tiefem Schlamm überhaupt möglich ist, dann versuchen wir zu huschen, doch als wir die untersten der glitschigen Stufen erreicht haben, hören wir ein Brüllen und Fluchen.

»Gringos … hey … griiiingo!« ruft er, als wir den Hang wieder hinaufklettern. Auf halbem Weg erlaube ich mir einen Blick zurück und sehe, daß er ein Gewehr in unsere Richtung schwenkt.

»Griiingo …!« kreischt er und hebt schwankend die Knarre ans Auge.

»Rennt, Leute!« schreie ich. »Rennt … nichts wie weg.«

»Griiingo …«

So springen wir hilflos kichernd dem Tod von der Schippe und geloben, nie wieder die Gastfreundschaft eines Schrumpfkopfjägers abzulehnen.

Es kommt uns vor, als seien wir eine Ewigkeit in der drückenden Feuchtigkeit herumgetrottet, als wir endlich auf den Asphalt einer größeren Straße hinausstolpern. Clara zeigt gutgelaunt auf ein einfaches Holzhaus, das nur ein kleines Stück entfernt unterhalb einer grasbewachsenen Böschung steht. Sie geht voraus und ruft durch die Tür. Ein altes, rundes Gesicht späht ängstlich heraus. Die kleine Frau sieht verwirrt aus und mustert uns ausgiebig. Nachdenklich streicht sie sich übers Kinn, das zerfurcht ist wie ein Pfirsichkern. Dann nickt sie, wie zu sich selbst, und bittet uns herein.

Wackelige Schemel werden auf den nackten Brettern des spärlichen Wohnraums zurechtgerückt. Die alte Dame sitzt geduldig mit gefalteten Händen da, während wir alle uns dicht um sie scharen und die Wolke Fruchtfliegen zu ignorieren versuchen, die von einem großen Haufen *naranjillas* am Boden aufsteigen. Drüben in der Ecke hängen Farbporträts von Familienmitgliedern in üppig verzierten Goldrahmen. Darunter ist eine Sammlung ausgeblichener Poster an die Wand genagelt – Bruce Lee, Sylvester Stallone und ein oder zwei vollbusige Frauen. Die gehören vermutlich zu dem Macho-Soldaten, der sich in seiner Kampfausrüstung mit einer Riesenschlange um den Hals hat photographieren lassen.

Wie nicht anders zu erwarten, ist die alte Dame ein bißchen jünger als 130. Sie heißt Rosenda Valentina Vargas und sagt, sie sei 93.

»Die Regierung hat mich betrogen«, brummt sie kopfschüttelnd. »Sie sagen, ich bin sechs Jahre jünger, als ich wirklich bin.« Wir erfahren, daß die Behörden bekanntermaßen die Daten auf den Personalausweisen älterer Leute fälschen, damit die Sozialversicherung einen niedrigeren Betrag auszahlen muß. Mich überrascht nichts mehr. Die Wahrheit scheint in diesen Teilen der Welt ein seltenes Gut zu sein. Aber wenn ich die Falten zählen müßte, die sich rund um ihren Mund eingeprägt haben, käme ich auf mindestens eine für jedes dieser Jahre.

Rosenda wurde im Urwald geboren, oben im Norden als Stammesangehörige der Saparu. Nur eine Woche nach ihrer Geburt wurde ihr Vater ermordet. Er war ein umherziehender Schamane, ein Medizinmann, der von Ort zu Ort reiste und Krankheiten und Gebrechen heilte. Ein paar Stammesangehörige, die nicht an seine Kraft glaubten, ermordeten ihn grausam. Rosendas Mutter gehörte nicht zu denen, die aus Schaden klug werden, und heiratete einen anderen Schamanen vom Alchidona-Stramm, aber sein Leben wurde in ähnlicher Weise bedroht, so daß die Familie in die relative Sicherheit von Indillama floh, nicht weit von hier. Mit 15 Jahren wurde Rosenda an einen Mann weggegeben und hatte vier Kinder mit ihm. Sie führte eine kleine Farm, aber ihr Ehemann starb. Er trank sich mit *chicha* zu Tode. Sie blieb noch ein paar Jahre, doch jetzt lebt sie bei ihrer Tochter.

»Und ist das Leben gut?« fragen wir. Sie zuckt die Achseln.

»Sie kümmern sich um mich«, sagt sie ohne Gefühlsregung.

»Es muß heute ganz anders sein als damals, als Sie noch ein Mädchen waren.«

»Ach, der Urwald«, sagt sie und lächelt endlich.

»Woran können Sie sich noch erinnern?« fragt Vanella. »Welche Kleider haben Sie damals getragen?«

Sie seufzt. »Ich erinnere mich … Die Frauen wickelten sich immer in einen schönen, leuchtendblauen Stoff. Wir malten uns die Gesichter an und schminkten uns die Augen mit Pigmenten der Waldpflanzen.« Dabei reibt sie sich mit einem Finger imaginäre Farbe in ihr runzliges, braunes Gesicht. »Ich benutze die Farben immer noch, wenn ich ein bißchen Make-up brauche.«

Verschmitzt hebt sie die Schultern, sieht zu Vanella hinüber, und dann lacht sie und zeigt uns den einzigen Zahn, den sie noch hat.

»Haben Sie Medizinpflanzen im Wald gefunden?« möchte Vanella wissen.

»Ja, viele Pflanzen haben große Kräfte. Ich weiß, wie man einen Schlangenbiß heilt. Man braucht ein besonderes Moos, das man zusammen mit Tabak kauen muß. Dann drückt man die durchgekaute Mischung in die Wunde. Das nimmt das Gift weg. Und wir haben Drachenblut verwendet. Das ist der rote Saft von einem Baum, der vieles heilt. Ich habe erlebt, daß er Wunden geheilt hat, auch Lungenentzündung.«

Dann zeigt sie auf die Wand hinter sich. »Und das hier hatten wir für die Fiestas«, sagt sie. Ich habe mir schon den Kopf zerbrochen, was da wohl hängt. Die Dinger stellen sich als Kopfputz heraus; sie nimmt einen herunter und zeigt ihn uns.

»Das hier ist eine Anakonda«, sagt sie und deutet auf ein dickes Band aus Schlangenhaut mit einem aufgestellten Büschel blauer und gelber Federn. »Und das«, fügt Rosenda hinzu, »ist ein Kondor.« Da hängt tatsächlich kopfüber an der Wand ein Kondor, der in eine extravagante Kopfbedeckung verwandelt worden ist. Seine schwarzweißen Schwingen sind furchteinflößend, und drohend baumelt sein Geierkopf.

Rosenda verschwindet im Hinterzimmer und kommt mit dem Kopf eines Bären zurückgeschlurft. »Die Männer haben immer das hier getragen«, sagt sie grinsend und setzt ihn auf einen Stuhl, von wo er uns verdrießlich anstarrt.

Die besagte Fiesta hieß La Diablada und war dem symbolischen Kampf zwischen Gut und Böse gewidmet. »Die Frauen malten sich die Körper an und trugen solche Kostüme hier.« Rosenda hält ein Gewirr aus Fäden und Quasten hoch, Gürtel und Halsband in einem, in das ein Sortiment aus Muscheln, Bohnen, Perlen, Gold und Federn eingeknüpft ist. Es klingelt leise, als sie uns das feine Gebilde liebevoll vorlegt.

»Sie haben das da beim Tanzen getragen?« fragt Vanella.

»Das? Das ist noch gar nichts. Wir waren überall geschmückt, von Kopf bis Fuß«, antwortet Rosenda.

»Und haben Sie getanzt?«

»Oh ja«, sagt sie und strahlt, »und wie gern wir getanzt haben!«

Sie hebt die Arme und versucht einen angedeuteten Shimmy. Doch dann umwölkt sich ihr Blick. »Aber jetzt habe ich Schmerzen in den Beinen und brauche meine Tabletten«, sagt sie.

Gerüstet mit einem Frühstück aus schmuddeligen Käsesandwiches, die wir an der Bushaltestelle gekauft haben, lassen wir den kolonialen Charme von Cuenca hinter uns, seine blauen Kuppeln, roten Ziegeldächer und hübschen Höfe, in die man durch die dunklen Toreingänge hineinspähen konnte. Ein paar Tage Urbanität, und schon sind unsere inneren Batterien wieder aufgeladen, und wir sind für eine Expedition ins Bergland bereit. Wir hoffen, daß wir bis Einbruch der Dunkelheit in Vilcabamba sind.

Unser Bus klettert auf einer luxuriösen, neuen Teerstraße bergan, windet sich bis zur Wolkendecke hinauf, die eine kahle, trostlose Berglandschaft verhüllt, und kurvt dann wieder bis ganz hinunter. Gegen Mittag erreichen wir Saraguro, ein stilles Städtchen – etwas mehr als die halbe Wegstrecke nach Loja. Hier tragen die Männer Ponchos und lange, schwarze Shorts, die Frauen schwarze Faltenröcke, und jeden Kopf ziert ein schwarzer Hut, der ein wenig wie ein Trilby aussieht. Wir lesen ein paar neue Mitreisende auf und schlängeln uns schon aus der Stadt hinaus, als der Bus plötzlich knirschend zum Stehen kommt. Offenbar gibt's ein Problem. Da ist *un palo* auf der Straße, sagen sie. Ob *palo* wohl Erdrutsch bedeutet? Was auch immer es ist, die Straße wird nicht vor heute nacht freigeräumt. Wir können entweder hier in Saraguro bleiben oder mit dem Bus nach Cuenca zurückfahren. Vanella und ich können uns nicht entscheiden, was wir tun sollen, aber hier bleiben wir ganz sicher nicht; also werde ich mir zunächst mal *el palo* genauer ansehen. Es ist gleich da oben am Hang, sagen sie. Ich lasse Vanella beim Gepäck und klettere ein paar Betonstufen hinauf, gehe an einer Reihe pinkelnder Ecuadorianer vorbei um eine Kurve und lande auf der Hauptstraße.

Kein Erdrutsch, sondern eine Straßenblockade. *El palo,* das ist ein riesiger Baumstamm, quer über die Straße geschleppt und mit Steinen abgestützt. Irgendein Witzbold hat einen Reifen angezündet und zu einem Signalfeuer gemacht. Dicke, schwarze Rauchwolken steigen auf. Auf einem Transparent steht »U.N.E.SARAGURO«, und etliche Einheimische sitzen oder stehen herum und debattieren. Ich spüre eine unterschwellige Streitlust. Irgend jemand erzählt mir, der Lehrerverband sei in Streik getreten. Ein Mann mit Fettwanst, den er in ein dünnes, weißes Hemd gestopft hat, scheint die Aufsicht zu führen.

»*Buenos días, gringo*«, höhnt er, als ich die Blockade passiere und mit raschen Schritten auf einen Bus zugehe, der weiter oben am Hang geparkt hat. »Loja, Loja!« rufen sie, als ich näher komme. »*Cinco minutos, rapido rapido.*«

Wir hoffen, in Loja eine Verbindung nach Vilcabamba zu bekommen. Also sprinte ich den ganzen Weg hinunter zum Bus, hole Vanella und die Taschen und meinen kostbaren, nagelneuen Panamahut und die kleine Dame aus Loja, die mit uns gestrandet ist. So schnell wir können, arbeiten wir uns wieder den Abhang hinauf.

»*Hola, gringos!*« ruft ein schadenfroher Zeitgenosse an der Straßenblockade, begleitet vom Johlen und Gelächter der anderen, als wir feststellen, daß unser Bus schon weg ist.

Ein paar Minuten später taucht schemenhaft ein Viajeros-Bus über der Abbruchkante auf – mit derselben Linie sind wir aus Cuenca hierhergekommen – und reiht sich in eine schon reichlich lange Warteschlange ein. Er kommt aus Loja, und der Fahrer erzählt mir, daß er wahrscheinlich in ungefähr 45 Minuten zurückfährt, aber er läßt uns nicht einsteigen, weil er sich erst schlafen legen will. Wir kampieren also am Straßenrand: Vanella, die kleine Dame aus Loja mit ihrer Einkaufstasche und ich.

Die Zeit vergeht in trügerischer Ruhe. Eine Handvoll Leute geht hin und her, die Diskussionen an der Straßenblockade desgleichen. Zwei Lieferwagen eines öffentlichen Versorgungsbetriebs halten auf beiden Seiten der Blockade und tauschen Mitreisende und Ladung aus. Eine Gruppe Taxifahrer aus Loja kommt angerauscht; über alles mögliche wird diskutiert und verhandelt, von Lehrern allerdings keine Spur. Dann rollt ein weiterer Viajeros-Bus aus Loja an. Ich lasse Fahrer und Helfer zu Ende pinkeln und erkundige mich dann, wann sie zurückfahren.

»In einer halben Stunde«, sagen sie. Sie werden jetzt etwas essen und sich dann auf den Rückweg machen. Wir sitzen herum und warten, bis ich einige Zeit später selbst pinkeln muß. Ich klettere den Hang hinauf, wobei ich nach alter Gewohnheit sorgfältig die Flecken meide, wo schon jemand vor mir gewesen sein könnte. Ich bin gerade zur Sache gekommen, als ich den zuletzt angekommenen Viajeros-Mann die Straße hinauf auf mich zurennen sehe. »*Vamos! Vamos!*« schreit er. Und schon geht's los.

Plötzlich heizt sich die Sache auf. Wir dachten eigentlich, daß nur wir beide und die Lady aus Loja betroffen sind. Aber in Wirklichkeit geht es fast allen, die an der Straßenblockade herumsitzen, wie uns – außer dem Mann im weißen Hemd. Ein lärmender Haufen ungeduldiger Gesichter stürmt mir entgegen, die Menschen tragen alle Arten von Taschen und Gepäck. Ich stelle mich dem Menschenstrom entgegen und versuche, Vanella zu finden. Mittlerweile wendet der zuletzt angekommene Viajeros-Bus und setzt rückwärts ein Stück den Abhang hinunter, und eine wogende, schnatternde Menschenmenge stolpert hinterher. Der Fahrer des zuvor angekommenen Viajeros-Busses wacht auf und beschließt, ebenfalls zu wenden. Es ist ein einziges Chaos. Schubsend und schreiend balgen sich alle um die Plätze. Wir beschließen, uns an den ersten Bus zu halten, weil der jetzt am Ende der Schlange steht und wir hoffen, dort leichter Plätze zu finden. Nach viel Rempeln, Schubsen und Zähneknirschen bekommen wir die allerletzten beiden Plätze vorn neben dem Fahrer.

Mit lächerlicher Pünktlichkeit verlassen wir Saraguro Punkt zwei Uhr Richtung Loja. Bald sind wir wieder draußen in wildromantischer Landschaft, auf einem grünen Flickenteppich, dazwischen vereinzelte Farmhäuser, beleuchtet von den Lichtsprenkeln der Sonne, die durch die Regenwolken bricht.

Aus unseren Hängematten mit Blick über das Tal beobachten Vanella und ich, wie sich der letzte Rest Tag in den Abend verwandelt. Hängematten sind eine phantastische Erfindung, vorausgesetzt, du kannst genug Zeit darin verbringen – die perfekte Antwort auf einen harten Tag. Wir sprechen kaum, räkeln uns nur dann und wann. Es ist still, und wir genießen die tropisch feuchte Luft, die hier oben angenehm kühl ist.

Blaue Rauchfahnen kräuseln sich von den verstreuten Gehöften hangaufwärts. Die Wolken treiben vorüber, fegen über die Berggipfel und verändern langsam ihre Formen. Zuerst kann ich ein Schnabeltier erkennen, das unter Wasser schwimmt; dann dehnt es sich aus und wird allmählich zu einer fliegenden Frau, deren ausgestreckte Hand über ihre Himmelfahrtsnase hinausreicht.

Der Himmel leuchtet rosa. Das Land verfärbt sich von leuchtendem Grün über polierte Bronze zu tiefem Anthrazit. Dann bekommen wir die verdammten Moskitos zu spüren, die auf der Jagd nach einem Tropfen Blut herumschwirren. Sterne beginnen sich wie Nadelköpfe auf einem Samtkissen abzuzeichnen. Fledermäuse flitzen radarfunkend umher, und Myriaden knisternder Insekten entfalten ihren nächtlichen Rhythmus. Bald fangen die Frösche an zu rufen, ein wohltönender Klang, wie ein Holzklöppel, der auf ein exotisches Schlaginstrument einschlegelt. Und mit Einbruch der Dunkelheit knipsen die Glühwürmchen eins nach dem anderen ihr geheimnisvolles Licht an.

So ist das Leben in Vilcabamba, im heiligen Tal der Langlebigkeit.

Am nächsten Tag schlendern wir die Allee der Ewigen Jugend entlang. Wir können noch die alte Brücke sehen oder das, was davon übrig ist. Ihre Spanne betrug einmal ungefähr 15 Meter, und sie war gerade breit genug für einen Maultierwagen. Wie so oft, bauten sie auch hier vor nicht allzu langer Zeit eine Straße. Bis dahin hatten die Einwohner von Vilcabamba weitgehend ungestört von der Außenwelt gelebt. Sie bearbeiteten das Land, holten sich ihr Wasser von der Quelle und blieben bis ins hohe Alter von 130 oder 140 Jahren gesund. So ähnlich sagen sie jedenfalls. Die Trennlinie zwischen Dichtung und Wahrheit ist mit der Zeit ein bißchen verwischt.

Ein paar unerschrockene Anthropologen stolperten als erste hier herein und kehrten mit Geschichten von *los ancianos,* den Greisen, nach Hause zurück. Dann kamen die Wissenschaftler und eine Armee von Ärzten, die feststellten, daß Zivilisationsleiden wie Krebs und Herzkrankheiten bemerkenswerterweise fehlten. Sie beobachteten außerdem, daß die alten Leute das, was wir Senilität nennen, offenbar nicht kannten. Sie arbeiteten einfach weiter bis zu dem Tag, an dem sie starben ... vermutlich an Altersschwäche.

Als wir den Hauptplatz betreten, klappt ein dösender Hund träge ein Auge auf, und ein paar *campesinos,* die sich im Schatten herumräkeln, sehen uns zu, wie wir draußen in der Mittagssonne eine einsame Platzrunde drehen. Neben der Kirche säumen die *plaza* nur schäbige, zweistöckige Gebäude, deren Balkone eine Überdachung für den Gehsteig darunter bilden. Zu unserer Erbauung können wir zwischen einer Art Geschäft, zwei Bars und einem Café wählen. Wir entscheiden uns für das letztere, um zu verschnaufen und ein Glas Agua d'Oro zu kosten, den neuesten Exportartikel: Seit kurzem hat Vilcabamba sein eigenes Mineralwasser. Ein Poster an der Wand zeigt zwei verschrumpelte *ancianos,* einen Mann und seine Frau, die unter dem Slogan »Glück« langlebig in die Kamera grinsen. Sie sehen ganz außerordentlich glücklich aus, denn sie haben – wohl eigens für den Fototermin – flotte, neue Hemden, Hüte und Schals bekommen.

Nach einem oder zwei Schlucken hat mein Körper die magische Flüssigkeit wie ein Schwamm aufgesaugt, und ich fühle mich deutlich glücklicher, wenn nicht sogar ein bißchen jünger.

Unsere schläfrige Stimmung wird von Hufklappern unterbrochen; eine Frau mit einer langen, verhedderten rötlichen Mähne, nacktem Rücken und nackten Füßen kommt in die Stadt geritten. Ein Gringo, oder genauer gesagt, *una gringa,* schon nicht mehr ganz jung. Sie hält an und ruft einem anderen Amerikaner etwas zu, der an unserem Nachbartisch sein Bier trinkt. Sie sind Einheimische. Er hat uns schon alles erzählt, was es zu wissen gibt. Es gibt gar nicht mehr so viele richtig alte Leute. Die Einflüsse von außen sind ihnen nicht gut bekommen; irgend jemand hat einen Grippe-Erreger eingeschleppt, und viele sind gestorben. Er war schon hier, bevor die Straße gebaut wurde, bevor es der erste Coca-Cola-Wagen bis hierher schaffte. Der erste Gringo, der Vilcabamba seine Heimat nannte, war ein gewisser Johnny Lovewisdom, ein kalifornischer Hippie, der hierherkam, um einen utopischen Lebensstil zu pflegen. Heute lebt Johnny weiter weg in den Bergen, etwa drei Stunden Fußmarsch von hier entfernt. Die ihm gefolgt sind, um sich im Heiligen Tal niederzulassen, verdienen ihren Lebensunterhalt mit den jungen Reisenden aus dem Westen, die hierhergelockt wurden von Erzählungen über Langlebigkeit und den San-Pedro-Kaktus, dessen mächtige halluzinogene Säfte von den Schamanen seit jeher verwendet werden.

Albertano Roa ist jetzt der älteste, so hört man jedenfalls.

»Am 17. November werde ich 120«, erklärt er stolz.

Señor Roa legt die gewölbte Hand über seinen kräftigen, alten Stock, legt einen Daumen an die Wange und schaut mir in die Augen. Na, was sagst du dazu, Gringo? denkt er sich vermutlich.

Er ist ein harter Mann. Sein Gesicht, das seine spanische Abstammung verrät, ist in der Sonne zäh und faltig geworden. Im Ruhezustand verfällt er leicht in den Gesichtsausdruck eines mürrischen, alten Mannes. Unter dem Schatten seines Stroh-Panamahutes hängen seine Backen herunter, und sein Kinn, so silberstoppelig wie sein angedeuteter Schnurrbart, gibt sich alle Mühe, der vorspringenden Nase zu begegnen.

Wir sitzen draußen in seinem Hinterhof in voller Sonne; Hackklotz, Wäscheleine, Strohkörbe und das obligatorische Gackern der Hennen signalisieren Alltagsleben. Seine Frau Sara, rund und knuddelig in ihrem weiten, rosa Kleid, lächelt uns an.

»Ich bin in Vilcabamba geboren«, erzählt Señor Roa, »und in der alten Kirche am anderen Flußufer wurde ich getauft. Ich bin einer von hier.«

»Wissen Sie, in welchem Jahr Sie geboren sind?« versuche ich sein Alter zu überprüfen.

»Damals gab's keine Bücher, um so was einzutragen. Ich erinnere mich, daß ich mich selbst eingetragen habe, als ich 15 Jahre alt war.« Er bezieht sich auf das Geburtsregister, aber diese Bücher existieren nicht mehr. »Wahrscheinlich sind sie verbrannt worden«, meint er achselzuckend.

»Er war schon 40, als wir geheiratet haben«, merkt seine Frau an. »Ich war erst 15.«

Sara ist jetzt 87, was nach meiner Berechnung für Señor Roa 112 Jahre ergäbe. Wer weiß? Ich denke, wir erlauben ihm einfach, seine eigene lebende Legende zu sein. Jedenfalls ist er jetzt nicht mehr brummig. Er erzählt uns alles über die Kirche. Das alte Dorf wurde zu dicht an den Sumpf gebaut, und die Häuser standen immer wieder unter Wasser. Deshalb mußten sie an eine höhergelegene Stelle umsiedeln.

Señor Roa mochte das Dorf, wie es früher war. »Vilcabamba war ruhig, sehr freundlich«, sagt er. »Wir lebten gut. Damals lebten dort noch nicht so viele Leute. Es war reichlich für alle da.« Und dann wiederholt er sich sicherheitshalber noch ein- oder zweimal. Alles war so billig. Sechs Eier kosteten einen halben Sucre. Eine Kuh kostete 15 oder 20 Sucres. Nahrung war im Überfluß da. »Wir haben uns problemlos selbst versorgt. Nicht wie es heute ist«, klagt er und droht mit einem Finger, der die Farbe einer Brühwurst hat. »Jetzt sind es mehr Menschen und weniger zu essen. Auf der Straße schaffen sie fort, soviel sie können.«

»Was haben Sie denn gewöhnlich gegessen?«

»Gegessen? Alles! Wir hatten Quark, ganz weiß und zart. Und wenn es nötig war, schlachteten wir ein Kalb oder eine Kuh. Wir mußten nichts kaufen. Zum Frühstück hatte ich immer Eier mit etwas Reis. Ich habe jeden Morgen zwölf Spiegeleier gegessen.«

Er meint es ernst – jeden Tag ein volles Dutzend Eier, die er mit einer großen Kanne Kaffee runterspülte. »Ich bin gut verpflegt zur

Arbeit gegangen.« Er hat sein ganzes Leben lang als Cowboy gearbeitet.

Sara lächelt voll aufrichtiger Bewunderung. »Und wenn du auf die Jagd gegangen bist, hast du danach immer die Tiere gegessen, nicht?« souffliert sie.

»Bah … Das war nur zum Vergnügen!« trompetet er.

»Was haben Sie gejagt?«

»Ach, Bären, Pumas, Hirsche, Tapire … Wir sind vielleicht einmal im Monat auf die Jagd gegangen.«

»Haben Sie auch mal Bären gegessen?«

»Ja. Und wir haben Pumas gegessen. Einmal haben wir einen großen, dicken geschossen und über dem Feuer Dörrfleisch draus gemacht«, sagt er und kichert beim Gedanken daran. »Die Tapire haben wir in Fallen gefangen.«

»Was war mit den Bären?«

»Die Bären? Zuerst haben wir ihr Blut getrunken.«

»Wie bitte?«

»Das Blut. Wir haben sie gestellt und mit dem Gewehr erlegt. Dann haben wir die Halsschlagader geöffnet und direkt vom Hals getrunken. Wie Wasser vom Wasserhahn. Es war noch warm«, sagt Señor Roa und leckt sich die Lippen. »Wir haben uns das Leben des Bären genommen und uns von seiner Kraft ernährt.«

»Und wie hat es geschmeckt?«

»Ach, ein bißchen wie Rinderblut. Überhaupt nicht schlecht, wirklich, nur ein bißchen salzig.«

»Essen Sie denn überhaupt Früchte oder Gemüse?« erkundigt sich Vanella zögernd.

Er nickt. »Aber ja, jede Menge. Bananen, Papayas und manchmal ein oder zwei Orangen. Wir haben Getreide angebaut – Mais und Weizen. Wir haben Bohnen angebaut. Das Wasser ist sauber und das Klima ausgezeichnet. Allerdings ist es jetzt viel trockener. Früher hatten wir sehr heftige Regenfälle, die gar kein Ende nehmen wollten.«

Mit Gelächter kündigen sich einige von Señor Roas Urenkeln

an – Teenager in amerikanischem Outfit und mit Baseballmützen. Der Patriarch flüchtet sich in eine desinteressierte, mürrische Miene, während sie sich einen Sitzplatz suchen. Dann steht er wieder im Mittelpunkt, und sofort kommt er in Form.

»Erzählen Sie uns doch, warum Sie so lange leben?« frage ich.

»Ich lebe immer noch, weil ich daran glaube, daß gutes Essen wichtig ist. Richtige Ernährung«, sagt er und klapst sich mit der Hand auf den Bauch. »Leben kommt durch den Mund zu uns.«

Er erzählt uns, wie die Ärzte kamen und die alten Leute einer Reihe medizinischer Tests unterwarfen. Sie nahmen ihnen Blut ab, hängten sie an Maschinen und klebten ihnen Drähte überall an den Körper. Die Ärzte stellten ihre Diagnose, aber alles, was sie den Alten erzählten, war: »Ihr seid okay.«

»Nie wieder!« sagt er feierlich. »Warum sollte ich zulassen, daß sie mir Blut abnehmen? Ich weiß auch so, daß ich okay bin.«

Er hat nie geraucht oder Alkohol getrunken. Er spielte auf Hochzeiten Gitarre, machte Tanzmusik. Wenn Gäste versuchten, ihm etwas einzuflößen, lehnte er immer ab.

»Er hat so gerne Gitarre gespielt«, sagt Sara und lächelt liebevoll. »Aber er hört jetzt so schlecht, und deshalb kann er nicht mehr spielen. Er ist so niedergeschlagen, daß er nicht mehr so gut hören kann wie früher. Dann wird er böse, und ich muß ihn anschreien.«

Wir fragen Señor Roa, was das Geheimnis seiner langlebigen Ehe ist, und sehen, wie die Jüngeren die Ohren spitzen. Er denkt einen Augenblick nach. »Gott gab mir diese Frau da«, sagt er, »also muß ich sie behalten, bis es mit mir zu Ende geht.«

Sara ist realistischer. Sie sagt, er sei oft schlecht gelaunt. »Aber das Geheimnis dieser Ehe ist, daß er keine Laster hat«, fügt sie hinzu, »deshalb komme ich leicht mit ihm zurecht. Ich habe genug Geduld. Wenn in einer Ehe die Frau wütend ist und der Mann auch, dann bringen sie sich um. Aber ich bin zahm.«

»Sie hat jung geheiratet, und ich habe alt geheiratet«, meldet sich Señor Roa.

»Hatten Sie denn vor ihr Freundinnen?«

»Aber sicher, ich hatte meine Frauen«, sagt er und verbeißt sich ein Lachen. »Sie konnten meinem Gesang nicht widerstehen, wenn ich Gitarre spielte. Wissen Sie, ich mußte sie richtig abwimmeln.«

»Hey hey …«, läßt sich einer der Teenager hören.

»Und warum haben Sie geheiratet?«

»Weil die da«, sagt er und deutet auf seine Frau, »weil die einfach zu mir kam und sich neben mich legte, da konnte ich sie nicht rauswerfen. Ich sagte mir, in Ordnung, die behältst du.«

»Und warum haben Sie sich für ihn entschieden?« fragen wir Sara dann, und sie lächelt verschämt.

»Ich hatte andere Freunde, die hinter mir her waren, aber ich glaube, es war seine Gitarre. Wahrscheinlich, weil er mir Ständchen gebracht hat.«

Der Hinterhof hallt von Hurrarufen wider. Soviel Romantik!

»Würden Sie ihm einen Kuß geben?« frage ich Sara.

»Lieber nicht«, wehrt sie ab, »wenn ich das tue, wird er richtig ärgerlich.«

»Würden Sie ihr denn einen Kuß geben?« necke ich Señor Roa. Aber er zieht verächtlich den Kopf zurück, beißt sich auf die Lippen und setzt wieder seine verschlossene Miene auf.

Dann bringen wir Ramona zum Weinen.

Ihr Haus ist nur ein einzelner Raum mit einem Blechdach und einer verwitterten Tür in rostigen Angeln. Sie ist erst einmal mißtrauisch, aber dann setzt sie sich draußen zu uns auf einen Stein. Als wir uns vorstellen und fragen, was sie uns von ihrem Leben erzählen kann, ist es, als hätten wir eine Tür zu einer geheimen Kammer aufgestoßen, die sie immer verschlossen hält. Sie antwortet hastig mit einer kläglichen, dünnen Stimme und bricht schließlich schluchzend zusammen.

Vanella nimmt ihre Hand. Ramona sieht mit einem jammervollen Blick zu ihr auf, ihre magere Gestalt bebt.

Das Leben ist hart mit Ramona umgesprungen. Ihr Gesicht sieht ausgezehrt und verhärmt aus, aber ihr Haar ist noch schwarz. Einige *ancianos*, so heißt es, bekommen nie ein graues Haar.

Ramona war Waise. Ihre Mutter starb bei ihrer Geburt, und ihr Vater kümmerte sich nicht im geringsten um sie. Er wollte sie sogar loswerden, sie wie eine junge Katze ersäufen. Doch sie wurde zu einem Cousin gebracht, der sie aufzog. Als sie alt genug war, übertrug man ihr die Hausarbeit, und wenn sie irgend etwas falsch machte, wurde sie bestraft und geschlagen. Die Kinder des Cousins gingen zur Schule, aber Ramona nie. Sie kannte nur die Hausarbeit. Schließlich rannte sie weg und lebte mit ihrer Schwester zusammen. Dann stellte sie fest, daß sie schwanger war und brachte eine kleine Tochter zur Welt. Das Kind wurde ihr sofort weggenommen und von einer anderen Familie aufgezogen. Ihre Tochter ist jetzt gestorben, so daß Ramona nur noch ihre beiden Söhne hat. Einer lebt weit weg in Guayaquil. Der andere wohnt hier in Vilcabamba, aber er besucht sie nicht einmal.

So lebt Ramona allein in ihrem kleinen, dunklen Haus. Und wenn sie vor die Tür geht, werfen die Nachbarkinder Steine nach ihr.

Ihre runzlige Hand, schwarz vor Dreck, klammert sich an Vanellas Hand.

»Wie kommt es, daß Sie so lange leben, wo Sie doch so ein hartes Leben hatten?« fragt Vanella und streichelt sie tröstend.

»Ich weiß nicht«, murmelt Ramona leise und schnieft. »Vielleicht liegt es am Klima hier, vielleicht weil ich immer gegessen habe, was das Land mir gibt.«

Sie sieht zu Vanella auf und lächelt durch einen Tränenschleier. »*bonita*«, wimmert sie und berührt ihre Wange. »… *bonita*.«

Manchmal wundere ich mich, wie der Zufall unsere Karten mischt – zum Beispiel, wenn wir irgendwo aufkreuzen und fragen, ob wir mit den Ältesten sprechen dürfen. Oft haben wir kaum Einfluß darauf, zu wem wir gebracht werden. Und nicht immer strotzen sie vor Gesundheit und Kraft.

Jemand erzählt uns, daß in Tumianuma – einer kleinen Gemeinde in einem Nachbartal – ein paar wirklich alte Leute leben. Wir werden auf einem offenen Lastwagen ans Ende der Welt mitgenommen, springen herunter und stehen auf einem staubigen Fleck, der weder Straße noch Platz ist. Keine Menschenseele ist zu sehen, nur eine Herde Ziegen, die sich auf den Bänken im Schatten eines mit Brettern vernagelten Hauses räkelt. Sie sehen fast menschlich aus, wie sie da sitzen.

Eine winzige Gestalt taucht in der Ferne auf und bewegt sich langsam durch die flimmernde Hitze auf uns zu. Als der Jemand nahe herangekommen ist, sehe ich, daß er einen Fuß durch den Sand nachzieht. Es ist der Dorftrottel. Sein Gesicht unter einem verdreckten, alten Hut ist verzerrt und zuckt krampfartig. Er spricht völlig unverständlich.

Wir hören eine Tür knallen, drehen uns um und sehen einen anderen Mann auf uns zukommen, der herausfinden will, wer wir sind. Er schimpft mit dem armen Idioten und scheucht ihn weg.

»Hier hat mal eine alte Lady gelebt«, sagt er und kratzt sich am Kinn, »die war 140. Aber die ist vor acht Jahren gestorben.«

Dann winkt er uns zu einer wahren Bruchbude. Ein alter Mann liegt dort auf dem Boden. Er heißt Juan Francisco Flores und besitzt nur noch die Lumpen am Leib und eine verbeulte Blechtasse. Juan Francisco liegt im Sterben. Von all den Leuten, denen wir bisher begegnet sind, ist er dem Tod am nächsten, dessen bin ich mir sicher. Ihm bleiben nur noch wenige Stunden. Wir drücken ihm sanft die Hand und sprechen eine Weile mit ihm, so gut wir können.

»Ich weiß nicht, wahrscheinlich bin ich inzwischen 7000 Jahre alt«, bringt er mühsam hervor, während er mit rasselnder Brust um Atem ringt.

Er hat sein ganzes Leben in Vilcabamba zugebracht, aber er war nie verheiratet und hat keine Kinder. Hier in Tumianuma wurde er geboren. Jetzt ist er hierher zurückgekehrt, um seine letzten Tage zu Hause zu verbringen.

»Ooooh, das alles ist schon so lange her«, flüstert er.

Ich schaue in sein ausgezehrtes Gesicht. In seinen müden Augen ist immer noch Licht. Er will uns mehr erzählen und versucht, sich aufzusetzen. »... ich dachte heute morgen, ich würde sterben, aber nein.« Er ächzt vor Schmerzen. »Ich weiß nicht, wie lange das noch weitergeht mit mir ...«

Vanella und ich sehen einander an und lächeln verzagt. Dann lächeln wir tapfer für Juan Francisco. Vorsichtig atmet er aus, und wir harren einen schweigenden Augenblick lang mit ihm aus, während er nach Luft ringt.

Wir können nicht viel tun. Normalerweise würden wir ihm Gesundheit und noch ein langes Leben wünschen, aber als wir Juan Francisco allein lassen, gibt es wenig mehr zu sagen als ein aufrichtiges »Adios!«.

Wir nehmen die Straße nach San Pedro. Das Dorf San Pedro de Vilcabamba thront auf einem Hügel nördlich des Heiligen Tales, seine Häuser drängen sich um die Kirche, als suchten sie Schutz. Eine alte Wagenspur führt aus dem Dorf hinaus, durch den Wald hinunter und am Flußufer entlang. Wo die Wagenspur zu einem Pfad wird, mit Gattern, die geöffnet und geschlossen werden müssen, überspannen zwei Fußgängerbrücken den Fluß. Eine ist genial aus Holzstücken und Zaundraht zusammengebastelt; für die Überquerung braucht man Mut, ein gutes Gleichgewichtsgefühl und einen festen Griff. Die zweite Brücke ist eine vertrauenswürdigere Konstruktion. Ich stehe in der Mitte, die Wasser gleiten schäumend unter mir durch. Vanella lehnt an einem Pfeiler.

Wir stehen und sehen zu, wie das Zwielicht alle Schärfe des Tages auflöst. Die Farben kühlen ab zu Tönungen in Malve und mattem Strohgelb. Die Dachgiebel und der Kirchturm von San Pedro weiter flußabwärts sehen ausgesprochen mittelalterlich aus. Vor uns ist ein steiler Abhang in säuberliche Anbauterrassen unterteilt.

Ich werde diesen Augenblick immer in Erinnerung behalten.

Zwei kleine Jungen, Brüder, treiben parallel zum Hang die Esel nach Hause. Wir können sie mit ihren hellen Stimmen rufen hören. Ihr Hund bellt und scheucht die Tiere mit großspurigem Gehabe vorwärts. Sie sehen uns nicht. Wir sind vollkommen still, verfolgen mit den Augen, wie sie die Pfade entlang auf ein kleines an den Hang geklebtes Häuschen zutrotten, wo schon ein Feuer flackert.

Und wir spüren, daß wir einen Blick auf ein Leben erhascht haben, das sich seit hundert Jahren nicht verändert hat.

Hokuspokus

Heute, am Tag der Toten, haben sich alle draußen auf dem Friedhof versammelt. Das Wetter hält sich, und hinter der Stadt Copacabana glitzert das Wasser des Titicaca-Sees wie ein Saphir in den Krallen des Altiplano.

Die Leute, die sich zwischen den Gräbern niederlassen – Gräber, die oft kaum mehr sind als kompakte Erdhügel mit einfachen Kreuzen und ein paar Blumen in einer Bierflasche –, sind offenbar in bester Stimmung. Ganze Familien von Aymara-Indianern haben sich um ihre Lieben geschart und sprechen Gebete für die verlorenen Seelen, die womöglich noch im Fegefeuer schmachten. Die Männer, in bescheidenes Schwarz gekleidet, leiten die Kinder mit ihren hoffnungsvoll gefalteten Händen beim Singen an. Und die Frauen hocken mit ihren schwarzen Schals und den abenteuerlich schief sitzenden melonenartigen Hüten zu zweien und dreien zusammen und freuen sich auf einen zünftigen Tratsch.

Gegen Mittag haben sie ihre religiösen Pflichten erfüllt und ergießen sich über den Hang wie ein Schwarm Krähen auf Futtersuche. Einkaufstaschen werden abgesetzt, Tücher von den Körben genommen und auf dem Boden ausgebreitet. Die Kleinen bekommen große Brotstücke, Flaschen werden entkorkt; die Feier kommt in Schwung und dauert fort, bis der Tag zur Neige geht.

Als die Dunkelheit hereinbricht, musizieren sie gemeinsam – eine Gitarre, ein Akkordeon, Trommeln mit ratternden Rhythmen und Flöten, die Melodiefragmente pfeifen. Dann schlängelt sich eine Prozession die staubige Straße entlang und durch enge Kopfsteinstraßen in die Stadt zurück. Hochstimmung und Alkohol treiben die Menschen auf den Hauptplatz. Die älteren Männer suchen sich Partnerinnen, und bald wirbeln unter Geschrei und Klatschen aufgeplusterte Röcke und rosagesäumte Petticoats durch die Nacht.

Morgens sitzen Vanella und ich draußen und genießen ein bißchen die Sonne. Von unserer Bank auf dem Platz aus sehen wir zu, wie die Welt an uns vorüberzieht. Wir üben schon mal für unser Alter. Auf fast 4000 Meter Höhe ist die Luft, die wir uns reinziehen, dünn und trocken. Darum verbietet sich hier oben jedwede Hetze. Den rotbackigen Aymara-Ladies muß man das nicht sagen. Ihre Bündel über den Rücken gehängt, stapfen sie in gleichmäßigem Tempo vorüber. Ihre Arbeitsfarben sind leuchtendes Rosa, Lila und Blau in schmalen Streifen; ihre Alltagshüte sind dreckverschmiert. Die Männer, düster wie Maulwürfe, lungern lieber an den Straßenecken herum, die Augen wegen des grellen Lichtes halb geschlossen. Niemand schenkt uns viel Beachtung: Sie glauben, wir seien gekommen, um ihre Mutter Gottes vom See zu sehen. Das Ruhmreichste, was das Städtchen Copacabana am bolivianischen Ufer des Sees zu bieten hat, ist der Schrein der Schwarzen Madonna. Hier sind Wunder geschehen, so jedenfalls ist es nachzulesen.

Ein mit Blumen und Wimpeln geschmücktes Auto hält vor den Stufen der Kathedrale. Es ist ein Opala-Saloon, einem alten Ford Cortina entfernt ähnlich. Das äußerst klapprige Auto in gebrochenem Weiß mit einem roten Streifen gehört einem Aymara-Gentleman und seiner Familie. Ein Dutzend oder mehr aufgekratzte, erwartungsvolle Erwachsene und Kinder in aufsteigender Größe klappern jetzt die Reihe winziger Verkaufsstände neben den Toren ab und kaufen all die Kinkerlitzchen, die sie sich leisten können.

Quer über den weitläufigen Hof unter den hochaufragenden weißen Mauern der Kathedrale sehen wir eine einzelne Gestalt auf uns zuhinken: ein fröhlich wirkender Priester in braunem Habit, um die Taille eine Kordel mit Quasten. Der alte Herr ist europäischer Abstammung. Er begrüßt alle reihum, schnappt sich eine rote Nelke aus dem Autoinneren und kommt schnell zur Sache. Die Kühlerhaube steht offen; er tunkt die Blume mehrmals in seinen Kupferkrug und sprengt Weihwasser über den ganzen Motor. Dann dippt er jedem Familienmitglied dreimal die nasse Nelke auf den Kopf und anschließend auf die Hände – für die ruhige Hand am Steuer. Wahrscheinlich sagt der Priester: »Fahrt vorsichtig. Fahrt langsam, und der Herr wird über euch wachen.« Dann besprengt er das Auto innen, abschließend noch ein paar Spritzer aufs Dach, und schon macht er sich wieder auf den Weg zurück in sein Kloster; den Rest aus dem Krug spritzt er im Vorbeigehen einer Promenadenmischung aufs Fell, die sich auf den Stufen räkelt.

Die Korken knallen. Alle fallen sich in die Arme. Konfetti und frische Blumen werden über den Opala geworfen, der gerade seinen Gottesdienst hatte. Die Kinder zünden Knallfrösche. Kisten voll dunklem Bier einer hiesigen Brauerei werden herangeschleppt, und eine überschäumende Jugend bespritzt damit freigebig das Auto von innen und außen und an allen vier Rädern. Jemand holt eine Polaroid-Kamera heraus, alle rücken zusammen und werfen sich steif und ernst in Pose. Dann scharen sie sich um das Auto, um die Resultate wie Zauberei erscheinen zu sehen. Sie glauben fest daran, daß jetzt alles in Ordnung ist und sie auf ihren Reisen in Sicherheit sind.

»Glaubst du an Wunder?« murmelt Vanella mir ins Ohr.

»Ich weiß nicht … ich bin mir nicht sicher. Jedenfalls nicht an diese Sorte. Das ist wie nie unter einer Leiter durchgehen. Oder wie die Zahlen.« Zimmernummern, Telefonnummern, alles, was mit sieben zu tun hat, bringt Glück – daran glaube ich ganz naiv. Irgendwie bestätigt sich das auch immer. Und 13 – das bringt Unglück.

»Und was ist mit dem heiligen Christophorus?« ergänze ich.

»Wir tragen diese Dinger um den Hals, weil er uns vielleicht eine Art Schutz gibt. Und weil Mum sie uns gegeben hat. Es ist trotzdem irrational. Warum sollte ein Stück geprägtes Silber irgendwas bewirken?«

»Aber du glaubst, daß es eine Macht gibt, die größer ist als wir, oder nicht?« fragt Vanella.

»Ja, du weißt schon. Meine gute, alte Lebenskraft.«

»Also ...?«

»Ein Wunder suggeriert, daß es eine Art göttlicher Einmischung gibt.«

»Außergewöhnliche Dinge geschehen aber tatsächlich.«

»Ich weiß, aber ich kann nicht an einen Gott glauben, der so ein bißchen Wunder herbeizaubert, wenn Ihm gerade danach ist.«

»Hmmm. Kommen die Wunder nicht aus uns selbst?« Gerade fährt ein Bus voller Pilger vor und wirbelt eine kreideweiße Staubwolke auf.

Wir finden *el colegio*, die Schule, am Stadtrand, setzen uns in den Schulhof und warten. Die Kinder können ihre neugierigen Augen nicht von uns losreißen, aber noch halten sie Sicherheitsabstand. Ein Junge traut sich, auf uns zuzugehen und uns frech in die Augen zu starren. Als ich mich vorbeuge und »Hola!« sage, huscht er davon und versteckt sich hinter seinen Kumpels. Die Mädchen drängen sich in einer Gruppe zusammen, flüstern und kichern nervös.

Clementina sieht der Begegnung mit uns sogar noch aufgeregter entgegen als die Kinder. Sie ist ein Indianermädchen, Ende Zwanzig, und die Englischlehrerin der Kinder. Unentwegt quasselnd führt sie uns geradewegs zum Büro des Schulleiters und stellt uns ihrem Chef übertrieben förmlich vor. Offenbar ist *el director* allerdings mehr daran interessiert, über die schwindende Größe und abnehmende Artenzahl der Fische im See zu diskutieren. Dann werden eine nach der anderen schüchterne Teenager in blauen Schuluniformen hereingebracht, um uns zu sagen, wer der Älteste in ihrer Familie ist. Ein Mädchen namens Maritza ist einverstanden, uns mit zu ihrer Urgroßmutter zu nehmen.

Und so folgen wir am nächsten Nachmittag der alten Inka-Straße aus der Stadt hinaus auf die Sonneninsel zu. In der Nähe eines Ortes namens Titicachi nehmen wir in bedächtigem Tempo einen Hang in Angriff. Die Sonne brennt gleißend und erbarmungslos auf uns herunter. Die Luft ist so rein, daß sie herb schmeckt.

Fernes Eselsgeschrei über der Abbruchkante kündigt eine friedliche Szenerie an; ein Gürtel alten Farmlandes fällt sanft zum See hin ab. Winzige, runde Gestalten mit Hüten arbeiten gebückt auf ihren Feldern – unregelmäßige Streifen aus gepflügter Erde oder frischem Grün. Hier und da schaffen es ein paar Schafe, auf kahlen Flecken des zerklüfteten Bodens noch etwas Freßbares zu finden. Am Ufer liegen zwei kleine Boote im Schilf vertäut, dahinter erstreckt sich der Titicaca-See wie ein Meer bis zum Horizont.

»Paßt auf die Skorpione auf!« ruft Maritza.

»Was tun die denn?«

Clementina hat uns schon erzählt, daß die Libellen, die an uns vorübergeschwirrt sind, unsere Haare stehlen und zu den Hexen tragen, wenn wir nicht aufpassen. Skorpione? Die stechen nur.

Als wir Maritza durch ein sonnenfleckiges Wäldchen aus schwankenden Eukalyptusbäumen folgen, plappert Clementina immer noch ohne Punkt und ohne Komma; sie erzählt jetzt irgendeine Geschichte über den Nachbarn von irgend jemandem, der mit Fröschen und Katzenhaaren und Hunden hext. Zauberei wird auch heute noch in weiten Kreisen praktiziert, sagt sie, und viele Leute in La Paz sind Kannibalen. Da ist sie sich ganz sicher.

Wir erreichen eine Gruppe Farmgebäude. Die Häuser, die noch genutzt werden, sind zwei Stockwerke hoch, die Mauern mit einer Lehmschicht verputzt, die zu einem rissigen Mosaik geworden ist. Gleich dahinter, etwas höher am Hang, sehen wir die leerstehenden alten Gebäude, die jetzt lautlos verfallen.

»Bisabuela! Bisabuelita!« ruft Maritza nach ihrer Urgroßmutter.

Schafe haben das Gras vor dem Haus zu einem kurzgeschorenen Rasen zusammengeknabbert, und dem leicht unangenehmen Geruch nach zu urteilen, der in der Luft liegt, haben ein paar von ihnen kürzlich ihr unvermeidliches Ende gefunden. Einige rohe Häute liegen zum Trocknen in der Nachmittagshitze.

Wir hören ein schleifendes Geräusch; eine kleine, alte Frau kommt durch eine verwitterte Holztür und schielt in die Sonne. Maritza beugt sich zu ihr hinunter und küßt sie. Dann halten sie sich an den Händen und sehen sich an, bevor sie sich zu uns umdrehen.

Sie geben ein wundervolles Paar ab. Das blühende Gesicht der jungen Maritza, die in Jeans, T-Shirt, einer roten Reißverschluß-Jacke und einer Schirmmütze mit coolem Design aus rosa und grünen Zickzacklinien auftritt. Ihre Urgroßmutter dagegen sieht aus, als trüge sie seit Jahren dieselben Kleider. Trotz der Hitze hat sie sich in zahlreiche Schichten aus Röcken, Strickjacken und Schals gewickelt, an denen hier und da etwas Stroh hängt. Eine große Sicherheitsnadel schließt ihr Unterhemd am Hals, für alle Fälle hat sie eine zweite an ihrer Brust befestigt. Ihr hellbrauner Hut mit dem blassen Band am Rand ist fleckig und staubig. Die beiden Frauen sind die Verkörperung all dessen, was alt und neu unterscheidet.

Juana Mamani de Pilco ist der Name der alten Frau. Sie neigt leicht den Kopf, als wir uns die Hand geben. Ihre Haut fühlt sich trocken und hart an wie Tierhaut. Nervös fuhrwerkt sie herum, geht davon und kommt mit einer Decke wieder, die wir auf der Grasfläche ausbreiten. Dann hockt sie sich mit dem Rücken zur Sonne an die niedrige Steinmauer, und wir alle sitzen im Kreis um sie herum.

»Als ich so alt war wie Sie, trugen wir keine Schuhe«, sagt Juana Mamani mit piepsiger Stimme. »Unsere Röcke waren aus Tierhaut gemacht. Wir lebten von getrockneten Kartoffeln, nichts als Kartoffeln jeden Tag. Wir wußten gar nicht, was Kaffee oder Tee war. Hier draußen gab es kein Gesetz, keine Behörden, keine

Schulen, so wie heute. Diese jungen Leute haben so ein Glück, daß sie lernen dürfen.«

Sie lächelt Maritza an; ein Ausdruck von matriarchalischem Stolz zieht sich über ihr ledriges, rundes Gesicht. Ihre Gesichtszüge sind verhärmt und voller Runzeln, und von ihren vergilbten Zähnen sind ihr genau zweieinhalb geblieben.

Ihr Sohn Justino hat uns von weitem gesehen und kehrt vom Feld zurück. Er legt seinen Spaten und die kleine Sichel ab und reibt sich die dunkle Erde von den Händen. Zu seiner Arbeitskleidung gehört eine dunkle Nadelstreifenhose. Seine großen, braunen Augen sehen uns fragend an; beflissen schüttelt er uns die Hände und hockt sich dann nieder, um herauszufinden, was hier vor sich geht.

»Urgroßmutter glaubt an die Aymara-Religion«, erzählt uns Maritza.

Ich frage mich, wieviel von den alten Religionen wohl überlebt hat. Ich habe gehört, daß die Aymara noch die Erde als Quelle allen Lebens verehren. Sie nennen sie Pachamama, Mutter Erde. Auch vor der Sonne haben sie sich einst verneigt, als sie unter dem Joch der Inkas lebten, den einstigen Nachbarn.

Wir erfahren, daß Juana Mamani mittwochs, donnerstags und samstags zu Gott betet. Als sie einmal krank war, hat ein eingeborener Doktor sie angewiesen, an diesen Tagen Bittgebete zu Gott zu schicken. Montags, dienstags, freitags und sonntags seien heilige Tage und deshalb nicht so günstig. Mittwochs, donnerstags und samstags dagegen sei Gott weniger stark beansprucht.

»Es gab eine Zeit«, sagt Juana Mamani, »da bedeutete Gott Ama Llulla … Ama Quella … Ama Suwa. Gott war diese drei Dinge.«

Ama Llulla. Ama Quella. Ama Suwa. Sei kein Lügner. Sei nicht faul. Sei kein Dieb.

»Nach dem Gesetz der Inkas stand auf Verfehlungen gegen diese drei Gebote eine bestimmte Strafe«, erinnert sie sich. »Wenn jemand als Dieb überführt wurde, schlug man ihn. Wenn er wieder stahl, wurde er ausgepeitscht. Beim dritten Mal wurde ihm die Hand abgehauen.«

»Wer war denn dieser Gott?« frage ich.

»Wir Aymara-Leute verehrten die Sonne und den Mond«, antwortet Justino und zeigt zur Sonneninsel, von der die Inkas glaubten, sie sei der Ursprung aller Schöpfung.

»Wenn man das Wasser der alten Quellen dort trinkt, bleibt man für immer jung«, ergänzt die gut informierte Clementina.

Die Mondinsel liegt auch ganz in der Nähe. Der Legende nach existierte dort schon eine Menschenrasse, bevor die Sonne geboren wurde. Und als die Sonne erschien, lebten sie unterirdisch weiter. Justino behauptet, die Archäologen hätten ihre Knochen gefunden.

Juana Mamani flüstert mit Maritza. »Durch die Kirche«, sagt sie. »Gott existiert durch die Kirche.«

»Sie glaubt auch an die katholische Religion«, bestätigt Maritza.

»Wir kennen jetzt die Geschichte von der Geburt Jesu und seiner Himmelfahrt«, sagt Justino.

»Wann hat das Volk der Aymara von Jesus erfahren?«

»Vor langer Zeit«, sagt Juana Mamani, »aber es fand ein wichtiges Treffen statt, auf dem beschlossen wurde, unsere Religion zu ändern, von Aymara zu katholisch.« Sie erinnert sich, daß das geschah, als sie noch ein kleines Mädchen war.

»Sie begannen, an Gott den Vater, den Sohn und den Heiligen Geist zu glauben«, erklärt Justino, »und an das Kommen des Herrn Jesus Christus. Er kam vom Himmel auf die Erde. Und weil Jesus auf die Erde gekommen ist, gehörte die Erde Gott. Deshalb mußten die Aymara an Ihn glauben, weil sie die Erde brauchten, um zu überleben.«

Ich denke noch über die Eleganz dieser missionarischen Logik nach, die Pachamama passenderweise zum Eigentum der heiligen Dreieinigkeit macht, als Juana Mamani Maritza plötzlich am Arm zieht.

»Die Sonne«, piepst sie. »Sie brennt.«

Es geht um meine Nase; offenbar hat sie sich leuchtend rot verfärbt. Justino springt auf und holt einen schwarzen Regenschirm mit zwei wackeligen Streben und ohne Griff, mit dessen Hilfe Juana Mamani für etwas Schatten sorgt. Ihr reicht zu diesem Zweck ein Hut.

Justino bringt dann noch einen anderen Hut aus dem Haus und bürstet ihn sorgfältig und liebevoll ab. Er gehörte einmal Juana Mamanis Mutter und ist ein seltenes, muffiges, altes Ding, handgemacht aus gefilzter Wolle. Er wäre eine schöne Requisite für ein Porträtfoto, aber Juana Mamani ist nervös. Ich könnte ihre Seele in meinem schwarzen Kasten mitnehmen. Ich verspreche, das nicht zu tun, und Maritza verspricht es auch. Da faßt Juana Mamani Zutrauen zum Neuen und willigt ein.

Als die Sonne über dem See untergeht, tauschen wir Geschenke aus. Wir bieten Juana Mamani Kekse und Schokolade vom Geschäft in der Stadt an. Sie gibt Maritza eine Tüte Kartoffeln und ein paar Kräutersträußchen, die sie der Familie mitbringen soll. Dann begleitet sie uns bis zum Pfad, während Justino davongeht, den Hügel hinunter, und dabei in die Hände klatscht, um die Vögel zu verscheuchen.

»Hier, nehmt etwas davon«, sagt sie, pflückt eifrig Eisenkrautzweige und schiebt sie Maritza in die Tasche. »Da ist auch noch Kamille und Nessel. Ihr könnt sie aufkochen und als Tee trinken.«

Maritza nimmt die Hände ihrer Urgroßmutter und drückt sie. Sie lächeln, schauen sich gegenseitig liebevoll an und ermahnen einander, gut auf sich aufzupassen.

»Juana Mamani, warum leben Sie so lange?« frage ich endlich, als wir uns verabschieden. Sie sieht mich an, als hätte sie nie zuvor darüber nachgedacht. »Na ja, ich lebe hier«, sagt sie achselzuckend und weist über das Land, »und Gott … Gott kümmert sich immer um mich.«

Ich bin mir nicht ganz sicher, wen sie meint – Gott den Vater, Gott die Sonne oder Gott die Mutter Erde?

Als wir beim Eukalyptuswald sind, drehen wir uns noch einmal um, um zu winken. Aber alles, was wir sehen, ist eine gebückte kleine Gestalt mit einem runden Hut, die zwischen den Büschen auf Kräuterjagd geht.

Hinter der Kirche des San Francisco finden wir oben am Hang, dessen Steilheit den unvorbereiteten Fremden nach Luft schnappen läßt, die La-Paz-Filiale der Gemischtwarenhandlung für Hexen. An diesen wenigen Verkaufsständen, die auf dem Kopfsteinpflaster einer Seitenstraße aufgestellt sind, können wir aus Säcken, Taschen, Gläsern und Kisten unsere Auswahl treffen. Gegen jedes Leiden gibt es ein Heilmittel.

Vanella inspiziert ein auf Blechtellern ausgelegtes farbenfrohes Potpourri: Steine, Mineralien, Samenschoten aus dem Regenwald und irgendwelche leuchtendgelben Larven.

»Können Sie mir sagen, wofür das ist?« frage ich auf gut Glück und deute auf ein Stück Seestern. Die pummelige Lady mit dem geflochtenen Haar grinst und zeigt uns ihre schwarzen Zähne. Dann tippt sie sich an die Stirn. »*Murrio*«, sagt sie. Seestern hilft bei Depressionen.

Um unserem Glück auf die Sprünge zu helfen, können wir uns ein kleines Glasfläschchen voll Öl kaufen, in das man irgendein rotes und grünes Gemüse, einen schwimmenden Samen und ein winziges Hufeisen aus Kupfer hineingestopft hat. Oder vielleicht sollten wir lieber in dieses Arrangement im Taschenformat investieren: eine Babymuschel, ein rotes und ein schwarzes Samen korn, ein verziertes Herz, ein Kristall und der Schnipsel eines Bandes; das Päckchen ist nur fünf Zentimeter groß, in eine Plastiktüte verpackt und mit goldenem Faden verschnürt. Auf der Rückseite garantiert uns die schlechte Photokopie eines Gebetes Glück und Reichtum. Als nächstes finden wir, in ein Stück eines Computerausdrucks eingeschlagen und so groß wie eine Streichholzschachtel, ein Nest aus roter Wolle, in dem zwischen zwei kleinen Specksteinfiguren zwei verschiedenartige Samenkörner liegen, obenauf Plastik-Lamé und Metallspäne. Das ist für Liebe und Fruchtbarkeit. Und sollten wir ein Haus bauen und keinen frischen zur Hand haben, brauchen wir einen getrockneten Lama-Fötus. Die Föten sind in einem Korb aufgehäuft und sehen aus wie die Vertreter irgendeiner grotesken außerirdischen Lebensform. Eines müßten wir dann der Pachamama opfern.

Wir lassen das Lama liegen, können aber bei ein bißchen Liebe und Fruchtbarkeit nicht widerstehen.

»Wann kommen wir drei uns wieder entgegen?« frage ich – die alte Hexenfrage aus Macbeth, als wir die Aymara-Lady hinter uns lassen, die ihre Bolivianos zählt.

In meiner Tasche trage ich ein Stück blaßgrünes Papier mit mir herum. Seit Tagen liegt es dort und ist eselsohrig und faserig geworden. Jedes Mal, wenn es herausfällt, sehe ich den mit schwarzem Kugelschreiber hingekritzelten Namen: Señor Don Joaquín Gantier. Wir wissen sehr wenig über den Mann, nur daß wir ihn finden müssen – um jeden Preis. Die freundliche Dame, die ihn schließlich für uns aufgeschrieben hat, war gerade im Begriff, sich zu verabschieden, als sie die Hände hochwarf und rief: »Aber natürlich! Wie konnte ich das vergessen? Don Joaquín! Sie müssen Don Joaquín sehen. Fragen Sie in der Casa de la Libertad nach ihm.« Dann lächelte sie, ein wissendes Lächeln, in dem ich die Verheißung auf etwas sah, das wir nicht verpassen durften.

Ich halte meinen Papierfetzen fest, als wäre er ein Talisman, der uns sicher zu ihm bringen wird. Ich habe das Gefühl, als sollte es so sein, genauso wie alles andere, was uns in diesen Tagen geschieht, irgendwie so sein soll.

Und so begeben wir uns vertrauensvoll nach Sucre, der alten Hauptstadt, und die Stadt heißt uns mit ihrem zivilisierten Charme willkommen. Hier wurde 1825 in einer Jesuitenkapelle, die später Boliviens Regierungssitz wurde, die Unabhängigkeitserklärung unterzeichnet. Draußen auf der Mauer finden wir eine Plakette mit der Aufschrift: »Die Menschen von Sucre erweisen Joaquín Gantier, Hüter der Casa de la Libertad, ihre Reverenz …«

»Don Joaquin? Heute geht es ihm nicht gut«, sagt der Uniformierte hinter dem Schreibtisch. Widerwillig hebt er den Hörer ab und wählt. Seine Unterhaltung ist rasch beendet; unser Mann sieht verblüfft drein. »Don Joaquín sagt, Sie müssen sofort kommen.«

Noch in derselben Stunde hocken wir auf einem faltigen Ledersofa, dessen uralte Sprungfedern unter uns ächzen. Wir sind hingerissen. Der einzigartige Don Joaquín Gantier Valda – Autor, Dichter, Dramatiker und Historiker – beherrscht sogleich die Szene. In bequemer Kleidung – ein dunkelgrüner Hausmantel aus Kordsamt mit weitem, weichem Kragen und eine geknöpfte Wolljacke – sitzt er uns in einem alten Holzstuhl mit wunderschön geschwungener lederbezogener Lehne gegenüber. Er hält seine Eröffnungsrede, noch bevor wir die Gelegenheit haben, ihm zu erklären, warum wir hier sind.

»Lesen Sie die erste Seite von Kolumbus«, beschwört er uns. »Dort wird die ursprüngliche Begegnung zwischen der spanischen Kultur und Amerikas Wilden beschrieben …«

Don Joaquín gibt seinem Publikum eine Vorstellung. Hohes Drama. Er spricht mit Betonung und sehr gefühlvoll.

»Und hat es Schießereien gegeben? Wurde getötet?« ruft er und wendet sich mit erwartungsvoller Miene uns zu. »Nein! Was geschah, war, daß der Neuen Welt die Gegenwart des einen Allerhöchsten Wesens gebracht wurde. Sie können das nachlesen.« Und nach einer kurzen Pause: »In den 50 Jahren in der Casa de la Libertad wollte ich nur eines: VEREINIGUNG!«

Er schüttelt die geballten Fäuste und das Wort hallt im ganzen Haus wider. Dann hält er inne, um Bilanz zu ziehen – lange genug für uns, um etwas über den Zweck unseres Besuchs zu erzählen.

»Ah! Sie haben die Welt gesehen«, sagt er aufmerksam. »Das ist gut, sehr gut. Sie bewahren sich Ihre Aufgeschlossenheit.« Als wir ihm mehr erzählen, wischt er sich den stattlichen, weißen Schnurrbart und nickt. »Was für eine Idee!« schnauft er. »Das ist … oh … Leben! Sind Sie verheiratet? Haben Sie Kinder? Vielleicht bald? Aha. Und wie lange sind Sie schon verheiratet? Erst vier Jahre? Macht nichts. Sie müssen nur zu Gott beten und so weitermachen – das ist alles!« brüllt er und lacht laut aus vollem Hals.

Don Joaquín empfängt Besucher in einem gemütlichen, quadratischen Raum, von dem aus man nach drei Seiten Aussicht auf die zufällige Geometrie von Terrakotta-Dächern hat. Ansonsten hat der Raum den Zweck, ein Lebenswerk zu rühmen. Und so sind wir von gerahmten Diplomen und Auszeichnungen für besondere Verdienste, von Silbertellern mit Inschrift, ein oder zwei Büsten des Mannes und einer Karikatur umgeben – von allem möglichen persönlichen Schnickschnack eben.

Aber er ist schon wieder ganz woanders und erzählt uns jetzt über La Glorieta, ein altes Herrenhaus außerhalb der Stadt mit Gärten im arabischen Stil. Dort, sagt er, können wir ein Bild von Alfonso XIII. sehen, dem König von Spanien, der um die Jahrhundertwende Königin Viktorias Enkelin heiratete. Wir mühen uns, mit ihm Schritt zu halten, denn Don Joaquíns Logik ist unberechenbar. Er kann mit den dürftigsten kausalen Verknüpfungen von Thema zu Thema hüpfen. Als nächstes redet er über den Koran und daß er den Malern verbiete, Menschenbildnisse anzufertigen. Dann springt er zu Velázquez. Velázquez muß etwas maurisches Blut in den Adern gehabt haben, denn er hat Christus so gemalt, daß der Betrachter das Gesicht nicht sieht. Dalí? Dalís Christus hat überhaupt kein Gesicht.

Kaum hat Don Joaquín einen Gedanken mit einem Schnörkel abgeschlossen, wird er schon von einem anderen fortgerissen. Und so stürzt er sich in eine Geschichte über Juana Azurduy de Padilla, eine historische Gestalt, über die er einmal in einem seiner Bücher geschrieben hat.

Während er erzählt, beobachte ich ihn fasziniert. Da ist Eindringlichkeit und soviel Energie spürbar. Seine Hände sind ständig in Bewegung, sie deuten, bekräftigen, unterstreichen. Das weiße Haar ist zurückgekämmt, die Augenbrauen sind dick und borstig. Zwar gehört das Gesicht einem älteren Mann, aber es könnte fast eine Maske sein. Denn der Geist, der in ihm tanzt, ist hellwach und schnell, und jede Rolle spielt er mit der gleichen Vitalität, vom ernsthaften Kommentator bis zur spielerischen Neckerei. Alles ist in seinen Augen. Sie leuchten dunkel, wie kostbare Perlen. Ich glaube, Don Joaquín ist teils spanischer Edelmann, teils Hexer.

Jetzt wendet er sich mir zu, die Hände über den Ohren, als wolle er gestisch unterstreichen, wie sehr der Schnurrbart und die großzügig angelegte Nase, die am Ende eingekerbt ist wie ein geplatzte Wurst, das Gesicht dominieren. Er will, daß Vanella sich die Ohren zuhält. Als sie es tut und behauptet, nichts mehr zu hören, dreht er sich wieder zu mir um und flüstert würdevoll: »Ich bin 93 und ein halbes Jahr, aber ich will nicht, daß mich die Damen für zu alt halten. Ich will mich unterhalten und wie ein normaler Mensch behandelt werden, trotz meines Alters.« Er hebt seine Augenbrauen und nickt augenzwinkernd zu Vanella hinüber – sie ist erlöst.

Jetzt schaut er sich um, als hätte er noch etwas vergessen. Unvermittelt steht er auf, und wir folgen ihm zu einer Vitrine an der Wand.

»Es gibt keinen zweiten Mann in Bolivien, der so viele Auszeichnungen bekommen hat«, sagt er, klopft an das Glas und zeigt uns grinsend die Medaillen mit ihren bunten Bändern auf rotem Brokat. »Diese hier ist die neueste, vom König von Spanien.« Und er nimmt das Photo heraus, das ihn und den König auf den Stufen der Casa de la Libertad zeigt. »Sehen Sie, diese hier ist vom Präsidenten von Deutschland und seiner Frau Marianne.«

Don Joaquín verstummt, weil ihm gerade eine neue Idee durch den Kopf schießt. Er führt uns in die Mitte des Raumes, die Ellbogen angehoben, die Stirn vor Entschlossenheit gefurcht.

»Kommen Sie, geben Sie mir Ihre rechte Hand«, sagt er. »Jetzt geben Sie mir Ihre.«

Er nimmt unsere beiden Hände, legt sie ineinander und hält sie in seinen eigenen warmen fest. Dann blickt er in unsere Gesichter, wartet auf seinen Moment.

Mit feierlich ruhiger Stimme spricht er: »Dies ist für die Ewigkeit bestimmt, unvergänglich.« Er neigt den Kopf. »Jetzt dürfen Sie ihr einen Kuß geben.«

Wir lächeln, sehen einander in die Augen. Wir sind Mann und Frau. Wir sehen im anderen unseren Seelengefährten, unseren Reisekameraden. Was immer wir einmal zwischen uns glaubten: Diese Reise ist jetzt alles, was wir haben. Wir küssen uns.

»Bravo!« ruft er. »Wie schön das anzusehen ist. Kommen Sie ...« Seine Hand winkt uns noch näher, wir neigen unsere Köpfe und hören genau zu. Ich fühle seinen Atem an meinem Hals. Die Maske steckt voller Schabernack. Irgendeine Hexerei ist da im Gange.

Er spricht Vanella an. »Aus seinen Augen kann ich ablesen, daß er Sie mehr liebt als Sie ihn.«

Vanella denkt darüber nach, und Don Joaquín wartet, den Kopf in Schieflage wie ein Vogel.

»Nein, das tut er nicht«, protestiert sie.

»*Muy bien, muy bien!*« jubelt er. »Haha ... Ich sage, daß er sie mehr liebt, und sie sagt: ›Nein, ich liebe ihn mehr.‹ *Muy bien!*«

Und dann verharrt seine Hand reglos in der Luft, er nimmt plötzlich eine poetische Haltung ein und verkündet: »Je mehr Sie lieben, desto mehr werden Ihre Augen weinen. Wenn ein Mann um hehrer Dinge willen weint, leuchten die Sterne am Himmel.«

Eine kurze, dramatische Pause lang hat er einen verzückten Gesichtsausdruck, dann entspannt er sich und führt uns, die ihr Treuegelöbnis gerade erneuert haben, zum Sofa zurück.

»Jetzt erzähle ich Ihnen mal, wie ich gelebt habe«, legt er wieder los, und wir nicken ein bißchen benommen.

»Eines Tages«, erinnert er sich, »saß ich hier in einem Zimmer mit Blick auf die Straße und schrieb. Plötzlich hörte ich draußen einen Mann schreien: ›Hier ist es.‹ Er platzte geradewegs herein und forderte: ›Geben Sie mir alle Briefe zurück, die meine Tochter Ihnen geschrieben hat!‹ ›Das werde ich nicht tun‹, sagte ich. Da schlug er mich mit seinem Stock, und ich schrie: ›Nein, ich werde Ihnen diese Briefe nicht geben!‹ Da peitschte er mich. Ich wurde aufs Sofa geschleudert, aber ich schaffte es, mit dem Fuß ein Eisen aus dem Feuer zu ziehen ... Dann zog er seine Pistole.« Don Joaquín drückt sich zur Demonstration zwei Finger in den Hals. »›Sie Feigling!‹ brüllt er den imaginären Feind von damals an: ›Erschießen Sie mich, wenn Sie ein Mann sind, aber ich werde Ihnen keinen einzigen Brief geben.‹«

Don Joaquín holt tief Luft und sieht prüfend nach, wie er ankommt.

»Ich habe sie immer noch!« sagt er triumphierend. »Wissen Sie, wer sie war? Sie war meine erste Frau, die Urenkelin des ehemaligen Präsidenten von Argentinien.«

Estelle war ihr Name, die intelligenteste und attraktivste von vier Schwestern. Sie war so schön, daß die Leute in Scharen herumstanden und gafften, wenn ihr Kommen angekündigt wurde.

Don Joaquín wird still, er hängt seinen Erinnerungen nach.

»Leider ist sie gestorben«, sagt er. »Sie hatte Krebs. Das war das einzige Mal, daß ich meinen Glauben verloren habe. Wir waren in São Paulo in Brasilien. Der Arzt kam und sagte mir, daß meine Frau im Sterben liegt. Er legte mir seine Hand auf die Schulter. Ich erinnere mich noch an sein kleines Büro. Auf dem Schreibtisch stand ein Bild von Jesus Christus. Am Fenster, das auf die Gärten hinausging, war ein Bild vom Gottvater. Ich wurde plötzlich sehr wütend. ›Nein!‹ schrie ich. ›Das ist doch Fetischismus. Die Dinger haben keine Macht.‹«

Don Joaquín seufzt tief und hebt den Finger, um etwas Abschließendes zu sagen, doch da wird er von seiner zweiten Frau, Maria Louisa, abgelenkt, einer spröden, silberhaarigen Dame, ein paar Jahre jünger als er. Sie hat ein Tablett mit Gläsern und rotem Wermutwein gebracht, damit wir unsere Herzen wärmen können.

»Sie sind also glücklich?« fragt er, als wir am Wein nippen.

»Ja, wir sind sehr glücklich.«

»Ah, *muy bien!* Freundschaft und Glücklichsein, darauf kommt es im Leben an. Für mich ist heute ein Glückstag. Wir sollten alle einfach so bleiben, wie wir sind. Wissen Sie, ich sollte eigentlich gar nicht hier sein. Ich bin eingeladen worden, in den Vereinigten Staaten an einer Konferenz teilzunehmen – ›Die Mission für eine bessere Welt‹. Ich habe einen Artikel geschrieben mit dem Titel ›Amerika‹; deshalb haben sie mich ausgewählt.«

»Und zu welchen Schlüssen sind Sie gekommen?«

»Da liegt der Punkt! Du mußt auf Einigung drängen. Nicht nur darüber reden, sondern es leben. Das Problem mit Lateinamerika ist, daß jeder Präsident sein will. Jeder Versuch, für das höhere Gute einzutreten, ist zum Scheitern verurteilt. Ich glaube an Einmütigkeit. Das ist es, was Bolivar wollte. ›Vereint euch! Vereint euch!‹ hat er einmal geschrieben. ›Wenn nicht, wird euch die Anarchie verschlingen.‹ Man hat damals keine starken Staaten begründet. Das ist es, was gefehlt hat. Und das ist es, was ich 50 Jahre lang in der Casa de la Libertad proklamiert habe. Vereinigung!«

Jetzt ist es Zeit für unseren Hausrundgang. Don Joaquín nimmt Vanellas Arm und führt uns hinaus zur Galerie, wo wir unter Säulenbögen auf einen schönen, sonnenbeschienenen Garten hinuntersehen und den Panorama-Blick über die Stadt und zu den blauen Hügeln jenseits bewundern. Er zeigt uns sein Schlafzimmer mit dem beruhigenden Duft von antiken Möbeln, den Miniaturen von Christus und dem silbernen Kreuz, das über dem Bett angenagelt ist. Dann stehen wir mit ihm vor einem ausgezeichneten Porträt seiner ersten Frau, Estelle, das im angrenzenden Raum hängt. Wieder draußen, entdeckt er das indianische Hausmädchen, das ruhig seinen Pflichten nachgeht.

»Würden Sie bitte die Tür dort schließen?« ruft er. Dann sagt er vertraulich zu uns: »Wir wollen uns keine Lungenentzündung holen. Sie sollten darauf achten, daß Ihr Mund immer geschlossen ist und Sie durch die Nase atmen. Sonst haben Sie keinen Filter, der die Keime abhält.«

Wir folgen jetzt seinem Beispiel und laufen mit Schnutenmund herum, zwei Finger wie Wäscheklammern über die Lippen geklammert.

Leben und Tod in Caracas

Ich nehme an, das war einfach überfällig. Heimweh wäre vielleicht nicht ganz das richtige Wort. Ich bin zum Überlaufen voll mit dem Leben und der Welt. Ich will zur Ruhe kommen. Ausnahmsweise einmal brauche ich nur Ruhe.

Ich meine, schauen Sie mich doch mal an: Mein T-Shirt ist ausgefranst, meine Hose abgewetzt und am Knie geflickt, die Farbe von der Sonne ausgebleicht. Die Vorderenden meiner Slipper haben sich so oft abgelöst, daß ich sie jetzt mit ungefähr drei Tuben Superkleber an die Sohlen geschweißt habe. Vanella geht es fast genauso. Das Spiralmuster ihres Rocks gibt eine praktische Tarnung für mehrere kleine, knubbelige Stellen, wo sie Löcher im Stoff gestopft hat. Wenn's drauf ankommt, können wir einigermaßen anständig aussehen, aber in Wirklichkeit werden wir von ein oder zwei Kilometer Faden und einem großen Stück des unschätzbaren Gaffer-Bandes zusammengehalten.

Ich habe schon lange vergessen, wie es ist, normal zu leben, seßhaft zu sein. Ich habe das Gefühl dafür verloren, seit langem schon. Manchmal vermisse ich die einfachen Dinge. Wann habe ich mir zuletzt ein Sandwich gemacht? Eine Scheibe frisches Brot abschneiden, im Kühlschrank nach Käse und grünem Pfeffer suchen; ein bißchen Mayonnaise und ein paar Tropfen Chili-Sauce. Was würde ich dafür geben, die Nacht in unserem eigenen Bett zu verbringen! Und die nächste Nacht wieder. Ich kann zur Zeit nur mit fest geschlossenem Mund duschen, damit das Ungeziefer draußen bleibt. Ach, mal was anderes anziehen, mich selbst wieder mit all dem bekannt machen, was einmal so vertraut war – so vertraut, daß ich es nur noch hinter mir lassen wollte. Genug, genug.

Caracas, Venezuelas Hauptstadt, hilft auch nicht weiter. Es sieht ganz so aus, als hätten wir das verlotterte Ende der Stadt erwischt. Hier starren uns die Einheimischen womöglich noch unverfrorener an als in China. Und die Pfützen aus getrocknetem Blut überall auf dem Gehsteig. Der Taxifahrer, der uns zum Postamt und zurück gefahren hat, erzählte uns von der Kluft zwischen Reich und Arm. Wenn du verwundet wirst und dir kein Krankenhaus leisten kannst, stirbst du eben.

Wir hängen herum und warten ab. Das Zimmer besteht aus einem Bett, einem Tisch, dem ständigen Rattern der Klimaanlage und einem knisternden Schwarzweißfernseher, der Wahlwerbung ausspuckt. Wenn doch nur Alejandro anrufen würde! Er ist unser Kontaktmann. Wir planen, die Küste entlang nach Westen zu fahren, um einen ehrwürdigen, alten Herrn zu treffen, den Bischof von Coro.

Alejandro ruft endlich an – und sagt, daß wir schon am nächsten Tag nach Coro aufbrechen müssen. Wir werden schlagartig aktiv und erledigen noch schnell ein paar lästige Pflichten. Am Spätnachmittag gehe ich kurz weg unter dem Vorwand, ich müßte ein paar Photos machen, weil ich Vanella ein Geschenk kaufen will – ein Paar Ohrringe, die sie in einem Schaufenster gesehen hat. Bald ist Weihnachten. Auf dem Rückweg schaue ich in unserer Stammbar vorbei, um mich mit Mineralwasser einzudecken. Und eigenartigerweise wirkt der Typ, der mich bedient, beunruhigt und sagt etwas über *la señora.* Er hat uns schon zusammen gesehen. Sein Spanisch ist zu schnell für mich, und ich nicke nur dämlich, als hätte ich verstanden. Aber er wiederholt es noch eindringlicher, und dieses Mal verstehe ich ihn. »Es ist besser, Sie schauen nach der Señora«, sagt er. Immer noch lächle ich. Beim Zurückgehen spüre ich dann, daß etwas nicht in Ordnung ist.

Vanella windet sich vor Schmerzen. Ihr Blick sagt mir alles.

»Das ist ein ganz schwerer!« ächzt sie und krampft die Arme um ihren Bauch. »Es ist ernst, ich weiß es. Komm, mach schnell! Mach deine Massage.«

Ich versuche jeden Trick, knete, ziehe, bearbeite ihren Unterleib. Aber es hilft nichts. Immer wieder halte ich mein Ohr an ihren Bauch. Nichts – kein Gurgeln, keine Regung, nur ein dunkles, erbarmungsloses Schweigen. Sie ist blockiert. Ihre Verkrampfung macht es nicht besser, deshalb versucht sie es mit Tiefenatmung, während sie mich losschickt, um Salz zu holen. Sie will, daß ihr schlecht wird, aber das funktioniert auch nicht.

»Nein, oh nein!« wimmert sie. »Was sollen wir bloß tun?«

Sie gerät in Panik. Nach einer weiteren halben Stunde bin ich entschlossen. »Wir müssen los. Wir brauchen Hilfe. Ich pack dir eine Tasche.«

Sie humpelt schmerzverkrümmt die Treppe hinunter. Ich frage den Mann am Empfang, welches der beiden Krankenhäuser das beste ist. Sein dreckiger Fingernagel unterstreicht Hospital de Clínicas Caracas.

»Emergencia! Emergencia!« brabble ich. Der Taxifahrer glaubt mit Sicherheit, Vanella sei kurz davor, auf seinem Rücksitz zu entbinden. Er schlängelt sein rostiges, altes, braunes, amerikanisches Schlachtschiff, Marke Sedan, durch den Stoßverkehr, kürzt über Hintergassen ab, quetscht sich Gehsteige hinauf und rumpelt über rote Ampeln, und dabei strapaziert er seine Hupe, als sei es eine Sirene.

Der Arzt, mit dem wir in der Notaufnahme sprechen, scheint zu wissen, was er tut. Rafael de la Fuente ist sein Name, und er spricht Englisch, was eine Hilfe ist. Er legt Vanella an eine Saugpumpe, wie sie es zu Hause auch gemacht haben. Wir müssen ungefähr einen Tag warten, bis alles wieder frei ist. Bald liegt sie mit einem Tropf im Arm und einer Nasensonde in einem Zimmer.

»Es tut mir leid«, sagt sie kläglich. »Es tut mir so leid.«

»Red keinen Unsinn. Jetzt wird's dir gleich wieder gutgehen. Das ist ein seriöses Krankenhaus.«

Ich sage nichts, aber die Zimmernummer ist 616. Quersumme: 13.

Vanellas Bauch schwillt an wie ein Ballon. Dann bekommt sie Schüttelfrostanfälle. In der dritten Nacht sind die Schmerzen so schlimm, daß sie überhaupt nicht schlafen kann.

Doktor de la Fuente überwacht sie genauestens. Es stellt sich heraus, daß er der Chef-Chirurg ist: ein gutaussehender Mann Mitte 40 mit ruhigem, selbstbewußtem Auftreten und einem dicken, schwarzen Schnurrbart, der noch breiter ist als sein Lächeln. Normalerweise trägt er keinen Anzug, eher *chinos* und kurzärmelige Hemden, die erkennen lassen, daß er Unterarme wie ein Schauermann hat.

Er legt uns den neuesten Satz Röntgenaufnahmen vor und deutet auf die Stellen, wo Vanella immer noch blockiert ist. Er glaubt, daß er sie operieren muß.

»Sind Sie sicher? Können wir nicht noch ein bißchen warten?« fleht sie ihn an.

»Nun ja, eigentlich sollte der Darm jetzt frei sein. Hat es denn schon einmal so lange gedauert?«

»Nein«, gibt sie widerwillig zu.

»Wenn ich mir Ihre Krankengeschichte ansehe, glaube ich, daß irgend etwas die Einschnürung verursacht. Wenn sich das nicht selbst löst, müssen wir etwas unternehmen, um es zu beheben.«

Als er gegangen ist, packt Vanella meine Hand. »Ich hab ein bißchen Angst, Boot. Meine Mutter hat die Chirurgen nie an sich rangelassen. Du weißt ja, sie hat sie immer abgewehrt. Auf lange Sicht wird es dann vielleicht nur noch schlimmer. Mutter hat gesagt, daß die Eingeweide wie Schlangen in einer Öltonne sind. Es ist nicht gut, wenn man sie berührt oder sogar der Luft aussetzt. Was soll ich tun, was meinst du?«

»Er hat doch gesagt, er muß sich das erst mal anschauen, oder? Mach dir keine Sorgen. Das wird in Ordnung gehen.«

Sie hebt ihr Nachthemd hoch und schaut auf ihren Bauch hinunter, der schon von der Operation vernarbt ist, die sie als Baby hatte.

»Liebst du mich auch noch, wenn ich Straßenbahnschienen auf dem Bauch habe?« fragt sie.

Ich habe einen Kloß im Hals, als sie meine Hand losläßt, und sehe zu, wie die Schwestern sie davonrollen. Bis zum Lift folge ich ihr, hauche ihr einen Kuß zu, winke ein bißchen und lächle. Ich gehe wieder in ihr Zimmer zurück, wo die Saugpumpe unheilverkündend still dasteht. Eine Weile beobachte ich die Autos draußen auf der Schnellstraße, wo eine Kreuzung mit einer Zufahrtsstraße und einer Brücke ein Dreieck bildet. Da hängt ein Lucky-Strike-Poster, und auf einem der Wohnblöcke steht eine monströse Satellitenschüssel.

Weiter weg zu meiner Linken steigt ein bewaldeter Hang steil zu dem Höhenrücken an, der sich oberhalb der Stadt hinzieht. Ich sage mir, es hätte schlimmer kommen können. Es hätte uns am Ende der Welt treffen können.

Dreieinhalb Stunden später klingelt das Telefon. Es ist de la Fuente in sachlichem Tonfall.

»Andrew? Okay. Wir sind jetzt fertig. Wir haben gute Arbeit geleistet. Wir haben rund um den Darm eine Menge Verwachsungen gefunden, auch Narbengewebe. Der Darmverschluß ist von einem sehr starken Band verursacht worden, das einen Teil des Dünndarms abgeklemmt hat. Wir haben also alles gelöst, die Verwachsungen weggeschnitten und einen Schlauch durch den Darm hinuntergelegt, damit er in dieser Position bleibt und sich keine Knicks bilden.«

»Wie geht es ihr?«

»Sie ist jetzt in der Wachstation. Es geht ihr gut.«

Als sie sie in ihr Zimmer zurückfahren, hat sie überall Infusionen und in jedem Nasenloch einen Schlauch. Sie ist sehr erschöpft und verlangt bald nach einem Schmerzmittel.

»*Calmante. Calmante, por favor*«, bitte ich draußen auf dem Flur.

Es dauert viel zu lange, aber endlich kommen die Anästhesisten und geben ihr eine zusätzliche Spritze, stechen eine Nadel in ihr Rückenmark, wie bei einer Epiduralanästhesie, und schließen sie an eine Apparatur an, die alle 20 Minuten das Schmerzmittel dosiert.

In der Nacht liege ich neben ihr auf einem Notbett und aktiviere mit einem Knopfdruck das Schmerzmittel, wenn sie aufschreit. Dazwischen kann ich nur dösen und auf gelegentlich vorbeitapsende Schritte draußen auf dem Korridor lauschen. Das Dämmerlicht und die abgestandene Luft erinnern mich an meinen letzten Krankenhausbesuch, als wir bei Hilary waren.

Am nächsten Morgen sieht Vanella erschöpft aus. Offensichtlich fühlt sie sich unwohl und setzt sich tapfer dagegen zur Wehr, aber de la Fuentes ruhige Zuversicht wirkt ansteckend. Er erzählt ihr, daß sie gut aussieht, und redet ihr zu, sich doch aufzusetzen. Dann wird sie vorübergehend von den Tropfs abgestöpselt und wankt ins Badezimmer, wo sie sich mit Hilfe einer Krankenschwester duscht. Sie bekommt ein frisches Nachthemd, und de la Fuente läßt sie Atemübungen machen. Von uns beiden gestützt, schafft sie es sogar, ein kurzes Stück den Korridor entlangzugehen. Ein paar Stunden später wird sie ein Stockwerk tiefer zum Röntgen gebracht, damit de la Fuente die Position des Schlauchs überprüfen kann, der durch ihren Darm läuft. Alles scheint großartig verlaufen zu sein.

Als wir wieder im Zimmer sind, rufen wir Vanellas Vater in London an, und sie versucht, fröhlich zu klingen. »In ein paar Tagen sind wir hier raus«, sagt sie.

An diesem Abend scheinen ihre Schmerzen stärker zu werden. Nach kurzer Zeit sind sie unerträglich, Vanella ist völlig verzweifelt. Ich rufe de la Fuente auf seinem Handy an. Er ist auf dem Heimweg.

»Wie schlimm ist es – auf einer Skala von eins bis zehn?« fragt er.

»Acht, manchmal neun«, sagt sie.

Weil die Mittel, die sie gegen die Schmerzen bekommt, offenbar nichts bewirken, verordnet er Morphium. Einer der Ärzte kommt, um ihr eine Injektion zu geben, aber auch die zeigt keine große Wirkung. Vanella ist bald völlig außer sich, leidet entsetzliche Qualen, bettelt mich an, Hilfe zu holen. Ich versuche, die Krankenschwestern zu überreden, aber die schütteln nur die Köpfe und sagen, daß sie nicht noch mehr Schmerzmittel bekommen darf. Wieder rufe ich de la Fuente an, der sich sofort auf den Weg zurück ins Krankenhaus macht.

Als er sie untersucht, ist ihr Unterleib ungewöhnlich aufgebläht, obwohl die Wunde gut zu heilen scheint. Sie klagt über einen stechenden Schmerz unter den Rippen und in ihrer Schulter. Bald ist das Zimmer voller Ärzte und Anästhesisten, die ihr zu helfen versuchen. Sie geben ihr genug Morphium, um uns alle für eine Woche schlafen zu legen, und doch ist sie immer noch wach und stöhnt. Die Ärzte kommen zu der Überzeugung, daß sie eine abnorme Medikamententoleranz haben muß.

De la Fuente übernimmt die Aufsicht. Er nimmt ihre Hand und erzählt ihr Schritt für Schritt seine Überlegungen. »Vanella, bitte versuchen Sie jetzt, sich zu entspannen. Alles ist okay. Ich gebe Ihnen jetzt eine neue Nasensonde, und wir legen Sie an eine andere Saugpumpe an.«

Als er einschaltet, gluckst eine beunruhigende Menge dunkelgrüner Galle aus ihrem Bauch in das Auffanggefäß. Ob die erste Maschine wohl jemals richtig funktioniert hat? Endlich wird sie doch ruhig, und als die Nacht anbricht, ruft eine verängstigte, dünne Stimme immer wieder: »Boot … Boot?«

Wieder schlafe ich nicht, aber ich habe einen Traum. Ich bin in einem Haus voller Leute, alles enge Freunde. Aber ich kann ihre Gesichter nicht sehen. Sogar wenn ich es könnte, weiß ich, daß sie mir nicht mehr vertraut sind. Doch ich küsse jeden und umarme sie herzlich.

Vor drei Tagen ist sie operiert worden, und seither hat sich wenig geändert, was die Schmerzen oder die Schwellung angeht. Die Schläuche reiben Vanellas Nase ganz wund. Die Venen in ihren Armen lassen keine weiteren Nadeleinstiche mehr zu, deshalb haben sie ihr einen Katheter in die Halsvene gelegt und sie mit einem Gewirr dünner Plastikröhrchen verbunden.

Ich helfe ihr, sich aufzusetzen, damit sie ihre Atemübungen machen kann. Dann schaut de la Fuente vorbei und beschließt, daß es an der Zeit ist, die Schläuche zu entfernen. Der eine, den er mit einem langen, langsamen Zug aus ihrem Darm heraufholt, hat am Ende so etwas wie einen luftleeren Ballon. Er schaltet die Saugpumpe ab und entfernt auch den Schlauch aus ihrem Magen. Vanella fühlt sich sofort besser. Sie wird ganz munter und schafft es, den Korridor entlangzugehen. Wir sind optimistisch. In Null Komma nichts werden wir hier draußen sein.

»Die große Frage ist jetzt die Darmpassage«, erinnert er uns. »Der Dünndarm muß seine Arbeit wiederaufnehmen. Und dann muß der Transport durch den Darm wieder funktionieren.«

Er gibt ihr ein Medikament, das die Darmtätigkeit stimuliert; sie wird schläfrig davon. Während sie schläft, schlüpfe ich hinaus und die Treppe hinunter in die Cafeteria, wo ich mir etwas Ordentliches zu essen holen kann. Am Spätnachmittag schwillt ihr Bauch wieder an, sie leidet unter schweren Kolikschmerzen. Mit einem Einlauf versuchen sie, die Sache in Gang zu bringen, aber nichts scheint zu funktionieren. De la Fuente behält die Schwellung besorgt im Auge und macht weitere Röntgenaufnahmen. Offenbar glaubt er, daß sie wieder einen Darmverschluß hat, und führt ihr deshalb einen neuen Schlauch durch die Nase, den sie hinunterschlucken muß, was sehr schmerzhaft ist.

»Wir müssen die Saugpumpe wieder anstellen, damit sich die Sache stabilisiert«, sagt er. »Ich weiß nicht, was die Ursache dafür ist, aber wir sollten die Nacht über abwarten. Wenn Sie mich brauchen, müssen Sie mich zu Hause anrufen.«

Wieder blubbert grüne Galle ins Gefäß.

Ich merke, daß Vanella schrecklich enttäuscht ist. Sie will es einfach nicht glauben; sie hatte sich fest darauf eingerichtet, daß es ihr wieder bessergeht.

Wir bringen eine weitere schwierige, unruhige Nacht hinter uns. Die Krankenschwestern kommen regelmäßig und wechseln die Infusionsbeutel aus. Vanella ruft um Hilfe, und ich wische ihr die Stirn, versuche sie zu kühlen. Am Morgen muß ich alles aufbieten, um sie wieder ein wenig aufzumuntern. De la Fuente besucht uns gegen Mittag. Er hat bis spät in die Nacht seine Lehrbücher und alten Fallstudien durchgearbeitet, um herauszufinden, was das Problem sein könnte.

»Und jetzt bin ich mir immer noch nicht sicher«, gibt er zu. »Ich hatte gehofft, daß der Schlauch alles an seinem Platz hält. Vielleicht hat es einen Knick an einer Schwachstelle gegeben, als ich den Schlauch herausgezogen habe. Dann gibt es da noch einen körperlichen Zustand, der Chron'sche Krankheit heißt – das ist zwar unwahrscheinlich, aber immerhin möglich. Ich glaube, wir sollten noch ein bißchen länger warten, aber ich muß vielleicht noch einmal operieren.«

»Nein!« schreit Vanella, halb trotzig, halb verzweifelt.

»Wir müssen abwarten«, sagt er, »aber es ist vielleicht der einzige Ausweg.«

»Sie haben schon einmal operiert, und es hat nicht funktioniert.«

»Wir mußten diese Verwachsungen entfernen. Es war nur eine Frage der Zeit, bevor man etwas hätte tun müssen. Glauben Sie mir, Sie sind ohne sie besser dran.«

»Aber so wie jetzt ist es doch nicht in Ordnung«, sagt sie. »So schlimm ist es noch nie gewesen.«

Er sieht, wieviel Angst sie hat, und setzt sich neben sie. »Bitte, machen Sie sich keine Sorgen. Wir bekommen Sie wieder hin. Das ist mein Job. Ich gebe nicht auf, bis es Ihnen wieder gutgeht.«

»Aber was ist, wenn Sie nichts machen können?«

Er nimmt ihre Hand. »Vanella, ich weiß erst dann, was ich tun muß, wenn ich das Ausmaß des Problems sehe. Bis jetzt kann ich nur nach den Röntgenaufnahmen gehen. Aber keine Angst. Sie werden nicht sterben. Es ist gut, daß Sie fit und stark sind. Sie wissen, Ihr körperlicher Zustand ist sehr ungewöhnlich wegen der Probleme, die Sie als Baby hatten. Aber hier in Caracas haben wir eine Menge Erfahrung mit solchen Verwachsungen. Die Kids, die in Straßenkämpfe verwickelt sind, fangen sich nämlich Messerstiche im Unterleib ein. Und wenn sie älter werden, entwickelt sich Narbengewebe wie bei Ihnen. Ich habe so etwas viele Male gesehen. In England käme das nicht so oft vor. Vielleicht ist es sogar gut, daß Sie hier sind.«

Vanella lächelt, um ihre Dankbarkeit zu zeigen, aber ich sehe ihr an, daß sie nicht überzeugt ist.

An diesem Abend gibt ihr Rafael ein Schlafmittel. Er sagt zu mir, er wolle ihre Kräfte schonen. Sie braucht Ruhe. Sie ist jetzt schon seit einer Woche hier.

Am nächsten Tag fühlt sie sich gut. Ihr Bauch sieht flacher aus und gibt sogar manchmal einen gurgelnden Ton von sich. Sie ist sehr zuversichtlich, ist aufgestanden, hat sich angezogen und geht auf dem Korridor herum. Es ist, als wollte sie de la Fuente keine Chance mehr geben, noch einmal zu operieren. Wir begegnen ihm auf seiner Visite.

»Wow! Was ist das?« sagt er, als sie ihm einen Kuß auf die Wange drückt.

»Es geht besser. Ich bin sicher, es geht mir besser!« sagt sie.

Also untersucht er sie und stimmt zu, daß es allem Anschein nach aufwärtsgeht. Er schlägt weitere Röntenaufnahmen vor, damit er sich ganz sicher sein kann. Keine zwei Stunden später sieht er enttäuscht aus.

»Hier ist eine Art Knick und eine Anschwellung oder Entzündung. Es tut mir leid, Ihnen das sagen zu müssen, aber der Darm ist immer noch blockiert.«

Rafael sieht, wie verzweifelt Vanella den Kopf hängenläßt, und versichert ihr, daß er noch ein bißchen länger warten will. Ein Stockwerk höher drücke ich sie fest an mich und fahre mit auf der Achterbahn ihrer Gefühle.

»Ich weiß einfach, daß das nicht passieren würde, wenn wir zu Hause wären«, sagt sie.

»Aber was bleibt uns anderes übrig? Er ist der Experte.«

»Warum sollten wir glauben, daß er beim zweiten Mal mehr Glück hat?«

»Wenn er wirklich operiert, dann doch nur, weil er glaubt, eine Lösung zu haben.«

»Ich will nicht, daß er operiert.«

»Vielleicht muß er das aber.«

»Er könnte es sogar noch schlimmer machen.«

»Aber er ist unsere einzige Hoffnung.«

»Ich weiß ...« Die Stimme versagt ihr, sie blinzelt durch einen Tränenschleier. »Boot, ich hab solche Angst.«

Am nächsten Morgen sagt Rafael, daß er wohl operieren sollte. Vanella wehrt sich sofort. Sie fleht ihn an, zuerst alles und jedes nur mögliche zu versuchen. Vierundzwanzig Stunden lang bekommt sie weitere Medikamente, um den Darm zu stimulieren, Einläufe, Abführmittel, ein Kolonoskop. Endlich sagt er, daß er es nicht riskieren kann, die Sache noch länger sich selbst zu überlassen. Es könnte gefährlich werden. Sie gibt nach, aber erst nachdem sie durchgesetzt hat, daß ich schon auf sie warte, wenn sie aus dem OP gebracht wird, und daß genug Morphium bereitsteht, damit sie nicht noch einmal solche Schmerzen nach der Operation hat wie beim ersten Mal.

Mittlerweile klingelt unausgesetzt das Telefon. Zu Hause wollen sie wissen, was los ist. Also lügen wir. Es hat keinen Sinn, wenn sich irgendeiner von ihnen Sorgen macht. Dieses Mal wird es ja ohnehin klappen. Aber ich habe Vanella noch nie so bedrückt gesehen. Sie hat genug; sie will nur noch, daß es ihr wieder gutgeht.

Draußen auf dem Korridor nimmt mich Rafael am Arm. »Ich glaube, es könnte morgen eine lange Operation werden«, sagt er.

»Bitte versuchen Sie, Ihre Frau bei Kräften zu halten. Sie muß auch mental stark sein. Und Sie, Sie müssen etwas essen. Ich weiß, wie schwer das ist.«

Einmal mehr gibt sie mir ihren Ehering, und wieder sehe ich zu, wie meine Frau weggerollt wird. Ich fühle mich kraftlos und ein bißchen unbehaglich, weil ich die Dinge nicht mehr in der Hand habe. Eine Stunde lang räume ich auf, wasche ein paar Sachen aus, starre in den Sender mit den Spielfilmen. Dann ruft Rafael an, und ich höre aus seiner Stimme eine Anspannung heraus, die mir neu ist. Der Zustand ihres Dünndarms hat sich stark verschlechtert. Sie hat etwas entwickelt, das er peritoneale Fibrose nennt, ein gefährlicher Zustand, der den Darm gewissermaßen erstarren läßt.

»Ich werde einen Teil herausnehmen müssen«, sagt er. »Ich möchte, daß Sie wissen, daß das lange dauern kann. Ich tue alles, was ich kann. Wenn wir fertig sind, rufe ich Sie an.«

Ich stehe da mit dem Hörer in der Hand. Es muß schlecht stehen. Man sagt nicht, »ich tue alles, was ich kann«, wenn es nicht schlecht aussieht. Ich verstehe das nicht. Es geht ihr immer schlechter statt besser.

Ich gehe auf und ab. Dann setze ich mich hin und versuche zu lesen. Aber es ist zwecklos. Also gehe ich wieder auf und ab, bleibe stehen und sehe hinaus auf dieselbe alte Aussicht. Mehr als vier Stunden schleppen sich dahin, bevor er wieder anruft. Er bittet mich herunterzukommen, damit ich da bin, wenn sie aufwacht. Ich hetze zum Lift, er kommt mir am Eingang zum Operationssaal entgegen und führt mich zum Umkleideraum der Chirurgie, wo die beiden Ärzte sitzen, die ihm assistiert haben. Sie sehen erschöpft aus. Die Beleuchtung ist gedämpft, die Stimmung gedrückt.

»Wie geht es ihr?«

»Sie können sie jetzt sehen«, sagt Rafael. »Sie müssen das hier anziehen.«

Ich ziehe mich aus und streife den grauen Operationskittel und die Hosen über, komplett mit Krankenhauslogo. Er zieht mir eine Baumwollmaske über den Mund und reicht mir eine Kappe für den Kopf. Im Erholungsraum bekommt sie Sauerstoff.

»Oh, Dr. Jackboot!« murmelt sie. Sie sieht mich an, reicht mir die Hand und schafft ein verschwommenes Lächeln.

Dann fängt sie wild zu zittern an, als hätte sie einen Anfall. Rafael sagt, daß sie unterkühlt ist, weil sie soviel Körperwärme verloren hat. Sie liegt unter zwei starken Lampen und ist mit Decken beladen.

»Halt mich fest, halt mich fest!« bibbert sie. »Mir ist so kalt.«

Ich nagle sie buchstäblich fest, bis das Zittern endlich nachläßt.

»Okay, Andrew«, sagt Rafael schließlich. »Würden Sie bitte für zwei Minuten mit mir kommen?«

Er bringt mich wieder dorthin, wo die beiden anderen Ärzte auf Bänken neben Reihen von Metallschließfächern sitzen.

Rafael zieht mir einen Stuhl heran und deutet darauf. Er wartet nicht, sondern sieht mich mit einem Blick an, der eine gefährliche Mischung aus Mitgefühl und Stahl ist.

»Ich muß Ihnen leider sagen, Andrew, daß wir da ein Desaster vorgefunden haben. Vanellas Darm war in einem fürchterlichen Zustand. Ein großer Teil war von der Bindegewebswucherung betroffen. Außerdem waren da ein paar üble Knicke und weitere starke Verwachsungen, die schwierig zu lösen waren. Wir mußten zwei Darmstücke herausschneiden. Wir haben alles getan, was möglich war, aber die Aussichten stehen nicht gut. Ich habe nur einmal einen ähnlichen Fall kennengelernt. Es tut mir leid. Sie sollten auf alles gefaßt sein. Es ist leider durchaus möglich, daß Vanella stirbt.«

Ich höre mich einatmen. Dann kann ich die Neonröhren in der Stille summen hören. Sie schauen mich an, versuchen, meine Reaktion abzuschätzen. Auf alles gefaßt sein? Mein Gehirn bewacht die Information und weigert sich, sie weiterzuleiten. Ich brauche mehr. Ich muß wissen, was er wirklich meint.

»Wie stehen die Chancen?«

Rafael sieht weg, streicht sich über ein Schnurrbartende und wendet sich dann wieder mir zu.

»Ich würde sagen, die Wahrscheinlichkeit, daß sie es nicht überlebt, steht bei 80 Prozent. Sie kann sich immer noch erholen. Wir müssen abwarten, wie gut es ausheilt. Die nächsten 24 Stunden sind entscheidend.«

Ich atme aus. Ich schließe die Augen, dann öffne ich sie wieder. Es ist zu grausig drinnen im Dunkeln, hinter den geschlossenen Lidern. Er gibt ihr keine großen Chancen, oder? Zwanzig Prozent? Und er hat wohl eher großzügig geschätzt. Die Wirklichkeit könnten zehn Prozent sein. Oder fünf. Welchen Unterschied macht das noch? Wie kann er sich sicher sein? Genau jetzt in diesem Moment ist nichts sicher.

Dann fragt Rafael mich, ob ich sehen will, was sie herausgenommen haben. Ich nicke mechanisch, und er holt ein versiegeltes Bündel irgendwo aus dem Hintergrund und schaltet einen Chirurgen-Strahler an. Unter der Zellophan-Hülle liegen zwei Stücke. Ich habe keine Ahnung, wie Därme aussehen sollten, aber das sieht überhaupt nicht gesund aus. Ich starre darauf. Hier liegen zwei Stückchen von Vanella – leuchtendrot, völlig zerfetzt, verdreht und geschwollen. Und ich bin erschüttert, wie aggressiv, wie brutal die Entstellungen sind. Ich wünschte, ich wüßte, was da vor sich geht.

»Kommen Sie«, sagt Rafael. »Ihre Frau braucht Sie.«

Nach ungefähr einer Stunde schieben wir sie hinauf ins Zimmer, und natürlich freut sie sich so, wieder zurück zu sein, daß sie darauf besteht, daß die Krankenschwester uns photographiert. Ich bücke mich zu ihr hinunter, schaue in die Kamera und versuche zu lächeln.

»Das bin ich und Dr. Jackboot«, sagt sie verträumt, und ich frage mich, welche Geschichte mein Gesicht wohl erzählt.

Rafael übernimmt das Kommando und bleibt bei uns, bis er sich sicher ist, daß sich ihr Zustand stabilisiert hat. Dann schickt er mich weg, damit ich mir etwas zu essen holen kann. Ich nehme die Hintertreppe.

Auf halber Höhe der Treppe bleibe ich stehen. Ich kann es nicht glauben. Sie wird sterben. Ich erlaube nicht, daß sie stirbt. Sie kann mich jetzt nicht allein lassen, nicht jetzt.

Ich lehne an der Wand mit tränennassen Wangen, als zwei Ärzte die Stufen heraufkommen. Sie fragen, ob alles in Ordnung ist. Ja, alles in Ordnung. Komm schon, Jackson, mach weiter, eine Stufe nach der anderen.

Als die Wirkung der Narkose nachläßt, kehren die Schmerzen zurück. Nur daß es dieses Mal eher wie ein Trauma ist. Sie ist in einem schlimmen Zustand, sie phantasiert. Wenigstens ist das Team darauf vorbereitet. Sie bekommt den vollen Cocktail – Epiduralanästhesie, Spritzen, Infusionen, reines Morphium über den Tropf. Die Ärzte und Schwestern können immer noch nicht glauben, welche Mengen sie verträgt. Rafael sagt, die dreifache Menge Narkosemittel der üblichen Dosis war nötig, um sie während der Operation unter Betäubung zu halten. Ich habe noch nie so viele Nadeln gesehen. Schließlich gelingt es ihnen, sie ruhigzustellen, und sie bleibt einigermaßen schmerzfrei. Rafael hat dafür gesorgt, daß eine Krankenschwester die Nacht über bei uns bleibt.

Aber ich kann nicht schlafen. In meinem Kopf spuken furchtbare Gedankenbilder herum. Ich sehe mich, wie ich sie im Sarg nach Hause bringe. Ich bin auf meinem Fensterplatz, und sie ist im Frachtraum. Es wäre kalt da unten. Zu Hause müßte ich ihre Beerdigung durchstehen. Den Rest meines Lebens müßte ich ohne sie leben. Ich wüßte gar nicht, was ich tun sollte. Sie ist so sehr Teil von mir. Und so schön. Ich liege im Dunkeln und möchte weinen, statt dessen verfalle ich schließlich auf Beten. Bitte, Gott, rette sie, heile sie, mach sie gesund.

Die Minuten werden zu Stunden, während sie einen weiteren Tag durchsteht. Sie ist bei Bewußtsein, aber sehr schwach.

Wenn das Telefon jetzt klingelt, kann ich die Wahrheit nicht erzählen, weil ich nicht will, daß es Vanella hört. Ich kann ihrem Vater nur sagen, daß sie noch einmal operiert werden mußte und daß es ihr gutgeht.

Rafael behandelt sie weiter, ist wachsam, und zusammen bewahren wir ihr gegenüber das Geheimnis. Ich darf mich von ihr nicht mit trauriger Miene erwischen lassen. In einem klaren Augenblick sagt sie dann: »Boot, ich kann nicht glauben, daß wir uns mit jedem neuen Trauma noch mehr lieben. Aber so ist es doch, oder? Wir lieben uns so sehr.« Und ich habe Tränen in den Augen, als sie ihre Hand nach mir ausstreckt.

Etwas später nimmt Rafael mich mit hinunter in sein Büro und zeichnet anatomische Skizzen, um zu erklären, was er getan hat. Die Art, wie er die Darmabschnitte miteinander verbunden hat, sieht genial und raffiniert aus; er hat eher mit Heftklammern als mit Stichen gearbeitet.

»Soweit macht sie sich gut, Andrew. Aber da kann immer noch eine Menge schieflaufen. Wenn die Anastomose – die Stellen, wo wir die Darmabschnitte neu miteinander verbunden haben – wenn sich das wieder auftrennt, besteht das Risiko einer Infektion. Wenn es heilt, wissen wir immer noch nicht, ob der Darm dann wieder funktioniert. Sie kann vielleicht kein Essen mehr verdauen. Sie muß vielleicht für den Rest ihres Lebens über den Tropf ernährt werden oder braucht eine Art Kolostomie. Wir müssen abwarten.«

Nachrichten wie diese machen in diesen Tagen wenig Eindruck auf mich. Ich kann nur an das denken, was hier und jetzt ist.

Als ich dann am frühen Abend neben ihr sitze, während sie ruhig vor sich hin döst, sehe ich, daß die Farbe der Flüssigkeit, die aus ihrem Bauch gepumpt wird, von blaßbraun zu dunkelrot umschlägt. Langsam kriecht sie aus ihrer Nase durch den Schlauch in das Auffanggefäß. Ich weise die Krankenschwester darauf hin, die gerade vorbeikommt.

»Ach, das ist normal«, meint sie nach einem flüchtigen Blick.

Aber mir gefällt der Anblick nicht. Ich beobachte noch eine Minute lang, wie die Flüssigkeit stetig vorwärtsdrängt, als Rafael zufällig auf Routinebesuch vorbeischaut. Eine junge Ärztin ist bei ihm. Ich zeige ihm sofort den Schlauch.

»Wie lange ist das schon so?« fragt er.

Die junge Ärztin dreht sich zu mir um, und in dem Blick, den sie mir zuwirft, sehe ich die grausame Wahrheit. Plötzlich bellt Rafael Befehle. Sie haben fünf Minuten, um Vanella in die Intensivstation hinunterzuschaffen. Sie muß auf der Stelle an ein »Life-support« gelegt werden. Das Bett, die Tropfständer werden hastig über das spiegelglatte Linoleum gerollt, und sie schreit und will wissen, was los ist. Sie ist verängstigt. Alle drängen sich in den Lift; Rafael sagt zu mir, ich soll im Zimmer warten. Als die Türen sich schließen, ruft sie laut nach mir. Ihre gedämpften Stimmen tauchen ab, und ich stehe da und schaue einen leeren Korridor entlang. Ich schließe die Augen, atme aus, mache kehrt.

Sie schaffen es gerade noch rechtzeitig. Blutvergiftung. Rafael sagt, daß er sofort operieren muß, um den Entzündungsherd zu beseitigen. Ich frage, ob ich sie vorher noch sehen kann, nur für eine Minute.

Der Raum ist schwach erleuchtet, die Vorhänge um sie sind zugezogen. Vanella liegt ausgestreckt da, bewußtlos, festgeschnallt. Sie sieht so würdelos aus mit dem Beatmungsschlauch, der in ihren Mund gestopft ist. Hinter ihr baut sich eine Formation von Apparaten auf, die ein beruhigend gleichmäßiges bip ... bip ... bip von sich geben.

Ihre Hand ist schlaff. Ich will sie festhalten, sie warm halten. Ich weiß nicht, woher die Worte kommen: »Das ist schlimm, Nella. Ich weiß nicht, was hier geschieht. Aber ich glaube, es ist schlimm. Ich glaube, ich sage dir besser auf Wiedersehen, mein Schatz. Nur für alle Fälle. Wenn es eine andere Welt nach dieser gibt, sehe ich dich ja vielleicht eines Tages. Bis dahin, paß gut auf dich auf. Du mußt stark sein. Ich liebe dich so sehr. So sehr. Nichts kann uns das wegnehmen, was wir hatten.«

Aus dem Augenwinkel sehe ich Rafael. Er muß seine Arbeit

tun. Ich beuge mich vor und küsse sie auf die Stirn. Sie fühlt sich kühl an, feucht, auf halbem Weg zwischen Leben und Tod. Ich atme ihren moschusartigen Duft zum letzten Mal ein, dann drehe ich mich um und gehe.

Zimmer 616 ist heute nacht leer, jede Menge Platz ohne das Bett. Ich muß einfach reden, und so rufe ich meinen Vater in Australien an. Jetzt kann ich ihm die ganze Geschichte erzählen, und das bringt mich zum Weinen. Danach wecke ich Vanellas Vater auf und erzähle ihm, daß seine Tochter wahrscheinlich sterben wird. Dann reden wir eine Weile darüber, wer nach Venezuela fliegen könnte.

Ich lege den Hörer auf, und das Schweigen stürmt auf mich ein. Ich brauche Luft. Ich öffne das Fenster und schaue hinaus. Der Nachthimmel ist hell mit so einer verschwenderischen Fülle von Sternen, daß ich mir die Weite des Weltraums tatsächlich vorstellen kann. Weit weg zu meiner Linken geht von dem erleuchteten Kreuz, das oben auf dem Bergkamm steht und die Stadt überblickt, ein seltsamer grüner Schein aus. Es scheint zu schweben, so als wäre es an der Herrlichkeit des Himmels aufgehängt. Oh Jesus, Herr ... Sie braucht heute nacht deine Hilfe.

Ich weiß nicht, wie lange ich dort am Fenster gestanden habe, ganz still. Ich fühle mich, als stünde ich auf dem Gipfel eines Berges und balanciere genau an der Abbruchkante. Ich sehe zu den Sternen hinauf, werde von der leisesten Brise berührt. Ich bin erfüllt von dem Gefühl, daß alles vorherbestimmt ist. Da ist nichts, was ich tun kann, nichts, was ich tun sollte, außer mir treu zu bleiben und meinem Herzen zu folgen. Irgendwann habe ich dabei über Bo nachgedacht. »Oh, ich sterbe nie«, sagte er mit seiner heiseren, langsamen Stimme. Und er sagte noch etwas ... etwas über einen Augenblick, wenn die Sterne herauskommen, und daß ich dann daran denken sollte, daß ich nicht allein bin. Gerade jetzt würde ich gerne glauben, daß er recht hat.

Bald merke ich, daß mir kalt wird. Ich schließe das Fenster, habe das kahle, leere Zimmer vor mir und suche nach der Schlaftablette, die Rafael mir gegeben hat. Ich mache es mir auf der Sitzbank bequem, die mein Bett ist, und dämmere mühelos weg.

Als ich morgens aufwache, bin ich immer noch erschöpft. Ich schlafwandle in die Cafeteria hinunter, um mir mein Käse-Empanada, frischen Orangensaft und Kaffee zu holen. In meiner Benommenheit lasse ich *Die Tasche* auf dem Sitz neben mir stehen. Vanella hat mir vor ein paar Tagen die Verantwortung für *Die Tasche* übertragen: ein Plastikbeutel mit Reißverschluß, in dem unsere Pässe, Geld, Kreditkarten, Reiseschecks, Flugtickets stecken – einfach alles. Als ich eine Stunde später zurückstürze, schauen sich die Leute von der Belegschaft natürlich nur achselzuckend an. Ich glaube, es gibt ein altes Sprichwort: »Wenn du am Boden liegst, kommt ein Dieb des Weges und klaut dir deine Brieftasche.«

Also habe ich jetzt nichts mehr als die paar Dollars in meiner Tasche. Meine Welt ist stillgelegt, meine Existenz auf das Bett beschränkt, in dem Vanella liegt, am Leben erhalten von der programmierten Intelligenz dieser Maschinen. Und doch fühle ich mich seltsam ruhig. Es scheint nicht angebracht. Aber es geht mir gut. Wirklich. Was gibt es noch zu tun? Es könnte nicht einfacher sein. Ich wiege die absolute Wahrheit, daß sie sterben könnte ... heute, morgen ..., gegen die Hoffnung auf, daß sie leben wird ..., daß wir zusammenleben, bis wir alt und grau sind.

Fünf Tage lang dreht sich die Welt weiter. Das ganze Krankenhaus spricht über Rafaels englisches Mädchen, und wenn ich meinen täglichen Pflichten nachgehe, begegne ich ihrem Lächeln und ihrem Mitgefühl. Leute, die ich noch nie gesehen habe, suchen mich eigens auf, um mir zu sagen, daß sie jeden Tag in der Messe für sie beten. Alejandro und seine Familie kommen, um mich zu unterstützen. Und als die Nachricht sich auch anderswo herumspricht, klingelt das Telefon, und ich erfahre, daß Leute in ganz London für sie beten, in Australien, in der kleinen Kirche in Gloucestershire, wo wir getraut wurden. Meine Mutter hat das organisiert. Sie hatte das Gefühl, sie müßte etwas tun. Manchmal ruft ein Freund an, mit dem ich seit zwei Jahren nicht mehr gesprochen habe, und wir sind auf dem kürzesten Wege in der Gegenwart, leben nur in der Hoffnung.

Rafael erzählt mir, es ist das beste für Vanella, daß sie nichts spürt. Sie kämpft gegen eine schwere Infektion im Unterleib, die sich im ganzen Körper ausgebreitet hat. Er hat sie an den Life-support gehängt, so daß er sie jeden Tag öffnen und ihren Bauchraum mit einer Salzlösung und mit Antibiotika auswaschen kann. Bis sie die Bakterien identifiziert haben, pumpt er sie mit allen Antibiotika voll, die er hat. Er hat die Wunde mit blauer Plastikschnur so dick wie eine Wäscheleine verschlossen, weil es dann einfacher ist, sie zu öffnen und zu verschließen. Acht Schlaufen kreuzen die Wunde auf der ganzen Länge, jede ist verknotet. Das Ganze sieht aus wie riesige Schuhbänder. Er sagt, ihr Dünndarm sei jetzt völlig erstarrt und so entzündet, daß er mit der Waschflüssigkeit an manche Stellen gar nicht hinkommt. Eigentlich sollte er da wirklich nicht herumhantieren, aber er muß, selbst wenn er dadurch riskiert, daß die Anastomosen brechen könnten.

Das Neueste ist, daß die Menge ihrer weißen Blutkörperchen ganz, ganz leicht gesunken ist. Rafael meint, daß er vielleicht die Infektion unter Kontrolle bekommen hat.

»Aber ich will nichts beschwören, Andrew«, sagt er. »Wir haben immer noch einen langen Weg vor uns. Sie ist da drinnen sehr krank.«

Ich nicke und lächle ihn an. Ich habe all mein Vertrauen in diesen Mann gesetzt, der für mich jetzt der engste Freund der Welt ist. Trotzdem: Jedes Mal, wenn ich das Kreuz auf dem Berg sehe, flüstere ich unwillkürlich ein Gebet. Ich gebe mein Blut, damit Vanella es haben kann. Manchmal sitze ich bei ihr und spreche mit ihr. Sie bewegt sich nicht, aber Rafael sagt, daß es ihr hilft, weil ihr Unterbewußtsein mich hört. Also schwafle ich irgend etwas, nichts Besonderes, aber ich hüte mich, *Die Tasche* zu erwähnen. Sie wäre stinksauer.

An einem dieser Tage will mich der Sicherheitsbeamte am Haupteingang sprechen. *Die Tasche* ist auf dem Gehsteig außerhalb des Krankenhauses gefunden worden – ohne Geld, aber sonst wie durch ein Wunder komplett. Ohne *Die Tasche* war es, als hätte ich aufgehört zu existieren. Jetzt bin ich wieder da. Und nach dem letzten Auswaschen ihres Unterleibs erzählt mir Rafael, daß Vanella den Kampf gegen die Infektion offenbar durchzieht. Sie hat immer noch Fieber, aber ihre Blutwerte verbessern sich ständig.

Am heiligen Abend weckt Rafael sie aus dem künstlichen Koma. Die Krankenschwestern machen sich immer noch emsig um das Bett herum zu schaffen, als ich hereinkomme. Ich bin nervös. Als sie mich sieht, bekommt sie leuchtende Augen. Es sind nur fünf Tage gewesen, aber ich habe sie vermißt. Wir küssen uns ungeschickt durch die sperrigen Schläuche hindurch, und ich drücke ihre Hand. Sie ist wieder warm, aber ihre Blässe sagt mir, wie krank sie ist.

»Ich hab solche Schmerzen, solche Schmerzen«, wimmert sie mit zitternder, schwacher Stimme.

»Das ist okay, Vanella. Du machst das prima, richtig prima«, sagt Rafael. »Andrew ist jetzt hier.«

»Es ist okay, es geht dir gut.«

»*Calmante*!« schreit sie gequält. Ich versuche, sie zu beruhigen; das geht ein paarmal hin und her, bis mich Rafael wegschickt.

Ein paar Stunden später ist sie entspannter, aber sie hat gemerkt, daß sie auf der Intensivstation ist, und das jagt ihr Angst ein. Ich stelle fest, daß ich ihre Herzschlagrate, die auf der Maschine angezeigt wird, senken kann, wenn ich ihr über die Stirn streiche. Ich fühle mich dabei so, als könnte ich sie aus Trümmern bergen. Aber dann geht der Kampf wieder los. Sie will mehr Schmerzmittel. Sie wirkt frustriert und ein bißchen mißtrauisch. Sie kann nicht verstehen, warum die Krankenschwestern ihr keine geben, und fängt an, mich zu benutzen, damit ich für sie Dampf mache. Dann nimmt mich Rafael zur Seite und erklärt mir, daß er ihre Medikamentenabhängigkeit abzubauen versucht, indem er die Dosis verringert und ihr statt dessen Placebos gibt.

»Bald. Bald bekommst du welche«, muß ich schließlich sagen. Ich weiß nicht, was am besten für sie ist. Wäre es nicht am besten, wenn ich mich ganz raushalte?

Am nächsten Tag scheint sie immer noch verwirrt, aber sie ist nicht mehr verängstigt, sondern hat eine geisterhafte Zerbrechlichkeit entwickelt. Sie sieht so käsig-blaß und schwach aus. Aber, mein Gott, sie lebt! Ich erzähle ihr, daß es Weihnachten ist und daß es ihr gutgeht, aber sie macht sich nur Sorgen über mich und will wissen, wie es mir geht, wie es mir ohne sie ergangen ist. Und als ich ihr alles erzähle, antwortet sie mit kleinen, gurrenden Geräuschen. »Ooooh«, macht sie, als ich ihr Geschenk auspacke und ihr die Ohrringe zeige, die ich vor einer halben Ewigkeit gekauft habe.

Dann wühle ich in meiner Tasche und schiebe ihr den Ehering wieder über den Finger.

»Mit diesem Ring nehme ich dich zur Frau.«

»Ich liebe dich, Boot«, sagt sie sanft und lächelt.

»Ich liebe dich auch.«

Und sie drückt meine Hand ein bißchen.

Dann schieben wir einen nach dem anderen ihren Onkel Stephen, ihre Schwester Colette und meinen Bruder Edward ins Zimmer, die hergeflogen sind, um bei uns zu sein. Sie kann es gar nicht glauben. »Ooooh!« schnurrt sie und ist bei jedem neuen Gesicht noch verblüffter und sagt ihnen, wie sehr sie sie liebt. Erst dann merkt sie, daß Colette völlig aus der Fassung ist und gegen die Tränen kämpfen muß, und nimmt ihre Hand.

»Mir gefällt dieses Gruselkabinett hier nicht mehr so richtig«, flüstert sie in kindlicher Unschuld.

Sie möchte unbedingt raus. Erst dann wird sie glauben, daß sie dem Tod von der Schippe gesprungen ist. Den Mann im Bett neben ihr konnten sie nicht retten. Er starb vor zwei Nächten. Sie sagt, die Nächte sind unerträglich, wenn die Welt allmählich still wird und sie vor Angst nicht schlafen kann. Rafael sieht, daß es die beste Heilbehandlung ist, sie umzusiedeln, und macht Pläne für den kommenden Tag. Ich bitte ihn um einen anderen Raum, einen, dessen Ziffern sich nicht auf 13 addieren.

Nach Stunden schier endlosen Wartens kommt ein Pfleger mit dem Rollstuhl. Wir heben sie vorsichtig hinein und machen es ihr bequem. Es ist hinreißend, wie aufgedreht sie ist. Ein blasses, schmales Ding mit leuchtenden Augen, das vor Energie überschäumt. Sie hält ihre Sauerstoffmaske fest und wedelt mit dem Luftballon, den sie von den Krankenschwestern bekommen hat. Der Mann im übernächsten Bett winkt ihr zu, als wir vorbeirollen. Ich reime mir zusammen, daß er ein hohes Tier bei irgendeiner Bank sein muß. Er erholt sich nach einem Herzanfall von einer größeren Operation. Wir schieben sie dicht heran, weil sie mit ihm sprechen möchte. Die beiden verbindet ein gemeinsames Band. Sie haben beide den Weg zurück geschafft. Plötzlich steht Vanella auf, beugt sich vor und umarmt ihn herzlich.

»Ich bin hier raus!« sagt sie und drückt ihm sogar noch einen Kuß auf die Wange.

»Ich auch«, antwortet er. »Ich sehe Sie dann oben. Bald.«

Als wir uns im neuen Zimmer eingerichtet haben, erinnert Rafael uns daran, daß wir noch warten müssen. Die Darmpassage ist der entscheidende Test. Er sagt, das kann Tage dauern. Dann entschuldigt er sich: Er möchte seinen versäumten freien Tag mit einer wohlverdienten Runde Golf nachholen.

Vanella beschließt, nach all den Strapazen ein Nickerchen zu halten. Am Nachmittag ruft sie dann plötzlich nach der Bettpfanne. Ich sehe ungläubig zu, sporne sie an. Sie weint vor Glück. Nie hat ein einziger Stuhlgang mehr Freude bereitet.

Eine Minute später klingelt das Telefon. Es ist Rafael, der von seinem Handy aus anruft. Er ist gerade auf der Schnellstraße. Als ich ihm erzähle, daß die Darmpassage funktioniert, brüllt er begeistert los. Ich kann hören, wie er in die Luft boxt.

»Mann, das ist die Neuigkeit des Jahres! Wißt ihr, hier war gerade ein unglaublicher Regenbogen. Ich weiß auch nicht – als ich ihn gesehen habe, mußte ich an euch beide denken.«

Jetzt können wir endlich feiern, und ich sage Vanella noch einmal, daß ich wirklich glaube, daß sie wieder ganz gesund wird.

»Ich war sehr krank, oder?« sagt sie und wirft mir einen seltsamen Blick zu.

»Wir dachten, wir würden dich verlieren.«

»Hmmm ... ich wollte nicht sterben. Ich habe einfach immer gedacht, daß ich dich nicht allein lassen wollte.«

Sie ist still, einen Augenblick lang nachdenklich, dann sagt sie: »Weißt du, Mum war bei mir.«

»Wie meinst du das?«

»Was immer das auch ist, wo ich gerade gewesen bin, Hilary war bei mir. Ich konnte ihre Gegenwart fühlen. Sie war da neben dem Bett. Es war so vertraut ... als wenn sie gerade ins Zimmer gekommen wäre.«

Für mich steht außer Zweifel, daß der Geist unter uns war. Was es genau war und wie es wirkte, weiß ich nicht. Aber Rafael glaubt es auch. Er sagt, daß er die Wirkung von etwas spürte, das über seine Arbeit und die seines Teams hinausging. »Es war unglaublich anzusehen«, erzählt er Vanella: »Vielleicht war es die Macht von Gebet und Liebe. Sie haben so hart gekämpft. Ich weiß nicht, ich glaube, Sie waren einfach zum Weiterleben bestimmt. Es muß irgendein Zweck dahinterstecken. Vielleicht liegt jetzt eine wichtige Aufgabe vor Ihnen.«

Auch wir werden das Gefühl nicht los, daß all das einfach so geschehen mußte, daß es ihre Bestimmung war, diesem Mann zu begegnen, damit er ihr Leben retten konnte. Immer noch baut er sie wieder auf. Vanella hat große Probleme mit ihrer Lunge, die lange funktionslos war und deshalb voller Flüssigkeit ist. Und sie hat noch nicht genug Kraft, die Flüssigkeit selbst hinauszubefördern, und sabbert ständig, aber unentwegt stärkt und ermutigt Rafael sie. Die Wunde beginnt zu heilen. Wir können zusehen, wie sie sich schließt, jeden Tag ein bißchen mehr, und wie sich Vanella allmählich hocharbeitet und wie jedes Stadium ihrer Genesung neue Hochgefühle in uns weckt. Wenig später kann Rafael den Schlauch der Saugpumpe aus ihrer Nase entfernen. Sie ißt etwas Suppe, ein bißchen Wackelpudding, dann Obst, Kartoffeln. Endlich nimmt er den Katheder aus ihrem Hals, und sie ist frei.

Jetzt kann ich vom Krankenhaus in das Hotel zurückschlendern, in das ich mit Stephen, Colette und Edward gezogen bin. Ich kann diese ruhigen Straßen allein und entspannt entlanggehen, bis ich an die Stelle komme, wo ich mich umdrehe, um mir die Lichter der Stadt unter einem Himmel anzusehen, der in einem zinnoberroten Abendleuchten badet. Bewußt atme ich die warme Luft ein und bin voller Freude.

Wir werden bald abreisen.

Es ist inspirierend, Vanella in diesen Tagen zu sehen. Physisch ist sie noch schwach, aber in ihren Augen leuchtet ein neues Licht. Ich glaube, sie ist gesegnet mit dem prickelnden Gefühl zu leben, mit dem Wissen, daß jeder Augenblick zählt.

Mir wird plötzlich bewußt, wo ich dieses Gefühl schon zuvor erfahren habe – viele Male: Ich habe denselben Geist in den Augen der alten Menschen gesehen. Möge er dir lange erhalten bleiben, mein Schatz.

¡Viva!

Nach Hause kommen ist nicht einfach. Es ist, als seien wir nach einer Bruchlandung mit all unserem Kram auf einem Haufen gelandet. Unsere Taschen sind über den Boden des ziemlich engen Gästezimmers von Vanellas Vater verstreut. Vanella ist noch ans Bett gefesselt und erholt sich, und ich laufe mit Tee und Toast die Treppen rauf und runter. Jeden Tag kommen die Krankenschwestern, verbinden ihre Wunde – und schnappen erst mal nach Luft, denn so etwas wie de la Fuentes Wäscheleine haben sie noch nie gesehen. Jeden Morgen, wenn wir aufwachen, küssen und begrüßen wir uns und wissen, daß wir es gut getroffen haben. Das Leben ist kostbar. Das müssen wir uns nicht erst sagen.

Manchmal fällt mir die Decke auf den Kopf und ich muß einfach raus. Dann lasse ich Vanella bei ihrem TV-Tagesprogramm liegen, das sie nun schon aufsaugt wie ein Schwamm, und wage mich hinaus. Obwohl ich zur Zeit kein bestimmtes Ziel habe, stelle ich fest, daß ich immer noch mit dem Blick des Außenseiters gesegnet bin. Ich finde Geschmack an einer gewissen Anmut in der Architektur, die ich zuvor nie wahrgenommen habe. Mir fällt plötzlich auf, wie wohlhabend wir sind mit unseren modischen Kleidern und glänzenden Autos. Vom Einkaufen scheinen wir eigenartig besessen zu sein, vom Geplapper der Medien wie hypnotisiert. Zum ersten Mal erkenne ich, daß wir Angelsachsen genau wie jede andere Rasse ein ganz spezifisches Aussehen haben, und ich muß zugeben, daß meine Landsleute ein unattraktiver, kränklich wirkender Haufen sind.

Allmählich wird Vanella kräftiger, und wir fangen wieder an, unser gemeinsames Leben zu planen. Bald schafft sie es die Treppe hinunter und verbringt mehr Zeit außerhalb des Bettes als darin. Freunde und Verwandte schauen vorbei. Wir sind Fremde – auch wenn es niemand weiß. Wir gehören nicht dazu, noch nicht. Wir fühlen uns isoliert und unbeholfen. Zwei Jahre – eine lange Zeit, die wir aufholen müssen. Aber dann merken wir, daß sich eigentlich nicht viel geändert hat. Nur wir.

Widerwillig drehe ich den Schlüssel um und sperre auf. Tagelang haben wir diesen Augenblick vor uns hergeschoben. Während wir fort waren, ist jemand durchs Dach eingebrochen und hat ein großes Loch hinterlassen, durch das zwei Monate lang der Regen pladdern konnte, bevor es jemand entdeckt hat. Ich wuchte die schwere Metalltür auf; sie stöhnt, wie sie es immer getan hat, doch dann bleibt sie mit einem Ruck hängen. Vanella kann einen Schrei nicht ganz unterdrücken.

Tapfer bahnen wir uns einen Weg durch einen Wirrwarr aus durchweichtem Gerümpel. Die Kisten, in die wir unser altes Leben verpackt hatten, sind alle auf die eine oder andere Art entweiht. Dinge, die wir so leichten Herzens vergessen hatten, sind wahllos herausgezerrt worden und türmen sich jetzt verrostet oder zerbrochen zu Haufen. Wir entwirren Taschen voller verrotteter Kleider, Anzüge, Hemden und Pullover, in denen sich Massen glänzender roter Würmer und Kolonien von Kugelasseln angesiedelt haben.

Ich mache eine alte Weinkiste auf, in der meine Shakespeare-Ausgaben aus der sechsten Klasse liegen; jetzt dünsten sie dumpfen Modergeruch aus. Zwei Kartons voller Novellen nehme ich gar nicht erst in die Hand; es lohnt nicht mehr. Und dann das … oh Gott, nein! Nicht das. Warum hat der Regen ausgerechnet diese Kiste durchweicht? Ich hätte sie an einen sichereren Platz stellen sollen, aber dazu hatten wir keine Zeit mehr; ich hätte nie gedacht … ich bin so ein Idiot! Das ist das Schlimmste, das sind die wirklich wichtigen Bücher.

Schweren Herzens fiesle ich *Puh der Bär* heraus, das Buch meiner Kindertage. Über die Seiten ist ein blauer Schimmelpilz gekrochen und hat sie verklebt. Als Junge habe ich an langen Sommerabenden im Bett gelegen und diese Geschichten wieder und wieder gelesen. Jetzt sind sie für immer besudelt.

Als nächstes nehme ich ein leinengebundenes rotes Buch in die Hand. Ich muß gar nicht genauer hinsehen. Ich weiß, es ist *Dialect of the Huddersfield District,* ein Glossar alter Worte, das ursprünglich meinem Urgroßvater gehörte. Ich habe es meinem Vater stibitzt, und als er das merkte, sagte er, ich sollte ja gut darauf aufpassen. Ich wage es kaum aufzuschlagen, aber ich muß. Der Einband ist voller Stockflecken und sieht ziemlich mitgenommen aus. Die Feuchtigkeit ist nach innen gedrungen, aber die Worte selbst, mein linguistisches Erbe … vielleicht kann man es mit ein bißchen Sorgfalt und Liebe retten.

Dann greife ich seitlich weiter unten in die Kiste – und mir entfährt ein schmerzlicher Laut.

Als ich noch ein Junge war, hat mir einmal unser Arzt, ein enger Freund der Familie, dieses Buch gegeben: *A Child's Garden of Verses* von Robert Louis Stevenson. Ein schmales Bändchen im Taschenformat mit einem Segelschiff in Goldprägedruck auf dem Buchrücken. Er hatte es von seiner Mutter geschenkt bekommen, und weil er keine eigenen Kinder hatte, beschloß er, es an mich weiterzugeben. Ich habe dieses Buch so geliebt. Ich habe immer meine Nase an das grüne Kalbsleder gedrückt und den Duft seines Alters eingeatmet. Die Gedichte darin haben mich im Handumdrehen in eine andere Zeit versetzt, in Ursprünglichkeit und ferne Länder: *Parrot islands, Eastern cities, Jungles near and far.* Ich meinte, Stevensons Stimme zu hören, er nährte meine kindliche Vorstellungskraft, und sogar jetzt noch …

Wo Mond und Sterne am Himmel steh'n –
Wind hat sich aufgemacht –
Da konnte man den Reiter seh'n
in Regen, Wind und Nacht.

Aber jetzt schnürt es mir die Kehle zu, und Tränen steigen mir in die Augen. Ich hatte insgeheim gelobt, daß ich das Buch einem anderen kleinen Kind weitergeben würde, wenn ich alt bin. Jetzt nicht mehr. Zwischen meinen Händen löst sich der Buchrükken ab, das Papier reißt und zerfällt. Mein kleines Schiff erleidet Schiffbruch.

Ich höre Vanella weinen. Sie hat einen total ruinierten Mantel von Hilary gefunden. Mit gesenktem Kopf steht sie da und drückt ihn schluchzend an sich.

Dann finde ich die Fliegerjacke meines Vaters. Mir dreht es den Magen um. Sie hat sich in ihre Bestandteile aufgelöst, durch das dicke Leder sind Löcher genagt. Ich kann gar nicht hinsehen. Warum? Wie kann ich ihm das jemals sagen? Wortlos wickle ich sie in schwarzes Plastik wie einen Leichnam und lege sie vorsichtig auf den Boden.

Ein feiner Nieselregen fällt aus einem düsteren Winterhimmel. Wir stehen inmitten des Durcheinanders, das wir auf den Betonboden herausgezogen haben, und die Tränen laufen uns übers Gesicht. Wir umarmen einander, halten uns fest, betrauern unseren Verlust.

Wir versuchen, einen neuen Anfang zu machen.

Vanella ist von den Ärzten entlassen worden, die immer noch ungläubig die Köpfe schütteln und staunen, daß sie das überlebt hat. Und dann sagt einer von ihnen: »Sie wissen natürlich, daß Sie vielleicht keine Kinder mehr bekommen können.« Als sie Rafael diese Frage stellte, meinte er, daß sie seiner Ansicht nach keine Probleme haben würde. Irgendwie haben wir uns darauf geeinigt, daß wir einmal Kinder haben wollen, obwohl mich der Gedanke daran etwas erschreckt. Aber die Bemerkung des Arztes hat bei Vanella Zweifel gesät, sie ist beunruhigt. Sie sagt, sie braucht etwas Stabilität. Welche Optionen haben wir? Sollen wir woanders hinziehen und von vorne anfangen? Oder sollten wir lieber in London bleiben? Letzten Endes läuft es auf die praktischen Dinge und auf dieselbe hartnäckige Frage hinaus: Womit wollen wir unseren Lebensunterhalt verdienen? Vanella will sich wieder eine Arbeit suchen, wieder in ihrer alten Branche. Und wir werden unsere Eigentumswohnung weiter vermieten, damit wir ein gewisses Einkommen haben. Für uns selbst werden wir etwas Geräumigeres suchen.

Was mich betrifft: Ich muß meine Arbeit zu Ende führen. Ich muß etwas aus unseren Erfahrungen machen. Aber das kostet Zeit und setzt voraus, daß ich etwas Rückblick halte, wie Bo schon gesagt hat. Also sichte und sortiere ich alles und suche nach der tieferen Bedeutung darin. Ein paar Bruchstücke fehlen mir noch für das Gesamtbild. Und der letzte Teil der Tour. Ursprünglich hatten wir vor, unsere Reise im Westen Europas zu beschließen, aber die Ereignisse in Caracas haben uns natürlich einen Strich durch die Rechnung gemacht.

Im Sommer bitte ich Vanella, mich noch einmal zu begleiten.

»Nein«, sagt sie. »Geh du.«

»Aber ohne dich ist es nicht dasselbe.«

»Ich bekomme nicht soviel Urlaub. Wie soll ich das machen?«

»Du könntest doch wenigstens einen Teil der Reise mitmachen.«

»Nein«, sagt sie. »Geh du. Das ist jetzt deine Sache.«

Dann schenkt sie mir ein vielsagendes Lächeln. »Außerdem willst du mich gar nicht wirklich dabeihaben. Du bist allein viel besser dran.«

Ich muß gestehen, ich bin ziemlich aufgeregt. Es fällt mir neuerdings sehr schwer, an einem Fleck zu bleiben, an einem Ort zu leben. Ich gehe jede Wette ein: Jeder, der so lange gereist ist, verspürt nach seiner Rückkehr unweigerlich ein Jucken in den Füßen. Also mache ich mich allein auf den Weg und schließe den Kreis.

Zwischen den breiten Segeltuchquadraten, die hoch oben zwischen den Dachgiebeln aufgespannt sind, sehe ich ein paar Streifen Himmelsblau. Wenn ich einen Blick auf die arabischen Zahlen über einer Türschwelle werfe oder die enge Straße entlang bis zu den Palmwedeln schaue, die in der Ferne flattern, könnte ich einen Moment lang glauben, in Nordafrika zu sein. Aber dann höre ich das leise Läuten von Kirchenglocken. Ich sehe hinauf zu den grünen Markisen, die schwer wie Augenlider über schmiedeeiserne Balkone herabhängen, und eine kleine, alte Dame in Schwarz lugt heraus und lächelt mir zu.

Um die Mittagszeit herrscht in der Calle Sierpes in Sevilla ein ständiges Kommen und Gehen. Auf ihren Streifzügen an den Schaufenstern der Juweliere entlang oder auf ihrer Schnäppchenjagd nach einer Handtasche für den Herbst lassen die *señoras* Schwaden berauschenden Parfüms zurück. Ältere Gentlemen, die ganz dezent nach Toilettenseife riechen, begegnen sich zufällig und begrüßen sich. Sie stehen in ihren kurzärmeligen Hemden mit den geräumigen Brusttaschen da, tauschen Neuigkeiten aus und lassen große Tabakwolken aufsteigen. Den Mann, der lauthals herausschreit, welche glückverheißenden Lotterienummern heute zum Verkauf stehen, ignorieren sie.

Mittags verdrücke ich mich in ein Gewölbe im Pasaje de la Delicias und stoße auf eine ruhige Bar. Don Luis ist mit seinen Freunden hier. Sie sitzen an zwei zusammengeschobenen Tischen im Freien und diskutieren über alles, das irgendwie Diskussionsstoff bietet. Im Spanischen heißt eine solche Versammlung *tertulia* Stammtisch. Auch ein anderes Wort *aficionado* (Stierkampfliebhaber) trifft auf dieses runde Dutzend Männer zu, die mehr als nur ein flüchtiges Interesse an *los toros* haben. Jeden Tag treffen sie sich, um über Stierkämpfe zu palavern. Den Jüngsten schätze ich auf etwas über 60. Der älteste ist Don Luis Fuentes Bejarano, der im respektablen Alter von 91 Spaniens ältester Matador ist.

Im Handumdrehen sitzen wir beide an unserem eigenen kleinen Tisch um die Ecke, vor uns Tassen mit starkem, schwarzem Kaffee und ein Glas Anis für Don Luis. Dann hält er mir eine Lederbörse hin, deren Leder so dünn und brüchig wie das lose Blatt der halbgerauchten Zigarre ist, die er pafft. Er holt das alte Photo eines jungen Mannes aus der Börse, piekfein mit Zweireiher, kragenlosem Hemd und Sombrero. Am Arm geleitet er eine attraktive, junge Frau, damals seine Zukünftige.

»Hey, so sollte ein Stierkämpfer aussehen, wenn er abends ausgeht«, verrät mir Don Luis. Dann spielt er mit weiteren Schätzen herum, mit brüchigen, eselsohrigen Papierfetzen. Hier eine Sepia-Photographie von der Eröffnungszeremonie in der Stierkampfarena von Madrid, an der Plaza Nueva, am 7. Juni 1931. »Von den acht *matadores*, die damals am Umzug teilgenommen haben, bin ich als einziger noch am Leben«, sagt er. Dann klapst er sich gegen die Oberschenkelinnenseite und stubst mich an. Nun wird er mir wohl gleich erzählen, wie stark er immer noch ist, denke ich. Aber ich irre mich.

»Ich bin 14mal vom Stier durchbohrt worden«, läßt er mich stattdessen wissen. »Hier an den Beinen.«

»Vierzehn?« Während ich versuche mir vorzustellen, welche Narben wohl unter solch elegant gebügelten Hosen liegen, frage ich mich auch, ob sich ein Matador wirklich seiner Verletzungen rühmen sollte.

»Ich habe einmal an einem Nachmittag sechs Stiere getötet – ganz allein«, sagt Don Luis. »Ich habe sie alle mit einem einzigen Stoß getötet, alle auf die vorschriftsmäßige Art. Wenn ich eine saubere Tötung geschafft habe, mit einem einzigen Degenstoß, mit einer einzigen Bewegung – das hat mir soviel bedeutet. Die Leute haben gerast. Ich erinnere mich noch, wie ich zu den Rängen hinaufgeschaut habe. Es war wie im Irrenhaus. Gegen nichts auf der Welt möchte ich das eintauschen.«

»Sechs Mal!« sage ich mit einer Mischung aus Überraschung und sprachloser Bewunderung.

Don Luis rührt klirrend seinen Kaffee um.

»Hombre, wenn der Bulle dir hilft, dann sorgst du einfach dafür, daß die Leute ihren Spaß haben. Dann hast du auch selbst Spaß daran.«

Seit er als Junge seinen ersten Stierkampf sah, hat sich dieser distinguierte Gentleman in die Vorstellung verliebt, Matador zu werden, und man sieht es ihm an. Er wirkt noch immer kampfbereit, Brust raus, Kopf hoch.

Ich sehe ihn in der Arena vor mir, seine schlanke Gestalt, die bortenbesetzte Weste, die hautenge Hose, das dunkle, zurückgestrichene Haar. Don Luis legt eine elegante Passage ein und läßt geschickt die rote Muleta beiseite wirbeln, während eine halbe Tonne wutschnaubender Stier an ihm vorbeidonnert.

»Wie viele Stiere haben Sie denn insgesamt getötet?«

»Genau weiß ich das nicht«, antwortet er, »aber in 20 Jahren Stierkampf plus drei Jahre als *novillero* (angehender Matador) ... Es müssen fast 400 gewesen sein. Ich habe in ganz Spanien gekämpft, in Portugal, in Südfrankreich. Ich habe in Mexiko, in Peru gekämpft ... «

Zu seiner Zeit gab es nur ungefähr zehn Matadore, die es bis zum Status eines Superstars geschafft hatten. Don Luis war einer von ihnen. Mit 18 Jahren hatte er seinen ersten öffentlichen Auftritt: Er war an jenem Tag zur Arena gegangen, um den einzigartigen Manuel Granero zu sehen, und als der große Mann mit seiner Darbietung begann, sprang der junge Heißsporn Luis aus der Menschenmenge in die Arena und versuchte, den Draufgänger zu geben und selbst gegen den Stier anzutreten. Zwar wurde er umgehend von der Polizei abgeführt, aber er hatte zum ersten Mal die Bewunderung seines Publikums erfahren. Als er als Matador zugelassen wurde, war er erst 20. Sechs Jahre lang blieb er der jüngste Kämpfer mit Zulassung. Don Luis sagt, daß so junge Matadore heutzutage keine Seltenheit mehr sind – aber nur deshalb, weil der Feind so gutmütig ist. Also die Stiere. Sie sind heute nicht mehr so stark und haben kleine Hörner. Früher war der Feind noch wild und furchtbar.

Er trommelt auf den Tisch, dann hebt er den Finger. »Hören Sie sich das an: Einmal, als ich dem Stier die Banderillas in den Nacken stieß, wurde ich von ihm erfaßt, und seine scharfe Hornspitze schlitzte mir die Leiste auf. Ich wurde zu Boden geschleudert, und als ich an mir hinunterschaute, sah ich, daß alles voll Blut war; mein Hodensack war aufgerissen und die beiden Hoden hingen heraus. Da hab ich sie eben genommen und bin zur Krankenstation gegangen; die machten vielleicht Augen, als sie mich da stehen sahen, mit meinen Eiern in der Hand.«

Don Luis schaut sich genüßlich an, welche Wirkung seine Geschichte auf mich hat, klemmt sich seine Zigarre fest zwischen die Lippen und erweckt sie paffend wieder zum Leben.

»Wissen Sie«, flüstert er, »ich hab mir nur wegen einer Sache Sorgen gemacht. Ich hatte gehört, daß man eine Mädchenstimme bekommt, wenn man einen Hoden verliert.«

Das wäre natürlich der Todesstoß für sein Image gewesen.

Als ich Don Luis frage, was er von den Top-Stierkämpfern von heute denkt, schüttelt er den Kopf und preßt die Lippen aufeinander. Er will niemand kleinreden. Aber dann kann er sich doch einen kleinen Seitenhieb nicht verkneifen. Zu seiner Zeit kämpften sie mit echten Degen. Heute benutzen sie eine hölzerne Nachbildung, bis der Moment zum Töten gekommen ist; dann bekommt der Matador den Degen von seinem *moso d'estoque* am Rand der Arena gereicht.

»Wissen Sie, diese jungen Männer verdienen fünf, sechs, manchmal zehn oder zwölf Millionen Peseten für die Arbeit eines Abends. Denken Sie mal drüber nach. Eine Million Peseten wiegen genau ein Kilogramm, aber ein echter Degen wiegt nur 600 Gramm. Wenn sie fünf oder sechs Kilo Peseten nach dem Kampf wegtragen können, warum können sie dann nicht 600 Gramm während des Kampfes tragen?«

Don Luis grinst und erzählt mir, daß er an seinem 70. Geburtstag von einem der Stierzüchter eingeladen wurde, an seiner eigenen privaten Corrida teilzunehmen. Überflüssig zu sagen, daß Don Luis Sieger wurde. Der Züchter fragte ihn, ob er das denn noch einmal machen könnte, an seinem 80. Geburtstag. Don Luis antwortete, daß er es versuchen würde, wenn Gott ihm seine

Gesundheit erhalte. Nach zehn Jahren kämpfte er wieder und wurde der älteste Matador in der Geschichte des Stierkampfes.

»Könnten Sie es heute auch noch?«

»Ich würde gerne, aber es könnte ein bißchen riskant werden«, gibt er zu und leert den Rest des Anis, wobei seine Römernase tief im Glas verschwindet. Und als wollte er beweisen, daß er noch am Ball ist, steht er auf und zeigt mir die korrekte Art des Todesstoßes, den Höhepunkt des Rituals. »Der Arm muß niedrig gehalten werden. Manche Matadore kommen heute in die Arena und halten die Arme hier oben, aber damit übervorteilen sie den Bullen.«

Don Luis hat seine angewinkelten Ellbogen erhoben, seine Hand weist quer über die Brust. »Du stehst da mit deinem Cape und mußt nah ran an den Stier. Hand aufs Herz! Und wenn er dann auf dich zukommt, zeig ihm die Brust.« Don Luis markiert den Beginn eines Ausfalls, so wie er einstmals einen verwirrten und verwundeten Feind rasch ins Jenseits befördert hätte. Die Menschenmenge tobt, und Don Luis stolziert vor ihnen auf und ab und saugt ihren Beifall in sich auf. Und die Bestie wird weggeschleppt und läßt eine stumpfrote Blutspur im orangefarbenen Sand zurück.

Klirrend und aufs äußerste gefordert klettert der Zug von Sevilla aus nach Norden, bergauf durchs Hügelland, vorbei an schlafenden Pueblos und heißen, staubigen Olivenhainen, so hoch wie die blauen Bergspitzen im fernen Dunst, bis er schließlich hinaus in die weiten, offenen Ebenen der Estremadura rollt. Ich bin wieder unterwegs, und ich freue mich daran, wie die Welt vorübergleitet. Es ist fast ein Glückszustand, eine Art Ekstase, die mir jetzt so vertraut ist wie diese alten Klamotten, die ich wieder trage.

Das Alleinsein hat mich in letzter Zeit etwas philosophisch gemacht. Vor zwei Tagen habe ich ein oder zwei Stunden in einem abgeschiedenen Winkel in den Gärten des mächtigen Alcázar auf einer alten Steinbank im Schatten gesessen und ruhig nachgedacht. Ich muß ein für allemal die Antwort auf diese Frage finden. Warum gibt es das alles? Ich habe mich ständig im Kreis gedreht, bin alles immer wieder von vorne durchgegangen, um die Logik hinter allem zu ergründen. Die Logik muß unanfechtbar sein. Erst als ich alles niederschrieb, begann ich klarer zu sehen. Das Ergebnis meiner Überlegungen lautet jetzt ungefähr so:

Meine Sinne sagen mir, daß ich lebe. Aber warum? Warum lebe ich? Ich könnte antworten, daß das purer Zufall oder sogar Gottes Wille ist. Ich könnte sagen, daß es etwas mit meinen Eltern zu tun hat, aber das ist es nicht, worauf ich hinauswill. Die beste, reinste Antwort, auf die ich komme, ist diese: Ich lebe, um dieses Leben zu leben. Schlicht, aber unanfechtbar. Daraus folgt notwendigerweise die Frage: Wie? Wie sollte ich dieses Leben leben, dieses unglaubliche Geschenk? Ich bin frei, ich habe einen freien Willen. Deshalb kann ich nur zu dem Schluß kommen, daß ich es so leben kann, wie ich will. Aber natürlich sollte ich, wenn ich mein Leben als kostbar betrachte (was der Fall ist), danach trachten, es durch meine Handlungen soweit wie möglich zu verbessern und zu verlängern. Und wenn ich das Leben anderer als gleichermaßen kostbar betrachte, muß ich versuchen, in einer Art zu agieren, die auch ihnen nützt. Somit bleibt mir gar keine andere Wahl, als einzig und allein und in jeder Hinsicht für die Erfahrungen zu leben, die das Leben anbietet, versuchen zu verstehen und dann etwas weiterzugeben.

Ich glaube, ein solches Weltbild könnte funktionieren. Für mich genügt es jedenfalls. Ich werde es eine Weile ruhen lassen. Warten wir's ab.

Jetzt, nach so vielen Reisen und nach all den langen Wegen hinter mir, stelle ich fest, daß ich keine Angst mehr empfinde. Als ich mit Don Luis zusammensaß, stellte ich ihm die gleiche Frage, die ich einmal meinem Großvater gestellt hatte. Ich wollte wissen, ob er Angst hatte, wenn der Bulle auf ihn losging.

»Hombre, die größte Angst gilt deinem Publikum«, antwortete Don Luis. »Du machst dir Gedanken darüber, ob du sie wohl zufriedenstellen kannst. Echte Angst kannst du gar nicht empfinden. Wenn du Angst hättest, könntest du das nicht machen.«

Morarji, der Gandhi-Anhänger und einstige Premierminister Indiens, sagte, wir können nicht im Einklang mit unserem wahren Selbst handeln, wenn wir uns fürchten. Im Rückblick wird mir bewußt, daß die alten Leute, denen wir begegnet sind, kaum Angst vor dem Tod zeigten. Die meisten hielten ihn ganz gut in Schach; ein paar hatten ihn einfach akzeptiert. Sie alle hatten Zeit, sich mit ihrer Sterblichkeit auseinanderzusetzen.

Etwas muß mit mir geschehen sein, das diesen Prozeß beschleunigt hat. Vielleicht haben die Alten auf mich abgefärbt. Vielleicht war es Caracas. Vielleicht liegt es daran, daß ich endlich eine Art zu leben gefunden habe ... Früher hatte ich vor vielem Angst – Angst vor Mißerfolg, vor dem, was passieren könnte, vor der Meinung anderer, vor dem Tod an sich. Das ist vorbei. Und ich habe mich nie zuvor so lebendig gefühlt.

In der bleiernen Hitze des Spätnachmittags fahren wir durch Bauernland. Die Männer sind geschäftig dabei, ihre leidgeprüften Maultiere zu beladen. In den Pueblos, wo christliche Kirchen an maurisches Mauerwerk grenzen, sitzen die alten Frauen neben den Haustüren und sehen den Kindern beim Spielen zu. Dann kommen die Weinberge, Kilometer um Kilometer felsiges Gelände im Streifenmuster. Schließlich kommen wir ins Land der *conquistadores,* wo einst aus einer befestigten Stadt ein paar hundert Männer auszogen und die ganze Inka-Zivilisation unterjochten. Und während ich durch dieses karge, öde, von Zäunen zerteilte und von Greifvögeln durchstreifte Landesinnere zuckle, verabschiedet sich das Tageslicht mit einem grandiosen, purpurnen Sonnenuntergang.

In der kleinen Stadt Guadalupe sehe ich eine Witwe in der Kühle ihres Salons sitzen. Sie lächelt, als sie mich sieht. Es ist fast so, als hätte sie mich erwartet.

Wie sie dasitzt, ist sie das personifizierte alte Spanien: ganz in Schwarz, mit langen Ärmeln und weiten, züchtig übereinanderliegenden Röcken. Paula hat ihren Mann verloren, als sie 40 war. Noch in dieser Woche wird sie 99. »Ich habe viele gute Dinge, über die ich nachdenken kann«, erzählt sie mir fröhlich. »Ich rufe mir immer jeden Morgen meine Erinnerungen ins Gedächtnis, bevor ich aufstehe.«

Zerstreut spielt sie mit einer Strähne ihres weißen Haares, das sie von ihrer breiten Stirn zu einem Knoten zurückgenommen hat. Sie ist stark – körperlich und geistig. Meistens steht sie, stützt sich dabei leicht auf dem Tisch ab und plaudert vor sich hin, das Gesicht voller Falten und Freundlichkeit.

Sie kann sich an alles erinnern – das einfache Leben auf dem Dorf, das Wasser, das von der Quelle hergetragen werden mußte, die alten Planwagen. Als sie sechs war, erzählte ihr ihre Großmutter, wie sie früher die Kleider für die Mönche wusch, die im Kloster lebten, bevor sie vertrieben und die Gebäude aufgegeben wurden. Das muß in den 30er Jahren des 19. Jahrhunderts gewesen sein. Paula selbst kann sich noch daran erinnern, wie sich die Franziskaner Anfang dieses Jahrhunderts im Kloster niederließen. Und sie erinnert sich noch bewegt an den Tag, als König Alfonso XIII. kam, um die Jungfrau mit Blumen zu bekränzen. »Das war noch echte Monarchie!«

Paula verehrt die heilige Mutter Gottes, die Jungfrau von Guadalupe, eine romanische Statue, die vor ungefähr 700 Jahren auf wundersame Weise von einem Bauern gefunden wurde. Seither ist Guadalupe eine Wallfahrtsstätte, doch der Ort liegt nach wie vor abgeschieden und versteckt in den Bergwäldern östlich der Estremadura.

Dann kommt Paula auf ein Rätsel zu sprechen, das sie einmal in einem Buch gefunden hat. Sie war eine richtige Leseratte und hat alles verschlungen, was sie in die Hände bekam. Alles, was sie las, lernte sie auswendig.

»Können Sie mir das Rätsel erzählen?« frage ich.

»Es ist aber sehr lang«, gibt sie zu bedenken. »Bitte!« bettle ich; da holt sie tief Luft und beginnt vorzutragen:

»Bin ohne Körper, Kopf, Fuß, Hand.
Was Gott erschuf, ergibt sich mir.
Den Elementen bin ich Herr, wiewohl kein Gott.
Doch bin ich der, der Gott zur Erde niederbat.
Ja, Gott bedient sich meiner mannigfach.
So sehr ist Gott mein Freund,
daß ich wohl alles seh, was ich begehr,
sofern ein anderer mich benutzt.
Die Engel können sich mir nicht vergleichen –
eher daß sie flieh'n, als mich zu dulden.
Dem Sturm befehl ich Ruh', den Wogen glatt zu sein.
Der Sonne sag ich Halt,
laß Winde wehen nach Lust,
was mancher Seemann schon erfuhr.
Dem dürren Baume geb ich Frucht und Blütenkleid
und nehm es ihm, wenn's mir gefällt.
Dem feurigen Löwen bin ich Herr.
Wer schuldig ward, den sag ich los
und beuge doch kein Recht.
Die Teufel flieh'n mich, ängstigt sie doch schon mein Name.
Ich bin nicht Jesus, kann es nimmer sein;
mehr als der Himmel trennt uns zwei.
Wer mich erraten will, muß aus Erfahrung lernen.
Ich buchstabiere mich auf Neun.«

Als ich applaudiere, lächelt Paula bescheiden. Aber wie lautet die Antwort? Sie schüttelt den Kopf. Sie sagt es nicht. »Weder der Superior noch Pater Sebastian, der sehr intelligent ist, haben es herausgebracht«, warnt sie mich mit einem Anflug von Stolz. »Pater Mora ist der einzige, der es je erraten hat. Der einzige.«

Neun Buchstaben. Neun Buchstaben auf spanisch.

Ich mache gerade eine Erfahrung, die etwas von einer Zeitreise an sich hat. Ich sitze zwei Frauen gegenüber. Die eine ist eine reife, selbstsichere, schöne Frau von 40 Jahren und sieht von einem Porträt an der Wand auf mich herunter. Davor sitzt dieselbe Frau, 50 Jahre später. Die Frisur und der Schnitt ihres kurzärmeligen Kleides sind identisch. Dasselbe Selbstvertrauen, derselbe Glaube an die eigenen Fähigkeiten. Und obwohl die Zeit unvermeidlich ihre Spuren hinterlassen hat, ist sie immer noch außerordentlich fit.

Zu ihrer Zeit war Lilí Alvarez spanische Landesmeisterin auf Skiern und Schlittschuhkufen. Als Tennisstar erreichte sie 1926, 1927 und 1928 das Wimbledon-Finale. Dann wurde sie Autorin. Lilí Alvarez hat ein Dutzend Bücher geschrieben, spricht fünf Sprachen und war während des Bürgerkrieges Korrespondentin für die Daily Mail.

»Ich antworte nur auf die Fragen, die Sie mir stellen«, läßt sie mich ein bißchen frostig wissen. Es ist ziemlich klar, daß Lilí kein Blatt vor den Mund nimmt. Sie erklärt das damit, daß sie schon in sehr jungen Jahren erfolgreich war. »Ich glaube, das hat mich ziemlich frei gemacht«, sagt sie. »Es hat mich zu einer bekannten Persönlichkeit gemacht, noch bevor ich eine Persönlichkeit entwickelt hatte.«

Lilí steht der katholischen Kirche kritisch gegenüber, weil die ihrer Ansicht nach längst nicht mehr das wahre Christentum repräsentiert – ihr nächstes Buch handelt davon. Sie ist empört, weniger über die Korruption als solche in der spanischen Politik, als über die Art, wie die Öffentlichkeit sie verzeiht und nach wie vor hinnimmt, daß der Präsident im Amt bleibt, obwohl jeder weiß, daß er in Korruptionsaffären verwickelt ist. Außerdem ist sie Feministin und stellt sich immer wieder dem Machismo entgegen – in ihrem letzten Buch hat sie sich damit befaßt.

»Ein vom Machismo geprägter Mann hält sich für überlegen. Ich bin nicht gegen den Mann, ich bin gegen den Kult des Machismo. Es ist sehr schwierig, das einem spanischen Mann zu erklären. Sehen Sie: Was wir Frauen können, das ist lieben. Wir sind für die Liebe gemacht. Für Männer ist das schwierig.«

»Warum das?«

»Weil sie anders sind. Wir sind darauf eingestellt. Ihr seid es nicht. Ich prophezeie Ihnen, daß Frauen und Männer irgendwann einmal auf gleicher Stufe stehen werden. Die Richtungsvorgabe der Männer ist es, die uns dahin gebracht hat, wo wir heute stehen. Wenn Frauen und Männer einander ebenbürtig sind, werden wir ganz anders leben.«

Lilí hält inne und schaut mich erwartungsvoll an. »Und? Weiter … Fragen Sie mich!«

Also frage ich sie nach ihrem Glauben.

»Ich bin das geworden, was wir hier *una beata, una beata beatissima* nennen.«

»Was bedeutet das?«

»Gut. Also: *Beata* … wie übersetzt man das? Glückselige – ist das richtig? Beata, die Gesegnete … diese sehr frommen, alten Ladies überall … die nennen sich *beatas*.«

»Sind Sie das immer noch?«

»Ja, ich glaube, das bin ich immer noch … eine *beata beatissima*.«

»Macht Ihr Alter Sie religiöser?«

»Nein. Ich glaube, vor 20 Jahren war ich mehr *beata* als jetzt.«

»Und was hat sich geändert?«

»Oh, ich bin gründlicher geworden, sorgfältiger. Ich glaube, das ist das eigentliche Ziel der Persönlichkeitsentwicklung.«

»Betrifft das Ihr ganzes Leben?«

»Ja. Ich glaube, wenn man versucht, ein anständiges Leben zu führen, dann bringt Alter … Frieden.«

Lilí glättet ihren Rock und schenkt mir diesmal ein fast schon unbefangenes Lächeln. Ich glaube, sie klappt allmählich das Visier hoch.

»Ich glaube, wir haben dem Denken zuviel Aufmerksamkeit gewidmet«, sagt sie, »und dem Leben zuwenig. Wir glauben, Denken sei das Beste, was wir tun können. Aber das stimmt nicht. Das Beste ist, innerlich richtig lebendig zu sein. Und das ist es, was wir nicht beherrschen.«

»Wie meinen Sie das?«

»Na ja, wir sagen zum Beispiel, daß unsere katholische Religion eine Religion der Liebe sei. Sie müssen lieben, von innen heraus lieben. Wenn Sie das nicht tun, leben Sie nicht wirklich. Jeder führt ein bestimmtes Leben. Entweder ein Leben mit Liebe – oder eines ohne Liebe; ein richtiges oder ein falsches Leben. Das ist der eigentliche Unterschied im Leben – ob man liebt oder nicht.«

»Was lieben ... wen lieben?«

»Sie müssen die Menschen lieben, mit denen Sie zusammenleben. Und wenn Sie gläubig sind, dann müssen Sie Gott lieben, und Er wird Sie lieben.«

»Können Sie mir denn beweisen, daß Gott existiert?«

»Nein, nein, Sie können nur ... nur Sie selbst ... Wenn Sie von einer Gottesvorstellung ganz erfüllt sind, dann nehmen Sie Ihn vielleicht wahr. Oder auch nicht.«

»Dann ist es also Zufall, ob ich Gott wahrnehme oder nicht?«

»Nein. Es ist kein Zufall. Nichts ist Zufall. Es kommt auf Sie an.«

»Es kommt darauf an, wie ich mich dazu stelle?«

»Genau, es liegt voll und ganz bei Ihnen. Als ich jung war, war es leichter.«

»Warum?«

»Weil wir uns unserer selbst so viel bewußter geworden sind. Wir wissen viel genauer als früher, daß wir hier sind.«

»Wir sind uns unseres Platzes im Universum bewußter?«

»So ist es. Früher war es leichter zu glauben. Jetzt ist es schwerer. Weil wir viel mehr Dinge wissen, die unserem Glauben in die Quere kommen können.«

»Wo führt uns das hin? Werden wir ein Volk von Ungläubigen?«

»Es führt uns entweder zum Triumph oder in eine fürchterliche Katastrophe – entweder, oder.«

»Glauben Sie, daß die Menschheit ein Sensorium dafür hat, Katastrophen zu vermeiden?«

»Ich glaube, die Menschheit hat nicht einmal das Sensorium, sich der drohenden Katastrophen bewußt zu sein.«

»Das heißt, wir sind dem Schicksal ausgeliefert?«

»Nein, das auch wieder nicht. Weil Gott existiert. Wenn Er existiert, werden wir irgendwie gerettet … Und wenn Er nicht existiert, wird nichts weiterbestehen.«

Als ich die Grenze nach Frankreich überquere, spüre ich, daß ich mich dem Ende meiner Wanderschaft nähere. Wenn ich darüber nachdenke, wie weit wir gereist sind, dann sagt mir mein Herz, daß alles richtig war. Alles beginnt sich zum Ende hin doch noch zu ordnen. Alles – außer Paulas Rätsel, das mich noch zum Wahnsinn treibt. Was ist die Antwort? Was bedeutet es? Anfangs hatte ich angenommen, es könnte »Glaube« sein, was man im Spanischen mit neun Buchstaben *confianza* nennen könnte – Vertrauen. Jemand, dem ich es gezeigt habe, schlug *oraciones* vor, Gebet, was besser paßt. Aber wenn ich das Rätsel noch einmal durchlese, weiß ich, daß das nicht stimmen kann. Es ist mir immer noch ein Rätsel.

»Gott bedient sich meiner mannigfach. Die Engel können sich mir nicht vergleichen.« Worum geht es da? Manchmal bin ich überzeugt, das Ganze handelt vom Heiligen Geist – *Espíritu Santo.* Aber das hat zu viele Buchstaben. Es ist zum Verrücktwerden.

»Wer mich erraten will, muß aus Erfahrung lernen.«

Und weil nichts zufällig geschieht, muß ich die Antwort irgendwie finden.

Das Leben in Arles ist von einem beruhigenden Gleichmaß. Ich schlendere die Promenades des Lices entlang, erkunde die engen Gäßchen der Stadt und lande im Nordteil, wo ich der schiefergrauen, massigen Gestalt der Rhône zusehe, wie sie gemächlich durch eine Biegung strömt. Alles hier fühlt sich alt an. Der römische Zirkus dient als Stierkampfarena, und die Cafés am Hauptplatz sehen hinaus auf die Place du Forum. Als die Bürger ihre Häuser ringsum in das Straßenlabyrinth bauten, benutzten sie großzügig bemessene Sandsteinblöcke. Dann ließen sie die Farbe an den Fensterläden abblättern, so daß ein unverwechselbares Bild entstehen konnte. Kanarienvögel trillern in ihren Käfigen; der Tag tröpfelt geruhsam dahin, und jeder kennt noch jeden. *C'ést très gentil ici.*

Ich sitze im Freien an einem Cafétisch vor einem kühlen Bier und bin restlos zufrieden. Ich bin hierhergekommen, um den ältesten Menschen der Welt zu treffen, Madame Jeanne Calment, jetzt über 120 Jahre alt.

Auf dem Weg zu ihr komme ich an einem riesigen Feld strahlend schöner Sonnenblumen vorbei. Madame Calment wohnt in einem modernen Altersheim am Stadtrand, das mit Funkantennen und einem Hubschrauberlandeplatz aufwarten kann. Ich frage dort nach Madame Meuzy, der Heimverwalterin. Sie begrüßt mich, und während wir uns an der Rezeption unterhalten, wird eine alte Dame im Rollstuhl vorbeigeschoben. Erst als sie schon durch die Tür ist, merke ich es. Die Jahre haben Madame Calment gut behandelt.

»*Oui, oui, très bieng*«, sagt sie zu ihrer Pflegerin, als wir sie einholen. Der Akzent klingt fremdartig und rustikal in meinen Ohren.

Sie sagen mir, daß Jeanne gerne im Freien sitzt, wo sie die frische Luft genießen kann. Also überqueren wir den Asphalt, rollen eine Stufe hinauf, dann über das Gras und lassen uns am See nieder. Der Nachmittag ist klar und sonnig, und eine steife Brise weht vom Westen her. Claudine, die Pflegerin, macht es Madame Calment gemütlich, dann stelle ich mich vor und nehme ihre Hand, die älteste kleine alte Hand der Welt.

Sie sieht jetzt nicht mehr allzu gut. Auf dem linken Ohr ist sie völlig taub, auf dem anderen teilweise. Wenn man sich mit ihr unterhalten will, muß man auf ihrer guten Seite mit genau der richtigen Tonhöhe und Lautstärke ins Ohr schreien. Aber wenn sie einmal verstanden hat, ist sie wunderbar: intelligent und hellwach. Wie sie so dasitzt, sieht Jeanne Calment genauso aus wie irgendeine beliebige Oma: Blümchenkleid, blaue Wolljacke, silbrige Locken und ein reizendes, faltiges Gesicht.

Irgend etwas ist falsch. Das Licht ist zu hell, sie braucht ihre Sonnenbrille – und die haben sie im Haus gelassen. Ich hole meine Ray-Ban-Brille heraus und leihe sie ihr. Sie sieht toll aus – James Dean läßt grüßen.

Es ist schwer, sich ihr Alter wirklich bewußtzumachen. Vielleicht trifft jemand eines Tages in einem entlegenen Winkel Chinas Lao Shou Xing persönlich, den Gott des langen Lebens, aber bis dahin ist Madame Calment ihr eigener lebender Beweis. Sie wird besser umsorgt als die alten Meister im Louvre; sie ist so etwas wie eine nationale Institution geworden. *La doyenne*, die Älteste, nennen sie sie voller Ehrerbietung, Zuneigung und Stolz.

Historiker mögen darüber debattieren, wann vermutlich die Neuzeit begonnen hat, zur Jahrhundertwende oder mit dem Ersten Weltkrieg, aber Jeanne Calment ist nicht aus dieser Zeit.

Als sie geboren wurde, war das 19. Jahrhundert noch lange nicht zu Ende, und die Herrschaft Kaiser Napoleons III. lag erst fünf Jahre zurück. Kurz zuvor hatte Frankreich nach einer Niederlage im Deutsch-Französischen Krieg Elsaß-Lothringen an Bismarcks neues vereintes Deutsches Reich abtreten müssen.Wunden, die 40 Jahre später vor Beginn des Ersten Weltkriegs erneut aufbrachen.

Jeanne erinnert sich gut an diesen Sommertag im Jahr 1914, als sie die Nachricht bekam, daß Deutschland den Krieg erklärt hatte und in Belgien einmarschiert war. Es gab *une émotion générale* in der Stadt, sagt sie. Die Leute hatten Angst. Sie muß es noch wissen, sie war damals schon 39.

Die kleine Lady hat die Zeitspanne von zwei Leben gelebt. Sie ist wie Porzellan: hart, haltbar und doch zerbrechlich. Sie hat alles miterlebt: Computer, Satelliten, Mondraketen, Fernsehen, Waschmaschinen, Flugzeuge, Autos, das Radio und sogar das Aufglimmen der anfangs so unscheinbaren Glühbirne.

»Mein Vater hat das elektrische Licht bei uns eingeführt«, erinnert sie sich. Er war oft der erste bei irgendwelchen Neuerungen. Jeanne Calment stammt aus einer fortschrittlichen Familie. »Davor benutzten wir Paraffin-Lampen oder Kerzen«, erzählt sie und lacht leise.

»Und hat das Ihr Leben sehr verändert?«

»Ja, damals haben Frauen abends bei Lampenlicht viel gestickt.«

Der Ablauf ist spaßig: Meine Fragen werden ihr ins Ohr geschrien. Beim Zuhören neigt sie den Kopf leicht auf eine Seite wie ein Vogel, dann nickt sie, wenn sie verstanden hat. Manchmal hält sie beim Sprechen inne, und gerade wenn ich denke, jetzt kommt nichts mehr, legt sie wieder los.

Sie erzählt mir über *la vie d'orée,* ihre goldene Jugend. Das Leben war damals einfacher – und es war die beste Zeit, die man sich vorstellen könnte. Wenn sie tanzen ging, trug sie ihre schöne rote Arlesier-Tracht. Ihre Mutter trug die traditionelle Kleidung jeden Tag, aber Jeanne war ein modernes Mädchen und hob ihre Tracht für die *fêtes* auf. Sie sah so schön aus mit ihrem langen, geflochtenen Haar und ihren hübschen blauen Augen.

»Ich war ein fürchterlicher Flirtstengel«, gesteht sie. »Ach, das waren wunderbare Tage.« Und dann stimmt sie ein Lied an, in dem noch der 1871er Krieg nachklingt.

»Ihr habt das Elsaß genommen,
Ihr habt Lothringen genommen,
Aber unser Herz bekommt ihr nie …«

Plötzlich bricht sie ab. »Was machen Sie da?« ruft sie und schraubt ihre Stimme zu einem rauhen Quieksen hoch.

Madame Meuzy steht neben ihr, freut sich an ihrem Singsang und fährt mit den Fingern liebevoll durch Jeannes silberne Locken.

»Was haben Sie da vor?« fragt sie. »Suchen Sie Läuse?«

»Ich spiele nur mit Ihrem Haar, Jeanne!« schreit Madame Meuzy. Da nickt Jeanne mit unbewegter Miene. Sie spielt gerne die Komikerin.

Natürlich ist Jeanne allgemein dafür bekannt, daß sie dem Impressionisten Vincent van Gogh begegnet ist. Ihr Vater war Bootsbauer, aber sie führten auch ein Familiengeschäft, das Stoffe aller Art anbot: Spitze, Seide, Satin, Stickerei, sogar Kleider.

»Ich erinnere mich an einen schönen, schwarzen Satin«, erzählt sie mir. »Wir nannten ihn immer ›den Raben‹.« Dann verblüfft sie mich mit einem kurzen Vers aus der Fabel vom Fuchs und dem Raben.

Als van Gogh in Arles lebte, wo er einige seiner größten Werke schuf, schaute er regelmäßig in ihrem Geschäft vorbei, um sich Leinwand zu kaufen. Jeanne war damals 13. Nach allem, was man hört, tat der verwirrte Maler wenig, um sich in Arles einzugliedern. Er war eigenbrötlerisch, grob und oft betrunken.

»War irgend etwas an ihm, das Sie mochten?«

»Nein«, antwortet sie und verzieht das Gesicht. »Er war so häßlich.«

Dabei hatte er damals noch zwei intakte Ohren. Wenn ich das nächste Mal in einem Museum stehe und eine Vase mit Sonnenblumen oder irgendwelche wilden Geniestreiche betrachte, die Landschaften um Arles darstellen, werde ich an ein hübsches junges Mädchen denken, das die Zunge herausstreckt, während es dem verrückten Vincent nachsieht, wie er eines heißen Sommertages im Jahr 1888 mit besagter Leinwand unter dem Arm davongeht.

Einige sagen, das Geheimnis von Madame Calments Langlebigkeit stecke in ihren Genen. Ihr Stammbaum enthält in der Tat eine Reihe von Ahnen, die ein hohes Alter erreicht haben. Aber auch die Umstände könnten dazu beigetragen haben. Ihre Familie war relativ wohlhabend und gehörte zur bürgerlichen Mittelklasse. Sie waren liberal, für damalige Verhältnisse sogar ziemlich *avant-garde*. Jeanne fehlte es nie wirklich an etwas. Sie genoß eine gute Ausbildung und hatte die Gelegenheit, vieles zu tun, was den meisten Mädchen verwehrt war.

»Ich war auch sehr glücklich verheiratet«, verrät sie. »Sehr glücklich. Ich hatte einen wunderbaren Mann. Er war so lieb.« Ich reime mir zusammen, daß sie ihren Cousin geheiratet hat, um das Familienvermögen zusammenzuhalten.

Bald nach ihrer Heirat reisten sie im Zug nach Paris und genossen die Belle Époque zur Zeit Toulouse-Lautrecs. Der Eiffelturm gehörte damals noch nicht lange zur Pariser Skyline, und Jeanne und ihr Mann stiegen sehr aufgeregt bis zur ersten Plattform hinauf, wo sie im Restaurant ein leckeres Mittagessen verspeisten.

»Mochten Sie *la vie Parisienne?*«

»Oh ja, sehr. Wir sahen all die brandneuen Dinge. Wir gingen ins Theater, in die Oper, die Sacré-Cœur ... Oh, wie ich die Sacré-Cœur geliebt habe. Und wir sahen den ersten Film, der überhaupt gedreht wurde.«

Das war im Jahr 1896. Die Gebrüder Lumière, Pioniere aus den Kindertagen des Kinos, hatten eine öffentliche Vorführung organisiert. Jeanne war mit ihrem Mann dort, um sich diese ersten holperig bewegten Bilder anzusehen: ein Pferd mit Wagen, eine geschäftige Straßenszene, Arbeiter beim Verlassen ihrer Fabrik, ein Zug, der in den Bahnhof einfährt.

Ich möchte wissen, welche von all den Erfindungen, die sie miterlebt hat, ihr am revolutionärsten, am aufregendsten vorkam. Nach einigem Nachdenken nennt sie das Fernsehen. »Es bringt einem die Welt näher«, sagt sie. »Und es ist immer voller Überraschungen.«

Madame Meuzy beugt sich zu ihrem Ohr hinunter. »Wissen Sie, daß er Ihnen Pralinen mitgebracht hat, Jeanne?«

»Ooooooh ...« Sie läßt einen kleinen Quietscher los.

»Möchten Sie eine, Jeanne, zur Stärkung?«

Das sind nicht einfach Pralinen. Das sind die feinsten Pralinen, die Arles zu bieten hat. Ich habe gehört, daß sie leidenschaftlich gern Pralinen ißt.

Die Schachtel wird ausgewickelt, wie es sich gehört, und eine neue Kreation von beachtlicher Größe verschwindet im ältesten Mund der Welt. Sie ist ganz außer sich und zittert vor Aufregung.

»Oooooh …«, quietscht sie wieder, nur kommt ihr diesmal die schmelzende Schokolade dazwischen; sie mampft und schlürft ziemlich ausdauernd.

»Fühlen Sie mal, Jeanne, wie schwer die Schachtel ist! Das reicht noch für viele Tage«, beruhigt sie Madame Meuzy und macht ihr damit noch mehr Freude.

Ihre Ernährung ist nicht gerade vorbildlich gewesen. Sie sagt, als kleines Mädchen gingen ihr *choux à la crème* über alles.

»Iß soviel du willst und wann du willst«, ist ihr Motto. »Genieße dein Essen«, sagt sie. »Iß und trink alles, aber in Maßen.«

Sie hat sogar geraucht. Ehrlich gesagt hat sie es erst vor ein paar Jahren aufgegeben, bevor sie sich zu sehr daran gewöhnen konnte.

Doch sie ist immer aktiv gewesen und war viel im Freien. Madame Meuzy erzählt, daß Jeanne in jüngeren Jahren so etwas wie ein Wildfang war und ihren Ehemann immer auf seinen Ausflügen in die Berge zur Rebhuhnjagd begleitet hat. Noch mit 100 Jahren konnte man sie auf ihrem Fahrrad durch die Stadt fahren sehen. Ich weiß das schon, weil ich heute morgen dem Museum von Arles einen Besuch abgestattet habe. Ich war auf der Suche nach alten Photographien und Bruchstücken von Calment-Memorabilia. Dort habe ich erfahren, daß das Museum sogar im Besitz des bewußten Fahrrads ist. Als ich fragte, ob ich es sehen kann, sagten sie mir, es sei im Lagerraum hinten, und außerdem sei es nur ein gewöhnliches Fahrrad. Aber nie im Leben! Wie viele Fahrräder gibt es, die von einer Hundertjährigen gefahren worden sind?

Ich frage mich, was sie selbst wohl für ihr Geheimnis hält.

»Erzählen Sie mir, warum Sie so lange leben, Jeanne!«

»*Je suis miraculée, miraculée*«, antwortet sie. So einfach ist das.

Aber ich bin mir nicht so sicher. Da steckt noch mehr dahinter. Sogar in diesem außergewöhnlichen Alter ist sie immer noch neugierig und empfänglich für das, was um sie herum vorgeht. Sie durfte ihre Interessen immer zum Ausdruck bringen. Sie hat sich künstlerisch betätigt, hat Aquarelle gemalt und Klavier gespielt –

länger, als sie Fahrrad gefahren ist. Selbst jetzt singt sie immer wieder ganz spontan Bruchstücke von Liedern. Sie tut es nicht, um sich zu produzieren oder weil sie nicht mehr ganz richtig im Kopf ist. Sie singt einfach, weil es ihr Freude macht; mir spendiert sie eine Darbietung der Torero-Arie aus Carmen, die sich hören lassen kann. Bizet hat die Oper im Jahr ihrer Geburt vollendet.

»Es liegt auch an meiner Gesundheit«, fügt sie hinzu. »Ich bin nie krank gewesen. Meine Gesundheit hat mir geholfen, alles zu tun. *Et la gaïeté* ... Ich bin immer glücklich gewesen.«

Jeanne scheint in Hochform zu sein, aber die Pflegerin macht sich Gedanken und meint, sie könnte bald müde werden. Also komme ich zu ein paar letzten Fragen.

»Was halten Sie vom heutigen Leben?« frage ich sie. »Ist es besser oder schlechter?«

»Schwer zu sagen«, antwortet Jeanne und wird ernst. »Ich kann das nicht wirklich beurteilen. Einiges hat sich geändert. Das moderne Leben hat sein Gutes und sein Schlechtes, aber das Schlechte überwiegt wohl. Der Fortschritt hat vieles ruiniert. Das Leben ist zu schnell – *trop fort.* Heute will jeder alles, und zwar auf der Stelle, deshalb leben sie nicht gut. Die Menschen sind heute selbstsüchtig, egoistischer. Es gibt auf der Welt nicht mehr dieselbe Menschenfreundlichkeit.«

Plötzlich höre ich das ratternde Heulen eines Motors und sehe ein kleines Motorrad näher kommen: *les flics,* zwei Polizisten. Der ältere Polizist, ein kräftiger Bursche, steigt ab und nimmt den Helm herunter.

»Oh, Jeanne«, brüllt Madame Meuzy, »die Polizei. Sie sind gekommen, um Sie zu verhaften.«

Der Polizeisergeant kommt mit großen Schritten über die Wiese, der Bizeps drückt gegen die kurzen Ärmel seines blauen Hemdes. Er beugt sich über sie und brüllt: »Guten Tag, Madame Calment! Die Polizei von Arles ist hier.«

»Wollen Sie mich denn festnehmen?« fragt ein rauhes Stimmchen.

»Nein, Madame Calment, wir wollen nur mal vorbeischauen.«

»Oh«, macht sie enttäuscht.

»Und Schokolade haben sie Ihnen auch nicht mitgebracht«, sagt Madame Meuzy.

»Nein, wir haben keine Überraschung dabei.« Aber dann denkt der Polizist nach und ruft zu seinem Kollegen hinüber: »Eh! Haben wir eine Gauloise für Madame Calment?«

Mittlerweile haben wir schon eine ganz nette Menschenmenge angelockt. Ein Mann und seine Tochter kommen vorbei und bleiben stehen, um Madame Calment ihre Aufwartung zu machen. Die Polizisten bleiben für eine Zigarette. Jeder begrüßt jeden, aber schließlich schaffe ich es doch noch, Madame Calment zurück zu meinen Fragen zu lotsen.

»Glauben Sie an Gott, Madame Calment?«

»Ich glaube an Gott, weil es so viel Gutes im Leben gibt. Ich habe Gutes und Schlechtes erlebt, aber das, was gut war, das war phantastisch. Da vergißt man das Schlechte.«

Sie hat auch Trauer kennengelernt. Ihr Mann starb vor 50 Jahren, auch ihre Tochter hat sie verloren. In den 60er Jahren kam ihr einziger Enkel bei einem tragischen Autounfall ums Leben. Jeanne ist die letzte ihrer Sippe. Sie hat alle überlebt.

Die Polizisten machen sich wieder auf den Weg. Der Sergeant hält ihre zarte, kleine Hand und wünscht ihr *bonne continuation.*

»*Merci, au revoir*«, sagt Jeanne.

Ein böiger Wind kommt auf; Claudine fragt sie, ob ihr nicht kalt ist.

»*Non, non, mais … un bonbon?*« bettelt sie wie ein Kind, und schnell ist ein weiterer leckerer Trüffel verspeist.

Auf unserem Weg um die Welt haben wir fast jedem unserer Gesprächspartner diese Frage gestellt – eine von Vanellas Lieblingsfragen.

»Welchen Rat würden Sie jungen Leuten heute geben?«

»Ehrlichkeit«, sagt Jeanne wie aus der Pistole geschossen.

»Das ist das Wichtigste im Leben?«

»Ja. Wenn man ehrlich ist, schafft man alles.«

Mehr brauche ich nicht. Ich drücke noch einmal ihre Hände und verabschiede mich.

»*Au revoir, Monsieur.* Ich fühle mich sehr geschmeichelt durch Ihren Besuch. Ich wünsche Ihnen, daß Sie hundert Jahre alt werden.«

Claudine rollt sie zurück ins Haus. Und als sie den Rollstuhl über die Stufe mit einem Plumps auf den Asphalt hinunterschiebt, hören wir Jeanne rufen. »Brrr! Vorsicht! Wegen Ihnen habe ich noch eine Fehlgeburt.«

Home Sweets

Ich hab den vollkommenen Herbstmorgen: strahlender Sonnenschein und ein klarer, blauer Himmel. Die verbliebenen Blätter sprühen nur so in leuchtenden Gelb- und Grüntönen, während darunter die sterbenden in rostbraunen Schattierungen über den Rasen verstreut liegen.

Hier in meinem Zimmer bin ich wie gewöhnlich von Büchern und Papier umgeben. Lao Shou Xing und Ganesh sind bei mir.

Heute trage ich mein Spezial-T-Shirt mit den chinesischen Schriftzeichen darauf. »Hundert Arten, Langlebigkeit zu schreiben«, steht darauf, und daneben ein Block mit 100 komplizierten Schriftzeichen, die, wie man mir sagte, nichts als Geschwafel sind. Ich habe mir das Hemd für diesen grundlegenden neuen Anfang aufgespart. Die neue weiße Baumwolle fühlt sich auf der Haut warm und ermutigend an.

Ich bin fleißig gewesen. Ich habe Ruths Grüße aus dem afrikanischen Busch wie versprochen an die Queen Mum weitergeleitet. Ihre Hoheit hat eine Nachricht zurückgeschickt, die besagt, daß ich Ruth ihre besten Wünsche für Frieden und Glück übermitteln möge, wenn ich sie wiedersehen sollte.

Ich habe auch am Haus gearbeitet. Wir müssen verrückt sein. Wir haben ein Wrack gekauft und richten es her. Seit Monaten ziehen wir Tapete von den Wänden, reißen Wände ein und laufen auf nackten Bodendielen herum. Der Staub ist es, der mir auf die Nerven geht. Manchmal, wenn ich hier sitze, kann ich ihn schmecken. Ich kann zusehen, wie er sich um mich herum niederläßt. Aber wir kommen voran, langsam. Das untere Stockwerk ist fast fertig.

Gestern habe ich feierlich die Uhr auf ihren rechtmäßigen Platz auf dem Kaminsims gestellt. Es ist dieselbe Uhr, die Uhr aus Cambrai. Ich habe das Glas geöffnet, das ihr altes, rundes Gesicht deckelt, und habe sie aufgezogen, genauso wie es mein Großvater immer einmal in der Woche getan hat. Sieben Umdrehungen. Dann nahm er sie an beiden Seiten, fühlte die Wärme des polierten Holzes in seinen Händen und kippte sie minimal, um das Pendel in Gang zu setzen. Und wenn er dieses träge Ticken hörte, drehte er sich zu mir um und kicherte.

»Hee ... Na, junger Mann, was hast du mir zu erzählen?«

Ich führe zur Zeit ein seltsames Leben. Ich bin stundenlang mit mir allein, was ich natürlich genieße. Eigentlich spielt es keine Rolle, wo wir leben, ob hier oder an irgendeinem entlegeneren Fleck. Vanella geht jeden Morgen zur Arbeit, und ich bleibe, wo ich bin. Ich weiß, daß wir den Menschen um uns Rätsel aufgeben. Sie werfen Vanella seltsame Blicke zu. Manchmal fragen sie ungläubig. In ihren Augen muß sie verrückt sein. Zu mir sagen sie nie etwas.

Vor ein paar Wochen, als Vanella und ich gerade aus dem Haus gingen, hätte ich fast einen alten Knaben umgerannt, der an uns vorbei die Straße hinunterging. Er war piekfein herausgeputzt in Jackett, Krawatte und Schiebermütze und kam mit ziemlich flottem Schritt angerauscht.

»Na los, Papa, mach schon!« rief er.

Ich hatte gerade Ella, unsere kleine Tochter, auf dem Arm. Die Ärzte hatten sich doch geirrt.

»Soweit wie Sie jetzt war ich 1928«, sagte der Mann. Er hatte einen Akzent aus dem Norden, der wie der Dialekt aus meiner Heimat Yorkshire klang. »Hab im 1914er Krieg mitgemischt ...«

Wir blieben alle stehen, während seine Begrüßung sich zu einer Unterhaltung ausweitete.

»Dieses Jahr werd ich 92«, erzählte er uns. »Hab Schwein gehabt. War immer 'n schlimmer Junge, ja, das war ich.«

Der alte Mann zog ein schuldbewußtes Gesicht wie ein Schuljunge, den man auf frischer Tat ertappt hat, und zeigte zum Himmel hinauf. »Ich schätze, Er hat mir mehr Zeit gegeben, damit ich bereuen kann. Aber trotzdem: Den Spaß am Leben, den mußte selber haben, kann dir keiner abnehmen.« Dann strahlte er über das ganze Gesicht, wünschte uns einen schönen Tag und setzte seinen Weg fort.

Ich sehe ihn jetzt fast jeden Tag. Er ist schon früh auf den Beinen, kommt die Straße entlang. Und jedesmal winkt er uns zu, bleibt stehen und begrüßt uns. Er ist zu einer Art Totem für mich geworden.

Ich glaube, ich habe auch das Rätsel geschafft.

Ich mußte schließlich doch noch Bücher zu Hilfe nehmen. Die Antwort ist in der Tat der Heilige Geist, aber unter einem anderen Namen. In der Bibel ist er oft übersetzt mit »Tröster«. Der spanische Name bedeutet »Fürsprecher« und sogar »Advokat«, und das paßt ausgezeichnet zu den Anspielungen auf ein Gericht. Er ist der Eine, der angerufen wird, der einem zu Hilfe kommt.

Dem Sturm befehl ich Ruh', den Wogen glatt zu sein.
Dem dürren Baume geb ich Frucht und Blütenkleid
und nehm es ihm, wenn's mir gefällt.
Dem feurigen Löwen bin ich Herr.
Ich bin nicht Jesus, kann es nimmer sein;
mehr als der Himmel trennt uns zwei.
Wer mich erraten will, muß aus Erfahrung lernen.

Auf spanisch *el paracleto.*

Sie sehen also, es geschah nicht zufällig. Nichts geschieht je zufällig.

Ich muß nicht mehr weitersuchen. Ich habe gefunden. Ich bin am Ziel nicht nur dieser Reise. Ich bin endlich zu Hause.

Manchmal fragen mich die Leute, ob ich mich verändert habe.

Natürlich. Ich bin ein anderer Mensch. Und ich verändere mich immer noch. Wie Bo sagte, ständig ... unaufhörlich.

Ich bekomme graue Schläfen. Aber ich fühle mich nicht älter.

Ich habe soviel gesehen, soviel Schönheit, so viele Dinge, die ich mir nie erträumt hatte.

Ich bin von der Wärme der Menschheit berührt worden.

Ich bin von dem Geist getröstet worden.

Ich habe eine Art zu leben gefunden, die Art, die uns die Alten gelehrt haben. Aber ich weiß, daß es nicht einfach ist. Das ist es nie.

Mein neugefundenes Leben ist hier, um mich herum. Manchmal macht es mir angst. Manchmal ist es so klar, daß ich laut lachen muß.

Wie, wenn ich alles aufrollen und noch einmal destillieren würde? Ich kann ihm eine neue Form verleihen – die Essenz dessen, was die Alten uns gegeben haben.

Wie, wenn ich es einfach in die Luft schleudern würde? Komm, Ganesh, mein Freund – wo liegt der Anfang des Kreises?

Es ist nur eine Frage des Überlebens – des Überlebens des Stärkeren. Lauf, spring, schwimme, tanze, hüpfe. Lauf über die Erde, lauf über die Hügel, atme tief, nimm die reine Luft in dich auf. Iß reine Nahrung, die Früchte der Erde, den Pfirsich der Unsterblichkeit. Trink. Gute Gesundheit, langes Leben. Ein bißchen von allem und Mäßigung in allem. Morgenstund hat Gold im Mund. Schau auf die Sonne. Laß dich inspirieren. Sei kreativ. Arbeite hart, setz dich nie zur Ruhe. Mach jeden Tag Fortschritte. Führe dein Leben so, daß du deiner eigenen Idealvorstellung nacheiferst. Sei gründlicher. Ehrlichkeit und Harmonie. Hör auf, dich zu ärgern, lerne zu vergeben. Sei freundlich, offen, gastfreundlich. Fürchte dich nicht. Folge der Wahrheit. Lebe gewaltlos. Lebe in Demut. Niemand, weder Mann noch Frau, ist irgend jemandem überlegen oder unterlegen. Die menschliche Natur ist stärker als jede Regierung. Liebe dein Land. Gib nie auf. Entscheide dich für etwas, und laß dich dann nicht davon abbringen. Folge deinem guten Stern. Folge deiner Vision. Sei optimistisch, anpassungsfähig, flexibel. Werde neu geboren. Lehre deine Kinder zu lernen. Der Ältere ist dein Schutzschild. Mögest du in einem Haus leben, wo alte Leute sind, um Rat zu erteilen, und junge Leute, um zuzuhören. Sei aktiv, wenn du jung bist. Sieh dir die Welt an. Erzähle Geschichten. Lache, bis dir die Tränen kommen. Lache bis zum letzten Tag. Laß Musik um dich sein, immer Musik. Singe mit fröhlichem Herzen. Mach dir über nichts Sorgen. Lebe in Freundschaft. In Einigkeit. In Liebe. Liebe deinen Nächsten. Liebe Gott. Du bist vorher, Du bist nachher, Du bist in alle Ewigkeit. Bedenke, daß Gott uns gemacht hat und nicht wir selbst. Liebe das Leben. Gott ist Leben. Gott ist Geist. Und wenn die Sterne herauskommen, denke daran, daß du nie allein bist. Glaube. Glaube an Wunder. Glaube an Engel. Glaube an Magie, Geist, Gutes und Schlechtes. Hüte dich vor dem bösen Blick. Geh hin und suche deinen Meister. Suche Schönheit, Frieden, Harmonie und Gleichgewicht. Geh hin in Frieden. Sei nicht hinterlistig. Sei kein Lügner. Sei nicht faul. Sei kein Dieb. Sei freigebig. Sei dienstbar. Sei selbstgenügsam. Gehe sparsam um mit dem, was du hast. Wir sind eins …

Während ich diese letzten Schritte gehe, verwandelt sich hier in meinem Zimmer der Tag in Gold.

Ich lerne jetzt, jeden Tag so zu leben, als hätte ich hundert Jahre zu leben.

Und gleichzeitig versuche ich jeden Tag so zu leben, als wäre er mein letzter.

Ich habe meine Antwort gefunden. Ich kann jetzt sagen, daß ich glaube. An das Leben. Mein Gott ist das Leben. Diese Kraft, diese kreative Energie in uns, mit uns, um uns. Ich weiß es jetzt. Ich kann es fühlen. Sei still und fühle.

Eines Tages – mir kommt es vor, als sei es eine Ewigkeit her – habe ich mein Vertrauen in das Leben gelegt. Wer hätte gedacht, daß ich einmal dahin kommen würde?

Während ich meinen Großvater rufen höre, wende ich mich noch einmal meiner Arbeit zu.

Ich habe alles, was ich brauche – die Liebe meiner schönen Frau und die Musik, die für mich das Lachen und die ulkigen Worte meiner Tochter sind.

Danksagung

Dies alles wäre nicht möglich gewesen ohne die Hilfe von vielen, vielen Menschen in der ganzen Welt.

An erster Stelle grüße ich die alten Männer und Frauen; es war uns eine Ehre, ihnen zu begegnen. Sie haben uns so bereitwillig ihre Zeit und Energie geschenkt, und ihre Familien haben uns mit überwältigender Gastfreundschaft aufgenommen.

Nur dank der Unterstützung zahlreicher Freunde, Kontaktpersonen und Dolmetscher konnten wir die alten Menschen finden und mit ihnen sprechen. Ich möchte unseren Dank aussprechen an: Mike Hopkins, David und Elinor Johnson, Flemming Axmark, Ingrid Jungkvist, Anna Novikova, Masha Fedorova, Dr. Vladislav Bezrukov, Maya Tourta, das Institut für Gerontologie in Kiew, Maria Trkala, László Rusvai, Julia Kudlik, Milŏ Ruppeldt, Oldo Hlavaček, Richard Moore, Hüseyin aus Marmaris, Hisham Kassem, Peter Walker, das Nanyuki Cottage Hospital, Dwijendra Joshi, Hilal Suleiman, David und Veronica Zausmer, Nessie Semba, the Great Britain-China Centre, den Verband des Chinesischen Volkes für freundschaftliche Beziehungen zum Ausland, Zhang Jingua, Lu Yanxia, Sam Morimoto, Yamanashi International Association, Kazuo Tsuyuki, Kimberly Hauser, Hiraga Associates International Inc., Nagoya International Association, Toshi Asawaka, Dr. Hiroshi Shibata, das Tokyo Metropolitan Institute of Gerontology, John Brunton, Ameneh Azam Ali, Mansoor Khan, Shah Ghazi, das Aga Khan Rural Support Programme, Amrik Singh, Harendra Upadhyaya, Asri Ghafar, I Wayan Tapiep, Elaine McTaggart, Terry Lane, Brenda aus Window Rock, Richard Begay,

Colette du Toit, die University of Georgia, Leslie Lawhorn, Denise Horton, Valarie Wilson, Christopher Kennedy, Owen und Stephanie Stevens, Clara aus Puyo, Maria del Carmen Ramos, Clementina Méndez, Marcia Paz Campero, Lizz Gauvreau, Ivan Moseley, Luis Calderon Calderon, Pedro Pablo de la Peña, Leonor Loyola, Maria del Carmen Manrique de Lara, Laure Meuzy and Liz O'Hara-Boyce.

Ich möchte der Familie von Bo Höglund für die Erlaubnis danken, den Auszug aus seinem Brief an den Travellers' Club Malmö zu verwenden.

Rob und Beatriz Poynton halfen mir mit der Übersetzung von Paulas Rätsel, wofür ich mich sehr bedanke.

Ich hätte das Kapitel über Bali nicht schreiben können, ohne auf Miguel Covarrubias ausgezeichnetes Buch Island of Bali/Oxford Unversity Press, Singapore, 1987, zurückzugreifen.

Der Einblick in die Dolgozhiteli des Kaukasus gewährten mir verschiedene Forschungsberichte, die uns Vladislav Bezrukov zeigte. Ich konnte die Quellen nicht vollständig notieren, aber ich weiß, daß die Geschichte von der niederträchtigen Verwünschung einem Dichter namens Gamzatov zugeordnet werden kann.

Ich habe mich sehr bemüht, die korrekte Schreibweise der Worte, Namen und Plätze zu überprüfen, die mir manchmal von Informanten in mein Notizbuch gekritzelt wurden. Falls sie dennoch falsch sein sollten, kann ich mich nur entschuldigen.

Die Photos wurden mit einer Nikon F3, einer FM2 und gelegentlich einer Contax T2 aufgenommen. Der verwendete Farbfilm war ein Fuji Velvia; für die Schwarzweißaufnahmen habe ich einen Ilford FP4 eingesetzt. Die Schwarzweißfilme habe ich in einer bizarren Auswahl von Badezimmern, oft unter schwierigen klimatischen Bedingungen, selbst entwickelt. Farbentwicklung und Abzüge wurde von Team 37, Endell Street, London WC2 durchgeführt. Mein Dank an Hugh McDermott für seine unschätzbare Hilfe.

Ich möchte mich bei Mark Lucas, meinem Agenten, für seine

Vorstellungskraft, seine Inspiration und Ermutigung bedanken. Humphrey Price in Victor Gollancz gebührt mein Dank für seinen Enthusiasmus und seine sorgfältige Anleitung.

Dank auch an diejenigen, die tapfer genug waren, die ersten Entwürfe für mich zu lesen: meine Mutter, mein Vater, Felicity Jackson, Philip Sherwood, Teresa Murphy, Vivien Sheldon, Nick Hopewell-Smith. Meine ganz besondere Anerkennung gilt Veronica Zausmer dafür, daß sie mich in den frühen Stadien so geduldig angeleitet hat.

Unsere tiefempfundene, innige Dankbarkeit gilt für alle Zeiten Rafael de la Fuente, den Ärzten und dem Mitarbeiterstab des Hospital de Clínicas Caracas und Alejandro Graterol und seiner Familie.

Meine Mutter und mein Vater haben uns mit ihrer Liebe und ihrer unermüdlichen Hilfe immer beigestanden. Ich kann ihnen nicht genug danken.

Und das größte Dankeschön schließlich geht an Vanella, für ihre grenzenlose Liebe und Unterstützung – nicht nur während unserer Reise, sondern besonders in der Zeit, in der ich geschrieben habe. Dies ist auch ihr Buch.

Andrew Jackson
Chiswick, September 1998